高等职业教育食品类专业教材（职业本科适用）

中国轻工业"十四五"规划教材

食品贮运与保鲜技术

孙金才　李文婧　主编

FOOD PRESERVATION
TECHNOLOGY OF STORAGE
AND TRANSPORTATION

中国轻工业出版社

图书在版编目（CIP）数据

食品贮运与保鲜技术/孙金才，李文婧主编.—北京：中国轻工业出版社，2025.8
ISBN 978-7-5184-4719-0

Ⅰ.①食… Ⅱ.①孙… ②李… Ⅲ.①食品贮藏②食品保鲜 Ⅳ.①TS205

中国国家版本馆CIP数据核字（2024）第044064号

责任编辑：刘逸飞

策划编辑：张　靓　　责任终审：劳国强　　封面设计：锋尚设计
版式设计：砚祥志远　　责任校对：吴大朋　　责任监印：张京华

出版发行：中国轻工业出版社（北京鲁谷东街5号，邮编：100040）
印　　刷：河北鑫兆源印刷有限公司
经　　销：各地新华书店
版　　次：2025年8月第1版第2次印刷
开　　本：787×1092　1/16　印张：20.5
字　　数：514千字
书　　号：ISBN 978-7-5184-4719-0　定价：49.00元
邮购电话：010-85119873
发行电话：010-85119832　010-85119912
网　　址：http://www.chlip.com.cn
Email：club@chlip.com.cn
版权所有　侵权必究
如发现图书残缺请与我社邮购联系调换
251422J2C102ZBW

本书编写人员

主　　编　孙金才（浙江药科职业大学）
　　　　　李文婧（山东商业职业技术学院）

副 主 编　郜海燕（浙江省农业科学院食品研究所）
　　　　　蒋巧俊（温州科技职业学院）
　　　　　赵冬艳（浙江药科职业大学）
　　　　　毛培成（宁波海通时代农业有限公司）

参编人员　肖尚月（浙江药科职业大学）
　　　　　吴伟杰（浙江省农业科学院食品研究所）
　　　　　胡爱华（江苏食品药品职业技术学院）
　　　　　黄略略（深圳职业技术大学）
　　　　　肖功年（浙江科技大学）
　　　　　卢利群（海通食品集团有限公司）

前 言

我国的食品资源十分丰富,是全球最大的食品生产和消费国家之一。食品加工是衔接第一、第二、第三产业的战略性和全局性产业,农产品加工则是农业全产业链的关键点,串起了农田到餐桌的全过程。大力发展食品产业,能够快速带动相关产业的迅速发展,推进农业供给侧结构性改革,发展助推富民乡村产业,促进农业增效、农民增收,为乡村振兴、实现共同富裕提供有力支撑。

树立大食物观,构建多元化食物供给体系,就是从更好地满足人民美好生活需要出发,顺应人民群众食物消费结构变化,在确保粮食供给的同时,保障各类食物有效供给。食品在贮运和销售过程中存在的不耐保藏、难以运输、新鲜度降低等问题,造成了食品在贮运过程易腐败变质,严重影响了食品的商品价值,造成很大的浪费和经济损失。近来新鲜食品线上线下渠道的发展,促进了新颖业态的诞生和新鲜食品的流通,对食品贮运和保鲜提出了新的要求。食品贮运及保鲜技术即针对可能引起食品腐败变质的各种因素而对食品采取的一定技术处理手段,从而达到在一定时间内保存食品避免其变质的目的,在食品加工、贮藏、运输、销售过程中十分重要。其中冷链物流不但保证了农产品质量和安全,还促进了跨境电商、食品国际贸易和跨区域销售。

本书编写内容体现了应用和职业教育的工学结合的特色,注重思政与职业素养培养,强调实践训练,以常规技术为基础,以关键技术为重点,理论知识遵循必需、够用、实用及与时俱进的原则。教材主要内容涵盖绪论、食品原料特点和生理特征、食品贮藏原理和方法、生鲜食品贮藏保鲜、加工食品贮藏技术、食品流通中的保鲜及食品冷链流通管理,并设有实训项目内容;每章列出了知识、技能和职业素养目标,设立了思政小课堂、案例导入、拓展阅读以及复习思考题,并配套数字化资源(电子教材、PPT课件、微课、视频等)。

本教材为校企研合作编写,主要编写人员均为具有15年以上食品及农产品加工企业、科研院所工作经历的人员,侧重企业、行业,突出实用,可达到实学实效的目的。具体编写分工为:第一章由孙金才、李文婧、毛培成编写,第二章由赵冬艳、卢利群编写,第三章由李文婧编写,第四章由肖尚月、吴伟杰、邰海燕编写,第五章由肖功年、黄略略编写,第六章由胡爱华、蒋巧俊编写,第七章由蒋巧俊、孙金才、卢利群编写。孙金才、李文婧对全书进行统稿,并主要设计编写了实训项目。

本教材内容是在总结多年高等职业教育教学经验和社会实践的基础上编写的,同时根据生产、教学、科研及产业化应用等实际情况进行了适当补充、修改和完善。本教材教学内容丰富、技术实用、实践性较强，可作高校食品类、农业类及其他相关专业教学用书，同时也可作为食品贮藏保鲜、食品加工贮运、物流企业人员和农场农户的参考书。

由于食品贮运、保鲜为多学科交叉的综合应用技术科学，所涉及的知识内容、技能非常广泛，又结合了数字化教学资源的建设，加之编者学识水平有限，书中疏漏与不妥之处在所难免，敬请广大读者批评指正。

编者

目 录

第一章 绪论 … 1
第一节 食品贮运与保鲜概述 … 2
第二节 食品贮运与保鲜技术的发展简况 … 6
第三节 我国食品贮运与保鲜技术现状及存在问题 … 8
实训项目一 当地典型食品/果蔬贮运企业参观调研 … 13
实训项目二 典型果蔬贮藏保鲜品质评价 … 15

第二章 食品原料特点和生理特征 … 19
第一节 植物性原料特点和采后生理 … 20
第二节 动物性原料的宰后变化 … 56
第三节 食品败坏及控制 … 59
实训项目三 鲜活食品贮运过程中呼吸强度的测定 … 71
实训项目四 禽畜产品、水产品的僵直和软化现象观察 … 72
实训项目五 食品变质现象的感官鉴定 … 74

第三章 食品贮藏原理和方法 … 77
第一节 传统贮藏方法 … 78
第二节 机械冷藏 … 81
第三节 气调贮藏 … 93
第四节 减压贮藏 … 102
第五节 化学保藏 … 108
第六节 辐照贮藏 … 120
第七节 其他贮藏技术 … 130
实训项目六 果蔬的气调贮藏保鲜 … 138
实训项目七 香蕉的人工催熟 … 139

第四章　生鲜食品贮藏保鲜 …………………………………………………… 142
第一节　果蔬贮藏保鲜技术 ……………………………………………… 144
第二节　鲜切果蔬保鲜技术 ……………………………………………… 165
第三节　粮食贮藏技术 …………………………………………………… 170
第四节　畜禽产品贮藏保鲜技术 ………………………………………… 177
第五节　水产品保鲜技术 ………………………………………………… 189
实训项目八　果蔬汁冰点的测定 ………………………………………… 198
实训项目九　冷鲜肉保鲜品质的感官鉴定 ……………………………… 200
实训项目十　鱼类鲜度的感官鉴定 ……………………………………… 201
实训项目十一　涂膜保鲜实验 …………………………………………… 203

第五章　加工食品贮藏技术 ………………………………………………… 205
第一节　焙烤食品贮藏技术 ……………………………………………… 206
第二节　调味品贮藏技术 ………………………………………………… 211
第三节　酒类贮藏技术 …………………………………………………… 217
第四节　干制品贮藏技术 ………………………………………………… 222
第五节　腌制品贮藏技术 ………………………………………………… 227
第六节　罐头食品贮藏技术 ……………………………………………… 232
第七节　速冻食品贮藏技术 ……………………………………………… 239
实训项目十二　烘焙食品中霉菌含量的检测及对贮藏品质影响的考察 …… 248
实训项目十三　油炸薯片贮藏破坏性试验品质变化的考察 …………… 249

第六章　食品流通中的保鲜 ………………………………………………… 251
第一节　食品的流通 ……………………………………………………… 252
第二节　食品运输中的保鲜 ……………………………………………… 258
第三节　食品销售中的保鲜 ……………………………………………… 275
第四节　食品消费中的保鲜 ……………………………………………… 280
实训项目十四　模拟超市冷柜销售 ……………………………………… 285

第七章 食品冷链流通管理 ……………………………………………………………… **287**
 第一节 食品冷链概述 …………………………………………………………… 289
 第二节 食品冷链温度监控及管理 ……………………………………………… 294
 第三节 食品冷链运输管理信息化 ……………………………………………… 298
 实训项目十五 冷链食品贮运过程中质量安全控制调研 …………………… 312

参考文献 …………………………………………………………………………………… **314**

第一章 绪论

学习目标

知识目标

1. 掌握食品贮运与保鲜的基本概念,食品品质的内涵。
2. 熟悉食品贮运与保鲜的主要内容和任务,认识我国食品贮运与保鲜存在的问题。
3. 了解食品贮运与保鲜技术的发展、意义,我国食品贮运与保鲜的现状和趋势。

技能目标

1. 能够通过图书馆、网络等资源进行信息收集和筛选食品贮运与保鲜的相关知识,自主学习食品贮运与保鲜新知识。
2. 能够小组协作按照要求完成食品贮运与保鲜企业/市场的调研分析,并完成调研报告。
3. 能对果蔬感官指标进行评价,掌握果蔬硬度、可溶性固形物含量、含酸量测定的方法,判定果蔬成熟度。

职业素养目标

1. 树立质量意识,提高食品安全认识,结合个人发展、企业发展和国家发展,树立为人民、为民族、为国家守护食品品质的情怀和责任感。
2. 激发勇于探索、爱岗敬业和钻研专业的精神,树立节约意识和专业报国信念。
3. 具有服务"三农"的情怀,能够为乡村振兴中农产品贮运的战略服务,认识到科学技术背后的人文情怀,肩负农业农村现代化的使命。

思政小课堂

多元化食物供给体系

在党的二十大报告中,习近平总书记指出要"树立大食物观,发展设施农业,构建多元化食物供给体系"。在"大食物观"的引领下,我国城乡居民饮食消费结构正从"吃得饱"向"吃得好"和"吃得健康"转型。强国必先强农,农强方能国强。加快构建粮经饲统筹、农林牧渔结合、植物动物微生物并举的多元化食物供给体系(图1-1),以科技创新驱动食品工业发展,是建设农业强国的关键,同时也对更加丰富多元、营养健康的食物供应体系提出了新要求。

图1-1 多元化食物供给体系

讨论:

1. 如何理解"树立大食物观""构建多元化食物供给体系"?

2. 我国城乡居民饮食消费结构正从"吃得饱"向"吃得好"和"吃得健康"转型,你对建立更加丰富多元、营养健康的食物供给体系有何建设性意见?

3. 食品贮运与保鲜对多元化的食品供应、确保食品高质化、推动食品产业高质量发展、建设农业强国,有何意义?

第一节 食品贮运与保鲜概述

一、食品的基本概念

(一)食品的定义

生活中我们一般认为,食品是指各种供人食用或者饮用的成品和原料,是人类生存和发展的最基本物质。食品对人体的作用主要有营养功能、感官功能，有的食品还具有维持、改善或调节人体代谢机能的作用（即保健功能），而食品的文化功能赋予了人类饮食作为文明和文化的标志的丰富内涵。

GB/T 15091—1994《食品工业基本术语》对食品的定义为：可供人类食用或饮用的物质，包括加工食品、半成品和未加工食品，不包括烟草或只作药品用的物质。《中华人民共和国食品安全法》中食品的定义指各种供人食用或者饮用的成品和原料，以及按照传统既是食品又是中药材的物品，但是不包括以治疗为目的的物品。从食品卫生立法和管理的角度，广义的食品概念还涉及所生产食品的原料、食品原料种植、养殖过程接触的物质和环境、食品的添加物质、所有直接或间接接触食品的包装材料、设施以及影响食品原有品质的环境。

安全性、方便性和可保藏性是食品的基本属性或特性。党的二十大报告提出"树立大食物观""构建多元化食物供给体系"，其目的是满足人民群众日益增长的美味、营养、健康和文化需求，推动食品产业高质量发展。

（二）食品的分类

根据GB 2760—2024《食品安全国家标准 食品添加剂使用标准》附录E食品分类系统，食品可以分为16类。包括：①乳与乳制品；②脂肪、油和乳化脂肪制品；③冷冻饮品；④水果、蔬菜（包括块根类）、豆类、食用菌、藻类、坚果以及籽类等；⑤可可制品、巧克力和巧克力制品（包括代可可脂巧克力及制品）以及糖果；⑥粮食和粮食制品，包括大米、面粉、杂粮、块根植物、豆类和玉米提取的淀粉等；⑦焙烤食品；⑧肉及肉制品；⑨水产品及其制品（包括鱼类、甲壳类、贝类、软体类、棘皮类等水产及其加工制品等）；⑩蛋及蛋制品；⑪甜味料，包括蜂蜜；⑫调味品；⑬特殊膳食用食品；⑭饮料类；⑮酒类；⑯其他类。

按照食品贮藏方式的不同，还可以分为常温食品、冷藏食品、冷冻食品。

（三）食品品质

食品品质是指食品满足某种使用价值全部有利特征的总和，主要是指食用时感官价值、营养价值的优越程度以及安全食用的保证程度。根据不同用途，食品品质可分为鲜食品质、加工品质、内部品质、外部品质、营养品质、销售品质、运输品质和安全保证品质等。就商业化品质要素而言，食品特别是易腐食品其品质主要包括感官品质、营养品质及安全品质三个方面。

1. 感官品质

食品的感官品质也称感官性状，包括色泽、香气、风味、形态、质地，是食品品质构成的主要内容，与消费者的关系最为直接，具有审美价值和激发食欲的双重意义。

色泽是顾客对成品品质的第一印象，它直接影响顾客判断成品品质的优劣，良好的食品色泽可增加食欲、满足顾客的心理需求。色泽也能够反映产品贮藏情况，如干番茄粉在贮藏期间变白说明包装中含氧量太高，变黑则说明番茄粉的最终含水量太高等。

香气是由挥发性物质在鼻腔中刺激嗅觉接受器而产生的感觉。食品中的挥发性化合物含量很低，但仍能被人的嗅觉器官感觉到。香气与食品的类型和质量有关。有200多种化合物构成食品香味，包括酯类、醇类、酸类、醛类、酮类、酚类、杂环族、萜类等，这些化学物质气味各不相同，而且相互影响，相互作用，使食品的香气更加多种多样。不同食品由于其所产生的挥发性物质的成分和数量各不相同，所以香味存在很大差异。

风味是在食品品尝过程中感知到的嗅觉、味感和三叉神经的复合感觉。由于食品中的风味物质种类繁多，且相互影响，大多数食品的风味还不能被完整地描述出来。风味物质一般具有以下特征：存在浓度低、组分与结构复杂、挥发性极高、稳定性以及与其他组分间存在动态平衡。风味不仅与食品的特性有关，和消费者的心理嗜好等主观因素也是密不可分的。

形态主要指食品的大小、形状和完整性，另外摆放模式也是一项重要的表观因素。食品的大小和形状是国家以及地区分级标准的重要因素，而且容易测定。如水果和蔬菜就可以通过一定尺寸的网孔来进行分级，大小也可通过重量来近似估计。形状在直观上可能更重要，如某类腌制品的等级评定还包括对弯曲程度的要求，特别是对于用机器代替手工操作的分级情况下，形状就显得相当重要。完整性指的是食品整体和破碎的程度。

质地被认为是重要的食品品质，是由视觉和触觉感知的食品性质。食品质地主要包括食品的几何性质、表面属性、机械特性、相变行为等方面。描述食品品质的术语有350多种，其中约有25%与质地相关，如：硬度、脆度、咀嚼性等。

2. 营养品质

食品的营养品质也称食品的营养价值。它是指食品中各种营养素的含量及其符合人体营养需要的程度。食品的营养品质主要取决于食品中营养素的种类和含量，各种营养素之间的比例，营养素在人体内被消化、吸收和利用的程度。

对于食品来说，无论从栽培育种、还是贮藏加工的角度，食品中所含营养素的质与量，都是品质评价的重要指标。不同的食品含有不同的营养素，其成分和含量依食品的种类而异。如禾谷类粮食富含淀粉，豆类、肉禽蛋类富含蛋白质，油料种子富含脂肪，水果蔬菜则含有丰富的维生素等。此外，绝大多数食品中含有大量的水分和各种矿物质，它们都是人类生命活动中不可或缺的营养物质。

3. 安全品质

食品的安全品质也称食品的卫生安全性。由于食品在生产和流通过程中，可能会受到多种有害物质和微生物的污染，有些食品中还存在着天然的毒物成分，食品在加工、贮运中若选用添加剂不当，或产生有害物质也会造成食品卫生质量问题等，因此几乎所有的食品都存在一定的卫生安全质量问题。食品的安全品质是其品质构成的第一要素，是其他品质构成的基础。

食品品质与评价（视频）

二、食品贮藏保鲜的基本概念

作为商品的食品须具备色、香、味、形、营养、卫生、安全、方便和耐贮运等要素。由于果蔬采收后其代谢并未停止，呼吸作用仍在继续，畜禽宰后其酶活性仍然很高，从而使食物材料在短期内出现品质劣化，且因其营养丰富易受外界微生物等生命体的侵害，因而需要采用贮藏保鲜技术或加工技术对其处理，使其持久地保持原有品质，且便于贮运。

食品保质期指食品在标明的贮存条件下保持品质的期限。食品保藏是为防止食物腐败变质，延长其食用期限，使食品能长期保存所采取的技术手段，包括食品原辅料、半成品、工业制成品保藏等。通常将贮藏期较长的食品保藏称为贮藏，贮藏期较短的食品保藏称为保鲜，普通食品的保藏习惯上称为贮存或保存，粮食油料的保藏习惯上称为储藏或储存。

食品贮藏与保鲜技术是一门研究食品败坏的原因及其控制方法，分析引起食品败坏的各种因素并提出合理的、科学的预防措施，阐明食品保藏的基本原理和基本技术，从而保障食品品质、延长食品贮藏时间的学科。

食品贮藏保鲜及食品贮运的基本概念（视频）

从狭义上讲，食品贮藏保鲜是为保障食品原有品质，防止食品腐败变质而采取的技术手段，因而与食品加工相对应而存在。从广义上讲，保藏与加工是互相包容的。这是因为食品加工的重要目的之一是延长食品的贮藏时间，而为了达到贮藏保鲜食品的目的，可以采用合理的、科学的加工工艺和加工方法。

三、食品贮运的基本概念

食品贮运学是研究食品贮存运输过程的一门基础理论与应用技术相结合的科学。

根据《中华人民共和国食品安全法实施条例》的规定，对贮存、运输过程中温度、湿度等有特殊要求的食品，应当具备保温、冷藏或者冷冻等设备设施，并保持有效运行。

冷链物流是利用温控、保鲜等技术工艺和冷库、冷藏车、冷藏箱等设施设备，确保冷链产品在初加工、贮存、运输、流通加工、销售、配送等全过程始终处于规定温度环境下的专业物流。食品冷链物流是以温度控制为主要手段，使食品从出厂后到销售前始终处于所需温湿度范围内的物流工程。

生鲜电商冷链物流定义为在电子商务环境下，果蔬、水产品、肉制品等生鲜产品在预冷、贮存、运输、配送等主要环节采用专业的温控技术、设备，进行全程低温控制和管理的物流系统。

食品贮运相对于其他流通行业而言，具有其突出的特点：一是卫生要求高，为了保证食品的营养成分和食品安全性，食品物流要求高度清洁卫生，包括对物流设备和工作人员的要求；二是标准严格，由于食品具有特定的保鲜期和保质期，食品物流对前置期（产品交货时间）有严格标准；三是环境要求高，食品物流对外界环境有特殊要求，比如适宜的温度和湿度；四是冷链占比大，生鲜食品和冷冻食品在食品消费中占有很大比例，所以食品物流必须有相应的冷链设备。

四、食品贮运与保鲜的主要内容和任务

食品贮运与保鲜的主要内容和任务可归纳为以下几个方面。

（1）研究食品贮运保鲜原理，探索食品生产、贮藏、运输和销售、消费过程中引起食品败坏的原因和控制方法。

（2）探索食品在贮运保鲜过程中物理、化学及生物学特性的变化规律，以及这些变化对食品品质和食品贮运的影响。

（3）通过物理、化学、生物或综合性的技术措施来控制食品质量变化，最大限度地保持食品原有品质。

（4）了解食品贮运保鲜的种类、常用设备及关键技术，信息化技术和数字技术的运用。

第二节 食品贮运与保鲜技术的发展简况

食品贮运与保鲜技术是研究食品在贮藏、运输和配送过程中物理、化学和生物特性的变化规律，这些变化对食品质量及其保藏性的影响，以及为控制食品质量变化应采取技术措施的一门科学。

随着现代食品生产和加工技术的不断发展，人们对食品保鲜关注度高涨。现今，在食品贮运保鲜方面，人们不仅仅要求防止食品变质败坏、在保证食品卫生的前提下延长食品的贮存期限，还要求食品保持原有的色泽、香气、风味，并保持食品的营养成分不流失，这些要求也不断地驱动食品贮运与保鲜技术及其设备的发展和创新。

一、食品保藏技术的发展

早在公元前1000年，古罗马人利用自然冰雪保藏龙虾等食物，我国《诗经》中也有"二之日凿冰冲冲，三之日纳于凌阴"等对人们用天然冰保藏食品的情景描述。据记载，我国是世界上最早进行水果贮藏保鲜的国家，《诗经》中有关于贮藏梅、桃、李、枣的记载，在秦代即出现了深井贮存设备。到了清朝，宫廷开始用冰窖贮藏水果，其效果类似于今天的冷藏。1883年

冷冻技术用于食品保藏，1908年开始了化学保藏技术的研究，1918年开始了气调保藏技术的研究，最早的气调包装应用出现在20世纪30年代，1943年辐照技术开始应用于食品保藏领域。进入20世纪80年代，随着生物技术的发展，以基因工程为核心的生物保鲜技术成为食品贮藏保鲜研究的新领域。

二、冷链运输技术的发展

冷链的定义，最初是由欧美工程师Albert Barrier于19世纪90年代中期所提出的。与此同时，J.A.ruddich也提出了冷藏链这一术语。但在这之后的一段时间内，冷链物流并未受到人们注意。随着冷链物流的不断发展，直到20世纪40年代初期，冷链物流才开始逐渐走入大众的视野。世界食品物流组织的成立，有效地改善了目前冷链运输过程中冷藏设备和技术存在的不足，提高了信息沟通的效率。随着冷链物流的不断发展，1958年美国学者阿萨德、佐尔等阐述了3T原则，指出3个重要因素——时间、温度和耐藏性一起影响了冷链食品的口感和质量。在此基础上，阿萨德又提出了3P理论（包装、原料产品、加工工艺）和3C理论（小心、清洁、冷却），并且以这三项理论为理论基础，促使冷链物流的发展。随着冷链物流的不断发展，对冷链物流的实际应用也展开了深入研究，如冷链物流系统的信息化建设、运输工具开发、冷链物流管理等。

三、信息数字技术的应用

数字经济是人类通过大数据（数字化的知识与信息）的识别、选择、过滤、存储、使用、引导、实现资源的快速优化配置与再生，实现经济高质量发展的经济形态。在技术层面，包括大数据、云计算、物联网、区块链、人工智能、第五代移动通信（5G）等新兴技术。在应用层面，"新零售""新制造"等都是其典型代表。随着互联网技术发展以及线上消费习惯的深入，数字技术在食品贮运与保鲜中也获得了广泛的应用和长足的发展，信息化管理带来了商品配送和物流体系规模的变化和更新，极大地提高了生产工作效率。

一些以时效快、商品新鲜为特色的大型线上线下联合超市满足了我国居民不断提高的品质消费需求，其中以牛奶、蔬果、肉食等商品为载体的物流运输，在传统物流运输基础上融合数字技术以及生鲜保鲜技术发展出冷链运输这一完整的智能化物流系统，不仅拓展了传统运输业，还为很多企业在供产销产业链的纵向发展提供了空间。采用智能化监管系统跟踪食品生产过程，实时监控贮运和销售过程，确保了食品的安全性，并对客户进行更好和更快的服务。

运用数字技术打通农业上下游产业链，指导农业生产、加工、运输、销售等全链条以需定产，构建新的农产品产业链和价值链，与市场形成稳定的供应关系。这对深入推进农业供给侧结构性改革，促进农产品高质量发展，推动乡村生产、生活、生态协调发展具有积极意义。

第三节　我国食品贮运与保鲜技术现状及存在问题

食品贮运与保鲜技术是减少农产品产后损失和食品流通浪费的重要技术支撑，是支撑农业规模化、产业化发展，促进农业转型和农民增收，助力乡村振兴的重要基础，也是健全"从农田到餐桌、从枝头到舌尖"的生鲜农产品质量安全体系的重要保障。食品贮运与保鲜技术对保证构建多元化食物供给体系，保障各类食物有效供给，促进农产品高质量发展，具有十分重要的意义。

冷链物流是在食品流通过程中，实现食品的贮运保鲜、保障食品安全的重要技术手段。冷链物流在保证食品质量和安全、促进食品国际贸易和农产品跨区域供需等方面发挥了重要作用。

一、我国食品贮运与保鲜技术的现状

近年来，我国食品贮运与保鲜技术随着食品加工业科研力量的不断强大，总体水平有了显著提高。但与发达国家相比，我国冷链物流行业的起步相对较晚，20世纪50年代我国冷链物流开始被人们提及是因为肉类出口贸易的发展。1982年发布的《中华人民共和国食品卫生法（试行）》促使我国冷链物流快速发展，越来越多的人开始关注冷链物流。我国学者们从不同的角度对冷链物流做了全面的研究。2013年中央一号文件提出了多项冷链物流的相关政策，促使我国冷链物流的发展步入了一个全新时期，至2024年中央一号文件提出"优化农产品冷链物流体系建设，加快建设骨干冷链物流基地，布局建设县域产地公共冷链物流设施。"在信息化的背景之下，我国冷链物流由小规模向大规模的方向发展，全面进入设施升级、融合发展、数字赋能的高质量发展阶段。

1. 行业规模显著扩大

改革开放特别是党的十八大以来，随着城乡居民生活水平逐步提高，生鲜食品消费需求不断增加，对食品品质和安全也提出了更高要求，人民群众不仅要"吃得饱、吃得好"，而且要"吃得放心、吃得安全、吃得健康"。我国是农产品生产和消费大国，冷链物流市场潜力巨

大，在市场需求和有利政策双重支撑推动下，冷链物流实现了快速发展。据有关方面统计，"十三五"期间，我国冷库容量、冷藏车保有量年均增速分别超过10%和20%。2020年，冷链物流市场规模超过3800亿元，冷库容量约1.8亿立方米，冷藏车保有量超过28万辆，分别是"十二五"期末的2.4倍、2倍和2.6倍左右。2022年，冷链物流市场规模达4916亿元，同比增长7.2%，2023年冷链物流市场规模已超过5000亿元。在我国各品类冷链流通率逐步提升的情况下，冷链市场体量稳步扩大。

2. 冷链物流行业监管加强

为了加强冷链物流行业运营的规范性，国家制定了相关条例进行强监管。相关条例对生产经营者、企业的责任进一步细化。相关工作意见对标准、监管、处罚及问责进行严格把关。《冷藏冷冻食品销售质量安全监督管理办法》提出冷藏车和冷库要备案，进一步完善相关主体的责任。GB 31605—2020《食品安全国家标准　食品冷链物流卫生规范》于2021年开始实施。通过相关条例的制定和严执行、相关监管部门的严监管、冷链物流行业的规范化运营发展，保障人民的身体健康。

3. 冷链物流政策环境

中央一号文件中，"农产品冷链物流"多次出现。农产品类冷链相关政策文件超过15项，主要围绕农产品冷链设施及冷链物流体系建设、开发冷链物流全程监控系统及平台、创新冷链物流运营模式、做好"最先一公里"冷链物流。冷链设施类相关政策文件主要围绕冷藏车和冷库，相关文件超过8项，指出要在绿色、环保、多温层、运输能力等方面做出改进。2023年《中央财办等部门关于推动农村流通高质量发展的指导意见》提出了加强农产品仓储保鲜冷链设施建设、加快补齐县乡村物流设施短板、合理优化商贸流通设施布局、推动城乡流通深度融合、强化农村流通数字赋能等重点任务。

4. 生鲜电商蓬勃发展

生鲜电商随着电子商务的发展而逐渐壮大，目前，生鲜电商冷链物流模式主要有两种，一种是自建物流模式，另一种是第三方物流模式。生鲜电商刚起步时，很少有能够同时满足产品质量要求和客户满意度的第三方物流企业。这种情况下，一些资金比较雄厚的生鲜电商开始布局建设自有冷链物流，如此更能迎合客户的需要，满足企业的标准和运营流程，但缺点是前期的投入资本过重。而对于资金并不雄厚的小企业而言，选择第三方冷链物流服务体系更能符合他们的要求，既省去了自建物流的高投入，还能通过共享性质，节约更多的物流成本。但由于控制力不高，默契程度不够，选择第三方物流仍存在弊端。随着生鲜电商的发展，第三方物流企业的需求量剧增，其中有些自建物流的电商企业也开始独立运营，转型为第三方物流企业，但随着竞争日益激烈，它们需要通过提高自身的服务能力来争取到更多的客户，这样生鲜电商的冷链物流服务才能得到更好的保障。

5. 其他

我国冷链物流发展成效还体现在发展质量不断提升。初步形成产地与销地衔接、运输与仓配一体、物流与产业融合的冷链物流服务体系；创新步伐明显加快；数字化、标准化、绿色化设施装备研发应用加快推进，"生鲜电商+冷链宅配"等新业态新模式日益普及；市场主体持续壮大；在冷链仓储、运输、配送、装备制造等领域，形成一批龙头企业，行业发展生态不断完善，基础作用日益凸显；冷链物流在调节农产品跨季节跨区域供需、稳定市场供应、平抑价格波动、减少流通损耗等方面都发挥了重要作用。

二、我国食品贮运与保鲜行业存在的问题

近年来，我国食品贮运与保鲜行业取得了较大的发展成效，但仍面临不少突出瓶颈和痛点、难点、卡点问题，难以有效满足市场需求。进入新发展阶段，人民群众对高品质消费品和市场主体对高质量物流服务的需求快速增长，食品贮运与保鲜行业面临新的机遇和挑战。

1. 冷链物流发展不平衡不充分

我国贮运与保鲜行业跨季节、跨区域调节农产品供需的能力不足，农产品产后损失和食品流通浪费较多，与发达国家相比还有较大差距。从政策环境看，缺少统筹规划，东中西部、南北方和城乡间冷链物流基础设施分布不均，存在结构性失衡矛盾；冷链物流企业用地难、融资难、车辆通行难问题较为突出；冷链物流监管制度不全、有效监管不足，全链条监管体系有待完善。从行业链条看，产地预冷、冷藏和配套分拣加工等设施建设滞后；冷链运输设施设备和作业专业化水平有待提升，新能源冷藏车发展相对滞后；大中城市冷链物流体系不健全，传统农产品批发市场冷链设施短板突出。从运行体系看，缺少集约化、规模化运作的冷链物流枢纽设施，存量资源整合和综合利用率不高，行业运行网络化、组织化程度不够，覆盖全国的骨干冷链物流网络尚未形成，与"通道+枢纽+网络"的现代物流运行体系融合不足。从发展基础看，冷链物流企业专业化、规模化、网络化发展程度不高，国际竞争力不强；信息化、自动化技术应用不够广泛；冷链物流标准体系有待完善，强制性标准少，推荐性标准多，标准间衔接不够紧密，部分领域标准缺失，标准统筹协调和实施力度有待加强；冷链专业人才培养不足，制约行业发展。

2. 食品贮藏保鲜经营规模小、管理水平低，产品质量难以保证

目前，我国冷链物流体系尚未完善，运输规模小而分散，基础设施建设滞后，容易产生产品损耗。我国初级农产品的冷链运输率比发达国家要低。农产品、肉以及海鲜大多是需要通过冷链运输的产品，但是其在国内的冷链运输率却分别只占据了35%、57%以及69%，与国外的80%~90%有较大差距。即使是通过冷链运输的农产品（水果、蔬菜）、肉以及海鲜，出现断链的概率也远远高于发达国家5%的断链概率。

大多数冷链物流公司重视经济效益,对食品本身和运输的质量却不够注重。在实际应用中不能合理有效地运用先进的仓储技术、温度控制、监督管理技术。

目前我国冷链物流还是以常温运输为主,部分结合冷链运输,综合冷链流通率仅20%左右,且损耗率超过20%,最终冷链利润率仅8%,呈现冷链流通比重低、损耗大、成本高的尴尬局面。此外,生鲜冷链物流的贮存方式为冷库贮存,全国的冷库主要分布在华东、华北、华南。

3. 贮藏运输中的质量安全问题关注度不够

食品在贮运过程中经常会受到各种环境因素的影响,进而影响到食品的质量安全。在食品保藏技术应用过程中,部分企业超标、超范围使用防腐剂及使用禁用防腐剂、保鲜剂,贮藏运输环节安全间隔期缺乏,可能造成多残留叠加污染的联合暴露风险,影响食品的食用安全性。一些公司为了节省能耗或工作人员的操作不正确,而无法确保食品在冷链物流的运输全程中处于科学规范的低温环境下,这使得食品的质量以及安全性都可能有所下降。

生鲜农产品从田间到餐桌的流通链长、转运环节多、贮运时间跨度大,装卸搬运的次数比较多,损耗大,优果与劣果之间互相感染,使农产品受微生物和有害物质污染的可能性也大大增加,由物流环节所导致的农产品质量安全风险也就不可避免地增大,且进入市场的农产品大都没有通过分级和包装,农产品的来源、生产者、经销者、生产日期、产品等级等产品信息无法明确,农产品一旦在运输环节出现质量安全问题,难以溯源。

三、我国食品贮运与保鲜行业的发展趋势

1. 产业升级和扩大内需开拓冷链物流发展新空间

我国已转向高质量发展阶段,产业加快迈向全球价值链中高端,现代农业、食品工业、医药产业、服务业全面升级,对高品质、精细化、个性化的冷链物流服务需求日益增长。"十四五"时期随着城乡居民消费结构不断升级,超大规模市场潜力将加速释放,为冷链物流提高供给水平、适配新型消费、加快规模扩张奠定坚实基础,创造广阔空间。

2. 冷链产品安全提出新要求

冷链产品安全关系人民群众身体健康和生命安全。当前,我国冷链物流"断链""伪冷链"等问题突出,与此相关的产品质量安全隐患较多,要求提高冷链物流专业服务和应急处置能力,规范市场运行秩序,完善全程追溯体系,更好满足城乡居民消费安全需要。

3. 科技创新和数字转型激发冷链物流发展新动力

伴随新一轮科技革命和产业变革,大数据、物联网、5G、云计算等新技术快速推广,有效赋能冷链物流各领域、各环节,加快设施装备数字化转型和智慧化升级步伐,提高信息实时采集、动态监测效率,为实现冷链物流全链条温度可控、过程可视、源头可溯,提升仓储、运

输、配送等环节一体化运作和精准管控能力提供了有力支撑，有效促进冷链物流业态模式创新和行业治理能力现代化。

4. 高水平对外开放创造冷链物流发展新机遇

坚持实施更大范围、更宽领域、更深层次对外开放，特别是深入推进共建"一带一路"和推动构建面向全球的高标准自由贸易区网络将进一步优化区域供应链环境，有效发挥我国超大规模市场优势，深化与相关国家贸易往来，扩大食品进出口规模，推动国内国际冷链物流标准接轨，借鉴推广先进冷链物流技术和管理经验，促进冷链物流高质量发展。

5. 碳达峰、碳中和对冷链物流低碳化发展提出新任务

冷链物流仓储、运输等环节能耗较高，在实现碳达峰、碳中和目标背景下，面临规模扩张和碳排放控制的突出矛盾，迫切需要优化用能结构，加强绿色节能设施设备、技术工艺研发和推广应用，推动包装减量化和循环使用，提高运行组织效率和集约化发展水平，加快减排降耗和低碳转型步伐，推进冷链物流运输结构调整，实现健康可持续发展。

拓展阅读

"最先一公里"和"最后一公里"

"最先一公里"是指农产品从产地采摘后一直到移交物流运输之前，为了保持农产品质量、延长保质期，进行的预冷、分级、加工、包装、仓储等一系列活动。其中，农产品的品质（标准化）、处理工艺（预冷、分级、深加工）、货物包装及冷藏仓储，是农产品冷链的"早期质量"环节，是"最先一公里"的重要组成部分。作为源头，农产品冷链"最先一公里"在农产品流通体系中具有重要地位。特别是近年来，随着生鲜电商的发展，农产品冷链越来越受到重视。

"最后一公里"就是指最后的冷链配送。随着我国电子商务大物流时代的到来，"最后一公里"所蕴含的商业价值越来越明显。其中，生鲜电商产品的冷链配送模式的有效性和顾客满意度的高低，最终取决于末端冷链物流的服务质量。

近年来，随着农业结构调整和居民消费水平的提高，全社会对生鲜农产品的安全和品质提出了更高的要求，农产品冷链物流开始备受关注，并在冷藏运输、冷库建设、新技术应用等方面取得明显进展。同时，在国家"一带一路"倡议和互联网风潮带动下，农村电商、生鲜电商得以快速发展，全国很多偏远产地的优质农产品纷纷"走出去"，助力农产品从"最先一公里"

冬奥会对中国冷链物流的技术大考（拓展阅读）

走向"最后一公里",从而推动了农产品冷链物流提质增效,提升乡村产业链供应链现代化水平。

> **复习思考题**
>
> 1. 什么是食品?什么是食品品质?
> 2. 什么是冷链物流?食品贮运的特点有哪些?
> 3. 简述食品贮运与保鲜技术的发展过程及意义。
> 4. 我国食品贮运与保鲜行业存在哪些问题?其发展趋势怎么样?
> 5. 结合自身生活经验,谈谈"食品贮运与保鲜技术"对"树立大食物观""构建多元化食物供给体系""建设农业强国"的意义。

实训项目一　当地典型食品/果蔬贮运企业参观调研

一、实训目的

1. 了解食品/果蔬流通管理以及食品/果蔬流通过程对食品质量的影响。
2. 掌握企业食品/果蔬贮运生产经营情况,熟悉食品/果蔬贮运场所和贮运管理。
3. 了解国内外食品/果蔬贮运及保鲜产业现状、流通管理与食品/果蔬质量的关系。
4. 学会食品/果蔬流通场所的调查方法,了解调查项目;学会主要流通场所的结构、设施、设备和贮运品种的选择。

二、实训原理

应符合 GB 14881—2013《食品安全国家标准　食品生产通用卫生规范》规定的基本要求和管理准则。冷链食品符合 GB/T 24616—2019《冷藏、冷冻食品物流包装、标志、运输和储存》。根据食品/果蔬的特点和卫生需要选择适宜的贮存和运输条件;保持规范的记录管理,记录内容应完整、真实,确保对产品从原料采购到产品销售的所有环节都可进行有效追溯。

三、实训步骤

以小组为单位,讨论拟定参观调研方案,到当地典型食品/果蔬贮运企业参观,实地调查食品/

果蔬流通管理与食品/果蔬质量差异的关系，总结流通管理对食品/果蔬贮藏或保鲜质量的影响。

1. 前期准备

预先查阅有关食品/果蔬流通管理相关的技术规范、管理制度等，并了解食品/果蔬贮运及保鲜产业情况。制订调查方案、设计现场调查的记录表格或需要记录的内容。

2. 现场观察/询问/查看

（1）食品/果蔬企业贮运基本经营情况。

（2）食品/果蔬贮运企业管理经验。

（3）贮运场所的结构与特点：①贮藏库/冷库的建筑材料、隔热材料（库顶、地面、四周墙）的性质和厚度；②防潮隔气层的处理（材料、处理方法和部位）；③通风系统（门、窗、进气孔、出气孔）的结构、排列、面积；④贮藏库附属设施（制冷系统、气调系统、温度控制系统、湿度控制系统、其他设备）；⑤贮运设备（结构、特点、温湿度控制方式、通风方式）；⑥卫生设施（易维护和清洁设计，防止虫害藏匿、防止虫害侵入的装置）。

3. 调查记录

现场调查记录表格包括以下记录内容。

（1）食品/果蔬贮藏与运输前的准备工作（食品/果蔬种类、前处理、包装、预冷、贮藏库、运输工具等）。

（2）食品/果蔬贮藏调查（食品/果蔬种类、贮藏方式、码跺、贮藏条件、贮藏管理等）。

（3）食品/果蔬运输调查（食品/果蔬种类、运输方式、贮藏方式、运输工具、运输条件、运输管理等）。

（4）食品/果蔬贮运管理效果调查［食品/果蔬种类，贮运期限，贮运过程质量变化（微生物、生理病害、品质变化），不同时期损耗，贮运存在问题等］。

注：①贮运期限包括入库期、出库期、最长贮藏期；②不同时期的损耗包括自然损耗、病害及其他损耗。

（5）辅助设施调查（照明、防火、贮藏架、称量、避雷、防虫防鼠、通风设备、隔热结构等）。

四、实训结果与讨论

（1）组内讨论，谈心得体会并总结；根据调查结果撰写一份调研报告，并提交。

（2）组内制作、改进PPT，汇报调查过程及结果。每组进行PPT演讲、答辩，其他组聆听并提问/质疑；老师和企业专家共同提问评价。

五、注意事项

（1）到食品/果蔬贮运企业参观要注意安全，注意自身形象。

(2）选择当地典型的贮运企业，注意企业的贮运管理。

(3）要有耐心，多看、多问、多思考，并勤记录；拍照、录像需要取得企业方的同意。

(4）人多可分组进行，总结食品/果蔬产品贮运管理经验。

实训项目二　典型果蔬贮藏保鲜品质评价

一、实训目的

1. 了解果蔬的感官质量、卫生质量和营养质量项目及指标。
2. 掌握果蔬质量评价的原理和方法。
3. 能对果蔬感官指标进行评价；掌握果蔬硬度、可溶性固形物含量、含酸量测定的操作要点。
4. 能够根据果蔬感官品质评价结果判定采购果蔬成熟度。

二、实训原理

果蔬产品贮藏后的品质好坏是判断贮藏保鲜效果的重要依据。果蔬在成熟、采收、运输、贮藏及加工期间的感官品质变化，是其组织内部一系列复杂的生理生化变化的结果。常见的果蔬感官品质评价指标有果蔬的色泽、风味、硬度、可溶性固形物、好果率等。

利用硬度计测定果蔬的硬度，利用手持式折射仪（也称糖镜、手持式糖度计）测定果蔬可溶性固形物含量（含糖量），可了解果蔬的品质，估计果实的成熟度。

果蔬中含有各种有机酸，主要有苹果酸、柠檬酸、酒石酸、草酸等。果蔬含酸量测定根据酸碱中和原理，即用已知浓度的氢氧化钠溶液滴定，故测出来的酸量又称为总酸或可滴定酸。

三、实训材料和器具

（1）材料　新鲜苹果、梨、柑橘、番茄、甜椒、萝卜等；0.1mol/L氢氧化钠、1%酚酞指示剂、滤纸。

（2）器具　果实硬度计、手持式折射仪、游标卡尺、托盘天平、白瓷盘、研钵、量筒、烧杯、滴管、100mL容量瓶、20mL移液管、锥形瓶、碱式滴定管等。

四、实训步骤

1. 选择果蔬

观察果蔬表面特性,风味鉴品。取选果实5个,分别放在托盘天平上称重,记录单个果重,并求其平均果重(g);用游标卡尺测量果实的横径(cm)和纵径(cm),求果形指数[即果实的纵径(即高度)与横径(即粗度)的比值],以了解果实的形状和大小。

2. 果实硬度测定

硬度计结构如图1-2所示,在果实对应两面削去厚2mm、直径为1cm的圆形果皮。一手握住果实,使削面与硬度计的测头垂直,另一只手握住硬度计,对准已削好的果面,借助臂力,使测头顶端部分压入果肉中,即可在游标卡尺上读出游标所指的硬度。以每平方厘米面积上承受的压力表示硬度($1kgf/cm^2=9.80665×10^4Pa$)。每一个果实测3次,取其平均值。

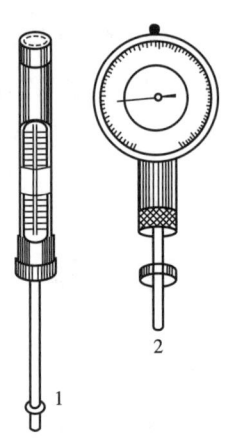

图1-2 硬度计
1—长筒形硬度计
2—圆盘式硬度计

3. 可溶性固形物含量测定

手持式折射仪如图1-3所示,打开手持式折射仪保护盖,用干净的纱布或卷纸小心擦干棱镜玻璃面。在棱镜玻璃面上滴2滴蒸馏水,盖上保护盖。

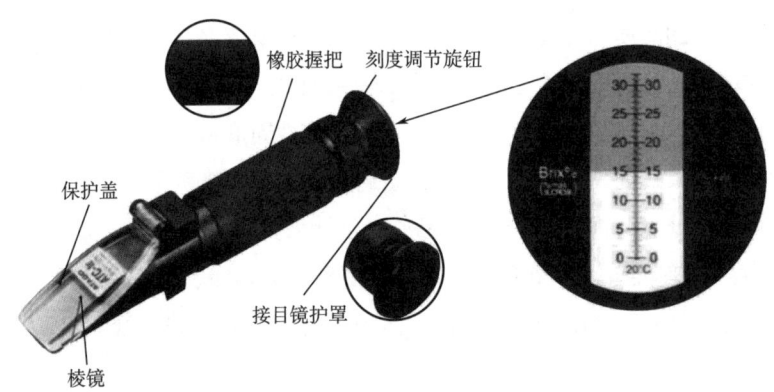

图1-3 手持式折射仪

于水平状态,从接眼部处观察,检查视野中明暗交界线是否处在刻度的零线上。若与零线不重合,则旋动刻度调节螺旋,使分界线面刚好落在零线上。

打开保护盖,用纱布或卷纸将水擦干,然后如上法在棱镜玻璃面上滴2滴果蔬汁,进行观测,读取视野中明暗交界线上的刻度,即为果蔬汁中可溶性固形物含量(%),重复3次。

4. 含酸量测定

称取均匀样品50g，置研钵中研碎，用纱布初滤，再用蒸馏水（不超过50mL）洗涤滤渣，后用滤纸过滤，定容至100mL。

吸取滤液20mL放入烧杯中，加酚酞指示剂2滴，用0.1mol/L NaOH滴定，直至呈淡红色为止（15s不褪色）。记下NaOH用量。重复滴定3次，取其平均值。

果蔬含酸量按式（1-1）计算：

$$果蔬含酸量 = \frac{V \times c \times R}{W} \times \frac{B}{A} \times 100\% \tag{1-1}$$

式中　V——NaOH液用量，mL；

　　　c——NaOH液摩尔浓度，mol/L；

　　　A——样品克数，g；

　　　B——样品液制成的总毫升数，mL；

　　　W——滴定时用的样品液毫升数，mL；

　　　R——折算系数，以果蔬主要含酸种类计算，如苹果或番茄用0.067。

注：折算系数以该果蔬所含主要的酸来表示，如苹果、梨、桃、杏、李、番茄、莴苣主要含苹果酸，以苹果酸计算，其毫克当量为0.067；柑橘类以柠檬酸计算，其毫克当量为0.064；葡萄以酒石酸计算，其毫克当量为0.075。

五、实训结果与讨论

（1）实训数据记录在下表。

样品名称	果形指数				果实硬度/(kgf/cm²)				可溶性固形物含量/%				含酸量/%					其他指标
													NaOH用量/mL				含酸量	
	指数1	指数2	指数3	平均值	读数1	读数2	读数3	平均值	读数1	读数2	读数3	平均值	1	2	3	平均值		

（2）请思考除了本实训所测定的指标外，还有哪些指标可以检测？有什么更先进的检测方法？

（3）什么是固酸比？为什么要测定固酸比？本实训中水果的固酸比是多少？如何判定果实成熟度？

（4）分析本实训中影响果蔬硬度测定的因素。

第二章
食品原料特点和生理特征

学习目标

知识目标

1. 掌握植物性原料特点和采后生理，动物性原料的宰后变化；不同食品原料贮运中品质变化的特点及影响品质变化的因素。
2. 熟悉不同食品原料的败坏影响因素及控制方法。
3. 了解在贮运中控制食品品质变化的因素。

技能目标

1. 能根据不同呼吸类型植物原料的保藏特点，动物性原料的宰后僵直、软化等生理变化，拟定相应的个性化品质保证技术方案。
2. 会分析常见食品腐败原因并进行预防，能够完成鲜活食品呼吸强度的测定，并通过感官鉴定分析食品的变质情况。

职业素养目标

1. 树立"质量第一、依法应用"的观念，提高食品安全认识，培养严谨细致的工作作风和诚实守信、认真负责的工作态度。
2. 通过学习食品败坏的影响因素，加深对于事物之间以及事物内部相互联系、相互作用、相互制约的唯物辩证思维的理解。
3. 能够认识到食品贮运与保鲜技术的应用，在服务保障民生、促进社会稳定中，保证食品有效供给，减少损耗，稳定市场的重要性，理解"食品人"的责任与担当。

案例导入

2022年7—8月，连日高温，菜价不断上涨。记者走访浙江金华市区部分商超和农贸市场发现，受天气影响，豆类、叶类蔬菜等价格涨幅明显。据蔬菜合作社负责人介绍，每到夏季，蔬菜尤其是绿叶菜萎蔫、减产都是常态，好在他们都提前做好为蔬菜降温的准备，最大程度减少高温天气对蔬菜的影响，绿叶菜每亩产量比春秋季减少5%～10%。此轮菜价上涨是受全国异常高温影响，一方面，南方产区正在经历高温酷暑天气，有的地方达到历史极值，地里的蔬菜几乎无法生长，晒伤变质现象普遍，品质有所下滑，使得南方加大了对外地冷凉客菜的采购；而北方也经历高温和连续降雨，高温及光照不足，导致地里蔬菜易腐易烂，成品率下降，因此质量好的遭到抢购，拉高整体菜价。另一方面，持续高温使得叶菜生长周期放缓，产量有所降低，上游供应端供不应求的市场环境直接拉高了销售终端的价格。此外，外地客菜都需打冷处理，成本的上升及人工费、油费的上涨都一定程度上导致菜价上浮。

讨论：

1. 蔬菜在生长过程中的影响因素有哪些？
2. 如何防止食物腐败变质？
3. 党的二十大报告指出"实施供给侧结构性改革""把实施扩大内需战略同深化供给侧结构性改革有机结合起来"。你对推进农业供给侧结构性改革，实现地域农业高质量发展，有什么建议和想法？

第一节　植物性原料特点和采后生理

果蔬在采收之后，仍然是一个活的有机体，其生命代谢活动仍在继续进行。其中呼吸作用和蒸腾作用所消耗的水分和有机物等，可以由植株所含的水量、光合作用产物以及矿物质的流动来补充。而采后果蔬的呼吸作用与采后品质变化、成熟衰老进程、贮藏寿命、货架寿命、采后生理性病害、采后处理和贮藏技术等有着密切关系。粮食类食品刚刚收获后，胚的发育还在进行，新粮经过一个时期的保管，胚不再发育，呼吸作用也逐渐趋于平稳，生理上达到完全成熟。这个使新粮达到完全成熟的保管期称为后熟期。经过后熟期的粮食呼吸作用减弱，发芽率增加，品质得到改善。

一、呼吸作用

呼吸作用是指细胞内的有机物在一系列酶的作用下逐步氧化分解，同时释放能量的过程。呼吸作用是所有活细胞的共同特征，一切动植物维持生命的重要生理

呼吸作用（视频）

过程之一。它不仅提供采后组织生命活动所需的能量，而且是采后各种有机物相互转化的中枢。呼吸作用的主要底物是有机物质，如糖、有机酸和脂肪等。

（一）呼吸作用的类型

根据呼吸过程是否需氧，呼吸作用可以分为有氧呼吸和无氧呼吸两种类型。

有氧呼吸是指活细胞在氧气的参与下，把某些有机物彻底氧化分解，生成二氧化碳和水，同时释放出能量的过程。有氧呼吸是高等植物呼吸的主要形式，通常所说的呼吸作用指有氧呼吸。呼吸作用中被氧化的有机物称为呼吸底物，碳水化合物、有机酸、蛋白质、脂肪都可以作为呼吸底物。一般来说，淀粉、葡萄糖、果糖、蔗糖等碳水化合物是最常被利用的呼吸底物。

有氧呼吸的总反应式如下：

$$C_6H_{12}O_6 + 6O_2 + 38ADP \longrightarrow 6CO_2 + 6H_2O + 38ATP（1271kJ）+ 1544kJ$$

该反应表明，这种呼吸作用是有氧气参加的氧化作用，称为有氧代谢。

在不同的贮运条件下，大气中的氧气量不足以维持完全的有氧代谢。在这种情况下，无氧条件也可在短时间内维持生存，即通过无氧呼吸获得所需能量。无氧呼吸一般指在无氧条件下，呼吸底物降解为不彻底的氧化产物，同时释放出能量的过程。释放的能量比有氧呼吸的少。对于高等植物，这个过程习惯上称为无氧呼吸；对于微生物，则习惯上称为发酵。无氧呼吸是一个不完全分解的过程。这时，糖酵解产生的丙酮酸不再进入三羧酸循环，而是脱羧成乙醛，或继续还原成乙醇、乳酸等物质。反应式如下：

$$C_6H_{12}O_6 \longrightarrow 2C_2H_5OH + 2CO_2 + 87.9kJ$$

该反应表明，在无氧呼吸过程中，葡萄糖通过酵解的途径分解为酒精（或乳酸）和二氧化碳，并释放能量。这种无氧呼吸的过程称为无氧代谢（发酵），其反应进行得很快，累积的产物对生物体有害。

有氧和无氧的呼吸作用虽然表现形式不同，但都消耗产品内部的营养成分，产生能量和水。植物的呼吸作用不是通过呼吸器官来完成的，而是通过植物细胞的氧化作用来完成。植物细胞通过氧化细胞内部的营养成分获得能量，从而维持其生理活动，这个过程就是细胞的氧化作用。

无氧呼吸对于产品贮运是不利的，一方面因为无氧呼吸所提供的能量比有氧呼吸少，消耗的呼吸底物多，加速果蔬的衰老过程；另一方面，无氧呼吸产生的乙醛、乙醇物质在果蔬中积累过多会对细胞有毒害作用，导致果蔬风味的劣变、生理病害的发生。

植物产品采后的呼吸作用状态与采前基本相同，在某些情况下又有一些差异。采前产品在田间生长时，氧气供应充足，一般进行有氧呼吸；而在采后贮运时，产品可能放在封闭的包装中或者埋藏在沟中，或者通风不良，或者氧气供应不足，这些都容易产生无氧呼吸。因此，在贮运期应防止产生无氧呼吸。但当产品体积较大时，内层组织气体交换差，部分无氧呼吸也是对环境的适应，即使在外界氧气充分的情况下，果实中可能也在进行一定程度的无氧呼吸。

正常情况下，有氧呼吸是植物细胞进行的主要代谢类型，环境中O_2的浓度决定呼吸类型，一般高于3%进行有氧呼吸，否则进行无氧呼吸。

（二）与呼吸作用相关的概念

1. 呼吸强度

呼吸强度（Respiration rate）也称呼吸速率，是指一定温度下，一定量的产品进行呼吸作用时所吸入的氧气或释放二氧化碳的量，一般单位用mg（或mL）O_2（或CO_2）/（kg·h）来表示。由于无氧呼吸不吸入O_2，一般用CO_2生成的量来表示更确切。呼吸强度是衡量产品贮运潜力的依据，呼吸强度越高，呼吸越旺盛，贮运寿命越短。部分果蔬的呼吸强度见表2-1。

表2-1　不同温度下部分果蔬的呼吸强度　　　　单位：mg CO_2/（kg·h）

产品	0℃	4~5℃	10℃	15~16℃	20~21℃	25~27℃
夏苹果	3~6	5~11	14~20	18~31	20~41	—
秋苹果	2~4	5~7	7~10	9~20	15~25	—
甘蓝	4~6	9~12	17~19	20~32	28~49	49~63
草莓	12~18	16~23	49~95	62~71	102~196	169~211
菠菜	19~22	35~58	82~138	134~223	172~287	—
青香蕉	—	—	—	21~23	33~35	—
熟香蕉	—	—	21~39	27~75	33~142	50~245
荔枝	—	—	—	—	—	75~128

2. 呼吸商

呼吸商（Respiratory quotient，RQ）也称呼吸系数，是指产品呼吸作用过程中释放CO_2和吸入O_2的体积之比，即$RQ = V_{CO_2}/V_{O_2}$，RQ的大小与呼吸作用状态（有氧呼吸、无氧呼吸）、呼吸底物和贮运温度等有关。

RQ主要与呼吸作用状态即呼吸类型有关。当发生无氧呼吸时，吸入的氧气少，RQ>1，RQ越大，无氧呼吸所占的比例也越大。例如，干燥的粮食RQ≤1，表示粮食可能在进行有氧呼吸；RQ>1，则表示粮食可能在进行无氧呼吸。

RQ的大小与呼吸底物也密切相关，不同的底物所消耗掉的氧气量不同。以葡萄糖为底物的有氧呼吸，RQ=1；以含氧高的有机酸为底物的有氧呼吸，RQ>1；含碳、氢多的脂肪、蛋白质为呼吸底物的有氧呼吸，RQ<1。

RQ还与贮运温度有关。例如，夏橙或华盛顿脐橙在0～25℃放置时，RQ接近1或等于1；在38℃时，夏橙RQ接近1.5，华盛顿脐橙RQ接近2.0。这表明，高温下可能存在有机酸的氧化或无氧呼吸，也可能二者兼而有之。在冷寒条件下，果实发生代谢异常时，RQ变化杂乱无规律。例如，黄瓜在13℃时RQ=1；在0℃时，RQ有时小于1，有时大于1。

3. 呼吸热

呼吸热是在呼吸作用过程中产生，除了维持生命活动以外而散发到环境中的那部分热量。以葡萄糖为底物进行正常有氧呼吸时，每释放1mg CO_2相应释放约10.68J的热量。

呼吸热会使果蔬自身温度升高，加速产品腐败变质，因此，贮运中应尽量排除。环境温度低于产品要求时，可利用自身呼吸热进行保温，防止冷害和冻害的发生。

4. 呼吸温度系数

在生理温度范围内，温度升高10℃时呼吸速率与原来温度下呼吸速率的比值即为呼吸温度系数，用Q_{10}来表示。它反映了呼吸速率随温度变化而变化的程度。温度是影响鲜活植物产品代谢水平、水分散失、病原微生物繁殖和侵染的重要因子。一般来说，随着温度的降低，植物代谢水平也降低，营养损耗小，释放呼吸热少；水分蒸发慢，失水相对较轻；微生物繁殖慢，侵染力弱，有利于贮运。但是温度过低，可能导致生命体代谢混乱，出现冷害或冻害。一般果蔬Q_{10}为2～2.5，这表示温度升高10℃时，呼吸速率增加了1～1.5倍；该值越高，说明产品呼吸作用受温度变化影响越大。研究表明，果蔬产品的Q_{10}在低温下较大，因此果蔬采后应尽量降低贮运温度，并且保持冷库温度的恒定。常见蔬菜的呼吸温度系数见表2-2。

表2-2 常见蔬菜的呼吸温度系数

种类	0.5～10℃	10～24℃
芦笋	3.5	2.5
豌豆	3.9	2.0
嫩荚菜豆	5.1	2.5
菠菜	3.2	2.6
辣椒	2.8	3.2
胡萝卜	3.3	1.9
莴苣	3.6	2.0
番茄	2.0	2.3
黄瓜	4.2	1.9
马铃薯	2.1	2.2

5. 呼吸跃变

根据果实呼吸作用曲线的变化模式，可将果蔬分成两类。一类果实从发育、成熟到衰老的过程中，其呼吸强度的变化模式是在果实发育定型之前，呼吸强度不断下降，此后在成熟开始时，呼吸强度急剧上升，达到高峰后便转为下降，直到衰老死亡，这个呼吸强度急剧上升的过程称为呼吸跃变。此时，果蔬的食用品质最佳，这一类果蔬被称为跃变型或呼吸高峰型果蔬（图2-1）。另一类果实在发育过程中没有呼吸高峰，呼吸强度在采后一直下降，被称为非跃变型果蔬（图2-2）。表2-3归纳了跃变型和非跃变型的果蔬。

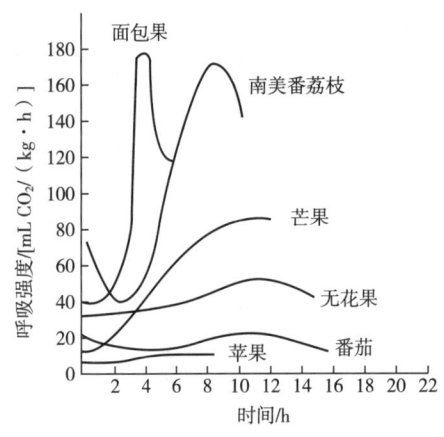

图2-1　跃变型果实的呼吸作用曲线　　图2-2　非跃变型果实的呼吸作用曲线

表2-3　两种呼吸作用曲线变化类型的果实分类

分类	跃变型果实		非跃变型果实	
果蔬品种	苹果	罗马甜瓜	伞房花越橘	甜橙
	杏	蜜露甜瓜	可可	菠萝
	鳄梨	番木瓜	腰果	蒲桃
	香蕉	百香果	欧洲甜樱桃	草莓
	面包果	桃	葡萄	番樱桃
	南美番荔枝	梨	葡萄柚	树番茄
	中华猕猴桃	柿	南海蒲桃	nor-番茄
	无花果	李	柠檬	rin-番茄
	番石榴	香肉果	荔枝	黄瓜
	曼密苹果	刺果番荔枝	山苹果	
	芒果	番茄	橄榄	

不同种类跃变果实呼吸高峰出现的时间和峰值不完全相同。一般原产于热带和亚热带的果实，如油梨和香蕉，跃变顶峰的呼吸强度分别为跃变前的3~5倍和10倍，且跃变时间维持很短，很快完全成熟并衰老。原产于温带的果实，如苹果、梨等跃变顶峰的呼吸强度仅比跃变前的呼吸强度增加1倍左右，但维持跃变时间很长。这类果实比前一类型果实成熟更慢，因而更耐贮运。有些果实，如苹果，留在树上也可以出现呼吸跃变，但与采摘果实相比，呼吸跃变出现较晚，峰值较高；另外一些果实，如油梨，只有采后才能成熟和出现呼吸跃变，如果留在植株上可以维持不断的生长而不能成熟，当然也不出现呼吸跃变。某些未成年的幼果（如苹果、桃、李）采摘或脱落后，也可发生短期的呼吸高峰。甚至某些非跃变型果实，如甜橙的幼果在采后也出现呼吸上升的现象，而长成的果实反而没有。表2-4列出了跃变型与非跃变型果实的特性比较。

表2-4 跃变型与非跃变型果实的特性比较

特性指标	跃变型果实	非跃变型果实
后熟变化	明显	不明显
体内淀粉含量	富含淀粉	淀粉含量极少
内源乙烯产生量	多	极少
采收成熟度要求	一定成熟度时采收	成熟时采收

呼吸跃变期是果实发育进程中的一个关键时期，对果实贮运寿命有重要影响。它既是成熟的后期，同时也是衰老的开始，此后产品就不能继续贮运。生产中要采取各种手段来推迟跃变型果实的呼吸高峰以延长贮运期。

（三）影响呼吸代谢的因素

1. 种类与品种

鲜活产品种类繁多，可食用部分各不相同，包括根、茎、叶、花、果实、种子和变态器官，这些器官在组织结构和生理方面有很大差异，其采后的呼吸作用也有很大的不同。

在蔬菜的各种器官中，生殖器官新陈代谢异常活跃，呼吸强度一般大于营养器官，所以通常以花的呼吸作用最强，叶子等营养器官的新陈代谢比贮藏器官旺盛，因为叶片有薄而扁平的结构，分布大量气孔，气体交换迅速，其中散叶型蔬菜的呼吸要高于结球型，因为叶球变态成为积累养分的器官。根茎类蔬菜，如直根、块根、块茎、鳞茎是贮藏器官，其呼吸强度相对最小。根茎类蔬菜呼吸强度小的原因，还与其在系统发育中对土壤环境缺氧的适应有关。部分贮藏器官，如种子采后进入休眠期，呼吸作用就更弱。果实类蔬菜介于叶菜和地下贮藏器官之间。水果中的呼吸强度以浆果呼吸强度最大；其次是桃、李、杏等核果；苹果、梨等仁果类和葡萄呼吸强度较小。

同一类产品，不同品种之间呼吸作用也有差异，如图2-3所示。一般来说，晚熟品种生长期较长，积累的营养物质较多，呼吸强度高于早熟品种；夏季成熟品种的呼吸作用比秋冬季成熟品种强；南方生长的品种比北方生长的要强。在蔬菜中，叶菜类和花菜类的呼吸强度最大，果菜类次之，作为贮藏器官的根和块茎蔬菜如马铃薯、胡萝卜等的呼吸强度相对较小，也较耐贮运。一般来说，呼吸强度愈大，耐藏性愈低。

不同种类和品种果蔬产品的呼吸强度相差很大，这是由遗传特性决定的。一般来说，热带、亚热带果蔬的呼吸强度比温带果蔬的呼吸强度大，高温季节采收的产品比低温季节采收的大。

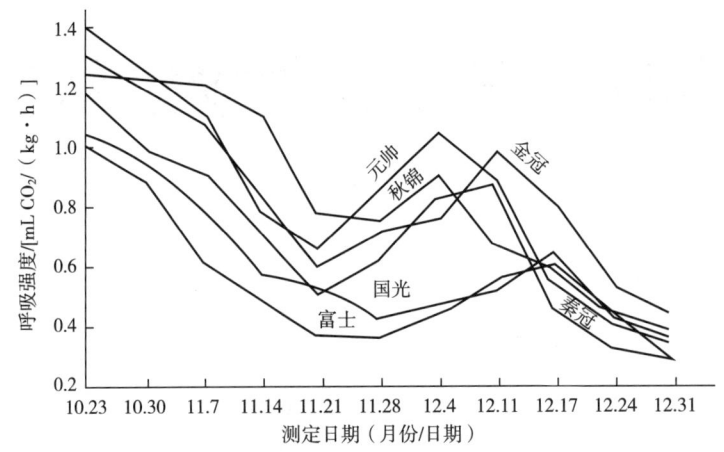

图2-3 不同品种苹果呼吸强度的变化

2. 成熟度

在植物产品的系统发育过程中，幼嫩组织处于细胞分裂和生长阶段，其代谢旺盛，且保护组织尚未发育完善，便于气体交换而使组织内部供氧充足，呼吸强度较高。随着生长发育，呼吸作用逐渐下降。成熟产品表皮保护组织，如蜡质、角质加厚，新陈代谢缓慢，呼吸作用就较弱。但是跃变型果实在成熟时呼吸作用会再次升高，达到呼吸高峰后又下降；非跃变型果实成熟衰老时，呼吸作用一直缓慢减弱，直到死亡。块茎、鳞茎类蔬菜田间生长期间呼吸强度一直下降，采后进入休眠期呼吸作用降到最低，休眠期后重新上升。

3. 温度

呼吸作用是生物化学反应，对温度极为敏感。在一定的温度范围内，温度与呼吸作用的强弱成正比关系。然而，温度对呼吸的加速是有限的。在0~30℃，温度对呼吸作用的加速是指数关系，如图2-4所示。

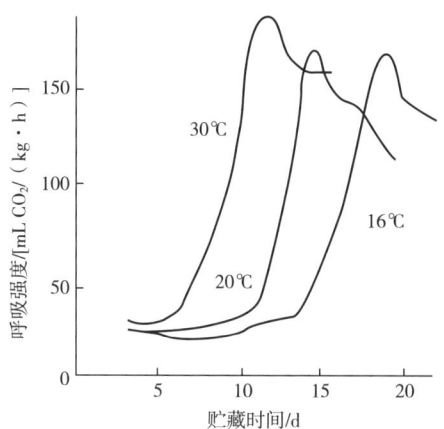

图2-4 香蕉后熟过程中呼吸强度与温度的关系

当温度升高到一定限度时,呼吸强度反而下降,当果蔬的温度高到45℃时,呼吸强度明显下降。通常促进果蔬呼吸作用的最佳温度在25~30℃。因为当温度超过45℃时,酶蛋白分子的侧链连接就会改变,从而引起整个空间结构的变化,酶的活力即发生变化。当温度达到55℃时,大多数酶都很快失去活力以致完全丧失催化能力,而任何一种与呼吸作用有关的酶失去活力时,果蔬正常的呼吸作用将无法进行,正常的生理机能就要受到破坏。由于生命活动变慢以致停止,使腐生的细菌以很高的速度在果蔬体内繁殖,果蔬立即腐烂。反之,当温度降低时,酶蛋白的活力也很低,呼吸作用减慢,营养消耗很少,有利于延长寿命。同时由于低温下,细菌不易在蔬菜体内繁殖,更有利于果蔬保鲜。不同果蔬要求不同的贮存温度,因而确定贮运温度应遵循如下两条原则:一是以不出现低温伤害为限度,通常采用正常呼吸作用的下限作为贮运温度;二是绝对不可以将不同种类的果蔬放在同一温度条件下贮运,因为各种果蔬的下限温度各不相同。

贮运期温度的波动会刺激产品体内水解酶活力,加速呼吸作用,见表2-5。如5℃恒温下贮运的洋葱、胡萝卜、甜菜的呼吸强度分别为9.9,7.7,12.2mg CO_2/(kg·h),若是在2℃和8℃隔日互变而平均温度为5℃的条件下,呼吸强度则分别为11.4,11.0,15.9mg CO_2/(kg·h)。因此在贮运中要避免库体温度的波动。

表2-5 变温条件下几种蔬菜呼吸强度的变化 单位:mg CO_2/(kg·h)

项目	洋葱	胡萝卜	甜菜
5℃	9.9	7.7	12.2
2℃和8℃隔日互变(均温5℃)	11.4	11.0	15.9

4. 气体的分压

贮运环境中影响植物产品贮运的气体主要是氧气、二氧化碳和乙烯。呼吸作用过程主要是有生命的有机体吸入氧气，呼出二氧化碳的过程。因此，氧气分压和二氧化碳分压对植物产品的呼吸强度有显著的影响。空气中含氮气78%、氧气21%、二氧化碳0.03%，还有其他一些稀有气体。氧气浓度高，呼吸强度大；反之，氧气浓度低，呼吸强度低。

低氧气浓度和高二氧化碳浓度不但可以降低呼吸强度，还能推迟果实的呼吸高峰，甚至使其不发生呼吸跃变。图2-5为15℃条件下不同气体组合贮运对香蕉呼吸强度的影响。

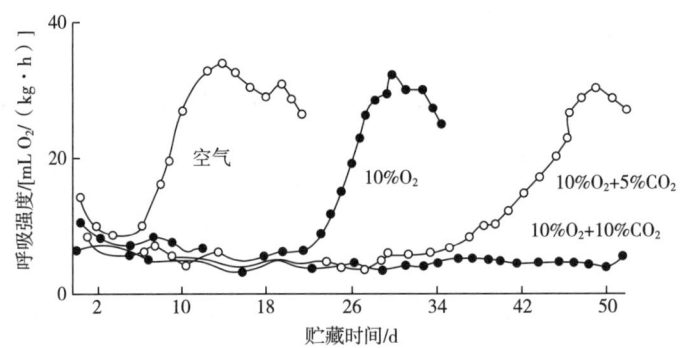

图2-5　15℃条件下不同气体组合贮运香蕉的呼吸强度

乙烯是影响呼吸作用的重要因素。它是一种成熟衰老植物激素，即果蔬催熟剂，它可以增强呼吸强度。通过抑制或促进乙烯的产生，可调节果蔬的成熟进程，影响其贮运寿命。

5. 相对湿度

目前，湿度对呼吸的影响还缺乏系统深入的研究，但这种影响在许多贮运实例中确有反映。一方面，稍干燥的环境可以抑制呼吸，大白菜、菠菜、温州蜜柑、红橘等采收后进行预贮，晾晒蒸发掉一小部分水分，使产品轻微失水有利于降低呼吸强度，增强贮运性。另一方面，湿度过低对香蕉的呼吸作用和完熟也有影响，香蕉在90%以上的相对湿度时，采后出现正常的呼吸跃变，果实正常完熟；当相对湿度下降到80%以下时，没有出现正常的呼吸跃变，不能正常完熟，即使能勉强完熟，但果实不能正常黄熟，果皮呈黄褐色而且无光泽。

在一定限度内，呼吸速率随组织的含水量增加而提高，在干种子中特别明显。当粮食含水量低于一定数值时，粮食呼吸作用就会控制在极其微弱的程度，此时即使温度升高为粮食呼吸作用的最适宜温度，但粮食呼吸作用并无明显增强；而当粮食含水量超过某一数值时，粮食呼吸作用就会显著增强。粮食呼吸作用越强，粮食内部营养物质的消耗就越多，粮堆间积累的水分和热量就越多，对粮食的保管就越不利。

6. 机械损伤

在采收、分级、包装、运输和贮运过程中，果蔬产品常会受到挤压、振动、碰撞、摩擦等损伤。果蔬产品的组织在受到机械损伤时呼吸速率显著增高的现象叫作愈伤呼吸，又称创伤呼吸、伤呼吸。损伤程度越高，呼吸作用越强。如伏令夏橙从61cm和122cm高处跌落到地面，呼吸作用分别增加10.9%和13.3%。在运输过程中受伤严重的马铃薯，在贮存时会发热，这就是呼吸作用增强的表现。愈伤呼吸产生原因为机械损伤使酶与底物的间隔被破坏，酶与底物直接接触，使氧化作用加强。因为伤口周围的细胞要进行旺盛的细胞分裂以修复伤口，因而需要有一定的物质和能量供应；另外，受伤使伤口细胞破裂，细胞中的糖、蛋白质、维生素等营养物质流出细胞，聚集在伤口处，为微生物生长提供良好的条件，使各种微生物大量繁殖，这是果蔬受伤后呼吸强度增高和发热以致腐烂的主要原因。

因此，在果蔬的贮存过程中，包括采摘、包装、运输和加工等过程都应尽可能地避免机械损伤。

7. 其他

对果蔬采取涂膜，如马来酰肼（青鲜素）、矮壮素、赤霉素等物质，还有包装、避光等措施，以及辐照和应用生长调节剂等处理，均可不同程度地抑制产品的呼吸作用。需注意，使用这些技术的要考虑食品安全性。

（四）呼吸作用与食品贮运的关系

呼吸作用和食品贮运之间存在两方面的作用，既有有利的一面，也有不利的一面，食品贮运过程中，耐藏性和抗病性是评价贮运性能好坏的重要指标。耐藏性是指在一定贮运期内，产品能保持其原有品质而不发生明显不良变化的特性。抗病性是指产品抵抗致病微生物侵害的特性。

1. 积极作用

呼吸作用提供果蔬代谢所需要的能量，产生代谢的中间产物，从果蔬的耐藏性和抗病性的角度考虑，呼吸作用对果蔬贮运具有积极作用。

由于果蔬在采后仍是生命活体，具有抵抗不良环境和致病微生物的特性，因此损耗减少，品质得以保持，贮运期得以延长，产品的耐藏性和抗病性较好。水果、蔬菜采后同化作用基本停止，呼吸作用成为新陈代谢的主导，它直接联系着其他生理生化过程，也影响和制约着产品的寿命、品质变化和抗病能力。随着贮存时间的延长，果蔬体内有机物质将越来越少，果蔬呼吸越强则衰老得越快。因此，控制和利用呼吸作用来延长贮运期是至关重要的。

正常的呼吸作用能为一切生理活动提供必需的能量，还能通过许多呼吸作用的中间产物使糖代谢与脂肪、蛋白质及其他许多物质的代谢联系在一起，使各个反应环节及能量转移之间协调平衡，维持产品其他生命活动有序进行，保持耐藏性和抗病性。通过呼吸作用可防止对组织有害的中间产物的积累，将其氧化或水解为最终产物，进行自身平衡保护，防止代谢失调造成的生理障碍，这在逆境条件下表现得更为明显。呼吸作用与耐藏性和抗病性的关系还表现在当植物受到微生物侵袭、机械伤害或遇到不适环境时，能通过激活氧化系统，加强呼吸作用而起到自卫作用，这就是呼吸作用的保卫反应。保卫反应主要有以下几方面的作用：采后病原菌在产品有伤口时很容易侵入，呼吸作用为产品恢复和修补伤口提供合成新细胞所需要的能量和底物，加速愈伤，防止病原菌感染；在抵抗寄生病原菌侵入和扩展的过程中，植物组织细胞壁的加厚、过敏反应中植保素类物质的生成都需要加强呼吸作用，以提供新物质合成的能量和底物，使物质代谢根据需要协调进行；腐生微生物侵害组织时，要分泌毒素，破坏寄主细胞的细胞壁，并透入组织内部，作用于原生质，使细胞死亡后加以利用，其分泌的毒素主要是水解酶，植物的呼吸作用有利于分解、破坏、削弱微生物分泌的毒素，从而抑制或终止侵染过程。

2. 消极作用

呼吸作用分解消耗有机物质，加速果蔬衰老；产生呼吸热，使果蔬体温升高，呼吸强度增大，同时会升高贮运环境温度，缩短果蔬的贮藏寿命。随着能量耗尽，衰老进一步加速。随着呼吸作用的继续，果蔬的营养成分发生改变，风味品质降低。

因此，延长果蔬贮运期应该保持产品有正常的生命活动，不发生生理障碍，使其能够正常发挥耐藏性、抗病性的作用；在此基础上，维持缓慢的代谢，采取一切可能的措施降低呼吸强度，才能延长产品寿命，延长贮运期。

二、蒸腾生理

（一）蒸腾作用

1. 蒸腾作用

蒸腾作用是水分从活的植物体表面（主要是叶子）以水蒸气状态散失到大气中的过程，其与物理学的蒸发过程不同，蒸腾作用不仅受外界环境条件的影响，而且还受植物本身的调节和控制，因此它是一种复杂的生理过程。

成熟植物的蒸腾部位主要在叶片。叶片蒸腾有两种方式：一是通过角质层的蒸腾，称为角质蒸腾；二是通过气孔的蒸腾，称为气孔蒸腾。一般植物成熟叶片的角质蒸腾，仅占全部蒸腾量的3%~5%。

2. 失重和失鲜

失重是自然损耗，包括水分和干物质两方面的损失，其中水分的损失是造成失重的主要原因。例如，柑橘贮运期失重的75%由失水引起，25%是呼吸消耗干物质所致。失重指果蔬贮运中重量方面的损失。常见蔬菜、水果在贮运中的失重率分别如表2-6、表2-7所示。

表2-6 常见蔬菜在贮运中的失重率　　　　　　　　　　　　　　单位：%

蔬菜种类	贮运时间		
	1d	4d	10d
油菜	14	33	—
菠菜	24.2	—	—
莴苣	18.7	—	—
黄瓜	4.2	10.5	18.0
茄子	6.7	10.5	—
番茄	—	6.4	9.2
马铃薯	4.0	4.0	6.0
洋葱	1.0	4.0	4.0
胡萝卜	1.0	9.5	—

表2-7 常见水果在不同贮运条件下的失重率

水果种类	温度/℃	相对湿度/%	贮运时间/周	失重率/%
香蕉	12.8~15.6	85~90	4	6.2
伏令夏橙	4.4~6.1	88~92	5~6	12.0
甜橙（暗柳）	20	85	1	4.0
番石榴	8.3~10.0	85~90	2~5	14.0
荔枝	约30	80~85	1	15~20
芒果	7.2~10.0	85~90	2.5	6.2
菠萝	8.3~10.0	85~90	4~6	4.0

失鲜是产品质量的损失，失鲜后的产品表面光泽消失、形态萎蔫，失去外观饱满、新鲜和脆嫩的质地，甚至失去商品价值。许多果实失重率高于5%，就引起失鲜。不同产品的失鲜具体表现有所不同，例如，叶菜失水很容易萎蔫、变色、失去光泽；萝卜失水，外表变化不大，内部糠心；苹果失鲜不十分严重时，外观也不明显，表现为果肉变沙。

（二）蒸腾失水与食品贮运的关系

蒸腾失水导致果蔬失重和失鲜，引起组织萎蔫，破坏果蔬正常的代谢过程，降低耐藏性和抗病性。

果蔬产品蒸腾失水严重还会造成代谢失调。果蔬萎蔫时，原生质脱水，促使水解酶活力增加，加速水解。例如，风干的甘薯变甜，就是水解酶活力增强引起淀粉水解为糖的结果。水解增强使呼吸基质增多，促进了呼吸作用，加速营养物质的消耗，削弱组织的耐藏性和抗病性，加速腐烂。例如，萎蔫的甜菜腐烂率显著增加。萎蔫程度越高，腐烂率越大（表2-8）。蒸腾失水严重时，还会破坏原生质胶体结构，干扰正常代谢，产生一些有毒物质。细胞液浓缩，某些物质和离子（如NH_4^+）浓度增高，也能使细胞中毒。过度缺水还使脱落酸（ABA）含量急剧上升，时常增加几十倍，加速了脱落和衰老。

表2-8　萎蔫对甜菜腐烂率的影响

萎蔫程度	新鲜材料	失水7%	失水13%	失水17%	失水28%
腐烂率/%	—	37.2	55.2	65.8	96.0

但是，某些果蔬产品采后适度失水可抑制代谢，并延长贮运期。蒸腾作用产生蒸腾拉力，使较高植株获得水分；蒸腾作用促进木质部汁液中矿物质的运输，蒸腾作用能够降低叶片温度。例如，大白菜、柑橘等，收获后轻微晾晒，使组织轻度变软，利于码垛、减少机械损伤。适度失水还有利于降低呼吸强度（在温度较高时，这种抑制作用表现得更为明显）。洋葱、大蒜等采收后进行晾晒，使其外皮干燥，也可抑制呼吸作用。另外，采后轻度失水还能减轻柑橘的浮皮病。对于粮食而言，充分失水，有利于其休眠，对贮运有很好的效果。

（三）影响蒸腾失水的因素

蒸腾失水与食品自身特性和贮运环境的外部因素有关。

1. 内部因素

失水过程是先从细胞内部到细胞间隙，再到表皮组织，最后从表面到周围大气中。因此，产品的组织结构是影响失水的内部因素，包括以下几个方面。

（1）比表面积　比表面积是指果蔬器官的表面积与其体积或重量之比。果蔬比表面积越大，由表面蒸腾导致的失水量就越多。一般来说，叶菜类的比表面积最大，蒸发最旺盛；贮藏器官（块根、地下茎、球根和成熟果实）比表面积小，则蒸腾缓慢而量小。同一器官个体小的比个体大的失水相对多些。

（2）表面保护结构　植物产品的表面失水有两个途径，一是通过气孔、皮孔等自然孔道；二是通过表皮层。气孔的失水速度远大于表皮层。表皮层的失水因表面保护层结构和成分的不同差别很大。角质层不发达，保护组织差，极易失水；角质层加厚，结构完整，有蜡质、果粉则利于保持水分。

（3）细胞持水力　原生质亲水胶体和固形物含量高的细胞有高渗透压，可阻止水分向细胞壁和细胞间隙渗透，利于细胞保持水分。此外，细胞间隙大，水分移动的阻力小，会加速失水。除了组织结构外，新陈代谢也影响产品的失水速度，呼吸强度高、代谢旺盛的组织失水较快。例如，洋葱的水分含量一般比马铃薯高，但在同样条件下，洋葱的水分损失反较马铃薯少。这是因为洋葱中细胞原生质的亲水胶体及可溶性固形物含量多，决定其细胞持水力高所致。洋葱和马铃薯在贮运时期的失重比较见表2-9。

表2-9 洋葱和马铃薯在贮运时期的失重比较

蔬菜种类	含水量/%	在0℃下贮运3个月的失重率/%
洋葱	86.3	1.1
马铃薯	73.0	2.5

（4）种类、品种、成熟度　不同种类和品种的产品、同一品种不同成熟度的产品，在组织结构和生理生化特性方面都不同，失水的速度差别很大。一般来讲，叶菜因比表面积大，气孔多，组织结构疏松，表皮保护组织差，细胞含水量高而可溶性固形物少，且呼吸速率高，代谢旺盛，所以叶菜类在贮运中最易失水萎蔫。成熟叶片的气孔失水量占总失水量的90%以上，幼嫩叶片占40%~70%。果实类的比表面积相对要小很多，且主要是表皮层和皮孔失水，一些果实表面还有蜡质层，同时多数产品代谢比叶菜弱，失水就慢；同一种果实，个体小者比表面积大，失水较多。幼嫩器官是正在生长的组织，代谢旺盛，且表皮层未充分发育，透水性强，因而极易失水，随着成熟，保护组织完善，失水量即下降。

总之，不同果蔬种类的蒸腾作用，受其内部生理特性与组织结构的影响。而不同成熟度果蔬蒸腾作用的差异，则是组织特性与结构完善程度表现的结果。

2. 外部环境因素

（1）光照　光照对蒸腾作用的影响首先是引起气孔的开放，减少气孔阻力，从而增强蒸腾作用。其次，光可以提高大气与叶子的温度，增加叶内外蒸汽压差，加快蒸腾速率。

（2）空气湿度　空气湿度是影响植物产品表面水分蒸腾的主要因素。贮运中通常用空气的相对湿度（RH）来表示环境的湿度，相对湿度是绝对湿度与饱和湿度之比，反映空气中水分达到饱和的程度。一定温度下，一般空气中水蒸气的量小于其所能容纳的水分量，存在饱和差，也就是其蒸汽压小于饱和蒸汽压。鲜活的果蔬产品组织中充满水，其蒸汽压一般是接近饱和的，高于周围空气的蒸汽压，水分就蒸腾，其快慢程度与饱和差成正比。一般来讲，果蔬贮运需要较高的相对湿度环境，相对湿度低会加速果蔬的干耗损失。

干燥粮食的水分蒸汽压一般比环境低，因此，要防止其从贮运环境中吸收水分。

（3）贮运温度　不同果蔬产品水分蒸腾的快慢随温度的变化差异很大（表2-10）。温度的变化主要是造成空气湿度发生改变从而影响到表面水分蒸腾的速度。当大气温度升高时，叶温比气温高出2~10℃，因而气孔下腔蒸汽压的增加大于空气蒸汽压的增加，使叶内外蒸汽压差增大，蒸腾速率增大；当气温过高时，叶片过度失水，气孔关闭，蒸腾减弱。同时，在较高温度下，细胞液的胶体黏性低，细胞持水力下降，水分在组织内也容易移动。

贮运库温的波动会在温度上升时加快产品失水，而降低温度时，不但减慢产品水分蒸腾，往往同时造成结露现象，不利于贮运。在相同相对湿度的情况下，温度高时，饱和湿度高，饱和差就大，失水快。因此，在相对湿度相同的两个贮运库中，产品的失水速度是不同的，库温高，失水更快。

表2-10 不同种类的果蔬随温度变化的水分蒸腾特性

类型	蒸腾特性	水果	蔬菜
A型	随温度的降低蒸腾量急剧下降	柿子、橘子、西瓜、苹果、梨	马铃薯、甘薯、洋葱、南瓜、胡萝卜、甘蓝
B型	随温度的降低蒸腾量也下降	无花果、葡萄、甜瓜、板栗、桃、枇杷	萝卜、菜花、番茄、豌豆
C型	与温度关系不大，蒸腾强烈	草莓、樱桃	芹菜、芦笋、茄子、黄瓜、菠菜、蘑菇

（4）空气流动 在靠近果蔬产品的空气中，由于蒸腾作用而使水分含量较多，饱和差比环境中的小，蒸腾减慢。在空气流速较快的情况下，这些水分将被带走，饱和差又升高，因而增大果蔬失水速率。

（5）气压 气压也是影响水分蒸腾的一个重要因素。在一般的贮运条件之下，气压是1个标准大气压，对产品影响不大。采用真空冷却、真空干燥、减压预冷等减压技术时，水分沸点降低，蒸腾加快。此时，要加湿，以防止果蔬失水萎蔫。减压预冷对比表面积大的蔬菜更为适宜，低压下蒸发一部分水分，有助于达到均匀冷却的目的。

（四）抑制蒸腾失水的措施

针对容易蒸腾失水的果蔬产品，可用各种贮运手段防止其水分散失。生产中的常用措施有如下几种。

1. 直接增加库内空气湿度或产品外部小环境湿度

贮运中可以采用地面洒水、库内挂湿帘的简单措施，或用自动加湿器向库内喷雾和水蒸气的方法，以增加环境空气中的含水量。

增加产品外部小环境湿度常用的方法是用塑料薄膜或其他防水材料包装产品，使小环境中产品依靠自身蒸腾出的水分来提高绝对湿度，从而减轻失水。但是在包装前一定要先预冷，使产品的温度接近库温，然后在低温下包装；否则，高温下包装，低温下贮运，将会造成结露，加速产品腐烂。用包裹纸和瓦楞纸箱包装比不包装堆放的失水少得多，一般不会造成结露。

2. 采用低温贮运

低温贮运是防止失水的重要措施。低温下饱和湿度小，饱和差很小，产品自身蒸腾的水分能明显增加环境相对湿度，失水缓慢；另一方面，低温抑制代谢，对减轻失水也有一定作用。

3. 涂被蒸发抑制剂

对果蔬进行包装、打蜡或涂膜在一定程度上具有阻隔水分从表皮向大气中蒸腾的作用。此外，控制空气流动也可减少产品失水。

（五）结露现象

果蔬产品贮运中其表面或包装容器内壁上出现凝结水珠的现象，称为结露，俗称"发汗"。

结露现象产生的根本原因是存在温差。大堆或大箱中产品产生呼吸热，散热不良；采用薄膜封闭贮运时，封闭前预冷不透，田间热和呼吸热造成温差，造成薄膜内结露。高湿贮运环境下，温度波动也可导致结露。

结露时产品表面的水珠有利于微生物的生长、繁殖，从而导致腐烂，不利于贮运，因此在贮运中应尽量避免结露现象发生。

果蔬贮运过程中，维持稳定的低温，适当通风，选取大小适当的堆放体积等措施可以有效避免结露。

三、成熟与衰老生理

（一）成熟、衰老的概念

成熟一般指果实（或蔬菜营养贮藏器官）生长定型，细胞膨大后结束，体积和重量基本不再增加，表现出该品种特征的阶段。这个阶段可在树上完成，也可以在贮运期完成，其时间长短取决于果蔬种类、品种、栽培和贮运条件等。

衰老一般指果蔬成熟阶段的变化基本结束，组织开始解体，细胞趋向崩溃的阶段。

成熟与衰老是一个连续过渡的过程，它们是生命进程中的不同阶段，两者既有区别，又无绝对的鸿沟，果蔬进入成熟的同时，已孕育着衰老。因此，果蔬的成熟过程可以分为3个阶段——成熟、完熟和衰老。

1. 成熟（Maturation）

成熟有时称为"绿熟"或"初熟"，成熟通常在生长停息之前就开始了。当果实完成了细胞、组织、器官分化发育的最后阶段，充分长成时，达到生理成熟。成熟是指采收前果实生长的最后阶段，即达到充分成长的时候。在这一时期果实中发生了明显的变化，如含糖量增加，含酸量降低，淀粉减少（苹果、梨、香蕉等），果胶物质变化引起果肉变软，单宁物质变化导致涩味减退，芳香物质和果皮、果肉中的色素生成，叶绿素降解，维生素C增加，类胡萝卜素增加或减少，果实长到一定大小和形状，这些都是果实开始成熟的表现。有些果实在这一阶段开始出现光泽和果霜，这是由于果皮上逐渐形成蜡质，能减少水分蒸发。随着果实含糖量的增加，果实中可溶性固形物相应增多，这些性状表明果实达到可以采摘的程度，但这时并不是果实食用品质最好的阶段。

2. 完熟（Full ripening）

果实停止生长后还要进行一系列生物化学变化，完熟阶段即为果实达到成熟以后的阶段，这时的果实完全表现出该品种最典型的性状，已经完全长大，这时果实的风味、质地和芳香气味已经达到适宜食用的程度。果实成熟阶段大都是生长在树上时发生的，而完熟阶段则是成熟的终了时期，可以发生在树上，也可以发生在采摘后。例如香蕉、芒果和鳄梨往往不能等到完熟时就需要采摘，然后进行催熟才能食用。

在成熟度与可食性关系方面，蔬菜和水果是不同的。对于许多水果来讲，成熟阶段并不是果实最佳的食用时期，只有果实达到完熟时才是最佳食用期。而蔬菜一般来讲成熟期也是最佳的食用期。

3. 衰老（Senescence）

衰老阶段是指果实生长已经停止，完熟阶段的变化基本结束，即将进入衰老时期。衰老可能发生在采收之前，但大多数是发生在采收之后。一般认为，果实的呼吸作用骤然升高，也就是果实呼吸跃变的出现代表衰老阶段的开始。衰老阶段是果实个体发育的最后阶段，分解过程旺盛进行，细胞趋向崩溃，最终导致整个器官死亡的过程。果实生长至衰老的阶段示意见图2-6。

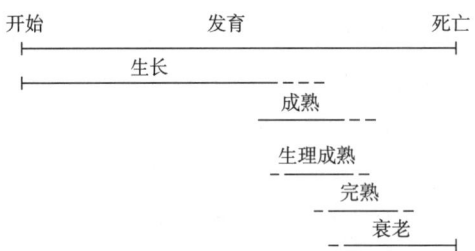

图2-6 果实的生长、成熟、完熟和衰老阶段示意图

（二）果蔬成熟时的生理生化变化

1. 呼吸跃变和乙烯的释放

在细胞分裂迅速的幼果期，呼吸速率很高，当细胞分裂停止，果实体积增大时，呼吸速率逐渐降低，然后急剧升高，最后又下降。呼吸跃变的出现，标志着果实成熟达到可食的

程度。

乙烯影响呼吸作用的机理是乙烯通过受体与细胞膜结合，增强膜透性，气体交换加速，氧化作用加强；乙烯可诱导呼吸酶mRNA的合成，提高呼吸酶含量，并可提高呼吸酶活性，对抗氰呼吸有显著的诱导作用，可明显加速果实成熟和衰老进程。在植物体内，氰化氢是一种代谢产物，可以通过呼吸酶还原成氨和甲酸，这个过程称为抗氰呼吸。

2. 有机物质的转化

（1）甜味增加　未成熟果实贮存许多淀粉，所以早期果实无甜味，到成熟末期，不溶性的淀粉转化为可溶性的葡萄糖、果糖、蔗糖等并积累在细胞液中，使果实变甜。例如，香蕉果实成熟过程中，淀粉由占鲜重的20%~25%降低到1%，而可溶性糖则由10%以下升至15%~20%，这一变化很快，约为10d。甜度与糖的种类有关，如以蔗糖甜度为1，则果糖为1.03~1.5，葡萄糖为0.49，所以果糖最甜。

（2）酸味减少　酸味来源于果实中的有机酸。如苹果和桃的果肉细胞的液泡中积累苹果酸，葡萄中含有酒石酸，柑橘、菠萝中含有柠檬酸。随着果实的成熟，一些有机酸转变为糖，有些则由呼吸作用氧化为CO_2和H_2O，还有些被K^+、Ca^{2+}等离子中和生成盐，因此酸味明显减弱。

（3）涩味消失　未成熟的柿子、香蕉、李子、梨等果实果肉中的细胞内含有可溶性单宁，所以有涩味。单宁属于多元酚类物质。在果实成熟过程中，单宁被过氧化物酶氧化成过氧化物或凝结成不溶性物质，从而使涩味消失。

（4）香味产生　果实成熟时产生一些具有香味的挥发性物质，如苹果中含乙酸丁酯、乙酸乙酯，香蕉中含乙酸戊酯、甲酸甲酯，柑橘中含柠檬醛等。

（5）果实变软　未成熟的果实因其初生细胞壁中沉积不溶于水的原果胶，尤其是苹果、梨中的原果胶含量很高，果实很硬。随着果实的成熟，果胶酶和原果胶酶活性增强，把原果胶水解为可溶性果胶、果胶酸和半乳糖醛酸，果肉细胞彼此分离，于是果肉变软。此外，果肉细胞中的淀粉转变为可溶性糖，也是果实变软的部分原因。果实变软是果实成熟的一个重要标志。

（6）色泽变艳　未成熟果实的果皮大多为绿色，是因果皮中含有大量的叶绿素。随着果实的成熟，果皮中的叶绿素逐渐分解，而类胡萝卜素含量仍较多且稳定，故呈现黄色，或由于形成花色素呈现红色。如苹果、香蕉、柑橘等在成熟时，果皮颜色由绿逐渐转变为红、黄和橙色。光照可促进花色素苷的合成，因此树冠外围果实或果实的向阳面色泽鲜艳。

（7）维生素含量升高　果实含有丰富的维生素，主要是维生素C（抗坏血酸）。不同果实维生素含量差异很大，以100g鲜重计算，番茄含维生素8~33mg，香蕉1~9mg，红辣椒128mg。

3. 内源激素的变化

在果实成熟过程中，各种内源激素都有明显变化。一般在幼果生长时期，生长素、赤霉素、细胞分裂素的含量增高，到了果实成熟时，这些激素含量都下降至最低点，而乙烯、脱落酸含量升高。

（三）成熟、衰老机制

果蔬在生长、发育、成熟、衰老过程中，生长素、赤霉素、细胞分裂素、脱落酸、乙烯五大植物激素的含量有规律地增加或减少，保持一种自然平衡状态，控制果蔬的成熟与衰老。生长素、赤霉素和细胞分裂素属于生长激素，能抑制果实的成熟与衰老；而脱落酸和乙烯属于衰老激素，能促进果蔬的成熟与衰老。其中乙烯是对果蔬成熟作用最大的植物激素，乙烯的合成受基因控制。

1. 乙烯与果蔬成熟、衰老的关系

乙烯是植物激素，是没有颜色的气体，稍有气味，比空气略轻些，难溶于水，分子式为C_2H_4。它是许多生物的正常代谢产物，虽然量极少，但与果蔬的生理发育有着密切的关系，大约0.1g/L的乙烯就能对果蔬产生一定的生理作用。

（1）乙烯的生物合成　果蔬的发育是受基因控制的，乙烯的出现是基因表达的一种方式，因而只有当植物发育到一定阶段时才产生乙烯。一般来说，当果蔬的呼吸作用达到高峰期时，乙烯的产生也达到高峰；呼吸作用下降时，乙烯的产生也下降；而当果实进入衰老、开始变软时，乙烯急剧增加，比早期产量多几十倍，甚至几百倍。

乙烯生物合成主要途径如下：

甲硫氨酸（Met）$\longrightarrow$ S-腺苷甲硫氨酸（SAM）$\longrightarrow$ 1-氨基环丙烷-1-羧酸（ACC）$\longrightarrow$ 乙烯

Met与ATP通过腺苷转移酶催化形成SAM，这并非限速步骤，体内SAM一直维持着一定水平。SAM $\longrightarrow$ ACC是乙烯合成的关键步骤，催化这个反应的酶是ACC合成酶，专一性地以SAM为底物，需磷酸吡哆醛为辅基，受到磷酸吡哆醛酶类抑制剂氨基乙氧基乙烯基甘氨酸（AVG）和氨基氧乙酸（AOA）的强烈抑制，该酶在组织中的浓度非常低，为总蛋白质的0.0001%，存在于细胞质中。果实成熟、受到伤害时，吲哚乙酸和乙烯本身都能刺激ACC合成酶活力。最后一步是ACC在乙烯形成酶（EFE）的作用下，其活力不仅需要膜的完整性，且需组织的完整性，组织细胞结构破坏（匀浆时）时合成停止。因此，跃变后的过熟果实细胞内虽然ACC大量积累，但由于组织结构瓦解，乙烯的合成量降低了。多胺、低氧、解偶联剂［如氧化磷酸化解偶联剂二硝基苯酚（DNP）］、自由基清除剂和某些金属离子（特别是Co^{2+}）都能抑制ACC转化成乙烯。ACC除了氧化生成乙烯外，另一个代谢途径是在丙二酰基转移酶的作用下与丙二酰基结合，生成无活性的末端产物丙二酰基-ACC（MACC）。此反应是在细胞质中进行的，MACC生成后，转移并贮运在液泡中。果实遭受胁迫时，因ACC增高而形成的MACC在胁迫消失后仍然积累在细胞中，成为一个反映胁迫程度和进程的指标。果实成熟过程中也有类似的MACC积累，成为成熟的指标。乙烯的生物合成和调控途径见图2-7。

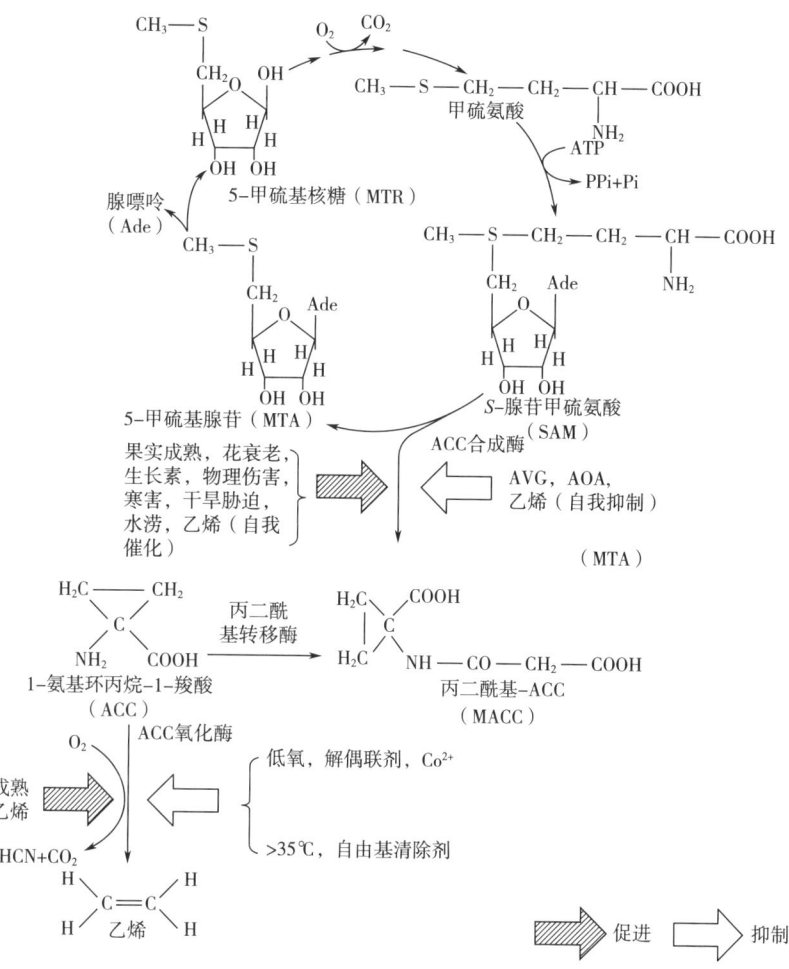

图2-7 乙烯的生物合成和调控途径

（2）乙烯在植物组织中的作用

①乙烯对果蔬呼吸的作用。乙烯能刺激果蔬呼吸作用跃变期提前出现，这是由于乙烯能影响呼吸作用中的电子传递链，乙烯在刺激组织呼吸作用上升的同时，还有抗氢电子传递的支路出现。跃变型果实成熟期间自身能产生乙烯，只要有微量的乙烯，就足以启动果实成熟。香蕉、甜瓜、甜橙、油梨的成熟乙烯阈值为0.1μg/g，梨、番茄乙烯阈值为0.5μg/g。随后内源乙烯迅速增加，达到释放高峰，此期间乙烯累积在组织中的浓度可高达10～100μg/g。虽然乙烯高峰和呼吸高峰出现的时间有所不同，但就多数跃变型果实来说，乙烯高峰常出现在呼吸高峰之前，或与之同步，只有在内源乙烯达到启动成熟的浓度之前采用相应的措施，抑制内源乙烯的大量产生和呼吸跃变，才能延缓果实的成熟，延长产品贮运期。非跃变型果实成熟期间自身不产生乙烯或产量极低，因此后熟过程不明显。表2-11列出的是常见果蔬产品的乙烯生

成量。

表2-11 常温下（20℃）常见果蔬产品的乙烯生成量

类型	乙烯产量/[μL/(kg·h)]	产品种类
非常低	≤0.1	芦笋、菜花、樱桃、柑橘、枣、葡萄、石榴、甘蓝、菠菜、芹菜、葱、洋葱、大蒜、胡萝卜、萝卜、甘薯、豌豆、菜豆、甜玉米
低	0.1~1.0	橄榄、柿子、菠萝、黄瓜、西蓝花、茄子、秋葵、青椒、南瓜、西瓜、马铃薯
中等	1.0~10	香蕉、无花果、荔枝、番茄
高	10~100	苹果、杏、油梨、猕猴桃、榴莲、桃、梨、番木瓜、甜瓜
非常高	≥100	番荔枝、西番莲、曼密苹果

外源乙烯处理能诱导和加速果实成熟，使跃变型果实呼吸上升和内源乙烯大量生成，乙烯浓度的大小对呼吸高峰的峰值无影响，但浓度大时，呼吸高峰出现得早。乙烯对跃变型果实呼吸的影响只有一次，且只有在跃变前处理起作用。对非跃变型果实，外源乙烯在整个成熟期间都能促进呼吸作用上升，在很大的浓度范围内，乙烯浓度与呼吸强度成正比，当除去外源乙烯后，呼吸作用下降，恢复到原有水平，也不会促进内源乙烯浓度增加（图2-8）。

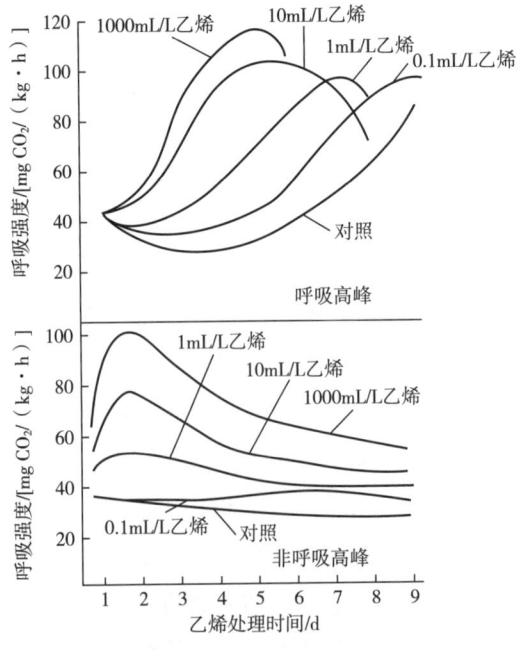

图2-8 外源乙烯对呼吸强度的影响

②乙烯对生物膜的透性及酶蛋白合成的作用。乙烯对果蔬衰老的影响，有两种流行的理论可以解释。一种理论认为，果蔬成熟之前组织中有一种天然半透膜阻抗，使酶和底物相互隔离。到成熟时，膜的性质发生变化，透性增加从而破坏了这一隔离状态，酶就开始对底物发生作用，生物化学反应开始，果蔬走向自然衰老。生物膜通常是由蛋白质和类脂组成的，乙烯容易与类脂发生作用，因而能使半透膜的渗透性增大好几倍，从而加快了酶和底物在组织中的接触。还有一种理论认为，果蔬在成熟和衰老过程中的各种变化需要不同的生物催化剂——酶的参加。当成熟发生时，有的酶需要重新合成，用乙烯处理会有蛋白酶、淀粉酶、ATP酶、磷酸化酶、果胶酶等合成。另外乙烯还能调节酶的分泌和释放，增强其活力，这些都大大地促使果蔬的成熟与衰老。

③乙烯对核酸合成作用的影响。果蔬在衰老发生时，组织内会有一种特殊酶蛋白产生，这种特殊酶蛋白的合成是受核酸控制的。而乙烯促进了核酸的合成，并对合成的转录阶段起调节作用，导致组织内特殊酶蛋白的合成，加速果蔬的衰老。

④乙烯的其他生理作用。乙烯促进了成熟过程的一系列变化，其中最为明显的变化包括使果肉很快变软，产品失绿黄化和器官脱落。如仅$0.02\mu g/g$乙烯就能使猕猴桃在冷藏期间硬度大幅度降低；$0.2\mu g/g$乙烯就使黄瓜变黄；$1\mu g/g$乙烯使白菜和甘蓝脱帮，加速腐烂。此外，乙烯还加速马铃薯发芽、使萝卜积累异香豆素，造成苦味，刺激芦笋老化合成木质素而变硬等。

（3）影响乙烯合成的因素

乙烯是果实成熟和植物衰老的关键调节因子。贮运中控制产品内源乙烯的合成和及时清除环境中的乙烯气体都很重要。乙烯的合成能力及其作用受自身种类和品种特性、发育阶段、外界贮运环境条件的影响，了解这些因素，才能从多途径对其进行控制。

①果实的成熟度。跃变型果实中乙烯的生成有两个调节系统：系统Ⅰ负责跃变前果实中低速率合成的基础乙烯，系统Ⅱ负责成熟过程中跃变时乙烯自我催化大量生成，有些品种在短时间内系统Ⅱ合成的乙烯可比系统Ⅰ增加几个数量级。两个系统的合成都遵循甲硫氨酸途径。不同成熟阶段的组织对乙烯作用的敏感性不同。跃变型果实在跃变发动之前乙烯产生速率很低，与之相应的ACC合成酶活力和ACC含量也很低。跃变发动时ACC大量上升与乙烯的大量产生一致，ACC合成酶的合成或活化是果实成熟时乙烯大量增加的关键。当把外源ACC供给跃变前番茄组织时，乙烯产生仅增加几倍。同时跃变前的果实对乙烯作用不敏感，系统Ⅰ生成的低水平乙烯不足以诱导成熟；随果实发育，在基础乙烯不断作用下，组织对乙烯的敏感性不断上升，当组织对乙烯敏感性增加到能对内源乙烯（低水平的系统Ⅰ）作用起反应时，便启动了成熟和乙烯的自我催化（系统Ⅱ），乙烯便大量生成，长期贮运的产品一定要在此之前采收。采后的果实对外源乙烯的敏感程度也是如此，随成熟度的提高，对乙烯越来越敏感。非跃变型果实乙烯生成速率相对较低，变化平稳，整个成熟过程只有系统Ⅰ活动，缺乏系统Ⅱ，这类果实

只能在树上成熟，采后呼吸作用一直下降，直到衰老死亡，所以应在充分成熟后采收。

②伤害。贮运前要严格去除有机械伤、病虫害的果实，这类产品不但呼吸作用旺盛，传染病害，还由于其产生伤乙烯，会刺激成熟度低且完好的果实很快成熟衰老，缩短贮运期。运输中的振动也会使产品形成伤乙烯。

③贮运温度。乙烯的合成是一个复杂的酶促反应，一定范围内的低温贮运会大大降低乙烯合成。一般在0℃左右乙烯生成很弱，后熟得到抑制，随温度上升，乙烯合成加速，许多果实在20～25℃时乙烯合成最快。因此，采用低温贮运是控制乙烯的有效方式。一般低温贮运的产品EFE活力下降，乙烯产生少，ACC积累，回到室温后，乙烯合成能力恢复，果实能正常后熟。但冷敏感果实于临界温度下贮运时间较长时，如果受到不可逆伤害，细胞膜结构遭到破坏，EFE活力就不能恢复，乙烯产量少，果实则不能正常成熟。

此外，多数果实在35℃以上时，高温抑制了ACC向乙烯的转化，乙烯合成受阻，有些果实如番茄则不出现乙烯峰。近来发现用35～38℃热处理能抑制苹果、番茄、杏等果实的乙烯生成和后熟衰老。

④贮运气体条件。乙烯合成的最后一步是需氧的，低O_2可抑制乙烯产生。一般O_2低于8%，果实乙烯的生成和对乙烯的敏感性下降，一些果蔬在3%O_2中，乙烯合成量能降到正常空气中的5%左右。如果O_2浓度太低或在低O_2中放置太久，果实就不能合成乙烯或丧失合成能力。如香蕉在O_2含量为10%～13%时乙烯生成量开始降低，O_2含量小于7.5%时，便不能合成；从5% O_2中移至空气中后，乙烯合成恢复正常，能后熟；若在1% O_2中放置11d，移至空气中乙烯合成能力不能恢复，丧失原有风味。

提高环境中CO_2浓度能抑制ACC向乙烯的转化和ACC的合成，CO_2还被认为是乙烯作用的竞争性抑制剂，因此，适宜的高浓度CO_2从抑制乙烯合成及乙烯的作用两方面都可推迟果实后熟。但这种效应在很大程度上取决于果实种类和CO_2浓度，3%～6%的CO_2抑制苹果乙烯作用的效果最好，CO_2在6%～12%效果反而下降，在油梨、番茄、辣椒上也有此现象。高浓度CO_2做短期处理，也能大大抑制果实乙烯合成，如苹果上用高浓度CO_2（$O_2$15%～21%，$CO_2$10%～20%）处理4d、10d或15d，转到大气中乙烯回升变慢。

在贮运中，需创造适宜的温度、气体条件，既要抑制乙烯的生成和作用，也要使果实产生乙烯的能力得以保存，才能使贮后的果实能正常后熟，保持特有的品质和风味。

产品一旦产生少量乙烯，会诱导ACC合成酶活力，造成乙烯迅速合成，因此，贮运中要及时排除已经生成的乙烯。常采用高锰酸钾等乙烯吸附剂吸除乙烯，方法简单，价格低廉。气调贮运时，焦炭分子筛气调机进行空气循环可脱除乙烯，效果更好。

对于自身产生乙烯少的非跃变型果实、蔬菜和花卉等产品，不能与跃变型果实一起存放，以避免受到这些果实产生的乙烯的影响。同一种产品，特别对于跃变型果实，贮运时要选择成熟度一致的果实，以防止成熟度高的产品释放的乙烯刺激成熟度低的产品，加速成熟和衰老。

⑤化学物质。一些药物处理可抑制内源乙烯的生成。Ag^+能阻止乙烯与酶结合，抑制乙烯的作用，在花卉保鲜上常用银盐处理。Co^{2+}能抑制ACC向乙烯的转化。还有某些解偶联剂、铜整合剂、紫外线也能破坏乙烯并消除其作用，但这些化学物质有一定毒性，不能在果蔬上应用。多胺也具有抑制乙烯合成的作用，最近发现1-甲基环丙烯（1-MCP）也能阻止乙烯与酶结合，效果非常好。

2. 成熟、衰老的调控

成熟和衰老作为果实生命周期的最后两个阶段，直接影响果实的品质形成与保持，以及市场价值和采后寿命。果实成熟主要涉及芳香气味和外观色泽等质地感官变化，是果实食用品质形成的关键时期；而果实的衰老是一个复杂的氧化过程，伴随许多物质的代谢。一般贮藏运输过程可以通过以下几个方面进行果蔬成熟和衰老的调控。

（1）控制适当的采收成熟度、防止机械损伤、避免不同种类果蔬的混放、乙烯吸收剂（高锰酸钾）的利用。

（2）控制贮运环境条件（低温、低O_2、高CO_2）。低温可以降低呼吸强度，延缓跃变型果蔬呼吸高峰的出现时间，抑制乙烯的产生，抑制微生物的生长繁殖。适宜的相对湿度能减轻果蔬的失水，避免由于失水产生的不良生理反应。适当降低O_2和提高CO_2可以抑制呼吸作用，减少乙烯的生成，抑制微生物活动。

（3）利用臭氧和其他氧化剂破坏乙烯、使用乙烯受体抑制剂1-MCP、利用乙烯催熟剂促进果蔬成熟。

（4）分子生物学方法。在果实成熟复杂的生理变化中，最显著的是果肉的软化。由于多聚半乳糖醛酸酶（PG）是果实成熟软化过程中变化最明显的酶，因此，采用基因工程调节控制PG的基因表达来抑制果实硬度的下降，曾引起众多植物分子生物学家的兴趣。虽然该酶被认为对番茄软化起重要作用，但在转基因番茄植株中，PG活力得到抑制而降至正常的1%，这些低PG果实的软化仍以正常方式进行。对果胶甲酯酶（PME）的研究也得到类似的结果。这说明果实软化是一个非常复杂的过程，仅单独控制PG或PME的基因表达不能起到延缓成熟、保持果肉硬度的作用。

四、休眠与采后生长

休眠与采后生长是部分果蔬在采收以后所发生的独特生理现象。休眠主要是鳞茎和块茎蔬菜采收以后的特有现象，也会发生于板栗等干果中。采后生长多出现在地下根茎类、结球类和少数果实类蔬菜的贮运中。

(一)休眠(Dormancy)

1. 休眠的概念

休眠是指植物体或其器官在发育的某个时期生长和代谢暂时停顿的现象。如一些块茎、鳞茎、球茎、根茎类蔬菜,在结束生长时,产品器官积累了大量的营养物质,原生质内部发生了剧烈的变化,新陈代谢明显降低,水分蒸腾减少,生命活动进入相对静止状态。休眠是植物在长期进化过程中形成的一种适应逆境生存条件的特性,以度过严寒、酷暑、干旱等不良条件而保存其生命力和繁殖力。对果蔬贮运来说,休眠是一种有利的生理现象。

休眠有两种类型:一种是内在原因引起的,即使果蔬产品在适宜发芽的条件下也不会发芽,这种休眠称为自发休眠,也叫生理休眠;另一种是由于外界环境条件不适如低温、干燥所引起的,一旦遇到适宜的发芽条件即可发芽,称为被动休眠或强制休眠。

不同种类果蔬的休眠期长短不同,大蒜的休眠期一般为60~80d,通常夏至收获到9月中旬芽才开始萌动;马铃薯的休眠期为2~4个月;洋葱的休眠期为1.5~2.5个月;板栗采后有1个月的休眠期。此外,休眠期的长短在同种类蔬菜的不同品种间也存在着差异。

2. 休眠的分类

根据休眠的生理生化特点,可将休眠分为3个阶段:休眠前期(休眠准备期)、生理休眠期(真休眠、深休眠)、强迫休眠期(休眠苏醒期)。

(1)休眠前期(休眠准备期) 蔬菜收获以后,为了适应新的环境,往往加厚自身的表皮和角质层,或形成膜质鳞片,以减少水分蒸腾和病菌侵入,并在伤口部分加速愈伤,形成木栓组织或周皮层,以增强对自身的保护,这个阶段称为休眠前期。马铃薯的休眠前期为2~5周,在这一时期,若给予一定处理,可以抑制进入生理休眠而开始萌芽或者缩短生理休眠期。

(2)生理休眠期(真休眠、深休眠) 生理休眠期是从块茎类产品表面伤口愈合、鳞茎类产品表面形成革质化鳞片开始直到产品具备发芽能力的时期。此阶段产品新陈代谢下降至最低水平,生理活动处于相对静止状态,产品外层保护组织完全形成,水分蒸发进一步减少。即使有适宜的外界条件,产品也难以发芽,是贮运安全期。

(3)强迫休眠期(休眠苏醒期) 强迫休眠期是指度过生理休眠期后,产品已具备发芽的能力,但由于外界环境温度过低而导致发芽被抑制的时期。此阶段是由休眠向生长过渡,体内的大分子物质开始向小分子转化,产品体内可利用的营养物质增加,为发芽提供物质基础。此阶段如外界温度适宜,休眠就会被打破,萌芽立即开始。此阶段利用低温和气调可显著延长强迫休眠期。

3. 控制休眠的措施

当蔬菜的休眠期一过就会萌芽,产品的重量减轻,品质下降,甚至产生一些有毒物质。如马铃薯的休眠期一过,不仅表面皱缩,而且产生对人体有害的龙葵素;洋葱、大蒜和生姜发芽后肉质会变空、变干，失去食用价值。因此，必须设法控制休眠，防止发芽，延长贮运期。

（1）辐照处理　马铃薯、洋葱、大蒜、生姜及番薯等根茎类作物在贮运期间，其根或茎易发芽、腐烂，损失严重。辐照以后在适宜条件下贮存，可保藏半年到一年。

（2）化学药剂处理　化学药剂处理有明显的抑芽效果。如萘乙酸甲酯（MENA）可防止马铃薯发芽。它具有挥发性，薯块经处理后，在10℃下一年不发芽，在15～21℃下也可以贮存几个月。它不仅能抑制发芽而且可以抑制萎蔫。MENA的用量与处理时期有关，休眠前期用量要多一些，在块茎开始发芽前处理时，用量则可大大减少。其他的生长调节剂也有抑制发芽的作用，但效果没有MENA好。

（3）控制贮运环境温度　低温是控制休眠的最重要因素。虽然高温干燥对马铃薯、大蒜和洋葱的休眠有一定作用，但只是在深休眠阶段有效，一旦进入休眠苏醒期，高温便加速了萌芽。因此，不论是对于具有生理休眠还是具有强制休眠的蔬菜以及板栗，控制适当贮运低温是延长休眠期的最有效手段。

（二）采后生长与控制

1. 采后生长的概念

采后生长指不具有休眠特性的蔬菜采收以后，其分生组织利用体内的营养继续生长和发育的过程。采后生长会导致产品内部的营养物质由食用部分向非食用部分转移，造成品质下降，并缩短贮运期。

2. 采后生长的类型

果蔬的采后生长现象主要表现为以下几类。

（1）幼叶生长　胡萝卜、萝卜利用直根的营养进行新叶的生长；小白菜、生菜、葱等的幼叶生长而外部叶片衰老。

（2）幼茎伸长　竹笋、石刁柏是在生长初期采收的幼茎，顶端生长点活动旺盛，贮运期间会利用体内的营养不断进行伸长生长，导致产品长度增加，木质化加快。

（3）种子发育　黄瓜贮运中内部幼嫩种子不断成熟老化，导致果实梗端部分萎缩，花端部分膨大，原来两端均匀的瓜条变成了棒槌形。豆类蔬菜在贮运中幼嫩种子不断成熟老化而变得越来越硬，豆荚部分则严重纤维化。

（4）种子发芽　番茄、甜瓜、西瓜、苹果、梨等果实在贮运后期内部的种子会利用体内的营养进行发芽，导致果实品质下降。

（5）抽薹开花　大白菜、甘蓝、菜花、萝卜、莴苣等二年生蔬菜，在贮运中常因低温而通过春化阶段，开春以后由于贮运温度回升，内部生长点很容易发芽抽薹开花，导致外部组织干瘪失水，食用品质降低。

3. 采后生长现象对品质的影响

果蔬采收后，虽然不能利用根系或母体供应生长所需的水分和无机物的供给，但是生长旺盛的分生组织能利用其他部分组织中的营养物质，进行旺盛的细胞分裂和延长生长，这对果蔬的贮运是不利的，会造成品质下降。例如蒜薹顶端薹苞膨大和气生鳞茎的形成，需要利用基部的营养物质，造成食用部位纤维化，甚至形成空洞。胡萝卜、萝卜收获后，在有利于生长的环境条件下抽茎时，由于利用了薄壁组织中的营养物质和水分，致使组织变糠，最后无法食用。蘑菇等食用菌采后开伞和轴伸长也是继续生长的一种，这些都将造成品质下降。

4. 延缓采后生长的方法

产品采后生长与自身的物质运输有关，非生长部分组织中贮运的有机物通过呼吸作用水解为简单物质，然后与水分一起运输到生长点，为生长合成新物质提供底物，同时呼吸作用释放的能量也为生长提供能量来源。因此，低温、气调（低氧和适当的二氧化碳）等能延缓代谢和物质运输的措施可以抑制产品采后生长带来的品质下降。

此外，将生长点去除也能抑制物质运输而保持品质，如蒜薹去掉茎苞后薹梗发空的现象减轻；有时也可以通过扩大采收部位，利用生长时的物质运输延长贮运期。如菜花采收时保留2~3个叶片，贮运期间外叶中积累养分并向花球转移而使其继续长大、充实或补充花球的物质消耗，保持品质。假植贮运也是利用土壤的营养物质，植物进行缓慢吸收养分和水分，维持生命活力。

五、采后病害及控制

水果蔬菜在采收后到贮运期间，由于受到其他生物的侵染或者不适宜环境条件的影响，而使其正常生理代谢受到阻碍，导致细胞死亡等，发生一系列的病害。果蔬产品感病后出现不正常表现，如表面出现斑点，表皮及内部组织褐变，组织结构和外部腐烂。根据发病的原因分为生理性病害和病理性病害。

（一）生理性病害及其预防

果蔬在采前或采后，由于不适宜的环境条件或理化因素造成的生理障碍，称为生理性病害。生理性病害是由非生物因素诱发的病害，无侵染蔓延迹象和病症，只有病状，其病状因病害种类而异，大多是在果蔬表面或内部出现凹陷、褐变、异味、不能正常成熟等。

生理性病害的病因很多，主要有收获前因素和收获后因素。前者如果实生长发育阶段营养失调，栽培管理措施不当，收获成熟度不当，气候异常，药害等；后者如贮运期间的温湿度失调，气体组分控制不当等。

1. 低温伤害

果蔬采后贮运在不适宜的低温下产生的生理病变叫低温伤害。

（1）冷害　冷害是0℃以上不适宜的低温对果蔬引起细胞膜变性的生理病害，是贮运的温度低于产品最适贮温的下限所致。冷害温度一般出现在0～13℃。

冷害可发生在田间或采后的任何阶段，不同种类的果蔬产品对冷害的敏感性不一样。一般说来，原产于热带的水果蔬菜（如香蕉、菠萝等）比较敏感，亚热带地区的水果蔬菜次之，温带果蔬较轻。

①症状和温度。果蔬遭受冷害后，常表现为果皮或果肉、种子等发生褐色病变，表皮出现水浸状凹陷、烫伤状，不能正常后熟。伴随冷害的发生，果蔬的呼吸作用、化学组成及其他代谢都发生异常变化，降低产品的抗病能力，导致病菌侵入，加重果蔬的腐烂。产生冷害的果蔬产品的外观和内部症状也因其种类不同而异，并随着组织的类型而变化，如黄瓜、南瓜、甜瓜、辣椒产品表面出现水浸状的斑点；会发生表皮变色的有茄子褪色、香蕉褐变；苹果、桃、梨、菠萝、马铃薯等内部组织发生褐变或崩溃；香蕉、番茄等产品不能正常后熟。同时，不同果蔬产品发生冷害的温度也不一样。

②影响冷害的因素主要分为内部因素和外部因素。内部因素包括两个方面，一个是食品种类，品种尤其是原产地，一般原产热带的果蔬更易被冷害伤害；另一个是原料成熟度，一般产品越幼嫩，对冷害越敏感，红熟番茄可以在0℃下贮运42d，绿熟番茄在7.2℃就可能产生冷害。

外部环境因素主要为温度低于冷害临界温度时间越长，冷害发生率越高；低于冷害临界温度，温度越低，冷害发生严重程度越大。湿度增加，会出现水浸状斑点，或凹陷发生，由于温度低，会加速冷害发生。空气成分O_2浓度高或低都会加重冷害发生，一般认为O_2浓度为7%安全；CO_2浓度过高会诱导冷害发生。与产品对冷害抗性有关的药物如Ca^{2+}含量越低，则对冷害越敏感。

③冷害发生的机理主要是由于果实处于临界低温时，其氧化磷酸化作用明显降低，引起以ATP为代表的高能量短缺，细胞组织因能量短缺分解，细胞膜透性增加，结构系统瓦解，功能被破坏，在角质层下面积累了一些有毒的能穿过渗透性膜的挥发性代谢产物，导致果实表面产生干疤、异味和增加对病害腐烂的易感性。一般冷害只影响外观，不影响食用品质。

④冷害的控制主要使贮运温度高于冷害临界温度。冷害的控制措施如下。

变温贮运。升温可以减轻冷害的原因，可能是升温减轻了代谢紊乱的程度，使组织中积累的有毒物质在加强代谢活性中被消耗，或是在低温中衰竭了的代谢产物在升温时得到恢复。变温贮运有分步降温、逐渐升温、间歇升温等。在贮运前热处理（用热水、热蒸汽在40～50℃处理），产生抗冷害蛋白。

低温锻炼。在贮运初期，对果蔬采取逐步降温的办法，使之适应低温环境，可避免冷害。

提高果蔬成熟度可降低对冷害的敏感性。

提高果蔬的相对湿度，如对产品表面涂蜡，水分不易蒸腾；对产品进行塑料薄膜包装可提高果蔬的相对湿度，从而减轻冷害。

调节贮运气体组成，适当提高CO_2浓度，降低O_2的浓度有利于减轻冷害。

（2）冻害　冻害是果蔬处于冰点以下，因组织冻结而引起的一种生理病害。它对果蔬的伤害主要是原生质脱水和冰晶对细胞的机械损伤。果蔬组织受到冻害后，引起果蔬细胞组织内有机酸和某些矿物质离子浓度增加，导致细胞原生质变性，出现汁液外流、萎蔫、变色和死亡，失去新鲜状态。果蔬受冻害造成的失水变性为不可逆的，大部分果蔬产品在解冻后也不能恢复原状，从而失去商品和食用价值。

①影响因素。果蔬产品是否容易发生冻害与其冰点有直接关系。所谓冰点指果蔬组织中水分冻结的温度，一般在-1.5～-0.7℃。果蔬产品的冰点温度一般比水的冰点（0℃）要低，这是由于细胞液中有一些可溶性物质（主要是糖类）存在，可溶性物质含量越高，冰点越低。不同果蔬种类和品种之间差别也很大，如莴苣在-0.2℃下就产生冻害，可溶性物质含量较高的大蒜和一种黑紫色甜樱桃其冻害温度分别为-4℃、-3℃以下。根据对冻害的敏感性将果蔬产品分为3类，如表2-12所示。因此，在果蔬的贮运保鲜过程中，对不同种类和品种的果蔬要保持适宜的低温，而且还要维持恒温，才能达到保鲜目的。

表2-12　几种主要果蔬对冻害的敏感性分类

分类	常见果蔬种类
敏感的	杏、鳄梨、香蕉、浆果、桃、李、柠檬、蚕豆、黄瓜、茄子、莴苣、甜椒、马铃薯、红薯、夏南瓜、番茄
中等敏感的	苹果、梨、葡萄、菜花、嫩甘蓝、胡萝卜、芹菜、洋葱、豌豆、菠菜、萝卜、冬南瓜
最敏感的	枣、椰子、甜菜、大白菜、甘蓝、芥菜

②冻害的控制。避免产品在贮藏和运输过程中温度低于冰点。产品受冻后应注意解冻过程缓慢进行，冻结期间避免搬动。

2. 气体伤害

（1）低氧伤害　氧气可加速果蔬的呼吸和衰老。降低贮运环境中的氧气含量，可抑制呼吸并推迟果蔬内部有机物质消耗，延长其保鲜寿命。但氧气含量过低，又会发生缺氧，导致呼吸失常和无氧呼吸，产生的中间产物如乙醛、乙醇等有毒物质在细胞组织内逐渐积累造成中毒出现病变。发生低氧伤害的果蔬，表皮组织塌陷、褐变、软化，产生酒味和异味，不能正常后熟。不同果蔬要求氧气最低浓度不同，一般在1%～5%时，大部分果蔬发生低氧伤害，造成酒精中毒等病变。

（2）高二氧化碳伤害　二氧化碳和氧气之间有拮抗作用，提高环境中二氧化碳浓度，呼吸作用也会受到抑制，可延长保鲜状态。多数果蔬适宜的二氧化碳浓度为3%～5%，浓度过高，一般超过10%时，会使一些代谢受阻，引起代谢失调，造成伤害。发生二氧化碳伤害的果蔬组织出现褐斑、褐变、坏死等病状特征。苹果高二氧化碳伤害预防措施主要是在贮运中要严格控制气体组分，经常取样分析发现问题，及时调整气体成分或通风换气，在贮运库内放干石灰吸收多余的二氧化碳。

3. 其他生理病害

（1）矿质元素过量或缺乏　矿质元素过量或缺乏会产生一系列的生理病害。如氮素过量会使组织疏松，口味变淡，西瓜白硬心，苹果在贮运中诱发虎皮病；缺钙造成苹果苦痘病、水心病，柑橘的浮皮病，芹菜的黑心病，马铃薯的黑心，白菜和橄榄的心腐，胡萝卜裂根，番茄和辣椒的脐腐。

（2）乙烯毒害　如果乙烯使用不当，也会出现中毒，表现为果色变暗，失去光泽，出现斑块，并软化腐败。

（3）氨伤害　在机械制冷贮运保鲜中，采用氨作制冷剂的冷库，由于氨气泄露，氨气与果蔬接触，引起产品变色和中毒。氨伤害的果品表现为变色、水肿、凹陷斑等。预防措施是要经常检验制冷设备，严防气体泄露。

（二）病理性病害及其预防

1. 病原菌侵染

（1）病原菌

①果蔬贮运期间病害病原菌的种类。果蔬的病原菌包括真菌、细菌和病毒，但贮运期间病害的病原菌绝大多数是真菌和细菌。水果在贮运期间的侵染性病害，几乎全由真菌引起，一般认为这与水果组织多呈酸性不宜细菌生长有关。而细菌则是蔬菜腐败的重要病原菌。

②菌源。果蔬采后病害的菌源主要有产品上携带的带菌土壤和病原菌，田间已被侵染但未表现症状的果蔬产品，田间已被侵染并已发病却混进贮运库的果蔬产品，分布在贮运库及工具上的某些腐生菌或弱寄生菌。

③病原菌数量和发病的关系。一般带菌数量大，扩展蔓延就较快，容易突破寄主的防御系统，发病快或较严重。如在番茄上产生一个病斑，晚疫病菌需要15个孢子；在成熟苹果上接种炭疽病菌，当孢子悬液中孢子数为每毫升10^7个时发病率65%，10^6个时为25%，$10^3 \sim 10^4$个时不发病。采前栽培管理措施直接关系到产品带菌的种类和数量，采后处理及时与否也直接关系到处理效果的好坏。

（2）传播途径

①接触途径。病产品和健康产品的接触使病菌传播。如青霉病菌侵入果皮后，可分泌一种挥发性物质，将接触到的好果果皮损伤引起接触传染。

②气流传播。产品在堆放、装卸、运输过程中不断受到振动，由振动造成的局部小气流使病原菌孢子飞散，到处传播，如草莓灰霉菌和葡萄灰霉菌等。

③水滴传播。产品在贮运过程中,塑料包装袋内壁或产品表面常产生许多水滴,水滴的流动和滴落常将病原菌传播到健康产品上。

④土壤传播。产品采收时粘上了带菌的土壤,而带菌的果蔬又可将病菌传播给健康的果蔬。

⑤昆虫传播。昆虫可黏附细菌和真菌,其活动可将病菌粘到健康产品上。

2. 影响发病的因素

(1) 机械损伤　果蔬贮运中发生的腐烂病害,多因组织遭受机械伤害引起病原菌侵染所致。采收时所用工具的种类、人员素质的高低、操作的认真程度都直接关系到产品机械损伤的多少。粗放采收的果蔬在贮运中造成的腐烂可达70%~80%。采后的分级、打蜡、包装、运输、装卸等也会对产品造成不同程度的损伤。

(2) 温度　温度对寄主、病原菌及病原菌的侵染过程均有明显的影响。

适宜的低温环境可强烈抑制果蔬的呼吸作用,抑制真菌孢子萌发和菌丝生长,减少侵染并抑制已形成的侵染组织的发展。如灰霉菌在5℃时到第7d旺盛生长,2℃时到第9d旺盛生长,0℃时到第12d旺盛生长,-2℃时到第17d旺盛生长。

在0℃左右时,温度的微小变化对微生物生长的影响比其他任何范围内温度波动的影响更明显。低温范围内的温度增高将使果蔬呼吸强度比适温贮运时成倍增加,果蔬易衰老,自身抵抗能力下降,同时病原菌在较低温度范围内生长速度的增加要比在较高温度范围内增加快得多。因而,低温贮运的果蔬在低温解除后往往腐烂加重,使常温下货架期缩短。

适当的高温处理可以杀灭病原菌,如38~43℃热风处理洋葱数小时,可杀灭洋葱茎腐病菌;44℃水蒸气处理草莓30~60min,可防治葡萄孢和根霉引起的腐烂病害。但高温处理对产品的影响也要考虑在内。

(3) 湿度　大多数新鲜果蔬贮运均要求高湿条件,而大多数真菌孢子的萌发也要求高湿度,尤其在有水滴存在时,萌发更快。此外,细菌的繁殖、孢子游动和细菌的游动,都需要在水滴里进行。有时湿度相差不大,而引起的效果却大不相同。如温度为-1.1℃时,灰霉菌的分生孢子在100%相对湿度下能够萌发,而在97%相对湿度下不能萌发。

但近年有些专家认为,对有些蔬菜而言,当贮运的相对湿度饱和时,反而比相对湿度低的腐烂少。因为叶菜类蔬菜如甘蓝、大白菜、芹菜、韭菜等在高湿条件下,可推迟叶片的衰老,提高其对灰霉菌和其他病原菌的抗性。对水果贮运也有类似的看法,如甜橙在30℃下保持较高相对湿度(90%~100%)和相对湿度低于75%相比,绿霉病腐烂明显减少,因为高湿促使果实外果皮细胞层中合成木质素及酚类的前体,对贮运有轻微机械损伤的水果特别重要。

(4) 气体成分　一般认为提高贮运环境中CO_2浓度对菌丝生长有较强的抑制作用。但是,当CO_2浓度超过10%时,大部分果蔬即发生生理损伤,腐烂速度加快。通常高浓度CO_2对真菌性腐烂的抑制优于对细菌性腐烂的抑制。降低O_2浓度可抑制真菌的生长。O_2浓度低于2%时,葡萄孢、链核盘菌和青霉菌的生长减弱。随着O_2浓度由21%降至0,由根霉造成的草莓腐烂率呈线性减少，但根霉菌丝并未死亡，一旦恢复正常气体组成又可继续生长。所以仅仅靠增加CO_2浓度或降低O_2浓度达到抑制腐烂的目的是不可能的。

乙烯会促进果实的成熟和衰老，使产品抗病能力下降，并诱发病菌在果蔬组织内生长。所以抑制乙烯产生及脱除乙烯的措施对防病抗病均有利。

（5）采收前田间病害侵染状况　田间栽培管理、病虫害防治状况直接影响到果蔬带菌的种类及带菌量，尤其对于一些在贮运期间无再侵染的病害如苹果炭疽病、霉心病、葡萄白腐病等，其发病的产生程度取决于田间病害侵染状况。一些典型的采后病害如青霉菌等只能通过伤口侵入果蔬体内，但如果田间有大量这类病菌存在的话，采收时产品表面便会有许多病原菌孢子附着，病菌就很容易通过采收及采后处理过程中形成的各种伤口侵入产品内部，进而增大引起腐烂的机会。

（6）果蔬的生物学特性　不同种类和品种的果蔬抗病性差异很大。如浆果类和核果类果实易感染腐烂病，而仁果类发病较少。苹果霉心病多发生在萼筒开张大且长的元帅系品种，萼筒呈漏斗状，萼片长且翻卷的富士系也易发病，而萼筒半开张的金冠品种发病较轻，萼筒短而几乎闭合的祝光品种则不发生霉心病。

不同成熟度的果蔬对病菌的反应有差异。一般来说，幼果"不抗侵入抗扩展"，而成熟果则"抗侵入不抗扩展"。如一些潜伏性侵染病害，幼果期感病，成熟期显症。

不同种类的果蔬在受到机械损伤时，愈伤的难易程度差别很大。仁果类、瓜类、根茎类蔬菜一般具有较强的愈伤能力，柑橘类、核果类、果菜类愈伤能力较差，浆果类、叶菜类受伤后一般不形成愈伤组织。愈伤能力强的果蔬在适宜的温度、湿度、通风状况下，轻微受伤部位可形成新的保护组织，抵御病菌侵入。而愈伤能力弱的果蔬，受伤后不愈合，伤口易感染病菌而引起腐烂。

3. 侵染性病害综合防治措施

侵染性病害的防治是在充分掌握病害发生发展规律的基础上，抓住关键时期，以预防为主，综合防治，多种措施合理配合，以达到防病治病的目的。

（1）农业防治　采用农业措施，创造有利于果蔬生长发育的环境，增强产品本身的抗病能力，同时创造不利于病原菌活动、繁殖和侵染的环境条件，减轻病害的发生程度，这种方法为农业防治。农业防治是最经济、最基本的病害防治方法。常用的措施有培育无病苗木、田园卫生、合理施肥、合理修剪、果实套袋与排灌等。另外，适期无伤采收，严格选果入库，合理包装，文明装卸，贮运场所的卫生和消毒，贮运场所的温度、湿度、气体成分的管理等，对防治贮运病害也能起到间接或直接的作用。

（2）化学防治　使用杀菌剂杀死或抑制病原菌，对未发病产品进行保护或对已发病产品进行治疗；或利用植物生长调节剂和其他化学物质，提高果蔬抗病能力，防止或减轻病害造成损失的方法称化学防治。如低温贮运果蔬，并不能完全抑制某些病菌的生存和发展，尤其在脱离低温环境后，曾被部分抑制的病菌以更快的速度发展，化学防治则可弥补这一不足，尤其对于简易法贮运的产品和对不耐低温果蔬的贮运更为重要。

化学防治要掌握病害侵入的关键时期，如许多果实产生褐腐病、黑腐病、酸腐病都是近成熟期才侵染发病的，防治的关键时期是果实着色期；对于贮运期侵入的病害，则应将采前喷药与采后浸药相结合以降低带菌量。

利用植物生长调节剂或其他化学物质提高产品抗病性，生长调节剂如2,4-二氯苯氧乙酸（2,4-D）在柑橘贮运上已广泛应用，赤霉素、苄基腺嘌呤（BA）、多效唑等在果蔬贮运保鲜中的作用也逐渐显现出来。其他化学物质如乙烯吸收剂高锰酸钾及一些涂膜剂等对于延缓衰老、提高果蔬抗性、减少病菌入侵或发展也起到了一定作用。

（3）物理防治　控制贮运环境中温度、湿度和空气成分的含量，或应用热力处理，射线辐照处理等方法来防治果蔬贮运病害，均称为物理防治。物理防治具有无公害，不污染环境的特点，但对辐照处理的安全性存在争议。

①控制温度。利用适宜的低温防病。适宜的低温可以提高产品本身的抗病能力、抑制病菌的生长、繁殖、扩展和传播，减少腐烂率。冷链技术的运用则最大限度地限制了病原菌的活动，提高产品的抗病能力。

采后热处理控制果蔬病害是用热蒸汽或热水对果蔬进行短时间处理，为杀死或抑制果蔬表面病原菌及潜伏在表皮下的病原菌而采取的一种控制采后病害的方法。这种方法对于低温下易受冷害的热带、亚热带果蔬如芒果、番木瓜、番茄等效果较好。热水处理的有效温度为46～60℃，时间为0.5～10min；热空气处理的有效温度为43～54℃，时间为6～10min。热处理配合其他处理，如在热水中加入杀菌剂则效果更佳。

②控制湿度。高湿度有利于病菌孢子萌发、繁殖和传播，如发生结露现象，腐烂更为严重。所以，入贮的果蔬不宜在雨天或雨后采收，若用药剂浸果，必须在晾干后方可包装入库；贮运时，要严格控制贮运温度，以免温度上下波动过大而造成结露现象。

③气调处理。果蔬产品在贮运期间采用CO_2短时间处理及采用低O_2和高CO_2的贮运环境条件对许多采后病害都有明显的抑制作用。特别是用高浓度CO_2处理，如用30% CO_2处理柿子24h可以控制黑斑病的发生。

④辐照防腐。通常利用^{60}Co等放射性同位素产生的γ射线对贮运前的果蔬进行照射，以达到防腐保鲜的目的。

⑤紫外线防治。低剂量波长254nm的短波紫外线如同激素或化学抑制剂及物理刺激因子一样，可诱导植物组织产生抗性，减少对黑斑病、灰霉病、软腐病、镰刀菌的敏感性。

（4）生物防治　生物防治就是利用有益生物及其代谢产物防治植物病害的方法。该方法具有不污染环境、无农药残留、不破坏生态平衡等特点。

①利用拮抗微生物防病。拮抗菌来源环境中，具有相当丰富的抗生菌源，果蔬表面也存在

天然拮抗菌，而且将天然产生于果蔬表面的拮抗菌再用于果蔬腐烂的控制效果更好。拮抗微生物可以产生抗生素，直接作用于病原菌；有些拮抗微生物可与病原微生物在营养及空间方面产生竞争。

②采后产品抗性的诱导。利用低致病力的病原菌或无致病力的病原菌的接种，或无致病力的其他腐生菌预先接种或混合接种在果蔬上，诱发果蔬对病菌的抗病性。研究认为，低致病力病原菌或非病原菌接种后会诱发寄主产生植物保卫素，或堵塞病原菌的侵入部位，或是寄主中的抗病物质如酚类化合物迅速积累或是增加了某些与抗病性有关的酶的活动。

六、后熟与陈化

（一）后熟和陈化的概念

1. 后熟的概念

后熟是指食品（如粮食）在收获之后还要经过一个继续发育成熟的阶段。刚刚收获的新粮，生理上并没有完全成熟，胚的发育还在继续。这时粮食的呼吸作用旺盛，发芽率很低，工艺品质较差，也不好保管。新粮经过一个时期的保管，胚不再发育了，呼吸作用也逐渐趋于平稳，生理上达到完全成熟。这个使新粮达到完全成熟的保管期就称为后熟期。经过后熟期的粮食呼吸作用减弱，发芽率增加，工艺品质得到改善。粮食的后熟作用实际是粮食种用品质、食用品质、工艺品质逐步完善的一个生理过程，粮食的后熟作用在小麦中表现得尤为明显。

新粮是否完成了后熟，常用的鉴定指标是发芽率。未完成后熟的粮食种子处于休眠状态，发芽率很低；完成后熟的粮食种子，发芽率一般都在80%以上。各种粮食种子，所需的后熟期长短不一。春小麦的后熟期最长，一般在半年以上，冬小麦的后熟期为1~2.5个月，大麦为3~4个月。

2. 陈化的概念

粮食在贮运期间，随着时间的延长，虽未发热霉变，但由于酶的活力减弱，呼吸作用减弱，原生质胶体结构松弛，物理化学性状改变，生活力减弱，利用品质和食用品质变劣。这种由新到陈，由旺盛到衰老的现象称为粮食的陈化。粮食陈化是其生理生化变化的结果，是一种无形的损失。粮食是有生命的物质，贮运期间，其生理活动并没有停止，而是在不断地呼吸，其所含的各种化学成分也在不断地进行分解合成。随着贮运时间的延长，粮食营养成分越来越多地被消耗，生活力越来越衰弱，发芽的潜在能力越来越丧失，食用品质和营养价值也越来越差。陈化就是粮食的自然劣变。粮食的陈化，不论是有胚与无胚的粮食均会发生。含胚粮食的陈化，不但表现品质降低，而且还表现为生活力的下降。不含胚的粮食虽无生活力可言，其表现集中在品质的下降。如大米陈化是无胚粮食的典型。

粮食陈化是自然发生的、不可避免的。不过，陈化了的粮食更易遭受虫、霉危害，因为这时粮食已降低了对虫、霉危害的抵抗力。决定粮食陈化的因素是贮运时间，陈化随贮运时间的延长而出现，并随贮运时间的继续延长而逐步加深。粮食陈化何时开始，目前尚未找出明确的时间界限，不同粮食的陈化期限也是各不相同的。一般来说，成品粮比原粮更易陈化，稻米比小麦更易陈化。除小麦外，大多数粮食贮运一年就开始出现陈化。

（二）粮食在后熟和陈化中的变化

1. 后熟期间的变化

（1）生理方面　通过后熟，胚进一步成熟，使发芽率提高到标准水平。后熟期间的生命活动，比在植株时期弱，但比后熟完成之后安全贮运时期强。

（2）生化方面　后熟期间的生化变化是种子在植株上成熟时期生化变化的继续，是合成作用与分解作用的综合，但以合成作用为主，分解作用为次。总趋势是各种低分子化合物继续转变为高分子化合物，氨基酸减少，蛋白质增加，脂肪酸减少，脂肪增加，可溶性糖减少，淀粉增加，尤以氨基酸合成蛋白质的变化为最大。随着后熟作用的完成，酶活力与呼吸作用均由强转弱，水解酶由游离状态转变为吸附状态。

（3）物理性质方面　种子体积缩小（例如，小麦水分从15%降至10%、体积要缩小1/10）。绝对重量增加，硬度变大，种皮由稠密变为疏松多孔状态，透水性与透气性增大。

（4）完成后熟的指标　在贮运实践中，促进大批贮粮后熟的方法主要是晒、烘干、通风，并使粮食贮运在干燥和通风的环境中进行。鉴别种子是否已经完成后熟作用的方法，即采用发芽试验，当粮食发芽率达到80%～90%，表示后熟已经完成。

2. 陈化期间的变化

（1）生理变化　粮食陈化的生理变化无论是含胚还是不含胚的粮食主要表现为酶的活力和代谢水平的变化。粮食在贮运中，生理变化多是在各种酶的作用下进行的。若粮粒中酶的活力减弱或丧失，其生理作用也随之减弱或停止。随着陈化的进行，粮食的生活力逐渐丧失，与呼吸作用有关的酶类，如过氧化氢酶、α-淀粉酶活力趋向降低，呼吸作用也随之减弱。而水解酶类，如植酸酶、蛋白酶和磷脂酶活力都增加。

粮食在贮运中由于自身代谢的有毒产物积累也导致粮粒衰老和陈化。对于有胚的粮食贮运中生理变化的指标是随陈化加深，粮粒生活力与发芽率下降，随细胞的劣变，细胞膜透性增加，浸出液所含的物质量增加，电导率增高。过氧化氢酶的活力作为测定粮食代谢水平指标之一。

（2）化学成分变化　粮食化学成分的变化，无论含胚与不含胚的粮食，一般多以脂肪变化较快，蛋白质次之，淀粉变化很微弱。

粮食中的脂肪含量虽比较低，但它对粮食陈化起着很大的影响。粮食贮运期中，由于脂肪易于水解，游离脂肪酸在粮食中首先出现。特别是环境条件适宜时，贮运霉菌开始繁殖，分泌出脂肪酶，参加脂肪水解，使粮食中游离脂肪酸增多，粮食陈化加深。陈米中含油酸较多，软脂酸、亚麻二烯酸和亚麻三烯酸少。游离脂肪酸对稻米陈化所起的作用能使稻米蒸煮品质降低，游离脂肪酸进一步氧化，产生戊醛、己醛等挥发性化合物而形成难闻的陈米气。

粮食陈化中蛋白质的变化为蛋白质水解和变性。蛋白质水解后，游离氨基酸上升，酸度增加。新鲜粮食贮运初期，由于淀粉酶活跃，淀粉水解为麦芽糖和糊精，黏度较强，蒸煮黏稠，食用品质好。继续贮运，糊精与麦芽糖继续水解，还原糖增加，糊精相对减少，黏度下降，粮食开始陈化，如果贮运环境湿度高，温度适宜（25~30℃），还原糖继续氧化，生成二氧化碳和水，或酵解产生乙醇和乳酸，使粮食带酸味，品质变劣，陈化加深，失去食用价值。

（3）物理性质的变化　粮食陈化时物理性质变化很大，表现为粮粒组织硬化，柔性与韧性变弱，米质变脆，米粒起筋，身骨收缩，淀粉细胞变硬，细胞膜增强，糊化及吸水率降低，持水力也下降，米饭破碎，黏性较差，有"陈味"。

（三）后熟的调控

粮食后熟期的长短受温度、湿度和粮堆空气成分的影响。因此，控制粮食温度、湿度等条件可以缩短或延长其后熟期。较高的温度（但不能超过45℃）可以促进粮食种子细胞内生理生化的进行，可以使后熟期缩短。反之，低温则不利于粮食种子细胞内生理生化的进行，会使后熟期延长。湿度对粮食后熟期的影响相反，湿度高则延长后熟期，湿度低能缩短后熟期。二氧化碳对粮食后熟作用的完成有不利影响，所以，通风条件好，粮堆中氧气充足，能促进后熟；反之，通风不好，粮堆中缺少氧气，则会阻碍后熟。

粮食的后熟过程对粮食保管非常不利，因为在后熟过程中粮食生理活动旺盛，一方面强烈的呼吸作用释放出大量的水和热，另一方面胚发育的合成作用也释放水。这些水以水气状态散发到粮堆孔隙中，使粮粒间的空气变得潮湿，一遇冷空气，就结露凝为水滴，附在粮粒表面。这种现象称"出汗"。"出汗"会使粮食含水量增加，为粮食微生物的生长繁殖创造条件。如不及时采取措施，就会导致粮食发热霉变。

为了改善粮食品质、提高粮食贮运的稳定性，人们利用温度、湿度及粮堆中空气成分等因素对粮食后熟作用的影响，采用种种物理和化学方法，来促进粮食的后熟。目前国内外采用的方法有高温处理、超声波处理、电离射线处理及化学药剂处理等。通常采用的简便方法是日光晒和加强通风。新粮入库前尽量晒干，入库后保持适当温度和良好的通风条件。这样，可以促进粮食的后熟，缩短其后熟期。

（四）陈化的调控

陈化虽然是由粮食本身因素决定的，不以客观条件为转移，但保管得好与不好，也能够加剧或减轻陈化。影响粮食陈化的因素同样是温度、水分、空气成分等。特别是温度、水分对粮食的陈化有强烈的影响。粮食在水分低、温度低、缺氧的环境下贮运，陈化的出现和发展都比较缓慢；反之，高温、高湿、氧气充足的环境，则不利于粮食保管，会加速粮食陈化的过程。虫、霉的危害也会促进粮食的陈化。粮食安全度夏之所以成为问题，就是因为夏季温度高、湿度大，粮食易陈化。同时，高温高湿易于虫、霉滋生，危害粮食。粮食陈化的深度与保管时间成正比。保管时间越长，陈化越深。一般隔年陈粮，由于水分降低，硬度增加，干粒重减少，容重加大，生活力减弱，虽对贮运稳定有利，但由于新鲜度减退，发芽率降低，品质下降。为保证粮食较好的品质，对长期保管的粮食应有计划地推陈"贮"新。

第二节　动物性原料的宰后变化

采收后的果蔬、粮食能够进行呼吸作用，是活的生物体；而宰杀后的畜禽或水产动物没有呼吸作用，是无生命的生物体，它们在贮运中生化变化方面的差异非常大。宰杀后的畜禽或水产动物在贮运期间的变化主要涉及僵直与软化。

动物性原料的
宰后变化
（视频）

一、僵直

（一）僵直的概念

僵直（Rigor）又称尸僵，是畜、禽、鱼等失去生命活动后的一段时间里肌肉失去原有的柔性和弹性而呈现僵硬的现象（表2-13）。动物和鱼类死后，僵直是一种最初出现的现象。僵直现象产生的原因为肌肉中的ATP在宰杀后很快消耗完，导致肌肉细胞缺氧，乳酸开始积累，pH下降，蛋白质等电点（pI）附近蛋白质吸附水的能力下降，持水力降低；pH降低增加ATP酶的活力，促进ATP分解，提供肌肉收缩所需能量；肌动蛋白与肌球蛋白结合形成肌动球蛋白，引起肌肉收缩。

表2-13 肉类僵直的开始时间和持续时间

种类	开始时间 /h	持续时间 /h
牛肉	宰杀后10	72
猪肉	宰杀后8	15~24
兔肉	宰杀后1.5~4	4~10
鸡肉	宰杀后2.5~4.5	6~12
鱼肉	宰杀后0.1~0.2	2

(二) 僵直对贮运的影响

1. 僵直对肉类的影响

肉类尸僵时，肉质粗老坚硬，保水性低，嫩度差，缺乏风味，消化率低，不适于食用；肉类僵直期pH较低，能抑制微生物生长繁殖，故保藏性较好。宰前避免牲畜运动，降低贮运温度都能延缓僵直的发生和延长僵直的持续时间，有利于保藏。

2. 僵直对鱼类的影响

刚宰杀的鱼体，肌肉柔软而富有弹性。放置一段时间后，肌肉收缩变硬，缺乏弹性，如用手指按压，指印不易凹下，处于此时期的鱼新鲜度高，食用品质最好。鱼死后僵直可作为判断鱼类新鲜度良好的重要标志。

鱼类死后僵直发生的原因，主要是糖原无氧分解生成乳酸，ATP发生分解反应，同时，肌球蛋白与肌动蛋白结合生成肌动球蛋白，肌肉收缩，使鱼体进入僵直状态。

影响鱼体僵直期的开始和持续时间的因素有鱼的种类、致死方式、渔获物保持方法和鱼体保存温度等，特别是后两个因素最容易人为地加以控制，因此，应尽量在低温状态下小心地处理鱼货，以延迟僵直期的开始和延长僵直期。

二、软化

(一) 软化的概念

软化又称为解僵，是指肌肉在僵直达到最大程度并维持一段时间后，其僵直缓慢解除，肌肉变得柔软多汁，肉的风味加强，食味最佳，肌肉组织即已成熟。软化是肌肉中所含的自溶酶使蛋白质分解的结果，也称作蛋白质的自溶现象。

软化所需时间因动物种类和温度条件不同而异：在2~4℃条件下，鸡肉需3~4h达到僵直的顶点，而解除僵直需2d；其他家畜肉完成僵直需1~2d，而解除僵直猪、马肉需3~5d，牛肉需7~10d。

温度对肉的软化过程影响最大,高温能加速软化,低温则延缓软化,当温度降至0℃以下时则停止软化。冷藏可以有效阻止肉的软化,延长贮运期。

(二)软化与贮运的关系

肉软化时由于蛋白质的降解和pH的回升,给微生物的生长繁殖创造了有利条件,肉的贮运性能已显著下降,不再适于贮运。

软化使肉保水性增加,嫩度提高,增强了肉的滋味和香气,提高了肉的食用价值,是畜禽肉获得食用品质所必需的成熟过程,鱼类则应防止其死后发生软化。

自溶作用是由于肌肉及其组织中所含各种酶类(主要是组织蛋白酶类)的作用,而使其自身进行分解。肌肉在自溶作用中发生的最主要变化是蛋白质分解。自溶作用和腐败过程无明显界限,自溶作用和因细菌作用引起的腐败是难以截然分开的,但自溶作用与因细菌作用引起的腐败过程,就其最终产物来说是不同的。自溶作用对蛋白质只分解到氨基酸和可溶性含氮物为止,而且其分解量并非是无限地增加,分解到一定程度就达到平衡。而腐败过程能进一步使之分解到最低级产物,最终使肌肉失去食用价值。从广泛的意义来说,可以将自溶作用视作腐败的前提过程。

自溶作用一方面能提高鱼肉在食用上的风味,但另一方面经过自溶作用使高分子的有机物分解成低分子,降低了食用价值。尽管自溶作用会使蛋白质分解,使鱼肉呈软化状态,但这一过程中鱼体仍处于新鲜状态,其分解产物对人体无害,也无异味。但是,自溶作用与腐败过程差不多是平行进行的,因此,应尽量避免自溶作用的发生,尽可能使鱼体保持在僵直期内,才能保持鱼的鲜度。

影响自溶作用的速度主要有以下因素。

(1)鱼的种类　不同种类,其自溶作用速度是不相同的。自溶作用速度以鲐、鲣等中上层洄游鱼类最大,而黑鲷、鳕、鲽等底层鱼类的自溶速度较小。

(2)pH　自溶作用常因加酸而促进,但低于一定的pH后会受到阻碍。同样,pH增至一定程度也能阻碍自溶作用的进行。一般鱼类自溶作用最适pH在4.5左右。

(3)温度　温度是影响自溶作用的重要因素,在组织蛋白酶的最适温度范围内,自溶作用速度最大,在适温范围以下时,自溶作用速度变慢,如降至0℃,则自溶作用几乎停止。

若温度超出适温范围,自溶作用的速度也会降低,甚至停止。这是由于分解蛋白质的酶类受到抑制,甚至被完全破坏。

第三节　食品败坏及控制

食品在贮运期间，由于其贮运性能的差异以及外界环境的影响，常常发生多种变化而引起食品质量的变化。

食品贮运过程中的质量变化，有酶促作用发生的生理变化和生物学变化，有微生物污染造成的微生物学变化，还有因温度、湿度、水分、氧等环境因子引起的化学变化和物理变化等。所有这些变化都能引起食品色、香、味和营养价值的逐渐降低，最终发生腐败或变质，食品完全丧失食用价值，这种变化称为食品的败坏。引起食品败坏的因素很多，按其属性可划分为物理败坏、化学败坏、生物败坏和其他因素引起的败坏，每类因素中又包括引发食品败坏的诸多因子。

一、食品败坏的产生因素

（一）物理变化引起的食品败坏

食品在贮运和流通过程中，质量下降的速度和程度与环境中的温度、湿度、空气、光线等物理因素密切相关。

1. 物理损伤

食品在收获、加工和运输过程中很容易发生由物理损伤引发的败坏。因为物理损伤会导致微生物入侵，致使食品腐败发生。采取合适的加工、运输和包装方式是延长食品贮运期的关键所在。

物理变化引起的食品败坏（视频）

2. 温度

温度是影响食品质量变化的最重要的环境因素之一，温度的波动可引起各种模式的物理变化。食品中发生的化学变化、酶促生物化学变化、鲜活食品的生理作用、生鲜食品的僵直和软化、微生物的生长繁殖以及食品的水分含量和水分活度都受温度的制约。

（1）温度对食品化学变化的影响　温度对食品化学变化的影响主要体现在对化学反应速度的影响上。食品在贮藏和流通过程中的非酶促褐变、脂肪酸败、淀粉老化、蛋白质变性、维生素分解等化学变化，在一定的温度范围内随着温度的升高而速度加快。范特霍夫（Vant Hoff）规则认为温度每上升10℃，化学反应的速度比温度未上升前的反应速度大2~4倍；相反，温度下降10℃化学反应速度减少1/2~3/4。

降低食品的贮运温度，就能显著降低食品中的化学反应速度，从而延缓食品质量的下降，延长食品的贮运期。例如，糖果或配制食品，在相转变点温度的上下波动，可导致油脂的熔化以致食品变质；冻结食品反复的解冻和再冻结，会造成食品组织中水分流失；温度的波动还会引起蛋黄酱、人造奶油、色拉调料等的乳化稳定性变差等。

食品在贮运过程中所发生的化学反应有许多是可逆反应，反应可以同时向正反两个方向进行，反应体系在一定的温度、浓度和压力下达到动态平衡。温度不仅对化学反应速度产生显著的影响，升高温度还可以缩短可逆反应到达平衡的时间，影响反应平衡时产物的相对含量。如白酒在贮运过程中乙酸、己酸、乳酸、丁酸等与乙醇发生的酯化反应。酯化反应属于可逆反应，一般在白酒贮运的前3年反应速度较快，以后就逐渐减缓，达到平衡往往需要十几年、几十年的时间。从温度对酯化反应平衡的影响来看，降低白酒的贮运温度有利于酸和醇的转化，生成更多的酯类化合物。但低温贮运势必使原来速度就很慢的酯化反应更加难以趋于平衡，使生产周期大大延长。提高白酒的贮运温度，固然可以加速酯化反应的速度，缩短可逆反应到达平衡的时间，但却降低可逆反应的平衡常数，使得平衡体系中酯的相对含量减少。因此，在白酒的实际生产中，可通过增加反应物的浓度如加入适量的酸来提高酯化反应速度，缩短体系平衡时间。

（2）温度对食品酶促反应的影响　食品在贮运期间由于酶的活动，尤其是水解酶和氧化还原酶的催化会发生多种多样的酶促反应，如酶促褐变、淀粉水解、新鲜果蔬的呼吸作用等。

温度对酶促反应具有双重影响，一方面温度升高加快酶促反应的速度，另一方面由于酶是蛋白质，在温度升高的过程中，酶逐渐变性失活，酶促反应速度减弱，一旦酶受热失活，酶促反应就受到强烈的抑制。酶是一种具有高度催化活性的生物催化剂，它能大大降低反应的活化能，活化能越小，温度对反应速度常数的影响也就越小，所以许多由酶催化的反应在比较低的温度仍然能够以一定的速度进行。但在一定的温度范围内，其反应速度随着温度的升高而加快。如果蔬的呼吸作用，实质上是在一系列呼吸酶的催化下，体内的有机物质发生的生物氧化过程。在一定的温度范围内，随着温度的升高，酶的活力增强，反应的速度加快，果蔬的呼吸作用就会加强。

（3）温度对微生物活动的影响　许多食品，特别是新鲜食品，其败坏的主要原因是微生物的作用。这是因为在环境中微生物无处不在，并能迅速繁殖。微生物对食品的侵染危害受多种物理因素制约，其中温度是影响最大，也最容易控制的一个因素。

微生物对温度的适应性由微生物的种类决定。根据微生物适应生长的温度范围可将微生物分为嗜热性、嗜温性和嗜冷性3个类群。各类微生物各自的温度范围还包括最低、最适、最高生长温度（表2-14）。微生物在最适的温度范围内生长的速度最快，增代的时间最短，因而对食品贮运的卫生质量影响也就最大。

表2-14　各类微生物生长的温度范围

类群	生长温度 /℃			举例
	最低	最适	最高	
嗜热微生物	25~45	50~55	70~80	温泉和堆肥中的微生物
嗜温微生物	10~20	25~40	40~45	腐败菌、病原菌
嗜冷微生物	-10~5	10~20	25~30	水和冷库中的微生物

由于微生物的生长繁殖是体内酶反应及各种生化反应协调进行的结果，因此在一定温度的范围内，描述化学反应与温度关系的Arrhenius方程也适用于描述微生物的生长速度与温度之间的关系，常用Q_{10}来表示。Q_{10}定义为温度每升高10℃后，微生物的生长速度与原来生长速度的比值。大多数微生物的Q_{10}在1.5~2.5。必须指出的是，这里所说的最适温度其意义是某一微生物生长速度最高时的培养温度。对于同一微生物来说，其不同的生理生化过程有着不同的最适温度。例如，乳链球菌的最适生长温度为34℃，而其最适的发酵温度和积累产物的温度却分别为40℃和30℃。

微生物的热致死与环境因素也有密切的关系，特别是介质的pH、食品成分及加热时间对微生物热致死效果有重要的影响。微生物一般在环境pH为7左右时，耐热能力最强，在酸性和碱性食品中，微生物的耐热性减弱，特别是当pH<5时就明显下降。食品中的脂肪、糖、蛋白质等成分对微生物有一定的保护作用，特别是当它们的浓度增大的时候，微生物的耐热性就增强。微生物的耐热性还与介质的含水量有关。含水量大则耐热性减弱，其原因可能是水的导热系数比空气的导热系数大得多。同时，微生物在受热时，会分泌一种特殊的物质来减缓热量传递的速度，从而对细胞具有一定的保护作用，使微生物的耐热性增强。单位体积中的微生物数量越多，这种起保护作用的物质的浓度就越大。因此，要杀死污染严重的食品中所有微生物所需的时间就很长。

3. 湿度

食品在贮藏和流通过程中，环境中的湿度直接影响食品的含水量和水分活度，因而对食品的质量产生严重的影响。根据热力学原理，食品内部的水蒸气压总是要与外界环境中的水蒸气压保持平衡，如果不平衡，食品就会通过水分子的释放和吸收以达到平衡状态。当食品内部的水蒸气压与外界环境中的水蒸气压在一定温度、湿度条件下达成平衡时，食品的含水量保持在一定的数值。

食品的种类很多，各种食品对贮运环境湿度的要求也不尽相同。大多数新鲜果蔬贮运的最适宜相对湿度为90%~95%，而粮食、干果、茶叶、膨化食品等贮运时要求干燥条件，空气相对湿度一般应小于70%。

贮运环境湿度过高，食品易发生水汽吸附或凝结现象。对水蒸气具有吸附作用的食品主要有脱水干燥类食品、具有疏松结构的食品和具有亲水性物质结构的食品。食品吸附水蒸气后，其含水量增加，水分活度相对增加，食品的品质及贮运性下降。如茶叶在湿度大的环境中贮运时，由于吸附水汽而加速其变质，色、香、味品质急剧下降，甚至会出现霉变。另外，一些结晶性食品容易吸收水分而变黏或结饼。如食糖和食盐在高湿环境下贮运时，极易吸附水蒸气而受潮熔化。高湿度下食品对水蒸气的吸附，主要发生在散装食品及包装食品解除包装后的销售过程中。因此，对于易吸附水汽的食品采用良好包装以保持食品良好的贮运品质是非常必要的。

低湿度下贮运的食品易发生失水萎蔫和硬化。新鲜果蔬是高含水量的食品，因此果蔬在贮运、销售过程中极易蒸腾失水而发生萎蔫和皱缩。在同一温度下，环境湿度越低，果蔬组织的失水就越严重。萎蔫和皱缩不但使果蔬的新鲜度下降，同时也降低其贮运性和抗病性。一些组织结构疏松的食品，如面包、糕点、馒头等，如果不进行包装，由于水分蒸发而易发生硬化、干缩现象，不仅影响其食用价值，而且影响销售和商品价值。贮运环境湿度越低，食品失水越快越多，其硬化也发生得越早越严重。

4. 气体

贮运环境中的气体组成也对贮运产品的基础代谢、生理过程和贮运寿命产生显著的影响。贮运环境中的组分气体主要指氧气、二氧化碳、乙烯等。氧气和二氧化碳分别是果蔬产品呼吸的消耗物质和生成物质，二者在环境中的浓度直接决定着呼吸的速率。

贮运环境中充足的氧气，加速微生物的生长繁殖；此外，大多数的生理生化变化、脂肪的氧化、维生素的氧化等都与氧气有关，因此充足的氧气会加速食品腐败。在低氧状态下，氧化反应的速度就会变慢，有利于保持食品的质量。

果蔬的气调贮运是一种通过调节和控制贮运环境中气体成分比例来减弱果蔬采后的呼吸强度，抑制生理衰老过程，控制微生物生长和化学成分变化，延长贮运期和货架期的技术。在适宜的低温条件下，传统的气调手段是通过降低贮运环境中氧气浓度和增加二氧化碳浓度来抑制果蔬的呼吸作用和好氧性微生物的生长繁殖，保持果蔬固有的色泽、风味和质地品质。但氧气浓度过低可能会引起果蔬的无氧呼吸，大量积累乙醇、乙醛等物质而产生异味，影响果蔬产品的风味。

（二）化学变化引起的食品败坏

食品中存在蛋白质、脂肪、糖类、维生素、矿物质、色素、呈味物质等多种化学物质。这些化学成分会相互作用或与外界因素作用，导致食品败坏，缩短食品的贮运期。

1. 蛋白质的变化

食品中蛋白质的性质是很不稳定的，它是同时具有酸性和碱性的两性化合物。引起蛋白质变性的因素很多，如温度（加热或冷冻）、化学试剂、高压等。

肉类蛋白质中的肌浆蛋白呈液态，存在于肌肉纤维中，性质极不稳定，易于变性，所含的色蛋白和多种酶类还会引起各蛋白质之间的作用而降低食品质量；卵蛋白质在贮运过程中的变化主要是浓厚清蛋白变稀，使水样化蛋白质含量增多，同时增加清蛋白的发泡性能。随着鲜蛋贮运时间的延长，不溶性卵黏蛋白中的高糖卵黏蛋白含量减少，而溶解性卵黏蛋白中的高糖卵黏蛋白含量增加，从而导致浓厚清蛋白变稀和鲜蛋质量劣变；乳蛋白在加工和贮运中常常需要加热灭菌、冷冻、浓缩等处理，对其稳定性产生不同程度的影响。酪蛋白对热比较稳定，清蛋白容易变性并产生臭味。乳制品经长时间高温加热和长期贮运，因乳蛋白中的赖氨酸与乳糖发生美拉德反应而使产品发生褐变。

植物蛋白的变化一般是在常温长期贮运中的变性。植物蛋白的变性一般表现为蛋白质溶解度降低，水溶性氮的含量显著减少，而且随着贮运环境温度的升高和时间的延长，变性加剧。

2. 脂类物质的变化

食品在贮运期间，脂肪酸败是引起食品质量劣化的一个重要原因。

脂肪酸败而引起食品变质的典型特征是食品有一种不愉快的哈喇味。动植物食用油、油炸食品、富含脂肪的核桃和花生等在常温下长期贮运后，都会发生脂肪酸败。脂肪酸败有3种类型：水解型酸败、酮型酸败、氧化酸败。

（1）水解型酸败　常发生在奶油和含有奶油、酥油的食品中。

（2）酮型酸败　常发生在一些含椰子油、奶油的食品中。

（3）氧化酸败　降低食品的营养价值，因为在此过程中游离基和过氧化物能破坏食品中的多不饱和脂肪酸、脂溶性维生素A和维生素E，也能与蛋白质中的巯基作用，降低蛋白质的质量。此外，他们还能与色素作用，使食品褪色，促使蛋白质变性恶化导致脂肪变成黄褐色，甚至产生毒性物质。

影响脂肪酸败的因素有温度、光线、氧气、水分、金属离子以及食品中的酶。因此，富含油脂的食品在贮运过程中应该采取低温、避光、密封、降低含水量、避免使用铜铁器具或添加天然抗氧化剂等措施来延缓食品的脂肪酸败。

3. 糖类物质的变化

糖类中的还原糖分子结构中存在还原型基团（半缩醛基、酮基、醛基），容易与食品中的氨基化合物发生美拉德反应而降低食品质量。美拉德反应是引起食品外观颜色褐变的重要原因之一，同时随着美拉德反应的进行，食品营养成分含量降低，并且产生异味，特别是还原糖与赖氨酸氨基反应的产物还具有毒性。

4. 色素类物质的变化

色素是构成食品颜色的着色物质，按其来源可分为三类：一类是天然色素，主要是动、植物原有的色素；另一类是食品加工过程中因某些化学变化而产生的色素；还有一类是按照食品卫生标准向食品添加的食用色素。这三类色素在食品贮运期间的变化会引起食品的变色或褪色，导致食品感官品质下降。

除此之外，褐变是食品中比较普遍的一种变色现象，尤其以天然食品为原料的加工食品在贮运过程中遭受机械损伤更易发生褐变。褐变不仅影响食品的感官色泽，而且降低食品的营养和风味，所以在食品贮运过程中也需要防止褐变。食品的褐变按其变色机理可分为酶促褐变和非酶促褐变。

酶促褐变是由氧化酶类引起食品中的酚类和单宁等成分氧化而产生的褐色变化。这种褐变常发生在水果、蔬菜的加工贮运过程中，如去皮的苹果、香蕉和切分的莴苣、蘑菇等的褐变是由于多酚氧化酶的作用使酚类物质发生氧化；新鲜果蔬在贮运期间遭受逆境胁迫（冷害、高浓度二氧化碳伤害）或机械损伤而引起果蔬表面或组织内部出现褐色。这样的酶促褐变缩短了新鲜果蔬的贮运期和鲜切果蔬的货架期。决定果蔬酶促褐变的主要因素是组织中的酚类物质氧化酶和酚类物质的浓度、温度和氧的可利用程度。

食品的非酶促褐变与酶无关，是食品中的蛋白质、糖类、氨基酸、抗坏血酸等发生化学反应的结果。食品在贮运期间发生的非酶促褐变主要有美拉德反应和抗坏血酸氧化反应。美拉德反应是食品中的蛋白质、氨基酸的氨基与还原糖的羰基相互作用并进一步发生缩合、聚合反应，形成暗黑色的类黑质，其反应的实质是羰基和氨基的相互作用，故又称羰氨反应。影响美拉德反应的因素除了羰基化合物和氨基化合物自身的结构之外，还与温度、水分、pH和金属离子等有关。因此，可通过降低食品的贮运温度、调节食品含水量和pH，采用低氧包装等来阻止羰氨反应的进行，抑制食品贮运中褐变的发生。

抗坏血酸本身是一种抗氧化剂，对防止食品褐变具有一定的作用。但是，当抗坏血酸发生自动氧化变为脱氢抗坏血酸时，脱氢抗坏血酸可与氨基酸发生美拉德反应而生成红褐色产物。另外，在缺氧的条件下，抗坏血酸在酸性条件下可形成糠醛，并进一步聚合为褐色物质。抗坏血酸氧化褐变经常发生在富含抗坏血酸的果蔬及果汁中。抗坏血酸氧化褐变与温度、pH有关，一般随温度升高而加剧，随pH下降而减轻。防止抗坏血酸氧化褐变，除了降低食品的贮运温度之外，还可以用亚硫酸溶液处理产品以抑制糠醛的产生。

（三）生物引起的食品败坏

食品的生物性污染是指微生物、寄生虫、虫卵和昆虫等对食物造成污染。昆虫污染食物是通过昆虫卵污染的，在温度、湿度适宜时，各种害虫可迅速繁殖，如粮食中的甲虫类、蛾类、螨虫类等，鱼、肉、酱、腌菜中的蝇蛆，腌鱼中的干酪蝇幼虫等。食品害虫种类繁多，分布广泛，抵抗力强，具有耐干燥、耐热、耐寒、耐饥饿、食性复杂、适应力和繁殖力强等特点。害虫分解食品中的蛋白质、脂类、淀粉和维生素等，使其品质、营养价值和加工性能降低。害虫大量滋生时，产生热量和水分，还会引起微生物增殖，导致食品发热、发霉、变味、变色和结块。

但就对食品质量的危害程度来说，微生物败坏最为严重，它不仅使食品风味品质显著劣变，而且由于病原微生物的繁殖、代谢产生毒素而引起食物中毒。所以在采取各项贮运措施时，应该以防止微生物污染和破坏微生物繁殖为前提条件来进行贮运管理。在人类所需食品的生产加工以及人们对食品营养成分的消化过程中，都离不开有益微生物的繁殖活动。但是腐败微生物、病原菌和产毒菌的存在却能给食品和人类健康带来严重的后果。食品中的水分和营养物质是微生物生长繁殖的良好基质，如果食品被微生物污染，在一定的条件下就会导致其质量迅速下降。微生物引起贮运食品的败坏主要表现为腐败、霉变和发酵。

1. 食品腐败

食品腐败是指细菌将食品中的蛋白质、肽类、氨基酸等含氮有机物分解为低分子化合物，使食品带有恶臭气味和厌恶滋味，并产生毒性。从食品的种类来讲，例如，引起生鲜鱼类、贝类腐败的主要是来自水中的细菌，如无色杆菌属、黄杆菌属、假单胞菌属和小球菌属的细菌。新鲜的畜、禽肉类和鲜蛋容易受到土壤中腐败细菌的污染，因此这类食品的腐败主要由好氧性芽孢杆菌属、厌氧性梭状芽孢杆菌属和变形杆菌属细菌引起。从食品加工的工艺来讲，经高温加热处理的食品腐败主要是由食品贮运环境中腐败细菌的再次污染所造成，如好氧性芽孢杆菌属和小球菌属细菌。同时也有一部分未被杀死的耐热性芽孢杆菌参与，如枯草芽孢杆菌等。对于腌制和干制食品，其腐败的发生多为一些耐盐性和耐干燥的细菌所引起。

2. 食品霉变

食品霉变是霉菌在食品中大量生长繁殖而引起的发霉变质现象。霉菌能分泌大量的糖酶，可分解利用食品中的碳水化合物。因此，富含糖类的食品如粮食、糕点、面包、饼干、水果、蔬菜等很容易发生霉变。食品霉变之后，不仅营养成分损失，外观颜色改变和产生霉味，如果被产毒的霉菌菌株如黄曲霉、玉米赤霉、黄绿青霉等污染，还会产生严重危害人体健康的毒素。因此，霉变是食品贮运过程中不可忽视的一种食品败坏现象。

食品贮运期间的霉变由许多种霉菌引起，危害性比较大的有毛霉属（*Mucor*）的总状毛霉（*Mucor racemosus*）、大毛霉（*Mucor mucedo*），根霉属（*Rhizopus*）的黑根霉（*Rhizopus nigricans*），曲霉属（*Aspergillus*）的米曲霉（*Aspergillus oryzae*）、灰绿曲霉（*Aspergillus glaucus*）、黑曲霉（*Aspergillus niger*），青霉属（*Penicillium*）的灰绿青霉（*Penicillium glaucum*）等。毛霉和根霉喜潮湿环境，常在含水量较高的食品中生长，其菌落颜色为黑色或褐色。曲霉适于在含水量较少的条件下生长，其菌落颜色多为黄、绿、褐、黑等颜色。

3. 食品发酵

食品发酵对于发酵食品的生产是不可缺少的工序，但此处的食品发酵是指食品被微生物污染之后，在微生物分泌的氧化还原酶的作用下，使食品中的糖（己糖、戊糖）发生不完全氧化的过程，是食品贮运过程中的一种变质现象。引起食品发酵的微生物主要是酵母和某些产酸的细菌。根据发酵产物的不同，在食品贮运中常见的发酵有酒精发酵、醋酸发酵、乳酸发酵和酪酸（丁酸）发酵。

二、食品败坏的控制

食品在贮运和流通过程中，由于受环境条件等诸多因素的影响，不断地进行着化学、物理、生理生化的变化，由此导致食品总体质量呈现下降的趋势。在食品贮运和流通过程中，为了控制其质量的下降速度，保持产品固有的商品质量，降低损耗，提高经济效益，对食品败坏的控制可以从两个思路来分析：一是改变食品本身性质，比如各种加工手段、罐藏、糖制、干藏、腌制和烟熏等；二是控制环境条件，比如从贮运手段低温、气调、化学保藏、辐照保藏进行预防。

（一）温度控制

温度对食品质量的影响主要包括对微生物和昆虫活动、化学变化、物理变化、生理生化变化诸多方面，降温无疑对微生物和昆虫活动、各种变化都会起到抑制作用。由于低温对保证食品质量的有效性和食品卫生的安全性均有效，降温是食品贮运和流通中广泛采用的措施。

但是，在实际生产中温度条件的选用，既要根据各种食品的商品特性尤其是耐藏性的好坏，又要考虑到生产费用的高低，同时还得兼顾产品的经济价值。不同食品在贮运、流通过程中拟采用的贮运温度如表2-15所示。

表2-15　不同食品拟采用的贮运温度

贮运温度/℃	食品种类	说明
常温	罐头、饮料、粮食、干制品、油脂	应尽可能将食品置于冷凉处，避免高温或冻结
10~15	热带水果蔬菜、花生、芝麻、食用动植物油、糕点、油炸食品、面粉等	可避免热带果蔬的冷害发生，抑制脂肪氧化酸败
5~10	亚热带的水果蔬菜（如柑橘类、荔枝、石榴、青椒、芋头等）	各类适宜贮运温度有所不同
0~5	温带的果蔬（如苹果、梨、桃等）、冷却肉、鲜鱼、鲜牛乳、鲜蛋	应避免温度波动过大
<0	冷饮，冷冻的肉制品、果蔬制品	按标准严格控制冻藏温度

（二）湿度控制

环境湿度对食品质量的影响主要表现在高湿度下对水汽的吸附与凝结、低湿度下食品的失水萎蔫与硬化。在贮运和流通中对环境湿度的控制因食品的理化特性、有无包装、包装性能等而异，可分别控制为高湿度（相对湿度85%以上）、中湿度（相对湿度75%～85%）、低湿度（相对湿度75%以下）和自然湿度。

对于大多数水果蔬菜贮运保鲜来说，为了减少蒸腾失水，保持固有的品质和耐藏性，通常要将环境相对湿度控制在85%～95%。部分瓜果和蔬菜，如哈密瓜、西瓜、甜瓜、南瓜、山药等的贮运保鲜适合在中湿度范围。这些瓜果和蔬菜如果在高湿度下贮运，容易被病菌侵染而腐烂变质。蔬菜中的生姜、洋葱、蒜头贮运的适宜相对湿度为65%～75%，各种粮食及其成品和半成品、干果、干菜、干鱼、干肉、茶叶等贮运中应将相对湿度控制在70%以下。散装的粉质状食品如面粉等，具有疏松结构的食品如膨化食品等，具有亲水性物质结构的食品如食糖等，它们的贮运湿度应更低一些。

环境中的自然湿度变化与季节、天气、地区等有密切关系，夏秋季节多雨潮湿，我国南方的空气湿度一般高于北方，阴雨天的空气相对湿度可达到90%以上。长时间的阴雨天气会导致面粉吸潮结块、干制食品吸潮而发霉变质、食糖和食盐吸湿而潮解。相反，干燥条件则会引起新鲜果蔬失水萎蔫和耐藏性下降。因此，具有良好密封包装如各种罐装、袋装、盒装等包装的食品，由于包装容器或包装材料的物理阻隔作用，其中的内容物受环境湿度的影响很小，故这类食品可在自然湿度下贮藏和流通。

（三）气体成分调节

调节气体成分通常是指降低贮运环境中的O_2浓度和提高CO_2浓度。这种措施目前主要用于果品蔬菜及加工食品的贮运保鲜。在低温条件下，控制一定浓度的O_2和CO_2组合，就能取得较冷藏更加显著的效果。因此，气调已成为我国及世界上许多国家的主流贮运方式。除用于果品蔬菜贮运保鲜外，在粮食贮运中为了防虫和防霉而采用的缺氧贮运法，鲜肉鲜鱼在流通中为了防止变质、延长货架期而采用的充氮包装法，禽蛋为保质而采用的CO_2贮运法和N_2贮运法，核桃仁和花生仁等富含油脂的食品为防止油脂氧化酸败而采用的N_2贮运法等，都是气体成分调节技术在控制食品腐败变质中的具体应用。表2-16为气调包装对海产品货架期的影响。

表2-16 新鲜海产品气调包装气体组成及货架期

贮运温度/℃	种类	气体组成	货架期/d	货架期延长/%
10	大马哈鱼	90% CO_2 + 10% 空气	10	150
		60% CO_2 + 40% 空气	10	150
8	鳕鱼片	100% CO_2	23	280
		65% CO_2 + 4% O_2 + 31% N_2	16	170

续表

贮运温度/℃	种类	气体组成	货架期/d	货架期延长/%
4	鳕鱼片	100% CO_2	40~53	>100
4	大马哈鱼片	100% CO_2	48	>100
4	大马哈鱼片	70% CO_2 +30% 空气	24	>100
3	大马哈鱼片	100% CO_2	>20	>100

（四）其他辅助处理

1. 包装

食品采取包装措施，不但可以有效地控制水分、温度、湿度、O_2、光线等这些不利因素对食品质量的损害，而且还可给食品生产者、经营者及消费者带来很大的方便和利益。

食品包装的材料包括木材、纸与纸板、纤维织物、塑料、玻璃、金属、陶瓷及各种辅助材料（如黏合剂、涂膜材料等），其中纸类、塑料、金属和玻璃是食品包装材料的四大支柱。食品包装容器的形式、形状及方法，也因食品的特性、包装材料的性质及市场需求等而千姿百态，花样不断翻新。概括而言，包装对食品质量能够产生以下直接效果。

（1）包装可将食品与环境隔离，防止外界微生物和其他生物侵染食品。采用隔绝性能良好的密封包装，配合杀菌或抑菌处理，或控制包装内的O_2和CO_2浓度（降低O_2浓度和提高CO_2浓度，或以N_2代替包装内的空气），均可抑制包装内残存的微生物或其他生物（如昆虫和螨）的生长繁殖，延长食品的保质期。

（2）包装可减少或避免干燥食品吸收环境中的水汽而变质，生鲜食品蒸发失水而失鲜甚至干缩，冷冻肉水分升华而发生干耗和冻结烧等变质现象的发生。

（3）选用隔氧性能强、阻挡光线和紫外线性能好的包装材料对食品进行包装，可以减缓或防止食品在贮藏和流通中发生的化学变色，如酶促褐变、美拉德反应、抗坏血酸氧化褐变、动物性和植物性天然色素的变化等，抑制食品的化学变性，如脂肪酸败、蛋白质变性等，许多维生素和无机盐的破坏损失等。

（4）选择适当的塑料薄膜材料进行包装，并结合低温条件，可使包装袋内维持低氧和较高的湿度条件，从而抑制食品的生理作用和生化变化，延缓食品的自然变质，延长贮运期和货架期。

2. 化学药剂处理

在食品生产、贮藏和流通中，为了抑制微生物危害和控制食品自身氧化变质，常常使用防腐剂、脱氧剂和保鲜剂等对食品无害的化学药剂对食品进行处理，以增强食品的贮运性和保持其良好的质量。

食品脱氧剂又称游离氧吸收剂（FOA）或游离氧驱除剂（FOS），它是一类能够吸收O_2的物质。当脱氧剂随食品密封在同一包装容器中时，能通过化学反应脱除容器内的游离氧及容留于食品中的氧，并生成稳定的化合物，从而防止食品的氧化变质。同时，反应后形成的缺氧条件也能有效地防止食品生霉和生虫；食品保鲜剂的作用与防腐剂有所不同，它除了针对微生物的作用外，还对食品自身的变化如鲜活食品的呼吸作用、蒸腾作用、酶促反应等起到一定的抑制作用。在使用化学药剂处理食品时应严格按照国家食品卫生标准规定控制其用量和使用范围。

3. 辐照处理

辐照保藏食品，主要是利用放射性同位素产生的穿透力极强的电离射线γ射线，当它穿过活的有机体时，就会使其中的水和其他物质电离，生成游离基或离子，从而影响机体的新陈代谢过程，严重时可杀死活细胞。从食品保藏的角度而言，主要是利用辐照达到杀菌、灭虫、抑制生理生化变化等效应，从而保持食品的良好质量和延长贮运期。

进行辐照处理时，应当控制适当的照射剂量和其他照射条件，并且辐照处理最好结合低温或低湿等贮运条件，才能取得良好的效果。

拓展阅读

栅栏技术

栅栏技术一词最早由1976年德国肉类研究中心Leistner提出。栅栏技术（也称联合保存，联合技术或扉障技术）是多种技术合理的科学结合，这些技术协同作用，阻止食品品质的劣变，将食品的危害性以及在加工和商业销售过程中品质的恶化降低到最小程度，它是食品贮藏的根本所在。Leistner把食品防腐的方法或原理归结为：高温处理、低温冷藏、降低水分活度、酸化、氧化还原电势、防腐剂、竞争性菌群及辐照等几种因子的作用。这些因子单独或相互作用形成特殊的防止食品腐败变质的栅栏，决定着食品微生物的稳定性，抑制引起食品氧化变质的酶类的活性，即栅栏效应。水分活度、酸度、温度、防腐剂等栅栏因子相互影响对食品的联合防腐保持作用，因此，将其命名为栅栏技术。

①栅栏技术基本原理：在食品防腐保藏中的一个重要现象是微生物的内平衡，内平衡是微生物维持一个稳定平衡内部环境的固有趋势。具有防腐功能的栅栏因子扰乱了一个或更多的内平衡机制，因而阻止了微生物的繁殖，导致其失去活性甚至死亡。

栅栏理论认为：食品要达到可贮性与卫生安全性，其内部必须存在能够防止食品所含腐败菌和病原菌生长繁殖的因子（栅栏因子），这些因子通过临时或永久性打破微生物的内平衡而抑制微生物的腐败与产生毒素，保持食品的品质。这些因子及其交互效应决定了食品微生物的稳定性，即栅栏效应。

②常用栅栏因子：在提出"栅栏"这个专业术语之前，许多的食品科学家和技术专家实际上已经开始应用"栅栏因子"来进行食品的防腐与保藏，如在肉类的加工中使用的腌、熏、加香料、加热、冷冻等措施。到目前为止，食品保藏中已经得到应用和有潜在应用价值的栅栏因子的数量已经超过100个，其中已用于食品保藏的大约有50个。其中主要有物理栅栏、物理化学栅栏和微生物栅栏等。

物理栅栏，包括温度（巴氏灭菌、高温杀菌、冷冻、冷藏）、照射（紫外线、微波）、压力（高、低）、电磁能（电场脉冲、磁场脉冲、超声波）、包装气（气调、真空、充氮、二氧化碳）、包装材料（聚乙烯塑袋、可食膜）等。

物理化学栅栏，包括水分活度（高、低）、pH（高、低）、氧化还原电位（高、低）、防腐剂（有机酸、醋酸钠、磷酸钠等）、烟熏、气体（二氧化碳、臭氧）等。

微生物栅栏，包括有益的优势菌、抗菌素等。其他栅栏，包括游离脂肪酸、甲壳素、氯化物等。

③栅栏技术在食品加工中的应用：栅栏技术对于食品保藏来说是很有意义的，因为栅栏技术能够通过协同作用控制微生物对食品的破坏，保证得到稳定、安全的产品，并且由于它们协同的、相互作用的影响，使得在保藏技术中，可以降低各个因子的使用强度。这种技术作为稳定微生物体系，保证食品安全，提高感官质量等的保藏方法已成功地被证明。

复习思考题

1. 生鲜食品贮运过程中主要发生哪些生理生化变化？
2. 呼吸作用对果蔬贮运保鲜有何意义，对将来就业和学习有什么启迪？
3. 试分别举出3种以上跃变型果实和非跃变型果实。
4. 影响果蔬呼吸强度的因素有哪些？
5. 简述植物体内乙烯的生物合成途径。
6. 乙烯与呼吸模式有何关系？
7. 休眠与采后生长对贮运保鲜的意义？
8. 什么是侵染性（病理性）病害？什么是生理性病害？
9. 什么是肉类的宰后僵直和软化？对贮运保鲜分别有何意义？

实训项目三　鲜活食品贮运过程中呼吸强度的测定

一、实训目的

1. 了解鲜活食品采后生命活动状态。
2. 了解鲜活食品呼吸强度的测定原理和方法。
3. 能根据实际情况对鲜活食品的呼吸作用进行适当的调控。

二、实训原理

呼吸作用是有机体生命活动的基本代谢过程，也是食品进行的最重要的生理活动之一，它直接影响果蔬产品贮藏运输中的品质变化和寿命。测定呼吸强度可衡量呼吸作用强弱，了解鲜活食品采后生理状态，为食品货架期的计算提供必要数据。

呼吸强度的测定通常采用定量的碱液吸收鲜活食品在一定时间内由呼吸作用所释放出来的CO_2，再用酸滴定剩余的碱，即可计算出呼吸作用所释放出的CO_2量，求出呼吸强度，其单位为每千克每小时释放出CO_2的质量（mg）。反应如下：

$$2NaOH+CO_2 \longrightarrow Na_2CO_3+H_2O$$
$$Na_2CO_3+BaCl_2 \longrightarrow BaCO_3\downarrow +2NaCl$$
$$2NaOH+H_2C_2O_4 \longrightarrow Na_2C_2O_4+2H_2O$$

测定可分为气流法和静置法两种，本实训采用静置法。

三、实训材料和器具

（1）材料　苹果、梨、柑橘、番茄、黄瓜、青菜、小麦种子、水稻种子、鸡蛋等。碱石灰、尼龙袋（适合种子等）、0.4mol/L氢氧化钠、0.1mol/L草酸、饱和氯化钡溶液、酚酞指示剂、凡士林等。

（2）器具　呼吸室、滴定管架、铁夹、25mL滴定管、150mL锥形瓶、150mL烧杯、500mL烧杯、直径8cm培养皿、小漏斗、10mL移液管、吸耳球、100mL容量瓶、玻璃棒、电子天平。

四、实训步骤

（1）检查呼吸室的密闭性。在呼吸室的盖子周围涂上一层凡士林，检查其密闭性。

（2）放入碱液。用移液管吸取20mL 0.4mol/L氢氧化钠于培养皿中，将培养皿放入呼吸室底部，放上隔板。

（3）放入样品。称取1kg左右的食品（种子样品放入尼龙袋中），放在隔板上，封盖，计时。

（4）碱液放置1h后，取出培养皿，将碱液移入烧杯中，用少量蒸馏水冲洗3～4次，总量控制在60mL左右，加入5mL饱和氯化钡溶液，用玻璃棒搅拌1min，加2滴酚酞指示剂。

（5）滴定用0.1mol/L草酸滴定至红色完全消失，记录0.1mol/L草酸用量。同时做空白实训。

（6）呼吸强度的计算如式（2-1）所示：

$$呼吸强度/[mgCO_2/(kg·h)] = \frac{(V_1-V_2) \times C \times 44}{m \cdot t} \quad (2-1)$$

式中 C——草酸的浓度，mol/L；

m——样品质量，kg；

t——测定时间，h；

44——CO_2的摩尔质量，g/mol；

V_1——空白实训所消耗的草酸体积，mL；

V_2——样品所消耗的草酸体积，mL。

五、实训结果与讨论

（1）在测定鲜活食品呼吸强度实验过程中，影响呼吸强度测定结果的因素有哪些？

（2）呼吸作用对鲜活食品的成熟、衰老有什么影响？

（3）记录数据，撰写实训报告。

实训项目四　禽畜产品、水产品的僵直和软化现象观察

一、实训目的

1. 熟悉畜禽、水产品在宰后的贮运特点。
2. 正确辨别畜产品的僵直与软化现象。
3. 能正确辨别水产品的僵直与软化现象，分析水产品与畜产品宰后特点的不同。

二、实训原理

僵直作用是指动物在屠宰或捕捞致死以后的一段时间里，肌肉丧失原有的柔软性和弹性而呈现僵直的现象。动物在致死以后，糖原经无氧分解产生乳酸，致使肉的pH下降，经过24h后，pH可从7.0～7.2降至5.6～6.0。但当乳酸生产到一定界限时，分解糖原的酶类逐渐失去活

力,而无机磷酸化酶的活力大大增强,开始促使ATP分解形成磷酸。pH继续下降至5.4,致使鸡腿肉中的ATP含量急剧降低,从而引起肌浆网破裂,释放出Ca^{2+},促使肌动蛋白结合,产生没有伸展性的肌动球蛋白,最终形成了永久性的收缩。随着贮运时间的延长,僵直缓解,经过自身解僵,肉变得柔软,同时保水性增加,风味提高,此过程称作肉的软化。这主要是由于肌纤维中的溶酶体分解释放出的组织蛋白酶将肌肉中的蛋白质分解为小分子肽或氨基酸、核苷酸,致使蛋白质结构松弛。

三、实训材料与器具

活鸡、活鱼,刀、电子天平、便捷式pH计。

四、实训步骤

1. 试材准备

用刀背敲击鲜活鱼后脑靠延髓部,使其无挣扎死亡,冰水清洗干净后,放室温中保藏。取新杀的鸡一只,冰水清洗干净后,放室温中保藏。

2. 禽产品、水产品僵直、软化感官观察

每隔1h用手指轻轻按压鸡肉、鱼肉,分别记录指压后的恢复情况和手指的湿润程度,初步判断禽肉和水产品的僵直和软化时间及特征。

3. 禽产品、水产品pH测定

用小刀或大头针在禽肉或鱼肉上打洞,用便携式pH计电极插入打洞部位,将电极头部完全包埋在肉样中,测定宰杀后不同时间的禽肉、鱼肉pH。同一点重复测定多次,不同部位取平均值。

4. 鱼僵直指数测定

将鱼体放在水平板上,测出鱼体长度的中点,使鱼体的前1/2放在水平板上,后1/2自然下垂,测定其尾部与水平板构成的最初下垂距离(L)和在不同僵直程度时的距离(L'),僵直指数(R)的计算如式(2-2)所示。实验重复10次。

$$R/\% = (L-L')/L \times 100 \tag{2-2}$$

五、实训结果与讨论

(1)畜禽产品、水产品在僵直期有何贮运特性?

(2)畜禽产品、水产品的贮运期与pH之间有什么关系?

(3)记录数据,撰写实训报告。

实训项目五 食品变质现象的感官鉴定

一、实训目的

1. 了解生活中常见的延长食物保质期的方法。
2. 认识生活中变质食物的特征及食物变质的原因。
3. 掌握食品变质的主要表现种类及形式。

二、实训原理

1. 感官鉴定

感官鉴定是以人的视觉、嗅觉、触觉和味觉来查验食品初期腐败变质的一种简单而灵敏的方法。食品腐败变质初期会产生腐败臭味,发生颜色和性状的变化(褪色、变色、着色、失去光泽等),出现组织变软、变黏等现象,这些都可以通过感官分辨出来。

(1)色泽 食品无论在加工前或加工后,本身均呈现一定的色泽,如有微生物繁殖引起食品变质时,色泽就会发生改变。有些微生物产生色素,分泌至细胞外,色素不断累积就会造成食品原有色泽的改变,如食品腐败变质时常出现黄色、紫色、褐色、橙色、红色和黑色的片状斑点或全部变色。另外,由于微生物代谢产物的作用促使食品发生化学变化时也可引起食品色泽的变化。例如,肉及肉制品的绿变就是由于硫化氢与血红蛋白结合形成硫化氢血红蛋白所引起的。腊肠由于乳酸菌增殖过程中产生了过氧化氢,促使肉褪色或绿变。

(2)气味 食品本身有一定的气味,动物、植物原料及其制品因微生物的繁殖而产生极轻微的变质时,人们的嗅觉就能敏感地觉察到有不正常的气味产生。例如,氨、三甲胺、乙酸、硫化氢、乙硫醇和3-甲基吲哚(粪臭素)等都具有腐败臭味,当这些物质在空气中的浓度为$10^{-8} \sim 10^{-1} mol/m^3$时,人们的嗅觉就可以觉察到。此外,食品变质时,其他胺类物质、甲酸、乙酸、酮类、醛类、醇类、酚类和靛基质化合物等也可被人们觉察到。

食品中产生的腐败臭味,常是多种臭味混合而成的。人的嗅觉有时能分辨出比较突出的不良气味,如霉味臭、醋酸臭、胺臭、粪臭、硫化氢臭、酯臭等,但有时产生的有机酸和水果变坏产生的芳香味,习惯上不认为是臭味。因此评定食品质量不是以香味和臭味来划分的,而是应该按照正常气味与异常气味来评定。

(3)口味 微生物造成食品腐败变质时也常引起食品口味的变化。而口味改变中比较容易分辨的是酸味和苦味。一般碳水化合物含量多的低酸食品,变质初期产生酸是其主要的特征。但对于原来酸味就大的食品,如番茄制品,微生物造成酸败时,酸味稍有增加,不易辨别。另外，某些假单胞菌污染消毒乳后可产生苦味；蛋白质被大肠杆菌、小球菌等微生物作用也会产生苦味。当然，从卫生角度看口味的评定是不符合卫生要求的，而且不同人评定的结果往往不一样，只能做大概比较，为此口味的评定应借助仪器来测试，这是食品科学需要解决的一项重要课题。

（4）组织状态　固体食品变质时，动物、植物性组织因微生物酶的作用，可使组织细胞破坏，造成细胞内容物外溢，即为食品出现变形和软化，如鱼肉类食品出现肌肉松弛和弹性差，有时组织体表出现发黏等现象；微生物引起粉碎后加工制成的食品，如乳粉、果酱等变质后常引起黏稠、结块等表面变形、湿润或发黏现象。

液态食品变质后会出现混浊、沉淀、表面出现浮膜、变稠等现象；鲜乳因微生物作用引起变质可出现凝块、乳清析出、变稠等现象，有时还会产生气体。

2. 腐败变质的控制

腐败变质的控制方法有：（1）防止微生物污染；（2）杀灭微生物，如高温杀菌，微波加热，辐照杀菌；（3）控制微生物繁殖，如低温冷藏、冷冻、减少食品水分；（4）提高食品渗透压；（5）使用防腐剂等。

三、材料与器具

（1）材料　米饭、馒头、水果、蔬菜、肉、植物油等变质食品及未变质食品。

（2）器具　滴定管（25mL）；高压蒸汽灭菌锅（灭菌）；冰箱（冷藏）；速冻机（速冻）；电热烘箱（干燥）；盘子；保鲜膜等。

四、实训步骤

实训内容与要求见表2-17。

表2-17　实训内容与要求

实训内容	实训要求
观察实验用食品材料的初始状态	实验用食品材料是新鲜的
观察食品变质后的感官表现	对不同食品分别进行记录
观察控制腐败变质后的感官表现	对不同食品/不同方法分别进行记录
观察对实验现象进行比较	得出结论

（1）观察未变质食物和已变质食物，描述食物未变质/已变质的感官特征和表现，记录在已经设计好的表格（表2-18）中，并作结果对比、分析（根据情况也可选用不同种类的蔬菜、水果、肉类等食物）。

表2-18　记录食物感官品质变化

食物种类	未变质食物感官表现	已变质食物感官表现

（2）观察不同食品和不同保藏方法的保藏效果，根据实验室的条件选择几种杀菌、控菌、隔菌的方法，观察不同食品的保藏效果（根据情况可以采用不同的保藏方法进行实验，这里以冷藏和冷冻两种方法为例，保藏食品的种类根据情况可自行选定）。

在已经设计好的表格（表2-19）中，记录食物冷藏的温度、处理方法及冷藏时间等，记录食物冷冻的温度、处理方法及冷冻时间等，并叙述食物冷藏及冷冻方法后的表现（不同保藏方法对产品的影响），并作结果对比、分析。

表2-19　不同食品的不同保藏方法及其对产品的影响

食物种类	保藏方法		不同保藏方法对产品的影响
	冷藏	冷冻	

五、实训结果与讨论

（1）生活中如何辨别、控制食物的腐败变质？轻度腐败的鱼肉、果蔬可以食用吗？

（2）探究食品腐败变质的原因，如何延长食品保质期？

（3）记录数据，撰写实训报告。

第三章
食品贮藏原理和方法

学习目标

知识目标

1. 掌握各种贮藏、保鲜方法的原理、特性,进一步理解食物腐败的主要原因。
2. 熟悉各种贮藏、保鲜方法的应用实例、管理方法。
3. 了解不同贮藏、保鲜方法的应用条件,存在问题及改进途径。

技能目标

1. 熟练掌握食品贮藏、保鲜的关键技术及控制要点,并能够进行基本的贮藏操作、管理。
2. 能够根据不同食品特性,正确选择适合的保藏方法,并制订贮藏保鲜方案。
3. 能根据当地常见的水果、蔬菜、畜禽、水产贮藏保鲜出现的问题,提出解决方案。

职业素养目标

1. 通过"绿色"贮藏方式(气调贮藏)的学习,加深对于人与自然关系的认知,形成绿色生活方式和可持续发展理念。
2. 通过对传统贮藏方式的学习,深刻认识到我国悠久的贮藏历史,是我国劳动人民在长期的生产实践中积累的宝贵经验结晶,并在今后的实践中不断汲取营养和智慧,提升民族自豪感,树立文化自信。
3. 通过食品贮藏保鲜技术的应用,延长农产品贮藏期限,树立节能、环保理念。为乡村振兴贡献自己的力量。

案例导入

"鱼离不开水",这是我们从小就知道的"常识"。2019年12月4日,一批多宝鱼和半滑舌鳎鱼,从济南穿越2000多公里,历经36小时后,来到在海口举行的第十三届中国冷链产业年会现场，在休眠状态下被唤醒的鱼，开始在水箱里活蹦乱跳起来，这令现场观众叹为观止。"无水运活鱼"技术就是先让鱼安安稳稳地睡上一觉，再将它们唤醒。目前，多宝鱼、半滑舌鳎、黄颡鱼等水产品已成功完成从山东到新疆、山东到广西、山东到海南、安徽到山东、安徽到北京、山东到北京的远距离陆空联运实验，无水保活时间突破72小时，唤醒成活率为97%。

讨论：
1. 无水运输的原理是什么？与传统保藏方法相比较，优势在哪里？
2. 无水运输的鱼被唤醒后是否影响口感？鱼肉的营养价值会不会降低？

第一节 传统贮藏方法

我国地域辽阔，南北气候条件不同，劳动人民在长期的生产实践中根据当地的气候、土壤特点和条件，总结创造出来一些简单易行的贮藏方法，称为简易贮藏，也称常温贮藏。简易贮藏是我国的传统贮藏方式，历史悠久，大多源自民间经验的积累和总结，其形式多样、结构简单、因地制宜、成本低廉、易于推广。我国常见的传统贮藏方式包括堆藏、沟藏、窖藏、假植贮藏和冻藏。

一、堆藏

1. 堆藏方法

堆藏是直接把果蔬堆积在菜园、田间地面、浅坑或场院荫棚下，用一些覆盖物覆盖，以维持适宜的温、湿度条件，并防止产品伤热、受冻和水分蒸散的一种简易贮藏方法。堆藏一般适于较温暖地区的越冬贮藏或寒冷地区秋冬之际短期贮藏。在北方，大白菜、甘蓝、洋葱、马铃薯等蔬菜常用此法贮藏，在南方也用此法贮藏柑橘等水果。一般绿叶菜类不宜堆藏。

2. 堆藏的理论依据及特点

堆藏将果蔬直接堆积在地上，故受地温影响较小，而主要受气温的影响。当气温过高时，覆盖有隔热的作用；气温过低时，覆盖有保温防冻的作用。覆盖能缓和气温急剧变化带来的不利影响，避免贮温的过度波动；还能在某种程度上保持贮藏环境一定的空气湿度，甚至在堆内可能积累一定量的CO_2，形成一定的自发气调环境，故堆藏具有一定的保鲜效果。堆藏效果的好坏在很大程度上取决于覆盖的方法、时间及覆盖物的厚度等因素。所以，采用堆藏这种贮藏方式往往需要较多的经验。由于堆藏受气温的影响很大，故在使用上受到一定限制。尤其在贮藏初期，若气温较高，则堆温难以下降，因此，堆藏不宜在气温较高的地区应用，而适用于比较温暖地区的晚秋、冬季及早春贮藏，在寒冷地区，一般只用作秋冬之际的短期贮藏。

二、沟藏

1. 沟藏方法

沟藏也称埋藏，是在预先挖好的沟内放入果蔬，以秸秆或泥土覆盖，达到贮藏保鲜的目的（图3-1）。沟藏的保温保湿性能比堆藏好。在北方多用此法贮藏苹果、山楂、核桃、板栗等产品和萝卜、胡萝卜等根菜类蔬菜。

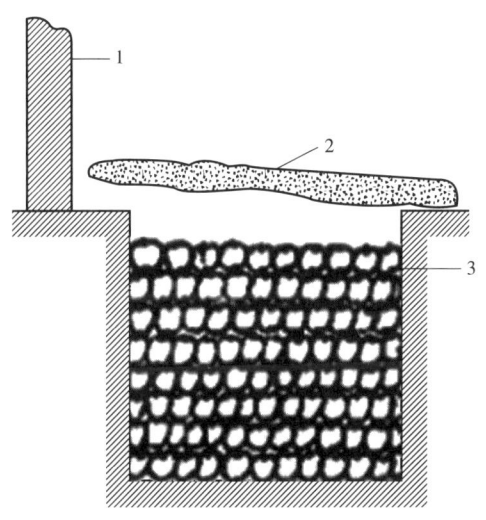

图3-1 沟藏示意图
1—遮阴墙　2—草盖　3—散放果品

2. 沟藏的理论依据及特点

随着季节的更替，气温和土温都在发生变化，但变化的特点和规律有所不同。从秋到冬气温下降快，下降幅度大；土温下降慢，变化幅度小。在冬季气温较低的情况下，土温则比较稳定而且高于气温，入土越深温度越高。到翌年春天，气温上升快变化大；土温上升慢变化小。因此，在冬季和春季贮藏沟内的温度稳定、变化缓慢的特性，是贮藏果品的有利条件。贮藏沟土壤湿润，能保持较高而稳定的相对湿度，可减轻新鲜果蔬的萎蔫，减少失重，有利于保持外观新鲜。沟内还可积累果蔬呼吸作用产生的二氧化碳，形成一定的自发气调环境，抑制微生物的活动，同时降低果蔬自身的呼吸程度，从而延长贮藏期。沟藏还具有构造简单，节省材料的特点，大多是以土为主要材料，可就地取材。

三、窖藏

贮藏窖包括棚窖、井窖和窑窖3种类型。窖藏在北方较普遍，南方也有使用。这些窖多是根据当地自然、地理条件的特点进行建造。由于土壤导热系数小，贮藏窖内温度变化缓慢而稳定，且土层越深温度越稳定，有利于通过简单的通风设备来调节和控制。由于贮藏窖具有一定的深度，不仅保温而且保湿。窖藏与堆藏相比可随时入窖出窖，方便检查和管理，适于多种果蔬的贮藏。

1. 棚窖

棚窖也称土窖，在北方平原地区应用比较普遍，是一种临时或半永久性贮藏设施，常用来贮藏苹果、梨、葡萄、芹菜、大白菜、马铃薯、胡萝卜等果蔬。棚窖的形式和结构，因地区气候条件和贮藏产品不同而异，可建成地上式、半地上式或全地下式。冬季寒冷的东北各省多建地下式窖，窖顶需开设若干天窗便于通风，天窗的大小和数量无严格规定，要根据当地气候条件和贮藏的果蔬种类估计通气面积大小，如用于贮藏大白菜，需要有较大的通风面积；用于贮藏葡萄、马铃薯或苹果，天窗面积可小一些。除天窗外，还需在一端或两端开设适当大小的窖门，便于产品和操作人员出入，也起通风换气的作用。

在华北冬季气候不过分寒冷的地区，可采用半地下式窖，在墙两侧地上部靠近地面处每隔2~3m留一个通风口，天冷时堵死。窖顶、窖门、天窗可参考地下式。窖内的温度变化主要是根据所贮产品的要求以及气温的变化，利用天窗及窖门进行通风换气来调节和控制。窖内湿度过低时，可在地面上喷水或挂湿麻袋进行调节。

2. 井窖

井窖的窖体深入地下，为了借地下土层维持较稳定的温度，窖越深，温度越高，也较稳定，适于贮藏甘薯、柑橘、姜等易受冷害的产品。在华北地区一般井窖内温度约在10℃，是甘薯、姜等的适宜贮藏温度。南方窖身较浅，宜用于柑橘贮藏。井窖的不足之处是容量小，操作管理不便。

3. 窑窖

窑窖在我国西北地区广泛应用，多选择地势干燥、土质黏重、地下水位低、空气畅通、交通运输方便的地方建造，利用山坡土丘沟壑挖洞。果蔬贮藏时可散堆，也可围垛，还可装筐码垛。窑窖洞的形状有喇叭式浅窖、双曲拱顶深窖等。

四、假植贮藏

假植贮藏是我国北方秋冬季节贮藏蔬菜的特有方式。方法是在晚秋蔬菜充分长成之后，连根收起并密集地假植在阳畦或其他贮藏场所如沟或窖中，使蔬菜处于极其微弱的生长状态，保持正常的新陈代谢，达到长期保鲜的目的。应用假植贮藏最普遍的蔬菜是芹菜和油菜，莴苣、菜花、乌塌菜、小萝卜等也可用假植方式贮藏。这些蔬菜由于结构和生理上的特点，用其他方法贮藏时，容易脱水萎蔫，代谢反常，从而降低耐藏性和抗病性。假植贮藏可使蔬菜继续从土壤吸收一些水分，补充蒸散作用的损失，有的还能进行微弱的光合作用，使外叶的养分向食用部分转移，仍能保持正常的生理状态。因而会延长贮藏期限，甚至有可能提高产品的品质。

五、冻藏

冻藏是我国北方地区贮藏蔬菜的一种方法。与沟藏的方法类似，利用自然低温使果蔬处于轻微冻结状态进行贮藏。果蔬冻藏使呼吸代谢减弱，微生物活动受到抑制，但产品仍能保持生机。冻藏温度不能过低，否则蔬菜易受冻，升温后不能复鲜。如果蔬菜处于微冻状态，食用前经缓慢解冻，仍能恢复保鲜状态，保持其品质。冻藏主要应用于耐寒性强的果蔬，例如苹果、柿子、菠菜、芹菜、香菜、油菜等。冻藏的果蔬需经过解冻才能上市，解冻应缓慢进行，温度应逐渐升高，否则会使果蔬呈水烂状汁液外渗，食用时有冻性味，造成损失。解冻后的产品应立即销售或加工利用，不宜长久贮藏。

第二节　机械冷藏

机械冷藏是在具有良好隔热性能的贮藏场所内，配置机械制冷设备，根据不同贮藏商品的要求，通过制冷系统的作用，控制库房内的温、湿度条件在合理的水平，并适当加以通风换气的一种贮藏方式。它不受气候条件的影响，可以进行周年贮藏，贮藏期限长，效果好，现在逐渐成为食品贮藏的主要方式之一。

一、机械制冷

（一）机械制冷原理

机械制冷是利用汽化温度很低的制冷剂汽化，吸收贮藏环境中的热量，使库温迅速下降，气态制冷剂通过压缩机的作用，变成高压气体，再通过冷凝器冷凝降温，形成液体后循环的过程。压缩机将气态的制冷剂压缩为高温高压的气态制冷剂，然后送到冷凝器（室外机）散热后成为中温中压的液态制冷剂，所以室外机吹出来的是热风。液态制冷剂经毛细管，进入蒸发器

（室内机），空间突然增大，压力减小，液态制冷剂就会汽化，吸收大量的热量，蒸发器就会变冷，室内机的风扇将室内的空气从蒸发器中吹出，所以室内机吹出来的就是冷风。空气中的水蒸气遇到冷的蒸发器后就会凝结成水滴，顺着水管流出去，然后气态的制冷剂回到压缩机压缩，继续循环。

（二）制冷系统组成

制冷系统是指由制冷剂（Refrigerant）和制冷机械（Refrigerated machine）组成的一个密闭循环制冷系统。制冷机械由实现制冷循环所需的各种设备和辅助装置组成，制冷剂在这一密闭系统中重复进行着被压缩、冷凝和蒸发的过程。

1. 制冷机械

制冷机械是冷藏库最重要的系统。依靠制冷剂汽化而吸热的机械称为冷冻机，目前主要是压缩式冷冻机，其组成包括4部分：压缩机、冷凝器、蒸发器、调节阀（图3-2）。

（1）压缩机　制冷机械的心脏，常用的为活塞式，通过活塞运动吸入来自蒸发器的气态制冷剂，将其压缩成高压状态送入冷凝器中。

（2）冷凝器　有风冷和水冷两类，主要对来自压缩机的制冷剂蒸气进行降温，使之重新液化。

（3）蒸发器　由一系列蒸发排管构成的热交换器，液态制冷剂由高压部分经调节阀进入低压部分的蒸发器时达到沸点而蒸发，吸收冷却介质所含的热。

（4）调节阀　又称膨胀阀，位于贮液器和蒸发器之间，用来调节制冷剂流量，同时起降压作用。

除此之外的其他部件是为了保证和改善制冷机械的工作状况，提高制冷效果及其工作时的经济性和可行性而设置的，它们在制冷系统中处于辅助地位。这些部件包括贮液器、电磁阀、油分离器、过滤器、空气分离器、相关的阀门、仪表和管道等。

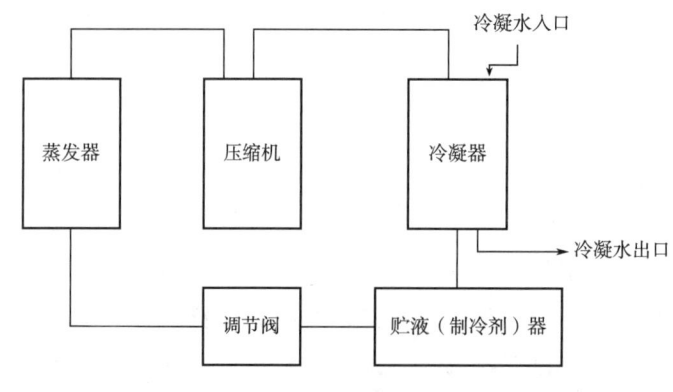

图3-2　制冷机械组成

2. 制冷剂

在制冷系统中，蒸发吸热的物质称为制冷剂，制冷系统的热传递是靠制冷剂进行的。制冷剂要具备沸点低、冷凝点低、对金属无腐蚀作用、不易燃烧、不爆炸、无刺激性、无毒、无味、易于检测、价格低廉等特点。当前普遍的制冷剂是氨和氟利昂。两者的对比见表3-1。

表3-1 制冷剂的对比

制冷剂种类	优点	缺点	用途
氨	沸点低、价格低、效果好	有毒、易燃烧、腐蚀	大中型冷库
氟利昂	不燃烧、不爆炸、无味	对臭氧层有破坏	小型冷库

二、冷却冷藏

在众多的保藏法中冷却冷藏技术应用最为广泛。冷藏保鲜技术主要是通过低温贮藏，减弱果蔬的呼吸强度，延缓代谢，达到保鲜效果；其次是通过低温作用抑制微生物的繁殖，减缓果蔬的氧化和腐败速度，较好地保持原有产品品质，延长食品保质期。同时，低温保鲜是目前食品保鲜方式中成本最低、保鲜期较长、效果较好的一种方法。与其他方法相比，低温冷藏法更能使果蔬保持鲜度、营养价值和原有风味。

（一）食品的冷藏原理

冷藏对动物性食品来说，主要是降低温度抑制微生物的活动和生化反应；对植物性食品来说，主要是保持恰当的低温（因品种的不同而异）使植物体不致产生冷害又控制其呼吸作用。从而达到保持食品质量、防止食品腐败的效果。

（二）食品冷却工艺

常用的食品冷却工艺有冷风冷却、冷水冷却、冰冷却、差压式冷却、真空冷却等，由于食品种类及冷却要求的不同，在具体应用时应选择适用的冷却方法，常用冷却方法的适用范围如表3-2所示。

表3-2 常用冷却方法的适用范围

冷却方法	肉	禽	蛋	鱼	水果	蔬菜	烹调食品
冷风冷却	*	*	*		*	*	
冷水冷却		*		*	*	*	

续表

冷却方法	肉	禽	蛋	鱼	水果	蔬菜	烹调食品
冰冷却		*		*	*	*	
差压式冷却	*	*	*		*	*	
真空冷却						*	

1. 冷风冷却

冷风冷却法是最常用的食品冷却方法。冷风冷却是用冰块或机械制冷使空气降温，然后用冷风机将被冷却的空气从风道吹出，在冷却间或冷藏间中循环，让低温空气流经包装食品或未包装食品表面，吸收食品中的热量，促使其降温达到冷却目的。它与自然冷却的区别在于配置了较大风量、风压的风机，所以又称强制通风冷却方式，是一种使用范围较广的冷却方法。其工艺主要取决于空气的温度、相对湿度和流速等。具体的工艺条件选择由食品的种类、有无包装、是否干缩、是否快速冷却等确定。

冷风冷却法常用于果蔬、鲜蛋、乳品以及畜禽肉等冷藏、冻藏食品的预冷处理，特别适于西蓝花、绿叶类蔬菜等经浸水后品质易受影响的蔬菜产品。冷风的温度可根据选择的贮藏温度进行调节和控制。

冷风冷却的缺点是当室内温度低时，被冷却食品的干耗较大。

2. 冷水冷却

冷水冷却法是将干净水（淡水）或盐水（海水）经过机械制冷或机械制冷与冰制冷结合制成冷却水，然后用此冷却水通过浸泡或喷淋的方式冷却食品。淡水制得的冷却水的温度一般在0℃以上，而盐水（海水）形成的冷却水的温度可在-2~-0.5℃。盐水用作冷却介质不宜和一般食品直接接触，因为即使只有微量盐分渗入食品内，也会使食品产生咸味和苦味，只可用于间接冷却。冷水冷却可用于水果、蔬菜、家禽、水产品等食品的冷却，特别适合一些易变质的食品。与冷风冷却相比，冷水冷却速度快，而且没有干耗，所需空间少。缺点是被冷却食品之间易交叉感染，例如，在冷却家禽时，如果有一个禽体上染有沙门氏菌，就会通过冷水传染给其他禽体，影响成品质量。冷却水可循环使用，但必须加入少量次氯酸盐消毒，以消除微生物或某些个体食品对其他食品的污染。冷水冷却主要有以下3种形式。

（1）浸渍式　将水果、蔬菜和包装食品浸渍在0~2℃的冷水中，浸渍式冷却系统可以是间歇式的也可以是连续式的操作。如所用冷水是静止的，其冷却效率较低。一般在冷水槽低位有冷却排管，上部有放冷却食品的传送带。

（2）喷水式　根据喷头孔的大小，分为喷淋式和喷雾式两种。耐压食品可选用喷淋式，易碎、较柔软食品可选用喷雾式。喷水冷却多用于鱼类、家禽，有时也用于水果、蔬菜和包装食品的冷却。

（3）混合式　浸喷相结合冷却效率较高，效果较好。

3. 冰冷却

冰冷却法是采用冰来冷却食品，利用冰融化时的吸热作用来降低食品物料的温度。

用来冷却食品的冰分淡水冰和海水冰两种。一般淡水鱼用淡水冰来冷却，海水鱼用海水冰冷却。淡水冰可分为机制块冰（块重100kg/块或120kg/块，经破碎后用来冷却食品）、管冰、片冰、米粒冰等多种形式，按冰质可分成透明冰和不透明冰。海水冰主要以块冰和片冰为主。为了提高冰冷却效果，要将大块冰破碎，使冰与食品的接触面积增大，并及时排出冰融化的水。随着制冰技术的完善，许多作业渔船可带制冰机随制随用，但要注意，不允许用被污染的海水及港湾内的水来制冰。

对海上的渔获物进行冰冷却时，一般可采用碎冰和水冰两种方式。碎冰冷却（干式冷却）要求在船舱底部和四周先添加碎冰，然后以一层冰一层鱼的方式装舱，这样鱼体温度可降至1℃，一般可保鲜7~10d不变质。水冰冷却（湿式冷却）先将海水预冷到1.5℃，送入船舱或泡沫塑料箱中，再加入鱼和冰，要求冰完全将鱼浸没，一般鱼与冰的比例为2∶1或3∶1。水冰冷却法易于操作、用冰量少，冷却效果好，但鱼在冰水中浸泡时间过长，易引起鱼肉变软、变白，因此该法主要用于鱼类的临时保鲜。

冰冷却的特点是冰无害、便宜；能使冷却表面湿润、有光泽，减少干耗；冷却速度快。这就是冰被广泛地用于冷却、冷藏以及鱼类的冷却运输的原因。它也用在叶类蔬菜的冷却和运输及某些食品的加工中，如香肠的碎肉加工。

目前，应用较多的冰冷却是在产品上层或中间放入装有碎冰的冰袋与食品一起运输。但冰冷却法只适用于与冰接触后不会产生伤害的产品，目前在超市普遍流行的做法是把水产品、畜禽分割制品摆放在冰面上，保持低温，以防止温度上升引起腐败变质。

4. 差压式冷却

差压式冷却是一个普遍应用在水果、蔬菜或鲜切花上的冷却技术，降温的方式是强迫冷风进入包装箱中，使冷空气直接与产品接触，其原理是利用抽风扇使包装箱两侧造成压力差，使冷风由包装箱一侧通风孔进入包装箱中与产品接触后由另一侧通风孔出来，同时将箱内的热带走。其优点是设备简单，且几乎所有的食品均可使用差压预冷方式降温，其使用的包装箱可以不用和冷水冷却或冰冷却一样必须是防水的。其缺点是降温速度较其他方法慢，在某些产品上会造成2%以上的失水。

因此有效的差压预冷必须将空气维持在一定的低温；有良好的产品排列，使包装箱两侧形成压差；包装箱经过设计，使冷风能通过并与产品直接接触。

5. 真空冷却

真空冷却又称减压冷却，它的原理是水在不同的压力下有不同的沸点，只要降低压力，就可以降低水的沸腾温度，促使食品中的水分蒸发，因为蒸发潜热来自食品本身，从而使食品温度降低而冷却。

真空冷却主要用于蔬菜的快速冷却，特别是单位质量表面积较大的叶菜类果蔬。整理后的蔬菜装入打孔的纸板箱后，推进真空冷却槽，关闭槽门，开动真空泵和制冷机。当压力达到667Pa时，水在1℃时就沸腾了（汽化潜热：2253.88kJ/kg），所以，随着真空冷却槽内压力的降低，蔬菜中所含的水分在低温下迅速汽化，所吸收的汽化热使蔬菜本身的温度迅速下降。由于冷却速度快，水分蒸发量也只有2%~4%，因此不至于影响蔬菜新鲜饱满的外观。真空冷却是目前最快的一种冷却方法，一般20~30min就可以使食品温度降至4~5℃，而其他冷却方法达到同样效果需要几小时甚至几十小时。

真空冷却的主要优点是冷却速度快、时间短；冷却后的食品贮藏时间长；易于处理散装产品；若在食品上事先喷洒水分，则干耗非常低。缺点是装置成本高，少量使用时不经济。

（三）食品在冷藏过程中的质量变化

食品在冷却、冷藏过程中仍然会发生一系列变化，其变化程度与食品种类、成分、冷藏条件密切相关。除了肉类在冷却过程中的成熟作用有助于提高肉的品质外，其他所有变化均会引起食品品质下降。研究和掌握这些变化规律有助于改进食品冷藏工艺，避免和减少冷藏过程中食品品质的下降。

食品在冷藏过程中的质量变化（视频）

1. 水分蒸发

食品在冷却冷藏过程中，食品表面水分向外蒸发，出现干燥现象。当食品中的水分减少后，造成质量损失（俗称干耗），品质劣化。食品在冷藏中所发生的干耗程度与食品种类、食品和冷却介质空气的温差、空气介质的湿度和流速及冷却冷藏时间密切相关。水果、蔬菜类食品在冷藏过程中，由于表皮成分、厚度及内部组织结构不同，水分蒸发情况存在很大差别。一般蔬菜比水果易出现干耗，叶菜类比果菜类易出现干耗。果皮的胶质、蜡质层较厚的品种水分不易蒸发，表皮皮孔较多的果蔬水分容易蒸发。如杨梅、蘑菇、叶菜类食品原料在冷藏过程中，水分蒸发速度较快，苹果、柑橘类、柿子、梨、马铃薯、洋葱冷却冷藏过程中水分蒸发较小。果蔬的成熟度也会影响水分蒸发，一般未成熟的果蔬蒸发量大，随着成熟度的增加，蒸发逐渐减少。肉类水分蒸发量与肉的种类、单位质量表面积大小、表面形状、脂肪含量等有关。

2. 移臭（串味）

串味引起食品原有的风味发生变化，因此凡是气味相互影响的食品应分开贮藏，或包装后进行贮藏。另外，冷藏库长期使用后会有一种特有的冷藏臭，也会转移给冷藏食品，应及时清洁。

3. 寒冷收缩

寒冷收缩是受温度影响而产生的一种不良现象。肉类在短时间内快速冷却，肌肉会发生显著收缩现象，这种现象称为寒冷收缩。寒冷收缩与死后僵直等肌肉收缩有显著的区别，属于异常收缩。它不但更为强烈，而且不可逆。寒冷收缩后的肉类，即使经过专门的成熟和烹煮过程，也仍然十分老韧。

4. 生理作用

在低温冷藏期间，果蔬在呼吸作用下逐渐转向成熟，其成分和组织形态会发生一系列变化，主要表现为可溶性糖含量升高、糖酸比趋于协调、可溶性果胶含量增加、果实香味变浓郁、颜色变红或变艳、硬度下降等。鸡蛋在冷藏过程中，其蛋白质趋于碱性化。

5. 成熟作用

肉成熟的速度与温度有关。在0~4℃低温下，肉成熟的时间长，但肉质好，耐贮藏；在20℃以上时，肉成熟时间虽短，但肉质差，易腐败。动物的种类不同，成熟作用的重要性也不同。对猪、家禽等成熟作用不十分重要，但对羊、牛、野禽等成熟作用十分重要，其对肉质软化与风味增加有显著的效果，在生产上必须遵循这一规律。但不能进行得过度，否则就会进入腐败阶段，使肉类的商品价值下降甚至失去。

6. 淀粉老化

在接近0℃的低温范围内，淀粉由糊化状态恢复到原先规则排列的状态，这种现象就是淀粉的老化，也叫淀粉的回生或凝沉。淀粉老化的最适温度是2~4℃，高于60℃或低于-20℃都不发生老化。

7. 脂类变化

食品中的脂类物质由于水解、脂肪酸的氧化、聚合等复杂的变化，生成低级醛、酮类物质，使食品的风味发生改变，并出现变色、酸败、发黏等现象。这种变化进行得非常严重时，就被称为油烧。在脂肪氧化酸败进行到一定程度后，如果有氨、胺类、血红素、碱金属氧化物及碱等二次因子中的任何一种参与作用时，都会导致油烧。

8. 微生物的增殖

在低温冷藏条件下，微生物的繁殖和分解作用并没有完全停止，只是速度变缓，其菌体总量仍在增加，如贮藏时间较长，就会导致食品的腐败变质。

9. 冷害

在冷却贮藏时，当贮藏温度（高于产品冻结点）低于某一界限温度时，果蔬正常的生理机能受到过度抑制，失去平衡，引起一系列生理病害，称为冷害。冷害最明显的症状是组织内部变色（褐心）和表皮出现干缩、凹陷斑纹。如荔枝的果皮变黑、鸭梨的黑心病等都属于冷害。有些水果、蔬菜在冷藏后虽然外观上看不出冷害的现象，但如果再放到常温下，却不能正常后熟，这也是一种冷害。如绿熟的番茄保鲜温度为10℃，若低于这个温度，番茄就失去后熟能力，不能由绿变红。

(四)冰温贮藏技术

冰温贮藏（Ice-temperature storage），即将食品维持在0℃以下、冰点以上的温度区域。传统冷藏时因生鲜食品自身衰老腐败，不易实现食品的长期贮存；而冷冻虽然能长期贮存食品，但解冻时会出现汁液流失现象，影响了食品的原有风味。在冰温范围内保存贮藏农产品、水产品等，可以使其保持较好的新鲜度，较长时间保持食品的色、香、味以及口感。

1. 冰温贮藏的原理

冰温贮藏的基础是由于生物细胞中溶解了糖、酸、盐类、多糖、氨基酸、肽类、可溶性蛋白质等许多成分，冰点要低于纯水。而细胞中各种天然高分子物质及其复合物以空间网状结构存在，使水分子受到一定阻碍而产生冻结回避。所以，食品在0℃与冻结点之间的狭小温度带内仍能保持细胞活性，且其呼吸代谢被抑制、衰老速度也减慢，相对于冷藏，0℃以下的冰温能更有效地抑制有害微生物的生长。

2. 冰温贮藏技术的应用

（1）冰温贮藏在果蔬中的应用　果蔬采摘后仍然是具有生命活性的有机体，同采摘之前一样进行着新陈代谢活动，维持自身的生命体征。冰温贮藏技术的根本就是在维持果蔬正常生命活动的基础上，最大程度地抑制果蔬的呼吸消耗和各种代谢进程。冰温贮藏对果蔬采后生理品质的影响主要包括"乙烯生成和呼吸强度""营养成分的损失""质地和软化进程""抗氧化体系和膜脂过氧化进程""感官品质"和"微生物生长"6个方面。冰温贮藏技术已经在猕猴桃、苹果、桑椹、葡萄、樱桃、蓝莓等多种水果产品上进行了应用性研究。

（2）冰温贮藏在肉制品中的应用　冰温贮藏可有效降低猪肉品质劣变，减缓糖酵解及乳酸代谢速率，改善猪肉贮藏品质；冰温贮藏的羊肉与冷冻贮藏的羊肉相比，pH下降速率及失水率均较低，羊肉熟制品的出品率较高；冰温贮藏的羊肉与冷藏羊肉相比，pH下降速率、失水率、H_2S含量、游离氨基酸含量增加速率、细菌总数及大肠菌群最大可能数（MPN）增长速度、挥发性盐基氮（TVB-N）增加速度均较低，熟制品出品率较高；冰温贮藏的羊肉12d时仍能基本保持原有鲜度，与普通冷藏相比延长保鲜时间50%以上。

（3）冰温贮藏在水产品中的应用　鹰爪虾在冰温贮藏过程中能够延缓pH、TVB-N值、K值升高，抑制微生物的生长，延缓肌动球蛋白含量、巯基含量的降低，能有效地延长鹰爪虾的贮藏货架期，比起冷藏贮藏货架期延长了约5d。大黄鱼鱼肉冰温贮藏降低了蛋白凝胶的硬度和弹性下降，使鱼肉的口感风味更好。鲤鱼肉在冰温贮藏（-2℃）时，在感官品质、色泽与挥发性成分的变化上优于冷却贮藏（4℃），且鱼肉的弹性以及硬度指标的变化更为平缓。

三、冻结冷藏

食品冻结冷藏是将食品冻结并在此状态下贮藏的方法。食品冻结可使食品中大部分甚至全部水分形成冰晶体,从而减少游离水,使微生物的生长受到抑制,适当的低温和冻结速度还会促进微生物死亡;酶的活力在低温和失去反应介质的作用下,同样被大大降低;脂肪耗败、维生素分解等作用在冻结时也会减慢。冻藏能够延缓食品的腐败,而不能完全终止腐败。

(一)冻藏食品原料的预处理

由于冻藏食品物料中的水分冻结产生冰晶体,冰的体积较水大,而且冰晶体较为锋利,对食品物料(尤其是细胞组织比较脆弱的果蔬)的组织结构产生损伤,使解冻时食品物料产生汁液流失;冻藏过程中的水分冻结和水分损失使食品物料中的溶液增加,各种反应加剧。因此食品物料在冻藏前,除了采用类似食品冷藏的一般预处理,如挑选、清洗、分割、包装等,往往需采取一些特殊的预处理形式,以减少冻结、冻藏和解冻过程中对食品物料质量的影响。

1. 果蔬类食品

果蔬类食品冻结前的加工处理包括原料的挑选与整理、清洗、切分、漂烫等环节。对每一环节必须认真操作,任何操作不当都会影响冻结质量。例如,在挑选、整理原料时,不能食用的部分是否摘除、大小是否均匀、清洗是否符合卫生标准,切分是否整齐,漂烫时间、温度是否达到要求,冷却温度的高低及冻结前需要包装的食品包装是否严密等。酶的数量及作用对于果蔬类食品冻结质量的影响尤为重要。不经过漂烫直接进行冷冻不可能完全消灭其活性。个别品种如青葱、大葱等因工艺要求也可不经漂烫而直接冻结。对于水果类产品如草莓等要进行加糖或糖液等预处理再进行冻结保藏。

2. 肉类食品

相比果蔬类食品,肉类食品未进行预处理直接冻结保藏影响较小。为保持肉类食品鲜嫩度,冻结加工前需要有一个成熟过程,也就是经0~4℃预冷却或在温度10~15℃状态下高温成熟。在此过程中,应该选择最佳冷却条件和冷却方式。一般认为低温冷却的空气温度0~4℃、相对湿度86%~92%、流速0.15~0.5m/s为宜。

(二)食品的冻结冷藏工艺

1. 冻藏温度与冻藏时间

冻藏温度的选择主要考虑食品物料的品质和经济成本等因素。从保证冻藏食品物料品质的角度看,温度一般应降低到-10℃以下,才能有效地抑制微生物的生长繁殖;而要有效控制酶反应,温度必须降低到-18℃以下,因此,一般认为-12℃是食品冻藏的安全温度,-18℃以下则能较好地抑制酶的活力、降低化学反应,更好地保持食品的品质。

冻藏食品物料的贮藏期与食品物料的种类、冻藏的温度有关，不同的食品物料、不同的冻藏温度，其贮藏期有所不同。表3-3为部分冻藏食品的冻藏条件。

表3-3　部分冻藏食品的冻藏条件

食品种类	贮藏期/月		
	−18℃	−25℃	−30℃
糖水桃、杏、樱桃	12	18	24
芦笋	15	>24	>24
小羊肉白条	9	12	24
猪肉白条	6	12	15
牛肉白条	12	18	24
小虾	6	12	12

2. 冻结方法

（1）空气冻结　空气冻结法采用鼓风冷却，这是目前应用最广泛的方法之一。空气冻结法所用的冷冻介质是低温空气，冻结过程中空气可以是静止的，也可以是流动的。静止空气冻结法在绝热的低温冻结室进行，冻结室的温度一般在−40～−18℃。增大风速，可加快冻结速度。

用此法冻结的食品物料包括牛肉、猪肉（半胴体）、箱装的家禽、盘装整条鱼、箱装的水果、5kg以上包装的蛋品等。

（2）间接接触式冻结　板式冻结法是最常见的间接接触式冻结。它采用制冷剂或低温介质冷却金属板以及和金属板密切接触的食品物料。这是一种制冷介质和食品物料间接接触的冻结方式，其传热的方式为热传导，冻结效率跟金属板与食品物料的接触状态有关。该法可用于冻结包装和未包装的食品物料，外形规整的食品物料由于和金属板接触较为紧密，冻结效果较好。板式冻结装置可以是间歇的，也可以是连续的。

（3）沉浸式冻结　沉浸式冻结是将被冻的食品直接沉浸在不冻液中进行冻结，常用的不冻液包括盐水、乙二醇、丙二醇、酒精溶液或糖溶液。由于液体的表面导热系数显著高于空气，故沉浸式冻结法的冻结速度快，但不冻液需要符合食品卫生要求。

（4）液化气体喷淋冻结　液化气体喷淋冻结的主要特点是将液态氮或液态一氧化碳直接喷淋在食品表面进行急速冻结。该法冻结速度很快，冻品质量也高，但要注意防止食品的冻裂。

3. 冻结速度

根据国际制冷学会规定，食品表面至热中心点的最短距离与食品表面温度达到0℃后，食品热中心点的温度至比冻结点低10℃所需时间之比，称为食品的冻结速度v（cm/h）。根据冻结速度的不同，可以分为快速冻结（5~20cm/h）、中速冻结（1~5cm/h）和慢速冻结（0.1~1cm/h）。

冻结速度对品质的影响如下：速冻形成的冰晶体多且细小均匀，水分从细胞内向细胞外的转移少，不至于对细胞造成机械损伤。冷冻中未被破坏的细胞组织，在适当解冻后水分能保持在原来的位置，并发挥原有的作用，有利于保持食品原有的营养价值和品质。缓冻形成的较大冰晶体会刺伤细胞，破坏组织结构，解冻后汁液流失严重，影响食品的价值，甚至不能食用。因而食品快速低温冻结具有高质量地长期保存食品的优越性。

（三）食品在冻藏过程中的变化及管理

1. 物理变化

（1）热力学性质的变化　由于水和冰的热力学性质不同，如比热容、导热系数等，冻结前后食品的热力学参数也会发生变化。如对一定含水量的食品，冻结点以上的比热容大于冻结点以下。

（2）体积膨胀和产生内压　由于水结成冰后体积增大，含水分多的食品冻结时体积会膨胀。食品冻结时，表面水分先结冰，然后冰层逐渐向内延伸，当延伸至内部时，会受到外部冻结层的阻碍，产生的内压称为冻结膨胀压。当食品厚度大、含水率高、表面温度下降极快时易产生龟裂。

为了减少冰晶体长大所造成的影响，可采用快速冻结，冻结贮藏室的温度尽量低，并保持稳定。

（3）流失液的生成　冻结食品经过解冻后，内部冰晶重新融化成水，如不能被组织、细胞吸收恢复到原来的状态，这部分水分就分离出来成为流失液。除水以外，流失液还包括溶于水的成分，如蛋白质、盐类、水溶性维生素等。流失液不仅使食品的质量减小，营养成分、风味也受损失。因此，流失液的产生率为评定冻品质量的指标之一。

流失液的多少以及自由流失液与挤压流失液之比受到许多因素的影响，主要有原料的种类、冻结预处理、冻结时原料的新鲜度、冻结速度、冻藏时间、冻藏期间对温度的管理及解冻方法等。通常，如果食品原料新鲜、冻结速度快、冻藏温度低且波动小、冷藏期短，则解冻时流失液少。若水分含量多，流失液也多。如鱼和肉相比，鱼的含水量高故流失液也多；叶菜类和豆类相比，叶菜类流失液多；经冻结预处理如加盐、糖、磷酸盐时流失液少。

防止汁液流失的方法：使用新鲜原料；快速冻结；降低冻藏温度并防止其波动；添加磷酸盐、糖类等抗冻剂等。

（4）干耗和冻结烧　干耗给冻品的品质和外观带来影响，更为严重的是当冻结食品发生干耗后，由于冰晶升华后在食品中留下大量缝隙，大大增加了食品与空气接触面积，并且随着干耗的进行，空气将逐渐深入到食品内部，引起严重的氧化作用，从而导致褐变的出现及味道和质地的严重劣化，这种现象也被称为冻结烧（Freeze burn）。食品出现冻结烧后，即已失去食用价值和商品价值。

冻结室中的空气温度和风速影响食品干耗的程度。空气温度低，相对湿度高，蒸汽压差小，食品的干耗也小，反之亦然。对风速来说，一般风速加大，干耗增加。但由于风速加大亦可提高冻结速度，如果冻结室内是高湿、低温环境，食品也不会过分干耗。

减少干耗的方法：良好的包装；冷库温度低且稳定；提高冷库的相对湿度；修建夹套式冷库等。

2. 化学变化

（1）变色　苹果、梨、桃及香蕉等水果在冷冻、冷藏及解冻过程中，其切割面将发生褐变。褐变是果实中的单宁物质受多酚氧化酶的作用而生成褐色物质所致。通过烫漂、盐水、糖溶液、亚硫酸盐水溶液等处理来破坏酶的活性，或真空包装以隔绝空气可减轻褐变。

蔬菜在冷冻、冷藏及解冻过程中的变色主要是由叶绿素、类胡萝卜素等色素的变化而引起的，其中尤以绿色蔬菜的黄变更为常见。变色的速度与贮藏温度有密切的关系，比如菜花的变色在-18℃下贮藏时要经过2个月后才可观察到，而在-12℃下贮藏时，变色速度将快3.6倍，而在-7℃下时则快10.7倍。采用烫漂、真空包装、调节pH及添加护色剂等方法可以防止或减轻蔬菜的变色。

肉类在冻藏过程中，其色泽会发生从紫红色 → 亮红色 → 褐色的变化。这是由于肌蛋白和血红蛋白被氧化，生成了变性肌红蛋白和变性血红蛋白。防止变色的方法有快速冻结，采用低且稳定的温度和尽可能高的相对湿度进行冻藏；用不透气的材料紧缩包装或真空包装等。

水产品变色的原因包括自然色泽的分解和产生新的变色物质两方面。自然色泽的分解如红色鱼皮的褪色、冷冻金枪鱼的变色等，产生新的变色物质如虾类的黑变、鳕鱼肉的褐变等。变色不但使水产品的外观变差，有时还会产生异味，影响冻品的质量。降低贮藏温度，可改善冻结水产品的变色情况。

（2）蛋白质冻结变性　含蛋白质的食品如动物肉类、鱼贝类等在冻结贮藏后，其所含蛋白质的ATP酶活性减小，肌动球蛋白的溶解性下降，即所谓的蛋白质冻结变性。蛋白质冻结变性的机理是由于冻结使肌肉中水溶液的盐浓度升高，离子强度和pH发生变化，使蛋白质因盐析作用而变性；蛋白质中的部分结合水被冻结，破坏了其胶体体系，使蛋白质大分子在冰晶的挤压作用下互相靠拢并聚集起来而变性。

防止蛋白质冻结变性的方法：快速冻结、低温贮藏；在冻结前添加糖类，磷酸盐类，山梨糖醇，甘氨酸、天冬氨酸等氨基酸，柠檬酸等有机酸，氧化三甲胺等物质，均可防止或减轻蛋白质的冻结变性；各种糖类防止蛋白质变性的效果除与其浓度有关外，还与糖的—OH基数量有关。一般地，—OH基较多的糖类，防止蛋白质变性的效果也较好。

3. 生物和微生物变化

（1）生物　生物是指小生物，如昆虫、寄生虫之类，经过冻结都会死亡。

（2）微生物　细菌、霉菌和酵母会导致食品的腐败变质，其中影响最大的是细菌。引起食物中毒的细菌一般是中温菌，在10℃以下繁殖减慢，4.5℃以下停止繁殖。鱼类的腐败菌一般是低温菌，在0℃以下繁殖缓慢，-10℃以下停止繁殖。冻结阻止了细菌的生长、繁殖，但由于细菌产生的酶尽管活性很小但还有作用，它使生化过程缓慢进行，降低了食品的品质，所以冻结食品的贮藏仍有一定期限。

国际制冷学会建议：为防止微生物的生长繁殖，冻结食品必须在-12℃以下贮藏；为防止酶及物理变化，冻结食品的冷藏温度必须低于-18℃。

第三节　气调贮藏

气调贮藏最早应用于果蔬，法国科学家首先研究了空气对苹果成熟的影响，于1821年发表了研究成果，获得了科学院物理奖。经过近二百年的发展，国外的气调保鲜技术已相对比较成熟，在果蔬、肉类保鲜已有广泛应用，与此同时国外已经开展了气调保鲜运输设备的研究，气调保鲜运输对于果蔬保鲜运输的有效性和先进性已得到世界各国的公认。英国、美国、德国等已经较早地将气调保鲜技术于应用于海上和陆上远距离运输，将果蔬运到世界的更多地方，扩大市场份额。

中国对气调贮藏研究始于20世纪70年代后期，于1978年在北京建成第一座50t的实验性气调库。数十年的探索，气调贮藏技术得到了迅速发展，目前已大规模地应用于商业贮藏，如蒜薹、菜花等，在调节淡旺季果蔬供应矛盾方面起到一定的作用。如我国北方各省，袋封蒜薹气调冷藏技术得到了很大的发展，并取得了一定的经济效益和社会效益。目前，气调贮藏除了应用于果蔬外，还用于粮食、油料、肉及肉制品、鱼类和鲜蛋等多种食品的贮藏。

一、气调贮藏的概念与原理

（一）定义

气调贮藏是指通过调整和控制食品贮藏环境的气体成分和比例以及环境的温度和湿度来延长食品的贮藏寿命和货架期的一种技术。在一定的封闭体系内，通过各种方式得到不同于正常大气组成的调节气体,以此来抑制食品本身可引起劣变的生理生化过程或抑制作用于食品的微生物活动过程。

(二)原理

1. 气调对鲜活食品生理活动的影响

果蔬采后保鲜的根本在于最大限度地抑制其呼吸消耗,使贮藏后的品质与新鲜果蔬的品质达到最大程度的相近。气调保鲜的原理就是在保持果实正常生理活动的前提下,最大程度降低其呼吸作用,使果实在贮藏期间进行正常而缓慢的生命活动,根据果实对低氧、高二氧化碳的耐受能力,调节贮藏环境中O_2、CO_2浓度,从而达到减缓其呼吸消耗、抑制乙烯合成的目的。

2. 气调对食品成分的影响

气调贮藏控制条件一般为低温、低O_2、适宜的CO_2浓度。低O_2浓度可以减弱或抑制脂肪氧化酸败,减少脂溶性维生素的损失;抑制维生素C、谷胱甘肽、半胱氨酸等的氧化,保持营养价值;缓解叶绿素、果胶的降解等,从而延长产品的贮藏期。

3. 气调对病害的影响

好氧性微生物在低O_2环境下生长繁殖受到抑制,抑制病原微生物的滋生;适宜的低O_2和高CO_2浓度可抑制果蔬生理病害和病理性病害;同时提高CO_2浓度和降低O_2浓度能抑制成熟和衰老,因而也提高了果蔬的抗病能力。

(三)分类

根据对气体调控方式的不同,气调贮藏可进行如下分类。

1. 自发气调(Modified atmosphere storage,MA)

利用新鲜果蔬自身的呼吸作用降低贮藏环境中的O_2浓度,同时提高CO_2浓度,如塑料薄膜保鲜袋、硅窗气调保鲜袋等。

2. 人工气调(Controlled atmosphere storage,CA)

根据产品的需要人为地调节贮藏环境中各气体成分的浓度并保持稳定,如气调贮藏库。

二、气调贮藏特点

(一)优点

1. 贮藏时间长,货架期长

与单纯冷藏相比,气调贮藏的贮藏期延长,且气调状态解除后,有"滞后效应"。如:气调苹果的贮藏期至少是冷藏的两倍。

气调贮藏的分类及特点(视频)

2. 贮藏损耗低

气调温度高于一般冷藏温度，可避免低温伤害，减少生理损伤，从而降低损失，产生良好的经济效益和社会效益。气调损耗一般小于4%，冷藏损耗一般在15%~20%。

3. 保鲜效果好

综合冷藏和气调两种技术，气调保鲜效果优于冷藏，产品品质下降少。如低氧气调贮藏6个月的新红星苹果仍色泽鲜艳、风味纯正、汁多肉脆，而冷藏条件下3个月就发绵。

4. 绿色、安全

气调贮藏较少使用化学药品处理，卫生、安全、可靠。

（二）缺点

1. 不同品种的果蔬需单独存放

由于不同品种果蔬的贮藏条件和时间不同，因此需要单独分库贮藏。不同果蔬的贮藏条件如表3-4所示。

表3-4　部分果品蔬菜的气调贮藏条件

产品种类	O_2/%	CO_2/%	温度/℃	产地
黄元帅苹果	5.0	2.5	0	澳大利亚
金冠苹果	2~3	1~2	-1~0	美国
金冠苹果	2~3	3~5	3	法国
巴梨	4~5	7~8	0	日本
巴梨	0.5~1	5	0	美国
柿	2	8	0	日本
桃	3~5	7~9	0~2	日本
香蕉	5~10	5~10	12~14	日本
蜜柑	10	0~2	3	日本
草莓	10	5~10	0	日本
番茄（绿）	2~4	0~5	10~13	北京
番茄（绿）	2~4	5~6	12~15	新疆

续表

产品种类	O_2/%	CO_2/%	温度/℃	产地
番茄（半红）	2~7	<3	6~8	新疆
甜椒	3~6	3~6	7~9	沈阳
甜椒	2~5	2~8	10~12	新疆
洋葱	3~6	10~15	常温	沈阳
洋葱	3~6	8	常温	上海
菜花	15~20	3~4	0	北京
蒜薹	2~3	0~3	0	沈阳
蒜薹	2~5	2~5	0	北京
蒜薹	1~5	0~5	0	美国

2. O_2浓度过低，CO_2浓度过高时易发生中毒现象

高浓度CO_2对于果蔬一般会产生下列效应：降低导致成熟的合成反应（蛋白质、色素的合成）；抑制某些酶的活动（如琥珀酸脱氢酶，细胞色素氧化酶）；减少挥发性物质的产生；干扰有机酸的代谢；减弱果胶物质的分解；抑制叶绿素的合成和果实的脱绿；改变各种糖的比例。

3. 适用于气调贮藏的果蔬品种有限

一般情况下，呼吸跃变型果实气调贮藏的效果较好，而非跃变型果实气调贮藏对保持产品品质作用不大。

4. 有"残效现象"

产品从气调库取出后产生的非乙烯挥发性物质比正常产生的少，缺少香气。

5. 投资费用高

气调贮藏库对设备的要求很高，要有能精确调节气体参数和贮藏环境的机械装备，否则过高或过低浓度的O_2、CO_2都将给果蔬带来损伤，这就表示要建立一个完备的气调库需要大量的资金投入。不同品种的果蔬需要单独存放，若贮藏多种果蔬就需要更广阔的场地，就代表要有更高的投资。

三、气调贮藏条件

（一）温度

贮藏温度应根据产品的种类和品种来定，并同时考虑其他因素，确定可忍受的最低温度。原则上，应在保证产品正常代谢不受干扰破坏的前提下，尽量降低温度，并力求保持其稳定。特别是在接近0℃的范围内，温度稍微变动都会对呼吸产生刺激作用。通常气调的温度比同品种的机械冷藏温度稍高0.5~1℃。

（二）湿度

较高的相对湿度可降低产品与周围大气的蒸汽压差，减少产品的水分损失，使果蔬保持新鲜的状态及较强的抗病力。在普通冷藏中，由于大多数真菌不耐90%以下的相对湿度，为了抑制真菌，水果冷藏库中的相对湿度一般控制在85%~90%，而在气调贮藏中，低O_2高CO_2的环境本身就对微生物的活性起到抑制作用，故可适当提高相对湿度，使之维持在90%~95%。气调贮藏期间可能会出现短时间的高湿情况，一旦出现此情况，需要进行除湿（如通风、用CaO吸收），防止因湿度过高而出现结露现象。若湿度过低，可以使用加湿器。

（三）气体指标的控制方式

果蔬气调贮藏时选择合适的O_2和CO_2及其他气体的浓度及配比是气调贮藏成功的关键，根据控制气体种类的多少可分为以下几种。

1. 双高指标

O_2+CO_2总和约为21%。普通空气中含O_2约21%，CO_2仅为0.03%。一般的植物器官在正常生活中主要以糖为底物进行有氧呼吸，呼吸商约为1。所以贮藏产品在密封容器内，呼吸作用消耗掉的O_2与释放出的CO_2体积相等，即二者之和近于21%。如果把气体组成定为两种气体之和为21%，例如，10%的O_2和11%的CO_2，或6%的O_2和15%的CO_2，管理上就很方便。只要把蔬菜果品封闭一定时间，当O_2浓度降至要求指标时，CO_2也就上升到了要求的指标。此后，定期地或连续从封闭贮藏环境中排出一定体积的气体，同时充入等量新鲜空气，就可以较稳定地维持这个气体配比。这是气调贮藏发展初期常用的气体指标。它的缺点是如果O_2浓度较高（>10%），CO_2浓度就会偏低，不能充分发挥气调贮藏的优越性；如果O_2浓度较低（<10%），又可能因CO_2浓度过高而发生生理伤害。将O_2和CO_2浓度控制于相接近的指标（二者各约10%），可用于一些果蔬的贮藏，但其效果多数情况不如低O_2浓度高CO_2浓度好。双高指标对设备要求比较简单。

2. 双低指标

这种指标的O_2和CO_2浓度都比较低,二者之和小于10%。这是国内外广泛应用的气调指标。在我国,习惯上把气体浓度在2%~5%称为低指标,5%~8%称为中指标。一般来说,双低指标的贮藏效果较好,但这种指标所要求的设备比较复杂,管理技术要求较高。

3. O_2单指标

为了简化管理,或者有些贮藏产品对CO_2很敏感,则可采用O_2单指标,就是只控制O_2的浓度,CO_2用吸收剂全部吸收。当无CO_2存在时,O_2影响植物呼吸作用的阈值大约为7%,O_2单指标必须低于7%,才能有效地抑制呼吸强度。对于多数果蔬来说,单指标的效果不如双低指标,但相比双高操作简单,容易推广。

3种气体指标的对比如表3-5所示。

表3-5 气调贮藏的气体指标控制方式

控制方式	浓度范围	适用范围及特点
双高指标控制	O_2+CO_2约为21%	适用于没有降氧设备的气调库,效果不如双低指标好
双低指标控制	$O_2+CO_2<10\%$	目前应用较多,效果好,要求采后短时间内迅速降氧,气体浓度控制严格,设备要齐全,费用高
O_2单指标控制	只控制O_2,CO_2全部用吸收剂吸收掉,O_2 2%~3%,$CO_2<1\%$	可简化贮藏管理,也适用于对CO_2敏感的产品

4. O_2、CO_2和温度的互作效应

影响气调贮藏效果的各影响因素之间也会发生相互联系和制约,如气体成分和温度等,这些因素对贮藏产品起着综合的影响,即互作效应。

互作效应有正负之分。贮藏中应正确利用互作效应,加强正互作效应,也就是使O_2、CO_2浓度和温度达到最佳组合效果。当某一因素发生改变时,可以通过调整其他因素弥补由其造成的不良影响。如在气调贮藏中,低O_2浓度有延缓叶绿素分解的作用,配合适量的CO_2则保绿效果更好;当贮藏温度升高时,产品叶绿素的分解加速,也就是高温的不良影响抵消了低O_2及适量CO_2的保绿作用。因此,同一个贮藏产品在不同的条件下或不同的地区,会有不同的贮藏条件组合,以保证理想的贮藏效果。

四、气调库

(一) 气调库的构造

一座完整的气调库包括库体结构、气调系统、制冷系统、加湿系统、压力平衡装置，如图3-3所示。气调库的建筑结构应具有很好隔热性、气密性和安全性。装配式气调库的墙壁、地板和天花板应采用夹心彩钢板、铝板、玻璃纤维加强的聚酯树脂、环氧树脂或酰胺树脂等材料。砖混结构气调库应有阻隔水汽的功能和良好气密性，地基应稳固，不会发生沉降、变形等。贮藏间用隔热门密封，门上应安装观察窗和进入贮藏间的小门。

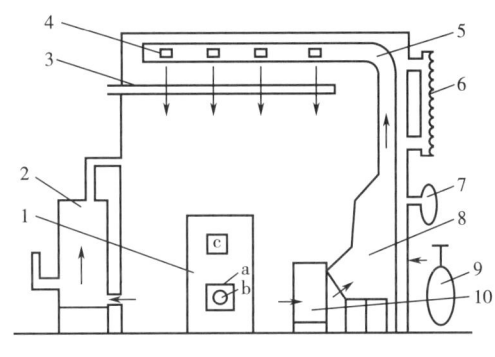

图3-3 气调库的构造示意图

a—气密筒　b—气密孔　c—观察窗
1—气密门　2—CO_2吸收装置　3—加热装置　4—冷气出口　5—冷风管
6—呼吸袋　7—气体分析装置　8—冷风机　9—N_2发生器　10—空气净化器

(二) 气调系统

1. 制氮设备

利用制氮机产生的95%~98%高纯度氮气，置换（稀释）气调库中的气体，降低库内O_2浓度；在小型气调库内，也可以用于排除过量的CO_2、乙烯或其他气体。

2. CO_2脱除设备

气调过程中一般要求CO_2浓度控制在1%~5%。水果的呼吸作用将提高库内CO_2的浓度，必须使用CO_2脱除机将库内多余的CO_2脱除掉。CO_2脱除常采用活性炭吸附，水和氢氧化钠溶液吸收等方法。

3. 乙烯脱除设备

常用高锰酸钾作为强氧化剂，以氧化铝、分子筛等多孔性材料作载体，制成一次性使用的复合材料，放入库内、包装箱或闭路循环系统中将乙烯脱除。

(三)气调库的管理

1. 气密性保障措施

由于风机、制冷设备、气调设备的运转以及外部压力的波动,会使贮藏间内外形成压力差。贮藏间内压力的突然下降可能导致气密层脱离墙壁和天花板,从而破坏贮藏间的气密性。因此,建议采取以下保障措施:每个气调贮藏间均应安装压力平衡阀和压力平衡袋。压力平衡袋应具有良好的强度和气密性,容积为贮藏间内剩余空间的5%~7%;制冷、取气、调气、电路等管线穿过气密层处应仔细密封;在温度降至适宜贮藏温度并稳定,且氧气浓度降到适宜水平后再密封气调贮藏间的气密门;气调贮藏间的压力波动值应小于9.8Pa(1mm水柱)。

2. 气密性的检测

贮藏间初次使用及以后每年使用前均需检查贮藏间的气密性。根据库体结构的不同,可以用对流法或扩散法进行检测。

(1)对流法测定空库的压力变化　常温下风机不运转时空库检测。采用对流法测定带有平衡袋贮藏间的气密性时,应先将平衡袋阀门关闭。主要有以下两种方法。

①将门密封,采用气泵使压力由最初设定表压98.1Pa(10mm水柱)开始,30min后达到的压力值来评价气密性:

压力增加33.3Pa(3.4mm水柱)以上为极好;

压力增加9.8~33.3Pa(1~3.4mm水柱)为良好;

压力增加9.8Pa(1mm水柱)以下为差。

②测算将贮藏间内最初设定压力降低一半所需的时间。在恒定的温度下,这一时间超过12min,贮藏间气密性才算合格。

(2)扩散法测定空库内二氧化碳和氧含量变化　本方法适用于不能应用对流法的带有平衡袋的贮藏间。测定贮藏间二氧化碳含量,然后连续测定二氧化碳和氧含量,根据其变化确定气密性状况。如:贮藏间的二氧化碳含量为15%(体积分数),氧含量为6%(体积分数)。若在风机运转情况下,24h后的二氧化碳含量下降不超过1%(体积分数),氧含量增加不超过0.25%(体积分数),则认为气密性适宜。

气密性不合格的贮藏间应在产品入贮前进行维修。维修完毕,应重新检测贮藏间的气密性。

3. 温度、湿度和气体成分的调节

(1)温度的调节　产品采后应立即入库预冷,将库温降至适宜的贮藏温度并保持稳定。日入库量应符合气调库设计要求。

(2)湿度的调节　定时进行相对湿度的测量,并根据变化情况及时调节库内相对湿度。常用的加湿装置有:水混合加湿器、超声波加湿器和离心雾化加湿器。这些加湿器在0℃以上使

用时，可按使用方法正常使用；在0℃以下使用时，应增加加湿次数，减少每次加湿时间，每次加湿结束将加湿器中的水排空以避免加湿器中的水结冰。

（3）气体成分的调节　气调贮藏除要求温度和相对湿度保持在最佳范围外，还应调节O_2和CO_2浓度至所要求的范围，并除去乙烯。

气调贮藏要求果蔬适时采收，采后立即入库，尽快装满，及时调气，使果蔬尽早进入适宜的气调状态，一般不超过7d。

①氧含量的调节。在气调贮藏间内依靠贮藏产品的呼吸作用或应用特殊设备，将大气中的氧含量（21%，体积分数）降低。

依靠果蔬自身呼吸作用降氧：果蔬的呼吸过程消耗氧，产生二氧化碳、水和热量。氧含量下降的快慢，取决于所贮产品的呼吸速率、贮藏间的大小、贮藏量等。贮藏期间不宜开门，否则需要较长时间才能达到要求，并且还会引起气体成分波动，不利于产品的贮藏。

应用降氧设备降氧：应用降氧设备可在2~3d内将氧含量降至所要求的水平。目前常用的降氧设备有碳分子筛制氮机、中空纤维膜制氮机等。充氮降氧过程应关闭气调库压力平衡袋阀门，且气调库不能完全封闭，以免产生大的压力波动损坏压力平衡袋和气调库库体。应在观察窗处留有一定缝隙，等停机后再完全密封，并打开压力平衡袋阀门。

②二氧化碳含量的调节。贮藏产品的呼吸使二氧化碳在贮藏间内累积。活性炭、沸石等可作为吸附剂，多种化学物质（碳酸钾、氢氧化钠、乙醇胺、氢氧化钙等）都可用于去除二氧化碳，也可以应用二氧化碳脱除设备，将二氧化碳含量降至合理的水平。

③乙烯的脱除。采用乙烯脱除器脱除乙烯后，再通过闭路循环系统送入气调库内。采用加热催化分解乙烯原理的乙烯脱除器时，为减小送入气体温度对贮藏产品的影响，进气口的位置应避免直接对着贮藏产品，或贮藏产品的堆码应避开进气口位置。

4. 理想气体组合的维持

达到所要求的氧和二氧化碳指标以后，应使其保持稳定。维持已调整气体组合的方法如下。

（1）定期输入氮气或空气以置换出原来贮藏环境的气体；气密性应达到300Pa，半降压时间不低于20~30min。

（2）用脱除设备定期除去环境中的二氧化碳，并输入新鲜空气补充氧含量。

5. 贮藏期间的检测和管理

定期检测贮藏控制参数（包括温度、相对湿度和气体成分）及贮藏产品的质量，发现问题及时处理。

6. 气调贮藏结束时的出库管理

气调贮藏结束，果蔬出库时，最好一次出完或在短期内分批出完。

7. 安全管理

（1）在贮藏间的入口和其他适宜位置设置低氧危险警示标志。

（2）严格按照管理操作规程操作气调库的设施、设备。

（3）严禁人员不戴氧气防护面具进入处于气调状态的贮藏间，确需短时进入操作或检查时，至少由两人共同完成，一人戴好足够氧气量的安全防护面具进入库内操作，另外一人在库外监视，且入库人员的活动范围一定要在库外人员的可视范围之内。

（4）气调贮藏结束时，应先打开贮藏间的门，开动风机1~2h，待排除过高的二氧化碳，氧含量接近大气水平时，工作人员方可不戴安全防护面具进入。

塑料薄膜
气调包装
（拓展阅读）

第四节　减压贮藏

减压贮藏（Hypobaric storage）又称负压贮藏或低压贮藏，是继冷藏和气调贮藏技术之后发展起来的一种贮藏方法。早在20世纪50年代，Hummel等就发现了将某些果蔬在传统的冷藏装置中将其内部空气压力降低，可以减缓果蔬的新陈代谢，抑制乙烯等有害气体的生成，从而达到延长果蔬贮藏期的效果。1967年，Burg提出第一个减压贮藏专利并获得授权，其设计的装置由制冷系统、真空系统及加湿系统等设备组成，并且此专利列举出一些果蔬减压贮藏的保鲜工艺参数。1969年世界上首台低压贮藏集装箱由Fruehauf公司成功研制。1980年，Grumman公司在Burg的协助下，成功设计研制出一种果蔬保鲜用的减压贮藏集装箱，且投放市场生产使用，市场反馈该装置可以高效稳定地运营10多年。同年，在美国迈阿密一座容积为174m^3的康乃馨鲜切花减压贮藏库成功建成。

国内许多学者也对减压贮藏技术进行了大量研究，有学者对减压贮藏技术的实验研究结果进行分析发现，在实验条件下果蔬减压贮藏的贮藏期相比气调贮藏可延长10%~30%，与传统冷藏的贮藏期相比可延长30%~50%。

一、减压贮藏的概念和原理

减压贮藏指的是在冷藏基础上将密闭环境中的气体压力由正常的大气状态降低至负压，造成一定的真空度后贮藏食品的一种贮藏方法。减压贮藏是一种新的保鲜方法，它集成了真空速冷、气调贮藏、低温保存和减压技术于一体。

果蔬减压贮藏所创造的低压环境中氧气、二氧化碳等气体成分的浓度会随着压力的降低而降低，可以有效抑制果蔬的呼吸作用以及乙烯等气体的生成，减缓果蔬自身营养物质的消耗以及叶绿素的降解，抑制类胡萝卜素等加速果蔬变色物质的生成，从而可有效地减缓果蔬的自我催熟和衰败变色。低压可以导致果蔬组织细胞的气孔在黑暗中打开，果蔬在贮藏过程中不断产生的乙烯可以快速有效扩散到细胞组织外，真空舱通过与外界气体连续换气，能够及时排除果蔬贮藏产生的乙烯，减少和防止果蔬在贮藏过程中可能产生的各种生理病害。虽然贮藏环境的相对湿度很高，低温、低压、低氧的环境能够有效抑制果蔬自身所携带的微生物以及寄生虫的生存和繁殖甚至使其死亡。

基于以上原因，果蔬减压贮藏可以有效延长果蔬的贮藏期，并且能够保持果蔬原有的色泽和风味。表3-6列出了果蔬在不同贮藏条件下的最长贮藏期，从表中可以看出虽然气调贮藏也能够延长果蔬的贮藏期，但是部分果蔬的延长效果不明显，部分果蔬不适合气调贮藏，而减压贮藏基本适用于所有果蔬，而且部分果蔬减压贮藏的贮藏期是气调贮藏的2~3倍，可见减压贮藏延长果蔬贮藏期的优势非常明显。由于经过减压贮藏的果蔬在离开低压环境后，其恢复常态以及后熟与衰败过程仍然比较慢，因此果蔬减压贮藏还可以有效延长果蔬的货架期。

表3-6 果蔬在不同贮藏条件下的最长贮藏期　　　　　　　　单位：d

果蔬种类	自然贮藏	气调贮藏	减压贮藏
苹果	200	300	300+
芦笋	14~21	21+	28~42
香蕉	14~21	42~56	150
樱桃	14~21	28~35	56~70
黄瓜	9~14	14+	49
青椒	14~21	不适宜	50
柠檬	14~28	不适宜	90+
芒果	14~21	不适宜	42
蘑菇	5	6	21
木瓜	12	12+	28
梨	60	100	200
菠菜	10~14	14+	50
草莓	7	7+	21
番茄	7~21	42	84

二、减压贮藏的特点

（一）减压贮藏的优点

减压贮藏技术相对于现普遍使用的普通冷藏、冰温贮藏以及气调冷藏具有以下优点。

（1）稀薄气体环境防止有害气体对果蔬品质造成的不良影响，改善气调贮藏降氧速度慢的缺陷，减压贮藏能够达到低O_2和超低O_2效果，且减小CO_2中毒的概率。

（2）减压贮藏可将果蔬组织细胞的气孔在黑暗中打开，可促进乙烯等挥发性气体向外扩散，这是减压贮藏明显优于其他贮藏方式的重要原因。

（3）适用性广，青椒、柠檬、芒果等部分果蔬不适合气调贮藏，而减压贮藏基本适用于所有果蔬，且减压贮藏期是气调贮藏的2～3倍。

（4）经过减压贮藏的果蔬离开贮藏环境之后其恢复常态和后熟的过程比较缓慢，因此可有效延长果蔬的货架期。

（5）减压贮藏低温、低压、低氧的环境可有效抑制果蔬表面及内部微生物的繁殖以及能够杀死有害病虫。

（6）可迅速排除产品带来的田间热。

（二）减压贮藏的不足之处

作为一种新技术，减压贮藏的适用范围及保鲜效果均优于其他现有保鲜技术，但同时在保鲜机理和应用方面面临着诸多问题和挑战。

（1）急剧减压造成果实开裂。

（2）减压后味道和香气较差，后熟不好。

（3）对乙烯的消除有限，果蔬必须在跃变前采收。

（4）产品易失水。

（5）机械设备及能源消耗费用较大。

三、减压贮藏系统构成

减压贮藏系统由密闭的耐压空间、真空低压系统、制冷低温系统、湿度调节系统、测量控制系统5个部分组成（图3-4）。

（一）密闭的耐压空间

密闭的耐压空间即减压贮藏罐体内部的密闭空间，其耐压性对罐体制作材料的强度和密闭

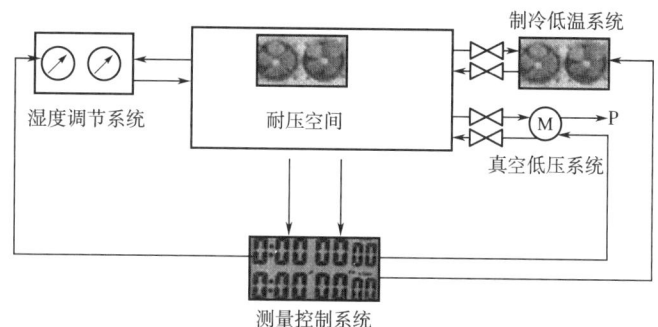

图3-4 减压贮藏系统构造示意图

性有一定要求,与气调贮藏库相比较,其要求更严格,表现在气密程度和库房结构强度更高。

(二)真空低压系统

真空低压系统是维持减压贮藏保鲜效果最重要的组成部分,其工作时维持密闭的耐压空间内的压力低于大气压的状态。在减压冷却阶段,减压贮藏所需的低压条件必须由真空系统及其装置来完成;另外在负压贮藏保鲜阶段,密闭的耐压空间会由于贮藏产品挥发、装备密封性差等因素造成压力变化,使得压力超出设定范围,为及时恢复到设定压力范围内也需要真空装置及时抽空排气。减压贮藏的真空低压系统装置联通在密闭的耐压空间上,主要包含真空泵、压力检测仪表和压力阀门、管道等。

(三)制冷低温系统

制冷低温系统主要是减少空间内热量,维持空间内温度在设定的范围。制冷低温系统是由制冷机组、蒸发器及管道等相互连通的循环系统。当密闭空间内温度高于设定温度范围时,制冷机组工作,蒸发器将冷量交换到密闭空间内空气,同时将密闭空间内热量带出,当密闭空间内温度下降到设定范围内,制冷机组停止工作。空间内热量来自果蔬产品田间热、呼吸热、交换的空气的热量,以及空间外热量通过墙体、管道传递到空间内部。

(四)湿度调节系统

在减压贮藏条件下,其密闭空间内压力为负压,果蔬等贮藏产品易失水失重,商品性如外观色泽、风味品质变差,价值降低;外观形状变化的同时其生理上也会产生应激机制,促使果蔬加速衰老,严重影响贮藏期。鉴于此,在减压贮藏保鲜装置中,加装湿度调节系统以维持空间内较高湿度,保证贮藏产品维持良好的商品品质。

(五)测量控制系统

在减压贮藏条件下,整个系统要维持设定范围内的温度、压力,使得产品贮藏效果不因环境因素变动较大而受到影响,特别是在贮藏产品的近冰点或冷害温度范围造成冻伤或者冷害,整个系统需要一个稳定的测量控制系统来维持正常高效运转。测量模块主要实时监测密闭空间的温度、果温、压力、湿度以及各种电器元件的电流、电压等;控制模块进行设定各因素的范围与监测数据对比,控制相应元件的开启或关闭。

四、减压贮藏的方式

减压贮藏根据减压处理时间的不同及应用情况分类如下。

(一)长时减压贮藏

长时减压贮藏是指通过降低贮藏环境压力,形成一定的真空度,并维持一定的相对湿度,有效降低果实的呼吸强度,延长果实贮藏期的一种长时间贮存或运输的技术。研究表明,园艺产品最佳减压贮藏的压力条件为1.33~2.67kPa。在实验室条件下,果实的减压贮藏期相较气调贮藏延长10%~30%,较普通冷藏时间延长30%~50%。

在常规的减压贮藏条件下,贮藏压力越低,大多数果实的贮藏寿命越长,但存在果实失水萎蔫和风味变淡的可能性。为解决减压贮藏可能存在的问题,有研究人员提出了适用于易腐果实长期贮藏的三阶段减压贮藏工艺。基于果实采后的代谢特性,三阶段减压处理将减压贮藏的压力和相对湿度条件设定为"低-中-高"3个不同的阶段,即随着贮藏期的延长,逐步升高容器内的压力和相对湿度,达到既可维持果实的新鲜状态,又有利于恢复果实典型风味的效果。

(二)短时减压处理

相对于长时减压贮藏,短时减压处理是一种果实采后预处理技术,即以适宜的低压、温度和湿度对采后果实产品进行持续时间较短(<48h)的处理方式。短时减压处理可分为短期减压冷藏和短期减压常温贮藏两种方式。短时减压处理既有促进果实中有害气体快速扩散等优点,又可以避免长期减压贮藏过程中可能造成的果实失水和风味变淡问题,并可降低减压贮藏的高耗能成本。相对于其他果实采后预处理方式,短时减压处理可有效地增强果实的贮藏保鲜效果,且其设备可用于果实采收后在产地的短时贮藏。

经长期和短期减压处理后的果实,离开减压环境后均具有后续保鲜效应:果实的冷藏保鲜期、冷链断链保鲜期会延长,且采后损耗减少,果实品质下降速率减缓,即能够延长果实的运输时间和货架期。将产地收获的蔬菜、水果和食用菌置于低压冷库短时间处理，有助于延长其贮藏期，更好地保持其原有风味。

(三) 与其他保鲜技术结合的减压处理

减压处理结合其他保鲜技术不仅能取得良好的保鲜效果，而且可有效减少果实在库时间，降低成本。1-甲基环丙烯（1-methylcyclopropene，1-MCP）是一种有效的内源乙烯抑制剂，广泛应用于果实的贮藏保鲜。研究表明，在低压条件下，气态1-MCP可以更快地进入果实内部并积累，使得1-MCP达到更为高效的保鲜效果。此外，精油作为一种能够延长果实采后寿命的天然防腐剂受到了广泛的关注，但用量大时，易产生异味。将精油与减压处理相结合，可以进一步降低控制采后腐烂所需的精油用量，且使精油在果实表面的分布更为均匀。

五、减压贮藏的管理

(一) 失水控制

当果蔬减压贮藏时，果蔬表面和内部水分的沸点会随着真空舱内的压力的降低而降低，因此当压力低到一定程度时，如果真空舱内部相对湿度不够高，水分就会大量汽化，造成果蔬严重失水。因此为防止果蔬低压下失水，应该将真空舱内的相对湿度维持在较高水平，越接近饱和越好，创造一个较高的相对湿度环境是果蔬减压贮藏成功的关键。

减压贮藏的换气率应控制在合理的范围内。过快的抽气速度会降低真空舱内的相对湿度，提高果蔬的水分损失，因为抽速过快不仅减少了吸入气体与加湿器的接触时间，还会迅速抽走果蔬水分蒸发产生的水蒸气。过高的换气率不仅会造成真空舱内相对湿度难以接近饱和，还会造成能源的浪费；而换气率过低则会造成真空舱内氧气浓度的过度下降以及二氧化碳、乙烯等有害气体的大量积累。

(二) 抽气方式

1. 定期抽气（静止式）

定期抽气是将贮藏容器抽气达到要求真空度后，便停止抽气，以后适时补充O_2和抽空以维持规定的低压。这种方式虽可促进果蔬组织内乙烯等气体向外扩散，却不能使容器内的这些气体不断向外排除。

2. 连续抽气（气流式）

连续抽气是在整个装置的一端用抽气泵连续不停地抽气排空，另一端不断输入新鲜空气，进入减压室的空气经过加湿槽以提高室内的相对湿度。减压程度由真空调节器控制，气流速度由气体流量计控制,并保持每小时更换气体量相当于减压室容积的1~4倍,使产品始终处在恒定低压低温的新鲜湿润气流之中。

第五节 化学保藏

在古代,人类食物构成中占统治地位的有两类:一类是农产品粮食及其加工品面粉;另一类是畜牧产品咸肉和腌鱼。可以说,用食盐腌肉和腌鱼就是最早的化学保藏法的应用。随着科学技术和工业生产的发展,人们又不断发现和制造出新型保藏剂。最初,人们把水杨酸和硼酸引进化学保藏领域,当时被称为化学保藏的一个进步,但今天它们作为保藏剂已过时了。19世纪后半叶,化学保藏剂中又增加了甲酸。20世纪初,第一次使用苯甲酸和它的衍生物作为保藏剂。到20世纪30年代,丙酸盐出现。20世纪50年代,新型保藏剂山梨酸工业制法研究成功,逐渐被广泛应用。总之,化学保藏已经历漫长的道路,具有悠久的历史。

一、化学保藏概述

(一) 概念

食品化学保藏就是在食品生产和贮运过程中使用化学物质(化学保藏剂)来延长食品的贮藏期、保持食品原有品质的措施。化学保藏剂的优点在于,只要往食品中添加少量的化学制品,就能在室温条件下延长食品的贮藏保鲜期。与其他食品保藏方法,如干藏、低温保藏和罐藏相比,食品化学保藏具有简便、经济的特点。

(二) 分类

保藏剂的种类很多,它们的理化性质和保藏机理也各异,有的保藏剂作为食品添加剂直接加入食品中,有的则是通过改变环境因素如控制O_2而对食品起保藏作用,也有的是通过对产品表面和环境消毒起保藏作用,还有的是通过调节产品自身的生理作用而起保藏作用。保藏剂有人工化学合成的,也有从天然产物中提取的,前者以作用效果好、使用方便而在生产中应用广泛。

按照化学保藏剂保藏机理的不同,可将其分为防腐剂、抗氧化剂、脱氧剂和保鲜剂等,与之对应的就有食品防腐保藏、食品抗氧化保藏、食品脱氧保藏以及食品保鲜保藏等。

（三）使用原则

目前，允许使用的保藏剂应用范围遍及农、牧、副、渔等各种食品，如粮食、油脂、肉类、水果、蔬菜、鱼类、乳制品以及糕点、方便食品等。从发展趋势看，对保藏剂的使用要求越来越严格。为了保障人体的健康，许多国家在食品领域建立了食品化学保藏法规。

自1954年以来，联合国粮食及农业组织和世界卫生组织在共同的专家委员会上为各个国家和国际间化学保藏法规的统一奠定了许多基础。在国际范围内意见已取得一致，保藏剂只有在满足下列条件后在原则上才允许使用：①在对保藏剂的法定最高允许量和每天摄入量进行计算后，确保对人体健康无损害的危险；②采用其他保藏法有困难或经济成本高，而采用化学保藏法适宜；③有利消费者，有利保持食品性质和新鲜性及营养价值；④化学保藏剂的使用量尽可能小，纯度要尽可能高。

在我国，各种保藏剂的适用范围及最大使用量需严格遵照GB 2760—2024《食品安全国家标准　食品添加剂使用标准》。

二、防腐剂

食品防腐保藏是使用化学药剂抑制微生物生长繁殖的保藏方法，所使用的化学药剂称为食品防腐剂。从广义上讲，凡是能抑制微生物生长活动，延缓食品腐败变质或生物代谢的化学制品都是食品化学防腐剂。按照对微生物作用程度的不同，可将食品防腐剂分为杀菌剂和抑菌剂，具有杀菌作用的物质称为杀菌剂，而仅具有抑菌作用的物质称为抑菌剂。

但是，一种化学防腐剂或生物制剂的作用是杀菌还是抑菌，通常是难以严格区分的。比如，同一种防腐剂，浓度高时可以杀菌，而浓度低时只能抑菌；作用时间长可以杀菌，作用时间短只能抑菌；由于各种微生物的生理特性不同，同一种防腐剂对某种微生物具有杀菌作用，而对另一种微生物则仅具有抑制作用。所以，两者之间并无绝对严格的界限，在食品贮藏和加工中统称为食品防腐剂。

食品防腐剂与普通防腐剂一样，其抑菌机理主要表现在以下三个方面：①作用于细胞壁或者细胞膜系统，一些防腐剂可以破坏微生物的细胞壁，或者阻止其细胞壁的合成，从而起到抑菌的作用。例如溶菌酶，能够水解N-乙酰胞壁酸和N-乙酰葡萄糖胺，从而破坏细菌胞壁；②作用于遗传物质或遗传微粒结构，阻止遗传物质的转录表达。一些学者认为茶多酚能特异性地与细菌遗传物质DNA结合，从而抑制细菌增殖；③作用于酶或功能蛋白，例如山梨酸等防腐剂可以与微生物胞内的酶形成共价键，从而使其失去活性，起到抑菌、防腐的作用。食品防腐剂按其来源可分为化学防腐剂和天然防腐剂。

在具体使用时，食品防腐剂还应满足以下要求：少量使用就有效；不会与生产设备和包装容器等发生不良化学反应；热敏性不能太强，否则受热易分解失效，此外防腐剂只能延长细菌的生长滞后期，未遭严重污染的食品，使用防腐剂才有效；使用过程中不对工作人员健康造成明显伤害；大量使用时不污染环境等。

（一）化学防腐剂

常用的化学防腐剂有苯甲酸类、山梨酸类和丙酸类等，其抑菌效果主要取决于它们未解离的酸分子的数量，pH对其影响较大，一般地，酸性越大，防腐效果越好，而在碱性环境下几乎无效。

1. 苯甲酸及其钠盐

苯甲酸（Benzoic acid），又名安息香酸，一种芳香酸类有机化合物。微溶于冷水、己烷，溶于热水、乙醇、乙醚、氯仿、苯、二硫化碳和松节油等。苯甲酸钠，无臭或微带安息香气味，味微甜，有收敛味，在空气中稳定，易溶于水，其水溶液的pH为8，可溶于乙醇，因而在生产上应用更为广泛。

苯甲酸及其盐类是各国允许使用而且历史比较悠久的食品防腐剂。苯甲酸和苯甲酸钠属于广谱抗微生物试剂，是以未解离的分子起抑菌作用，使微生物细胞的呼吸系统发生障碍，使三羧酸循环（TCA循环）过程难以进行，并阻碍细胞膜的正常生理作用。苯甲酸对细菌抑制力较强，对酵母菌、霉菌抑制力较弱。其防腐的最适pH为2.5~4.0。

苯甲酸及其钠盐作为食用防腐剂比较安全，摄入人体后经过肝脏作用，大部分能在9~15h内与体内甘氨酸反应生成马尿酸排出体外，剩余的部分可与体内葡萄糖酸反应生成葡萄糖苷酸而解毒，全部进入肾脏，经尿液排出。

2. 山梨酸和山梨酸钾

山梨酸又名清凉茶酸，耐光耐热，但在空气中长期放置易被氧化变色，防腐效果也有所降低。山梨酸难溶于水而易溶于乙醇等有机溶剂。山梨酸钾极易溶于水，也易溶于高浓度蔗糖和食盐溶液，易吸潮并且在空气中很不稳定，容易氧化而变为褐色，不过对光、热较为稳定。

山梨酸和山梨酸钾是国际上应用最广的防腐剂，具有较高的抗菌性能，能抑制霉菌的生长繁殖，通过抑制微生物体内的脱氢酶系统，达到抑制微生物的生长和防腐作用，对霉菌、酵母菌和许多好氧菌都有抑制作用。在有少量霉菌存在的介质中，山梨酸和山梨酸钾表现出抑菌作用，甚至还会表现出杀菌效力。但霉菌污染严重时，它们会被霉菌作为营养物摄取，不仅没有抑菌作用，相反会促进食品的腐败变质。山梨酸和山梨酸钾属于酸型防腐剂，以未解离的分子起抑菌作用，其防腐效果随pH降低而增强，但适宜的pH范围比苯甲酸广，以pH<6的介质中使用为宜。

山梨酸和山梨酸钾的毒性比苯甲酸小，防腐效果比苯甲酸钠好，更加安全，许多国家已经开始逐渐采用山梨酸和山梨酸钾替代苯甲酸和苯甲酸钠。

3. 对羟基苯甲酸酯

对羟基苯甲酸酯又称对羟基安息香酸甲酯或尼泊金酯，是苯甲酸的衍生物，易溶于醇、醚和丙酮，对羟基苯甲酸酯类水溶性较差，可以通过合成其钠盐来提高水溶性。目前主要使用的是对羟基苯甲酸甲酯、对羟基苯甲酸乙酯、对羟基苯甲酸丙酯和对羟基苯甲酸丁酯，其中对羟基苯甲酸丁酯的防腐效果最佳。

对羟基苯甲酸酯属广谱性抑菌剂，对霉菌、酵母菌的作用较强，对细菌特别是革兰氏阴性杆菌和乳酸菌的作用较差。其抑菌机理与苯甲酸基本相同，主要使微生物细胞呼吸系统和电子传递酶系统的活性受抑制，并能破坏微生物细胞膜的结构，使细胞内的蛋白质变性，从而起到防腐的效果。对羟基苯甲酸酯也是由未解离分子发挥抑菌作用，其效力强于苯甲酸和山梨酸。使用范围更广，一般在pH 4~8内效果较好。

对羟基苯甲酸酯类物质可经胃肠道吸收，可以在体内迅速代谢，无论是对羟基苯甲酸酯类物质或其代谢产物均不在体内蓄积。

4. 丙酸及其盐

丙酸是一种短链饱和脂肪酸，作为食品防腐剂使用的丙酸盐通常是丙酸钠和丙酸钙，易溶于水。丙酸属酸性防腐剂，在pH较低的介质中抑菌作用强（最低抑菌浓度在pH 5.0时为0.01%，在pH 6.5时为0.5%）。起防腐作用的主要是未离解的丙酸，单体丙酸活性分子在霉菌细胞外形成高渗透压，使霉菌细胞内脱水，而失去繁殖力，丙酸活性分子可穿透霉菌细胞壁，抑制细胞内的酶活性，而阻止霉菌的繁殖。丙酸盐对霉菌、需氧芽孢杆菌或革兰氏阴性杆菌有较强的抑制作用，对引起食品发黏的细菌如枯草杆菌抑菌效果好，对防止黄曲霉毒素的产生有特效，但是对酵母菌几乎无效。根据这一特性，丙酸盐常用于面包和糕点的防霉。同一剂量下丙酸钙抑制霉菌的效果比丙酸钠好，但会影响面包的蓬松性，实际常用钠盐。

5. 脱氢乙酸和脱氢乙酸钠

脱氢乙酸，又名脱氢醋酸，易溶于乙醇等有机溶剂而难溶于水，故多用其钠盐作防腐剂。脱氢乙酸钠在水中的溶解度可达到33%，脱氢乙酸钠耐光、耐热效果好，而且在食品加工过程中不会分解和随水蒸气蒸发。

脱氢乙酸属广谱类防腐剂，特别是对霉菌和酵母菌的作用较强，对细菌的作用较差。其作用机理是有效渗透到细胞体内，抑制微生物的呼吸作用，从而达到防腐防霉保鲜保湿等作用。适应的pH范围较宽，在酸、碱条件下均有一定的抗菌作用，但以酸性介质中的抑菌效果更好。

6. 其他果蔬防腐剂

除上述常用的合成有机防腐剂外，目前生产中使用的联苯醚、仲丁胺、多菌灵、托布津、苯菌灵等，这些药剂主要用于水果蔬菜的防腐保鲜，效果良好。

有些在田间作为农药使用的防腐剂如甲基托布津、多菌灵等，在果蔬采后使用也有防腐效果。但出于食品卫生安全的考虑，此类防腐剂目前主要限于必须去皮食用的香蕉、柑橘和石榴等果实。

(二)天然防腐剂

天然防腐剂不同于化学防腐剂,是由生物体体内存在或者由其分泌的具有抑制细菌作用的物质,进一步经过人工提取和加工而成为食品防腐剂。天然防腐剂为天然物质,有的天然物质本身就是食品的组成部分,所以对人体无毒害,还能保持食品的风味品质,因此天然防腐剂是一类具有广阔发展前景的食品防腐剂。

天然防腐剂剂主要有动物来源防腐剂、微生物来源防腐剂和植物来源源防腐剂。较为典型的动物源防腐剂与微生物源防腐剂有乳酸链球菌素(Nisin)、ε-聚赖氨酸(ε-PL)、纳他霉素(Natamycin)、溶菌酶、壳聚糖等,植物源防腐剂有茶多酚、香辛料及其提取物等。

1. 乳酸链球菌素

乳酸链球菌素又称乳酸菌肽,是由乳酸链球菌产生的一种多肽物质($C_{143}H_{230}N_{42}O_{37}S_7$),商品名称为乳酸链球菌制剂,由乙醇结晶制得,乳酸链球菌素是一种灰白色的粉末,其溶解度和热稳定性受pH影响很大,随着pH的降低而显著增加,在pH较低的情况下,其溶解性较好,而在中性和碱性条件下几乎不溶解,所以在应用时,一般先用0.02mol/L盐酸溶解,再加入到食品中。

该产品对革兰氏阳性菌有抑制作用,可用于乳制品和肉制品的抑菌防腐。对霉菌和酵母菌一般无抑制作用。乳酸链球菌素吸附在微生物的细胞膜上是杀菌的前提,但其抑菌机理目前还没有定论。

乳酸链球菌素是乳酸链球菌的一种天然产物,由于其对蛋白水解酶(α-胰蛋白酶)特别敏感,因此食用后在消化道内即可很快被蛋白水解酶水解成氨基酸。人在摄入含乳酸链球菌素的液体10min后,在唾液中就检测不到它的活性了,故不会在人体内残留,也不会改变肠道正常菌群,不会引起抗药性问题,也不会与其他抗生素出现交叉抗性,是一种世界公认的、安全的天然生物性食品防腐剂。

2. 纳他霉素

纳他霉素,又称游链霉素(Pimaricin),是一种多烯烃大环内酯类抗生素,几乎无臭无味,呈白色至奶油黄色,结晶粉末状,由5个多聚乙酰合成酶基因编码的多酶体系合成。纳他霉素微溶于甲醇,不溶于非极性溶剂,难溶于大部分有机溶剂。随着溶液pH的升高或者降低,其溶解度增加,溶解度在中性pH条件下最低,其在pH 4.5~9非常稳定,因此,在大多数食品的pH范围内非常稳定。

该抗菌素是一种很强的抗真菌试剂,它能够专性地抑制酵母菌和霉菌,抑制丝状真菌中黄曲霉毒素的形成。抑菌机理在于纳他霉素与真菌细胞膜中的甾醇亲和力强,分子中疏水部分的大环内酯双键可以以范德瓦尔斯力与甾醇分子结合,从而妨碍了磷脂与甾醇间的作用。而分子的多醇部分，即亲水部分可以在膜上形成水孔，损伤膜透性，引发菌体的裂解死亡，而纳他霉素对于细胞膜中无甾醇的细菌则无效。此外，纳他霉素能很好地抑制正在繁殖的真菌孢子。

因为纳他霉素难溶于油脂和水，因此，一般认为摄入的大部分会随粪便排出，很难被人体或动物的胃肠吸收。纳他霉素经降解处理后在短期毒性和急性毒理试验中不会损害动物，也没有过敏性反应。可用纳他霉素对食品表面进行处理以延长食品的保质期，不影响食品的风味和口感。

3. 溶菌酶

溶菌酶又称胞壁质酶，属于碱性蛋白酶，为白色结晶，等电点为10.5~11.0（鸡卵溶菌酶），最适pH为5~9。溶菌酶化学性质非常稳定，pH在1.2~11.3内剧烈变化时，其结构几乎不变。酸性条件下，溶菌酶遇热较稳定，pH4~7、100℃处理1min仍保持原酶活性；但是在碱性条件下，溶菌酶对热稳定性差，高温处理时酶的活性会降低，不过溶菌酶的热变性是可逆的。

长期研究发现，溶菌酶对抑制革兰氏阳性菌、好氧性芽孢杆菌、枯草杆菌等有突出的作用，对于提升抗感染能力等也有一定的效果。但是，溶菌酶对沙门氏菌的抑制作用较小。溶菌酶常常与其他防腐剂联合使用，能明显提升食物的存储期限。但也有学者发现，单一的溶菌酶使用效果更加突出，单一的溶菌酶涂膜对果蔬的保藏更有作用。

4. ε-聚赖氨酸及ε-聚赖氨酸盐酸盐

ε-聚赖氨酸是一种白色链球菌的代谢产物，是一种天然的防腐剂，同时而还具有热稳定性、水溶性好等优点。ε-聚赖氨酸的热稳定性非常好，其水溶液在高温（121℃）情况下不分解、不失活。

ε-聚赖氨酸抑菌谱广，ε-聚赖氨酸对革兰氏阳性菌、革兰氏阴性菌都有抑制作用，对酵母菌、霉菌金黄色葡萄球菌、大肠杆菌、黄曲霉、枯草芽孢杆菌、酿酒酵母、保加利亚乳杆菌等均有一定的抑制作用，而且其对耐热性芽孢杆菌和一些病毒也有抑制作用。ε-聚赖氨酸有水溶性高、对人和环境安全无毒等特点，安全性高。

5. 壳聚糖

壳聚糖，又名壳多糖、甲壳糖、甲壳多聚糖，是甲壳素经脱乙酰处理得到的生物大分子，是一种白色无定形粉末，不溶于水和碱液，只在某些酸性介质如稀酸等无机酸和大多数有机酸中溶解。食品工业中，一般将其溶于0.5%或1%的乙酸溶液中。

壳聚糖的抑菌范围广、抗菌活性强。壳聚糖的抑菌机理比较复杂，对不同种类的微生物其抑制作用不同，对细菌的抑制作用最强（G^+强于G^-），其次为酵母菌，对真菌的抑制作用最弱。

壳聚糖的来源丰富，成本较低，无毒、无污染，防腐保鲜效果好，近年来已成为天然保鲜剂研究的热点，目前已应用于肉类食品的防腐保鲜中。

三、抗氧化剂

食品抗氧化剂是添加于食品后阻止或延迟食品氧化，提高食品质量的稳定性和延长贮存期的一类食品添加剂。抗氧化剂主要应用于防止油脂及富脂食品的氧化酸败，引起食品褪色、褐变以及维生素被破坏等方面。

食品抗氧化剂的种类繁多，作用机理大致可分为以下几类：①抗氧化剂本身可释放出氢离子，破坏或终止油脂在氧化过程中所产生的过氧化物，使之不能继续被分解成醛或酮类等低分子物质，如各种酚类抗氧化剂，也有合成的，如丁基羟基茴香醚（Butyl hydroxyanisole，BHA）、生育酚、茶多酚、愈创树脂等。②抗氧化剂本身极易被氧化，从而降低介质中的含氧量，抑制食品成分的氧化，常用的有抗坏血酸及其衍生物，异抗坏血酸及其钠盐等。③抗氧化剂能减弱氧化酶的活性，如亚硫酸盐类、二氧化硫及各种含硫化合物等。

食品抗氧化剂按其来源分为合成和天然两类，按其溶解性又可分为脂溶性和水溶性两类。

（一）合成抗氧化剂

合成抗氧化剂如丁基羟基茴香醚、2,6-二叔丁基对甲酚（Butylated hydroxytoluene，BHT）、没食子酸丙酯（Propyl gallate，PG）和特丁基对苯二酚（Tert-butyl hydroquinone，TBHQ）等，因其成本低廉、抗氧化效果好而被广泛应用于肉及肉制品中。

1. 丁基羟基茴香醚

丁基羟基茴香醚为白色或微黄色蜡样结晶性粉末，带有酚类的特异臭气和有刺激性的气味，不溶于水，易溶于乙醇、甘油、猪油、玉米油、花生油和丙二醇，对热稳定，可作为焙烤食品的抗氧化剂使用，在弱碱性条件下不容易破坏。其在直接光线长期照射下，色泽会变深。与其他抗氧化剂相比，它不像没食子酸丙酯那样会与金属离子作用而着色。丁基羟基茴香醚易溶于丙二醇，易成为乳化状态，使用方便，缺点是成本较高。丁基羟基茴香醚除抗氧化作用外，还有相当强的抗菌力。

丁基羟基茴香醚能够在焙烤和油炸后的食品中保持稳定，这是因为在pH>7时，丁基羟基茴香醚是稳定的。丁基羟基茴香醚也可用于食品的包装材料。在低脂肪食品中丁基羟基茴香醚的挥发性对其贮藏性是有益的，在焙烤和油炸之前将少量的丁基羟基茴香醚或2,6-二叔丁基对甲酚加入到食品中，通过挥发使其分散，在加工和贮藏期间可保护食品。将适当高浓度的抗氧化剂加入到包装材料中也可稳定这些食品，或将抗氧化剂的乳浊液喷洒到食品包装上也可有效延缓食品的氧化腐败。

2. 2,6-二叔丁基对甲酚

2,6-二叔丁基对甲酚为无色结晶或白色晶体粉末，无臭或有很淡的特殊气味，无味。稳定性好，抗氧化效果好。它不溶于水和丙二醇，易溶于大豆油、棉籽油、猪油、乙醇、丙酮、甲醇、苯、矿物油。对热稳定，与金属离子反应不着色。

同其他抑制酸败抗氧化剂相比，2,6-二叔丁基对甲酚的稳定性高，抗氧化效果好，其抗氧化作用是由自身发生自动氧化而实现的。在猪油中加入0.01%的2,6-二叔丁基对甲酚，能使其氧化诱导期延长2倍。2,6-二叔丁基对甲酚与柠檬酸、抗坏血酸或丁基羟基茴香醚复配使用，能显著提高抗氧化效果。

2,6-二叔丁基对甲酚的急性毒性虽然比丁基羟基茴香醚大一些，但其无致癌性。2,6-二叔丁基对甲酚的使用范围及最大使用量与丁基羟基茴香醚基本相同，两者混合使用时，总量不得超过0.2g/kg。以柠檬酸为增效剂与丁基羟基茴香醚复配使用时，复配比例为2,6-二叔丁基对甲酚：丁基羟基茴香醚：柠檬酸=2：2：1。2,6-二叔丁基对甲酚也可用在包装材料，用量为0.2~1g/kg（包装材料）。

3. 没食子酸丙酯

没食子酸丙酯为白色至浅褐色结晶粉末，或微乳白色针状结晶。无臭，微有苦味，水溶液无味。没食子酸丙酯易溶于乙醇、丙酮、乙醚，难溶于脂肪和水。没食子酸丙酯比较稳定，遇铜、铁等金属离子发生呈色反应，变为紫色或暗绿色，有吸湿性，对光不稳定，发生分解，耐高温性差。

没食子酸丙酯与其他抗氧化剂或增效剂并用可增强效果。与丁基羟基茴香醚、维生素E等可协同起作用，也可与抗坏血酸和柠檬酸协同作用。与丁基羟基茴香醚和2,6-二叔丁基对甲酚相比，没食子酸丙酯在油脂中溶解度较小，在热水中有较高的溶解性。对于含油的面制品如奶油饼干的抗氧化，不及丁基羟基茴香醚和2,6-二叔丁基对甲酚。没食子酸丙酯的缺点是易着色，在油脂中溶解度小。此外，没食子酸丙酯的抗氧化活性有一个最适宜的浓度，当用量超过这个浓度时，则成为氧化强化剂。没食子酸丙酯摄入人体可随尿排出，比较安全。

（二）天然抗氧化剂

天然食品抗氧化剂是通过对天然食材的分析与提取，找到一些可以食用的抗氧化剂，进而应用到食品加工制作中，以提高食品的安全性。相较于人工合成抗油脂氧化剂的安全性受到质疑，天然抗氧化剂主要来源于天然可食用的物质，如蔬菜、水果、中草药、香辛料以及某些微生物发酵产品等，相对安全、无毒副作用。在应用于包装材料时，由于天然抗氧化剂具有不稳定性，在提取后容易变质，同时部分抗氧化剂类似于精油具有刺激性气味和水溶性较差的问题，因此需要将天然抗氧化剂添加到基材中以拓宽其使用领域。

1. 茶多酚

茶多酚是茶叶中多酚类物质的总称，具有良好的抗氧化能力。在常温下呈浅黄或浅绿色粉末，易溶于温水（40~80℃）和含水乙醇中，对热和酸比较稳定，碱性条件下容易发生氧化褐变，略带茶香，有回味感，并略有吸潮性。茶多酚可以通过口腔黏膜吸收，最后经人体由尿及胆汁排出体外。除了抗氧化性以外，茶多酚还具有抑菌性，对革兰氏阴性菌、革兰氏阳性球菌、产芽孢杆菌都有明显的抑制作用。

茶多酚在应用时可以抑制食品内的脂质过氧化反应，同时降低维生素E和胡萝卜素的消耗，有较强的维稳性。但需要注意控制其用量，如果用量过大，会发生自由基氧化副反应，反而降低了油脂的抗氧化能力。在实践中，茶多酚多应用于一些坚果、膨化食品、烘焙食品、罐头以及各种饮料。

2. 维生素类物质

抗氧化能力较强的维生素物质有维生素C、维生素E及其衍生物。维生素C具有水溶性，因此使用维生素C作为油脂的抗氧化剂时，需要先将其制备成油溶性的抗坏血酸棕榈酸酯。有研究人员通过测定色拉油的过氧化值，研究了维生素C对色拉油氧化性的影响，结果表明，在相同温度下，随着维生素C浓度的上升，其抗氧化能力逐渐增强，当维生素的浓度在0~0.04%时，其抗氧化能力的增强趋势明显，在浓度为0.04%~0.1%时，其抗氧化能力变化较为缓慢。维生素E是一种良好的天然油溶性抗氧化剂，能够与自由基产生氧化反应。

3. 黄酮类物质

黄酮类物质能够通过去除自由基来抑制油脂的氧化反应，如槲皮素中的酚羟基可以提供氢原子与自由基发生反应，阻断氧化链反应的传递，防止过氧化反应。黄酮类化合物有两种途径来消除自由基：①向过氧化物提供自由基，促使其转变成氢过氧化物；②通过与金属离子螯合，从而消除铁、铜等金属离子对油脂氧化的催化作用。

4. 多糖类物质

糖蛋白、中性多糖、酸性多糖以及硫酸多糖等多糖类物质都具有抗氧化作用。多糖结构中的醇羟基，与铁、铜等金属离子螯合后，能够对羟基自由基的形成发挥抑制作用，进而影响油脂过氧化的顺利进行，最终抑制活性氧的形成。另外，过氧化链式反应中会产生活性氧，而多糖分子能够直接对该活性氧进行捕获，进而阻断或减慢油脂的过氧化反应。

5. 色素类物质

天然色素中含有大量的酚羟基，释放出的还原性氢可与自由基相结合，从而有效清除羟自由基，阻断链式反应。类胡萝卜素是天然色素之一，也是一种多烯类化合物，番茄红素、β-胡萝卜素等是较为常见的类胡萝卜素，类胡萝卜素中含有甲基支链以及共轭双键，可通过消除自由基来阻断氧化反应链。近年来的研究发现，虾青素在抗氧化、清除自由基以及预防不饱和脂肪酸甲酯脂质过氧化方面，比类胡萝卜素更具有优势。

（三）食品抗氧化剂使用注意事项

1. 食品抗氧化剂的使用时机要恰当

抗氧化剂应在食品处于新鲜状态或未发生氧化变质之前使用，否则，效果显著下降，甚至完全无效。

2. 抗氧化剂与增效剂并用

增效剂是配合抗氧化剂使用并能增加抗氧化剂效果的物质，这种现象称为增效作用。例如为防止油脂食品氧化酸败，添加酚类抗氧化剂的同时并用某些酸性物质，如柠檬酸、磷酸、抗坏血酸等，则有显著的增效作用。

3. 对影响抗氧化剂还原性的因素加以控制

抗氧化剂有强烈的还原性，故应当对影响其还原性的各种因素进行控制。光、温度、氧、金属离子及物质的均匀分散状态等都影响着抗氧化剂的效果。例如2,6-二叔丁基对甲酚在70℃以上，丁基羟基茴香醚高于100℃的加热条件便可升华挥发而失效，所以在避光和较低温度下抗氧化剂效果容易发挥。

四、脱氧剂

脱氧剂又称为游离氧吸收剂或游离氧驱除剂，它是一类能够吸除氧的物质。脱氧剂随食品密封在同一包装容器中，能通过化学反应吸除容器内的游离氧及溶存于食品的氧，并生成稳定的化合物，从而防止食品氧化变质。同时利用所形成的缺氧条件也能有效地防止食品的霉变和虫害，防止维生素等营养物质被氧化破坏，防止食品褪色和果蔬的过熟，从而达到保质保鲜。

脱氧剂种类很多，按脱氧速度可分为速效型、一般型和缓效型；按原材料可分为无机系列和有机系列脱氧剂，其中无机系列脱氧剂包括铁系脱氧剂、亚硫酸盐系脱氧剂、加氢催化剂型脱氧剂等，有机系列脱氧剂包括抗坏血酸类、儿茶酚类、葡萄糖氧化酶等。

（一）脱氧剂的基本构成组分

1. 主剂

主剂是一些能直接或借助催化剂、微生物、酶与氧发生反应除掉包装内氧的物质。目前使用较普遍的有还原铁粉及其他金属粉末（如铜粉、锌粉、铝粉等）、亚铁盐类（如碳化铁、硅化铁、硫酸亚铁等）、亚硫酸盐类（如亚硫酸钠）、连二亚硫酸钠等无机物和葡萄糖、碱改性糖、抗坏血酸、油酸等有机物。

2. 活性剂

活性剂是一些能提高主剂与氧反应速度的物质，如碱金属或碱土金属的卤化物（氯化钠、氯化钙等）、活性炭、酶（如葡萄糖氧化酶）、微生物等。

3. 填充剂

填充剂主要是起控制主剂吸氧速度及提高组合物透气性的物质。它们一般是具有不溶性、难溶性和不活泼的有机物或无机物，如二氧化硅、氧化铝、高岭土、活性炭、硅藻土、石墨、纤维素、苯乙烯粉末等。

4. 改性剂或功能扩展剂

改性剂或功能扩展剂是一些能改善脱氧剂不良特性或能使脱氧剂功能增加的物质，如硅树脂、氧树脂可防止铁粉型脱氧剂所产生的铁锈对食品的危害；氢氧化钙可吸收连二亚硫酸钠型脱氧剂所释放的SO_2，防止其对食品的颜色及风味的影响。

（二）常见的脱氧剂

1. 特制铁粉

特制铁粉由特殊处理的铸铁粉及结晶碳酸钠、金属卤化物和填充剂混合组成。脱氧作用机理是特制铁粉先与水反应，再与氧结合，最终生成稳定的氧化铁，反应式如下：

$$Fe + 2H_2O \longrightarrow Fe(OH)_2 + H_2 \uparrow$$

$$2Fe(OH)_2 + 1/2 O_2 + H_2O \longrightarrow 2Fe(OH)_3 \longrightarrow Fe_2O_3 \cdot 3H_2O$$

特制铁粉的脱氧量由其反应的最终产物而定。1g铁大约可处理500mL空气中的氧，是十分有效而经济的脱氧剂。

2. 亚硫酸盐系脱氧剂

该类脱氧剂主要以连二亚硫酸盐为主剂，$Ca(OH)_2$和活性炭为辅剂，在相对湿度较高的环境中进行反应，反应式如下：

$$Na_2S_2O_4 + Ca(OH)_2 + O_2 \longrightarrow Na_2SO_4 + CaSO_3 + H_2O$$

其分步反应为：

$$Na_2S_2O_4 + O_2 \longrightarrow Na_2SO_4 + SO_2$$

$$Ca(OH)_2 + SO_2 \longrightarrow CaSO_3 + H_2O$$

亚硫酸盐系脱氧剂在1h内即可将环境中氧的体积分数降低到1%以下，最终可以降低到0.2%以下，脱氧速度较快，但脱氧过程中会出现SO_2气体。在标准状态下，1g连二亚硫酸盐可消耗129mL的O_2，即约613mL空气中的O_2。在脱氧的同时可加入$NaHCO_3$，增加CO_2的体积分数，产生的CO_2会吸附在油脂及碳水化合物周围，从而进一步起到保护食品的作用。产生CO_2的反应如下：

$$2NaHCO_3 + SO_2 \longrightarrow Na_2SO_3 + H_2O + 2CO_2$$

3. 抗坏血酸脱氧剂

抗坏血酸（AA）是一种天然存在的具有抗氧化性质的有机化合物，是目前使用的脱氧剂中安全性较高的一种。在有氧的环境下，用铜离子作催化剂可被氧化成脱氢抗坏血酸（DHAA），除去环境中的氧。由于抗坏血酸可以参加体内的氨基酸代谢、增加肌体对抗疾病的能力，不会对人的安全产生危害，常把抗坏血酸添加到液态食品中除去多余的氧，反应如下：

$$AA + 1/2 O_2 \longrightarrow DHAA + H_2O$$

4. 酶系脱氧剂

常用的酶系脱氧剂是葡萄糖氧化酶和葡萄糖，通常是用固定化技术将葡萄糖氧化酶与包装材料结合在一起。在一定的温度、湿度条件下，利用葡萄糖氧化成葡萄糖酸时消耗氧来降低包装内氧气的体积分数。反应如下：

$$C_6H_{12}O_6 + O_2 + H_2O \xrightarrow{\text{氧化酶}} C_6H_{12}O_7 + H_2O_2$$

$$H_2O_2 \longrightarrow H_2O + [O]$$

除葡萄糖氧化酶外，还有过氧化氢酶或过氧化物酶。由于酶系脱氧剂的脱氧机理属于酶促反应，故其脱氧效果受到食品的温度、水分、pH、盐类种类及质量分数、溶剂等各种因素的影响，且在加工过程中存在酶易失活等特点，故制备不易，成本高，适用于液态食品。

（三）脱氧剂的优点

与其他方法相比，应用脱氧剂的包装食品有以下优点。

（1）脱氧能杜绝氧气，从根本上防止食品氧化。用化学物质吸氧，与物理方法除氧不同，使用脱氧剂时包装选用气密性高的膜，几乎能除去包装内全部游离氧，还能吸收从外界进入包装袋内的氧气，使容器内长期保持无氧状态，适用于任何形体的食品（粉状、粒状、海绵状等），而充填N_2或CO_2置换容器内的氧气包装后的容器内残留2%~5%的氧气，仍能使包装内的食品充分氧化，因霉菌在0.4%氧状态下就有可能繁殖，对外部进入包装材料的氧气不起作用，对油脂类食品及物理结构弱的食品保藏效果不佳。

（2）安全。脱氧剂与食品防腐剂不同，与食品同袋包装，没有副作用，不吸收到人体内，无致癌等物质，食品保鲜安全。

（3）脱氧剂保藏食品无需经杀菌处理，能保持食品原有风味、色泽，特别对低盐低糖食品更有效。

（4）比真空包装与惰性气体包装简单，使用方便，成本低。

（5）脱氧剂使用能扩大商品流通量，各种食品可常年销售，容易调整生产和库存，减少食品变质损耗与流通损耗，延长食品保藏期，方便食品运输，增加商业利润。

五、保鲜剂

为了防止鲜活食品和生鲜食品的失水萎蔫、氧化变色、发霉变质等而在其表面涂膜的物质称为食品保鲜剂。食品保鲜剂的作用与防腐剂有所不同，它除了针对微生物的作用外，还对食品自身的变化如鲜活食品的蒸腾作用、呼吸作用、酶促反应等起到一定的抑制作用。自20世纪50年代以来，国内外有关用可食性保鲜膜处理水果、蔬菜、糖果、禽蛋及肉制品的研究报道及实际应用已屡见不鲜。常用的保鲜剂材料有植物生长调节剂、蛋白质、脂类化合物、多糖、甲壳质类、树脂类。

第六节 辐照贮藏

食品辐照的研究起始于20世纪，1943年，美国进行射线处理汉堡包的研究；1947年，美国应用脉冲电子束进行辐照食品研究，1950年，苏联以及英国的科学家相继开始了辐照食品的研究，之后食品辐照研究在各国相继开展，1958年，我国开始对食品辐照进行研究。根据联合国粮食及农业组织/世界卫生组织/国际原子能机构（即FAO/WHO/IAEA）的调查统计，已经有50几个国家批准了辐照在至少一种食品中的应用，每年销售的辐照食品总量达40万t左右。食品辐照加工技术已经被FAO/WHO/IAEA推荐为国际重点推广项目。根据国际食品辐照咨询小组（ICGFI）统计，经过批准的辐照食品包括豆类、谷物及其制品，干果及果脯类，香辛料类，熟畜禽肉类，冷冻畜禽肉，新鲜水果，蔬菜及水产品，保健食品8大类。

我国从20世纪50年代起就开始进行辐照研究，是世界上研究辐照在食品上应用较早的国家之一，1984年第一次批准蘑菇、大蒜、马铃薯等可以进行商业化辐照，其后陆续批准猪肉、扒鸡、苹果、果脯、熟肉制品等多种食物的商业化辐照。

一、辐照贮藏的概念与原理

（一）概念

辐照贮藏，也称辐射贮藏，是利用原子能射线的辐射能对新鲜肉类、水产、蛋及其制品，粮食、水果、蔬菜、调味料、饮料及其他加工产品进行杀菌、杀虫，抑制发芽，延迟后熟等处理，从而达到食品保鲜、延长保质期、减少损失或提高食品卫生品质等目的，是一项安全、有效、低能耗的物理杀菌新技术。

（二）原理

X射线和γ射线在电磁波的波谱中（图3-5），位于可见光右侧，频率在10^{15}Hz以上，能量高、穿透性强，可引起被照射物质的分子激发或电离，具有明显的杀菌作用。X射线和γ射线处理过程中，物料的温度通常在常温范围内，且处理过程升温较小，属于非热杀菌。

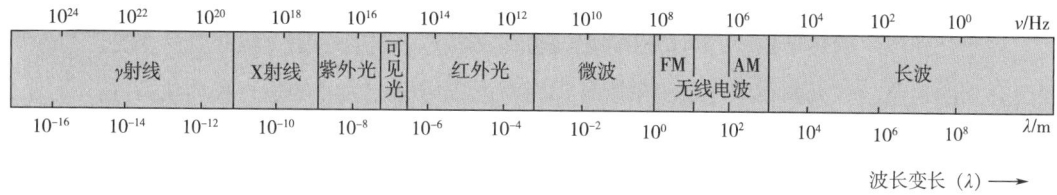

图3-5　电磁波的波谱

食品辐照一般采用具备较高的能量，且有较强穿透能力的射线，因此能够穿透被照食品的包装材料进而透射到食品内部，可以轻易地杀灭有害寄生虫和致病致腐微生物等，并能够抑制一些原料食品的生理过程，如豆类的早熟、发芽等。食品的辐照处理一般分为电子束辐照和射线辐照。电子束辐照指将电子加速器产生的电子线的能量转移给被辐照物质；射线辐照指射线（如X射线）或放射性同位素（^{60}Co或^{137}Cs）产生的射线的能量转移给被辐照物质，电离辐照作用到被辐照的物质上后，经过电离和激发，释放出轨道电子，形成自由基，这些自由基对生物体（微生物等）进行攻击，使其受到不可恢复的损失和破坏，达到灭菌效果。电子加速器产生的加速电子（束）具有与γ射线相当的能级，也是一种电离辐照杀菌的辐照源。

食品辐照强度的计量通常是用照射量或吸收剂量来表示。照射量是用来度量X射线或γ射线在空气中电离能力的物理量，过去使用的单位为伦琴（Roentgen，简写R），现采用国际单位制（SI）单位库仑/千克（C/kg），$1R = 2.58 \times 10^{-4}$ C/kg。

吸收剂量是指被照射物质吸收的射线能量，其单位为拉德（rad）或戈瑞（Gray，简称Gy）。国际单位制所采用的吸收剂量单位为Gy，戈瑞与拉德之间的换算关系为：1 Gy = 100rad。单位质量的被照射物质在单位时间中所吸收的能量称为吸收剂量速率，单位是Gy/s。

二、辐照贮藏的特点

食品辐照技术是一种物理方法，属于非热处理技术。食品辐照加工技术不仅能有效防止微生物污染、延长商品保质期、有效抑制果蔬成熟、节约能源，还具有无残留、无需拆除包装和降低成本等优越性，可最大限度地保持食品的品质，并避免因热加工引起的食品风味的损失。高剂量的辐照特别适用于为特殊人群（地质勘探、航天员、登山探险等人群）和特殊病人提供无菌食品，为无特定病原（SPF）实验动物提供无菌饲料。比较而言，食品辐照技术具有许多传统杀菌方法不可比拟的优点。

(一)辐照处理是冷杀菌

辐照处理产生的热量极小,可以在常温或者冷冻状态下进行杀菌,辐照食品不会产生温度骤然升高的现象,该灭菌技术可最大限度地保持对温度敏感的食品的感官和理化特性,特别适合于一些不耐热的食品和药品,例如在高温下容易引起细菌繁殖导致腐败变质的水产品。辐照杀菌能够最大限度地减小对食品感官特性、营养结构以及大部分理化性质的破坏,是目前为止非常理想的一种杀菌方式,被称为冷杀菌。

(二)射线穿透力强,节省包装,避免再污染

不管食品的来源、大小、包装、结构如何,辐照射线都能够穿透食品包装并深入食品内部,破坏和改变生物大分子的结构,可以将食品表面及内部有害微生物或虫卵彻底杀灭,并且二次污染问题也得以避免。

(三)安全,射线处理过的食品不会留下任何残留物

辐照贮藏加工过程不需向食品中加入任何物质,不仅无化学残留,同时该过程还可以有效降解食品中的残留农药。有研究发现,电子束辐照处理虾仁可以降解其残留的氯霉素,经过^{60}Co射线处理的蜂蜜和蜂王浆中的氯霉素浓度降为原有的1/500。食品在辐照过程中接触的是由辐照源产生的射线,仅受到放射源产生的电子束、射线的作用,并未接触放射源,所以不存在人们普遍担心的放射性污染等问题,在世界范围内已经有很多研究证实了其安全性。同时辐照贮藏加工方法也不像化学添加方法对环境产生污染,因此辐照贮藏被认为是目前替代环氧乙烷和溴甲烷杀菌最佳方法。

(四)节省能源,费用低

据国际原子能机构预测,热力杀菌能耗为$1.08 \times 10^9 J/t$,巴氏杀菌为$8.28 \times 10^8 J/t$,而辐照杀菌只需$2.3 \times 10^7 J/t$,其能耗明显低于其他方法。在保证大批量不间断地连续处理的前提下,与热处理、低温保藏等方法相比,辐照贮藏的费用较低。

(五)适应范围广

辐照技术能处理不同类型的食品,如从装箱的马铃薯到袋装的面粉、肉类、水果、蔬菜、谷物、水产等。对于不同状态的食品都可处理,如固体食品、液体食品等。

(六)加工效率高

辐照贮藏整个工序可连续化、自动化。只要规模大,就能获得巨大的利益。液态管道输送

处理更加方便。

当然，食品辐照贮藏方法也有其不足之处，主要表现在以下几个方面：①经过杀菌剂量的照射，一般情况下，酶不能完全被钝化；②经辐照处理后，食品所发生的化学变化从量上来讲虽然是微乎其微的，但敏感性强的食品和经高剂量照射的食品可能会发生不愉快的感官性质变化，尤其对高蛋白和高脂肪的食品特别突出；③辐照不适用于所有的食品，要有选择性地应用；④要对辐照源进行充分地遮蔽，必须经常对辐照区和工作人员进行监测检查。

三、辐照食品的检测与安全性

（一）辐照食品的检测

辐照食品检测的目的主要包括4个方面：①国家相关部门对辐照食品标签的正确粘贴、食品辐照与否的声明等均进行了详细的规定并有相应的标准，辐照食品检测有利于政府的监督管理以及国家法律法规的贯彻与执行；②主要针对进出口食品是否满足进口国辐照检测的要求，防止辐照加工企业为获取更多利润而对食品辐照程度不够甚至没有辐照等情况，辐照食品检测有助于促进贸易的公平进行；③可为辐照与否提供些具体、科学的数据支持，更好地维护社会和谐发展；④维护消费者的知情权，切实保护消费者的消费权利。

辐照食品的
检测方法
（拓展阅读）

（二）辐照食品的安全性

辐照食品的食用安全性受到许多国家的重视，其范围主要包含4个方面：①有无残留放射性及诱导放射性；②是否存在病原菌的危害；③是否有致癌、致畸、致突变效应；④辐照食品有无毒性。

由于食品在进行辐照时是外照射，没有直接接触放射性核素，因此，不会接触放射性物质，这与核爆炸和核泄漏事故时放射性物质的状态有着根本区别，故不存在残留问题。诱导放射性是指因大剂量的辐射引起食品的构成元素变成放射性元素的问题。目前辐照食品中使用的放射源^{60}Co-γ射线能量只有1.17~1.33MeV，Cs则更低，只有约0.66MeV，电子束具有的能量也在10MeV以下，它们的能量都低于在食品中可能发生诱导放射性的能量阈值，因而不会产生诱导放射性核素及其化合物。

大量研究表明，食物中的大多数微生物（如沙门氏菌、李斯特菌、大肠杆菌等）对辐照较敏感，使用10kGy以下的剂量辐照就可以完全杀灭。辐照杀死致病菌的同时不会带来食品的安全性问题。

近40年来，根据长期与短期动物饲养试验，观察动物临床症状、血液学、病理学、繁殖及致畸等项目，没有发现食物产生毒性反应及致畸、致癌、致突变现象，这其中，美国进行的两项长期的动物喂饲试验（辐照牛肉及辐照鸡肉的毒理研究试验），从受试动物胚胎期起，整个试验期间，直至死亡都需对选中的动物进行试验和观察，其结果证明是安全的。我国"六五"以来也先后对经过辐照的香肠、猪肉、马铃薯、洋葱、大蒜、蘑菇、大米、花生等进行过人体试食和动物喂养试验，测试了20余项指标，结果亦未发现任何不良作用。

根据各国将近30年的研究结果，FAO/WHO/IAEA组织的联合专家委员会曾在1980年10月宣布，吸收剂量在10kGy以下的任何辐照食品对人类消费都是安全的，无需做毒理学试验，而且某些类型的食品甚至可以超越这一剂量的限制。FAO/WHO/IAEA在1997年通过高剂量辐照食品安全性检查研究，验证了某些肉类在高达25~60kGy的辐照剂量下也是安全的，并于1999年在WHO 890号报告中得出结论：大于10kGy高剂量辐照的食品安全性也无需担心。

由于消费者对这种技术的接受度不同，国内外相关食品法规均要求在经过辐照的食品或含有被辐照成分的食品标签上明确标注"辐照食品"字样。

四、辐照对食品的影响

（一）辐照贮藏技术对食品营养成分的影响

1. 对蛋白质的影响

射线照射到食品蛋白质分子，很容易使它的二硫键、氢键、醚键断裂，破坏蛋白质分子的二级、三级结构，改变物理化学性质，从而影响其风味及感官变化。研究发现，经过辐照，牛肉蛋白中羰基含量上升，同时总巯基含量下降，说明蛋白质发生了氧化。同时辐照也能加快生成30kDa降解蛋白，降解肌间线蛋白，改善了牛肉的嫩度。

肉经辐照后易产生挥发性物质，影响风味，而低温使生成的挥发性成分降低，故为了使辐照杀菌的肉不产生异味，最好在冻结温度下辐照。一般在-40℃或更低。

2. 对酶的影响

纯酶稀溶液对辐照敏感，若增加其浓度也必须增加辐照剂量才能产生同样的钝化效果。若在食品体系中，酶很容易受到保护，同时也受外界条件变化（温度、pH、含氧量）的影响。如提高温度会增加酶对辐照的敏感度，在有氧状态下干燥胰蛋白酶极易钝化。此外，有时酶由于蛋白质分子降解，使酶活性中心暴露出来，反而致使酶反应更有利。因此对分解酶类活性的食品，在辐照前应先通过加热灭酶。酶会因巯基的存在而增加其对辐照的敏感性。

3. 对脂类的影响

辐照会使脂肪分子发生氧化、脱氢等作用，尤其是不饱和脂肪，十分容易氧化，从而产生氧化还原产物、过氧化物等。辐照对脂类所产生的影响可分为三个方面：理化性质的变化；受辐照感应而发生自动氧化；发生非自动氧化性的辐照分解。如用2~10kGy的剂量辐照处理扒鸡，发现样品的过氧化值随着辐照剂量的增大而升高，说明扒鸡中脂肪在辐照作用下加快了氧化，且辐照剂量越高，氧化的速度越快。这是由于在辐照处理过程中，自由基生成速度加快，自由基链式反应发生，氧气存在下，油脂的氧化速度加快。脂肪酸酯和某些天然油脂在50kGy以下剂量照射，品质变化极少，但易成为异臭发生源。如肉类风味变化，牛奶产生蜡烛味，鱼类产生异臭。辐照可促使脂类的自动氧化，有氧存在，其促进作用更明显，从而促进游离基的生成，使氢过氧化物和抗氧化物质分解反应加快，生成醛、醛酯、含氧酸、乙醇、酮等。

4. 对维生素的影响

辐照会使食品中维生素含量发生一定程度的变化。不同种类维生素对辐照的敏感程度不同（表3-7）。用不同强度的 ^{60}Co-γ 射线处理鳗鱼结果表明，维生素E在辐照剂量为9kGy时下降10.6%，而维生素A对辐照更为敏感，在辐照剂量大于3kGy时其损失就较为明显。维生素的损失多少也与环境中氧气含量、温度及食物种类有关，一般情况下，为减少维生素损失，可采取低温密封方式贮存食品，复合形式存在的维生素，敏感性也比较低。

表3-7 各种维生素对电离辐照的敏感性

维生素		电离辐照敏感性	维生素		电离辐照敏感性
水溶性维生素	维生素C	++	水溶性维生素	维生素B_{12}	++
	维生素B_1	++		胆碱	-
	维生素B_2	-	脂溶性维生素	维生素A	++
	烟酸	-/+		β-胡萝卜素*	+
	泛酸	-		维生素D	-
	维生素B_6	+		维生素E	++
	维生素H	-		维生素K	+/++
	叶酸	-			

注：-表示不敏感，+表示敏感，++表示非常敏感。*β-胡萝卜素为主要的维生素A原物质。

5. 对微量元素的影响

辐照也会影响食品中微量元素的含量。相关试验表明，钙、铁、锰、镁、钠含量在200kGy以内的辐照不会发生明显变化，锌、钾、磷、铜在辐照后含量有微量变化，但是在某一辐照剂量下与对照组有显著差异。所以在实际使用的辐照剂量杀菌的食品中，微量元素含量不会有明显改变。

6. 对水分的影响

水分是各类食物中最主要的成分之一，水分子对辐照很敏感，当它接受了射线的能量后，水分子首先被激活，然后由激活了的水分子和食品中的其他成分发生反应。有研究显示辐照对各种食物产生的多种影响，很大程度上是由于辐照使水分产生的离子和自由基与食品中一些营养成分作用，使辐照食品营养成分降低，并产生感官上的不利影响。

7. 对糖类的影响

糖类一般来说相当稳定，只有大剂量辐照下才引起氧化和分解。在食品辐照保藏的剂量下，所引起的物质性质变化极小。辐照对单独存在的糖类的影响如下：如直链淀粉黏度下降（淀粉降解），如表3-8所示；果胶植物组织受损（解聚）；经辐照后结构发生变化，对酶的敏感性也随之发生变化，并引起α-1, 4-糖苷键偶发性断裂及生成H_2、CO、CO_2气体。降解所形成的新物质会改变糖类的某些性质，如辐照能使葡萄糖和果糖的还原能力下降，但提高了蔗糖、山梨糖醇的还原能力，这些变化与辐照剂量的函数有关。实际上，辐照对还原能力的影响低于热处理。

表3-8　辐射对玉米淀粉黏度的影响

处理	玉米淀粉溶液的相对黏度
对照	54.1
0.1Mrad	41.7
1.5Mrad	4.6
140℃，30min热处理	30.7

（二）辐照贮藏技术对食品的生物学效应

生物学效应指辐照对生物体如微生物、昆虫、寄生虫、植物等的影响。这种影响是由于生物体内的化学变化造成的。已证实辐照不会产生特殊毒素，但在辐照后某些机体组织中有时发现带有毒性的不正常代谢产物。辐照对活体组织的损伤主要是有关代谢反应，视其机体组织受辐照损伤后的恢复能力而异，这还取决于所使用的辐照总剂量的大小。食品的商业辐照可依据不同的辐照剂量达到所需的生物学效应（表3-9）。

表3-9　达到不同生物学效应所需辐照剂量

生物学效应	剂量/kGy	生物学效应	剂量/kGy
植物和动物的刺激作用	0.01～10	食品辐照选择性杀菌	10^3～10^4
植物诱变育种	10～500	药品和医疗设备的灭菌	$(1.5～5)\times10^4$
通过雄性不育法杀虫	50～200	食品阿氏杀菌	$(2～6)\times10^4$
抑制发芽（马铃薯、洋葱）	50～400	病毒的失活	10^4～1.5×10^5
杀灭昆虫及虫卵	250～10^3	酶的失活	2×10^4～10^5
辐照巴氏杀菌	10^3～10^4		

辐照生物学效应表现如下方面。

1. 抑制发芽和果实后熟

电离辐照抑制植物器官发芽的原因是由于植物分生组织被破坏，核酸和植物激素代谢受到干扰以及核蛋白发生变性。0.04～0.08kGy辐照可抑制马铃薯、洋葱发芽，常温下贮存期达到一年。对于有呼吸跃变期的果实，水果在后熟之前其呼吸率降至极小值，当后熟开始时呼吸作用大幅度增长，并达到顶峰，然后进入水果的衰老期，在衰老期呼吸率又降低。如果在水果后熟之前呼吸率最小时用辐照处理，此时辐照能抑制其后熟，主要是能影响植物体内乙烯的生成（乙烯有催熟作用）从而推迟水果后熟。

2. 导致微生物的死亡

辐照对微生物也有杀伤作用，具体的杀伤能力取决于微生物对辐照的敏感性。辐照对微生物的作用是由于DNA分子本身受到损伤而使细胞死亡[靶学说（Target theory）]，即电离辐照离子贯穿或贴近穿入微生物细胞的敏感部分（DNA）而使之死亡。

为了表示某种微生物对辐照的敏感性，通常以每杀死90%微生物所需的戈瑞数来表示，即残存微生物数下降到原数的10%时所需剂量，并用D_{10}（或D_m）来表示。

（1）细菌 细菌的种类很多，不同种类的细菌对辐照敏感性也各不相同。常见几种食品致病菌的D_m见表3-10。

表3-10 常见食品致病菌的D_m

致病菌	D_m/kGy	悬浮介质	辐照温度/℃
嗜水气单胞菌	0.14～0.19	牛肉	2
大肠杆菌	0.24	牛肉	2～4
单核细胞杆菌	0.45	鸡肉	2～4
沙门氏菌	0.38～0.77	鸡肉	2
金色链球菌	0.36	鸡肉	0
小肠结肠炎菌	0.11	牛肉	25
肉毒梭状芽孢杆菌	3.56	鸡肉	-30

从表中可见，沙门氏菌是非芽孢菌中最耐辐照的致病菌，也是最常见的污染食品的致病菌。

（2）酵母菌与霉菌 种类不同，其辐照敏感性也有差异。霉菌会造成新鲜果蔬的大量腐败，用2kGy左右的辐照剂量即可抑制其发展。酵母菌可使果汁及水果制品腐败，可用热处理与低剂量辐照结合的办法杀灭。

（3）病毒 病毒常以食品和酶作为寄主。常用热处理和低剂量辐照相结合的方法来抑制病毒的活性。

3. 导致昆虫的死亡

辐照对昆虫总的损伤作用是致死、"击倒"（貌似死亡，随后恢复）、寿命缩短、推迟换羽、不育、减少卵的孵化、延迟发育、减少进食量和抑制呼吸。昆虫细胞对辐照相当敏感，采用辐照杀灭昆虫非常有效，尤其是幼虫。对于昆虫细胞来说，辐照敏感性与它们的生殖活性成正比，与它们的分化程度成反比。处于幼虫期的昆虫对辐照比较敏感，成虫（细胞）对辐照的敏感性较小，高剂量才能使成虫致死。

商业上为防止食品中昆虫的传播，用3～5kGy剂量辐照处理食品可立即将昆虫杀死，一次给予足够的剂量比分次逐步增加的杀灭效果好。

五、影响辐照杀菌效果的主要因素

辐照食品在达到符合食品卫生品质要求的同时，也应尽可能保留食品原有品质，因此在对不同的食品进行辐照杀菌处理时应考虑影响辐照效果的因素，以确保食品的安全性和高质量。影响辐照灭菌效果的主要因素如下。

（一）放射线的种类

不同放射线的频率、波长、能量各不相同，因而达到的效果也就各不相同。研究表明，γ射线与电子加速器产生的电子束杀菌效果是一样的，但X射线则有很大的不同。电离密度越大，辐照杀菌效果越好。

（二）辐照剂量和剂量率

辐照剂量影响微生物、虫害等生物的杀灭程度，也影响食品的辐照化学效应，两者要兼顾考虑。一般来说，在一定范围内剂量越高，食品保藏期越长。吸收剂量速率与辐照距离和辐照强度有关。距离越近，吸收剂量速率越大，距离相同，辐照强度越大，则吸收剂量越大。物料不同，吸收剂量速率也是不一样的。

剂量率也是影响辐照效果的重要因素。同等的辐照剂量，高剂量率辐照的时间就短；低剂量率辐照的时间就长。通常较高的剂量率可获得较好的辐照效果。如对洋葱的辐照，0.3kGy/h的剂量率比0.05kGy/h的剂量率有更明显的辐照保藏效果。但高剂量率的辐照装置需有高强度辐照源，且要有更严密的安全防护设备。因此，剂量率的选择要根据辐照源的强度、辐照品种和辐照目的而定。

（三）食品本身的性质

食品种类繁多，其中的化学成分及组织结构差异很大，即使是同种食品也有不同。一般来说，微生物的辐照耐受性不会受食品pH变化的影响，只有极端pH才会影响微生物的耐受性。与pH相比，食品复杂体系中化学物质的存在对辐照杀菌影响较大，其中既有对微生物起保护作用的物质，也有促进微生物死亡的物质。对微生物起保护作用，即降低辐照杀菌效果的化学物质有醇类、甘油类、硫化氢类、亚硫酸氢盐、硫脲、巯基乙胺、谷胱甘肽、L-半胱氨酸、抗坏血酸钠、乙酰琥珀酸、乳酸盐、葡萄糖、氨基酸等。这些物质之所以对微生物具有防护作用是因为消耗氧气，使氧分子效应消失，活性强的游离基被捕捉。可提高辐照杀菌效果的物质有维生素K_5、儿茶酚、氯化钠等。

病菌污染程度、寄生虫的多少、生长发育阶段、成熟度、呼吸代谢强度等都会影响最终效果。

（四）环境因素

对于放射线杀菌来说，在接近常温条件下，温度变化对辐照杀菌效果没有太大影响。若在0℃以下，微生物对辐照的抗性有增强的倾向。虽然低温会导致微生物对辐照的抵御能力增强，但在低温条件下，射线对食品成分的破坏及品质改变很少。因此，低温辐照杀菌对保持食品原有的品质是十分有益的。例如，肉类食品在高剂量照射情况下会产生一种特殊的"辐照味"。为了减少辐照所引起的物理变化和化学变化，对于肉禽和水产等蛋白质含量较高的动物性食品，辐照处理最好在低温下进行，这样可以有效地保证质量。速冻处理的动物性食品在-40～-8℃内进行辐照处理效果最好。

对于蛋白质和脂肪含量较高的食品，辐照时会因环境中氧分子的存在发生一定的氧化作用，特别是辐照剂量较高时情况更为严重。因此，肉类食品在辐照处理时要采用真空包装或真空充氮包装以降低氧的含量，提高产品的质量。

对于水果、蔬菜等需低剂量辐照处理的食品来说，辐照氧化并不是主要作用，但是采用小包装或密封包装进行辐照也是必要的。其原因是可以减少二次污染的机会，同时在包装内可以形成一个小的低氧环境，使后熟过程变慢。有时为了防止食品中维生素E的损失，要求食品在充氮环境中进行辐照处理。

（五）食品的包装材料

包装材料的种类、性能、形状对被包装食品在辐照剂量范围内的辐照效果也有一定影响。金属罐如镀锡薄板罐和铝罐，对使用杀菌剂量照射是稳定的。但是，超过600kGy剂量（在食品辐照保藏中不会使用如此高的剂量）会使钢基板、铝出现损坏现象。塑料包装的食品，在剂量接近20kGy或更低时，辐照对其物理性质没有明显影响；在剂量超过50kGy时，塑料薄膜的物理性质会发生变化，导致包装的冲击强度和抗撕强度等指标明显降低，且气渗性增加。

(六)微生物种类及状态

不同的微生物菌种或菌株对辐照的敏感性有很大差异,即使是同一菌株,辐照前的状态不同,其敏感性也会有所不同。在微生物的增长周期中,处于稳定期和衰亡期的细菌有较强的辐照耐受性,而处于对数增长期的细菌则辐照耐受性弱。此外,培养条件也影响微生物对放射线的敏感性。一般来讲,芽孢杆菌和梭状芽孢杆菌所产生的芽孢的耐辐照性明显比营养型菌体强。不产芽孢的细菌中,革兰氏阳性细菌一般比革兰氏阴性细菌耐辐照。关于真菌类的耐辐照性,一般认为霉菌的耐辐照性比酵母菌弱,假丝酵母属的酵母耐辐照性与细菌芽孢相同,霉菌的耐辐照性与无芽孢细菌相同或略低。

由此可见,微生物所处状态及其变化会对其辐照耐受性产生影响,而这个因素在一般的杀菌处理中是难以控制的。因此,在杀菌时有必要根据实际情况进行调整。

此外,在食品辐照的过程中,辐照装置的类型、辐照剂量分布的均匀性等都会影响辐照食品的质量。

第七节 其他贮藏技术

一、生物防治技术

近年来,发现许多能够适应低温和不同大气环境的微生物拮抗剂能够有效抑制采后果蔬的腐烂。果蔬采后生物防治是指利用一种非致病菌抑制或者杀死另一种致病菌的方法,即利用微生物拮抗菌进行果蔬采后病害的防治,此类方法是当前国内外农产品保鲜领域的研究热点。生物防治具有安全、高效、无毒、无公害的优点,它能够有效降低因化学农药的使用而造成的环境污染和对人体有害的农药残留。

拮抗菌在果蔬采后病害防治中存在广谱性,筛选出的拮抗菌能够对某一种果蔬上的多种采后病害均有显著抑菌效果,某些拮抗菌甚至可以在不同果蔬上的多种采后病害起到防治作用。

为了成功抑制病原体的感染和发展,在营养寄主-病原体-拮抗剂3种因素相互作用系统中存在着几种可能的机制(图3-6),包括竞争植物营养素和生长空间、抗生素的产生、诱导植物寄主提高防御抗性、水解酶的分泌、重寄生等。生物拮抗菌防治采后病害的机理比较复杂,包括以下几个方面。

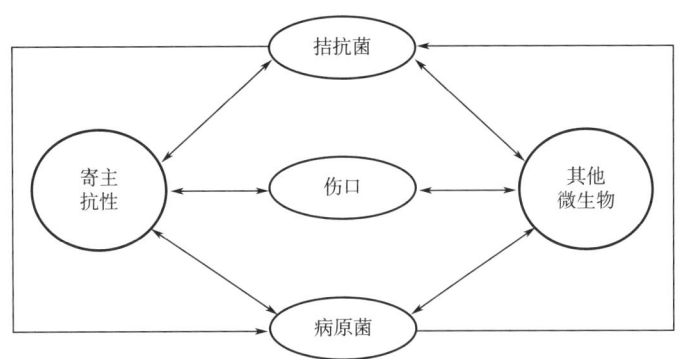

图3-6 拮抗菌拮抗原理

1. 竞争植物营养素和生长空间

竞争植物营养素和生长空间被认为是拮抗菌防治果蔬采后病害的主要拮抗机理之一。当接入拮抗酵母的数量足够多时,拮抗酵母便可在寄主伤口处快速生长繁殖,在有限的营养和生存空间下与病原菌进行争夺,并占据优势,从而抑制其生长繁殖,达到防治目的。

真菌病原体一般都需要进入点才能进入植物组织。对于生物营养型致病菌,可通过菌丝直接穿透植物表皮来实现。而对于大多数坏死营养型致病菌,需要通过伤口、寄主组织衰弱或自然开口进入。由于糖和氨基酸的渗出,这些区域通常营养丰富。拮抗菌生物防治剂便可以与病原体竞争占据这些感染部位的营养物质与生存空间,能够在竞争中占据有利优势是许多酵母生物控制剂在伤口或衰老组织中定植的重要机制,拮抗酵母快速生长繁殖的同时还能产生大量多糖形成生物膜覆盖伤口区域,从而达到防治目的,但该机理只是防止病原菌的繁殖体萌发或感染,用自身的强适应力和强繁殖力来替代病原菌的生长繁殖,并未完全杀死病原菌。

2. 抗生素的产生

抗生素的产生是许多有效的真菌和酵母生物防治剂的特征,它们可以产生多种具有广谱抗微生物活性的次级代谢产物,分为挥发性抑菌化合物和非挥发性抑菌化合物。挥发性抑菌化合物主要为醇类和烯类,而非挥发性抑菌化合物则主要是酶类、抑菌肽和中间代谢产物。例如絮状假单胞菌产生的抗生素是含有脂肪酸衍生物的混合物,通过影响致病菌的生物膜通透性,从而抑制其生长。在某些情况下,疾病抑制活性与产生抗生素的时间和数量直接相关。

3. 诱导植物寄主提高防御抗性

高等植物能够通过诱导自身产生各种化合物来防御潜在的病原体,这些化合物的产生是由激发分子或诱导剂触发的。它们通过促进伤口组织加速愈合以及诱导果蔬加强自身相关抗性酶的活性,从而使其寄主提高病害抗性,诱导寄主产生防御反应以抵抗病原菌的侵染。

当生物防治剂施用于植物时,植物自身通过增强结构和改变体内生物化学变化,以增强对疾病的抵抗力。果实的反应取决于果实的种类或品种及其生理阶段。然而,尚不清楚真菌和酵母生物防治剂是否有特异性以及是否存在寄主识别系统才可启动防御机制。拮抗酵母在生化水平和分子水平上能够诱导果蔬自身抗性酶的增强，这是拮抗菌抑菌的主要途径之一。通过对寄主的抗性诱导来提高其对致病菌的抵抗能力是一种较为复杂的拮抗方式，它涉及果蔬自身初级代谢和次级代谢的产物积累以及抗性酶的诱导产生等。释放真菌病原体激发分子（例如寡糖）会触发寄主对病原体的防御反应，而生物防治剂可能以相同的方式起作用。

4. 水解酶的分泌

水解酶（尤其是几丁质酶和葡聚糖酶）的分泌是许多有效生物防治剂共有的特征。这些酶的诱导可能存在复杂的过程，并且可能与其他化合物发生相互作用（例如与抗生素相互作用以实现最佳的生物活性）。

5. 重寄生

早期研究发现，真菌病原体可以被其他真菌感染或寄生。后来发现酵母菌能够通过以缠绕或消解等方式吸附于病原菌上致使病原菌菌体自身裂解而亡，从而降低产孢子植物病原真菌和霉菌的生长速度。但由于其作用缓慢，且不能完全排除和钝化病原菌，寄生作用的应用效果并不太理想。

随着人们环保意识的加强和对生物防治理论的不断深入研究，果蔬采后病害生物防治技术在世界各国得到广泛的重视，并将日趋完善，发挥越来越重要的作用。

二、臭氧贮藏技术

臭氧（O_3）具有强烈刺激性气味，一定浓度的臭氧对人体呼吸道有损伤作用，其化学性质也极不稳定，在空气和水中都会快速分解，产生氧气，无残留。有些研究指出臭氧的分解速度与温度、湿度存在密切相关，在温度高、湿度较低的环境中，臭氧分解速度明显加快；在低温条件下，臭氧相对稳定。臭氧的强氧化性仅次于氟，可与多种极性化合物、金属元素发生反应，通过作用于有机化合物的双键使其分裂。臭氧溶于水后产生单体氧，单体氧与氧分子结合形成臭氧，对微生物起到极强的破坏作用。因其强氧化性、不稳定性及对病菌有效的杀灭作用而又无残留等优点，臭氧贮藏技术被广泛应用于医疗、农业采前病害防治及采后保鲜和食品保鲜等领域。

（一）臭氧贮藏的原理

臭氧是一种极其不稳定且具有强氧化性的气体，在空气中很快被分解而没有残留物质存在，因此具有高效、安全等优点。当臭氧与果蔬病原菌接触后，臭氧可通过作用于病原菌的细胞膜，使其组分遭到破坏，从而有效杀死果蔬表面的微生物。大量的研究表明，臭氧可以作用于大肠杆菌细胞膜上的巯基（—SH），而巯基大量存在于大肠杆菌酶系统中，因此巯基的氧化使得微生物细胞膜遭到破坏，细胞通透性被改变，细胞内的不饱和脂肪酸遭到破坏，蛋白质被分解，从而杀死微生物。还有研究指出，臭氧通过破坏微生物DNA的超分子结构，从而杀死微生物。

果蔬体内积累的有毒有害物质达到一定程度时，极易对细胞产生毒害作用，使果实褐变，果心软化腐烂。臭氧能够通过渗透和扩散等方式进入果实内部，从而使细胞内的乙醇、乙醛氧化分解，缓解其对细胞造成的损伤，从而延长果实的贮藏时间。有些研究指出，臭氧能诱导果实表皮气孔变小，减少果实水分蒸腾及养分消耗。

（二）臭氧杀菌的特点

臭氧杀菌技术作为一种高效、环保的杀菌技术，与常见的杀菌技术，如高温杀菌、紫外线杀菌、化学药剂杀菌等相比，具有诸多优点。

1. 广谱杀菌

臭氧是一种广谱杀菌剂，能在短时间内有效地杀灭细菌、真菌和病毒等相关微生物。一般来说，所有微生物都对臭氧具有固有的敏感性。而且，对于细菌芽孢、原生孢囊、真菌孢子等，虽然更具有抗性，但同样可经臭氧长时间处理达到杀菌的效果。

2. 灭菌效率高

当灭菌剂的浓度为0.3mg/L，为确保菌体灭活率达到99%时，所需二氧化氯的处理时间为6.7min，碘处理所需时间为10min，而用臭氧处理只需1min即可达到相同的效果。臭氧处理和紫外线照射对空气中微生物的杀灭情况对比研究发现，在相同的处理剂量和处理时间内，臭氧处理的灭菌效果远大于紫外线的杀菌效果。

3. 无残留

臭氧在处理过程中不产生任何残留，也无任何新物质生成，不会造成二次污染，是一种非常干净的消毒剂。

4. 消毒彻底，无死角

常用的消毒剂如紫外线、高锰酸钾、漂白粉等由于其使用特点，有消毒死角，从而导致消毒不彻底。而臭氧在通常情况下是气态的，易于扩散流动，对可与空气接触的地方都能有效地进行消毒处理，不会有消毒死角。

5. 无需高温处理

臭氧杀菌主要利用其强氧化性，达到杀菌的作用，因而属于冷杀菌技术。与传统的高温杀菌技术相比，它可有效地保障食品安全并维持食品原有的感官性状。臭氧能与导致水有臭味的有机化合物和有色有机物反应，也能与亚铁和亚锰发生氧化反应，形成不溶性氧化物沉淀，然后通过过滤除去，从而起到脱色、脱臭、除味的作用。

6. 使用方便

一般根据调试验证的灭菌浓度以及时间，设置臭氧发生器的开启以及运行时间，操作方便。

三、超高压技术

超高压技术（Ultra-high pressure processing，UHP），又称高静压技术（High hydrostatic pressure，HHP）或高压加工技术（High pressure processing，HPP），是一种将食品真空包装后放入传压介质中，通过100~1000MPa静水压对食品进行加压处理的纯物理技术。超高压技术遵循热力学原理（勒夏特列原理），对抑制微生物生长繁殖有显著效果，且超高压技术不破坏共价键，能完好地保存小分子物质，对海产品原有的营养成分影响极小，具有破坏微生物的细胞壁、钝化酶活性、减少菌落总数、抑制营养物质流失和保持风味等优点，但超高压改变了热力学平衡，会加速脂质氧化。

（一）超高压技术对微生物的影响

超高压技术可在不破坏产品营养成分的前提下，有效抑制细菌的生长繁殖并灭活。超高压技术不仅对微生物的细胞膜、细胞壁有影响，也会改变微生物的细胞形态结构，影响细胞的生长形态。此外，超高压还可以间接地使细胞内DNA发生改变。

（二）超高压技术对酶的影响

超高压不仅能有效抑制微生物的生长，还能使与水产品腐败变质有关的酶失活。由于超高压破坏蛋白质的二级、三级和四级结构，使蛋白质的二级结构折叠发生改变，产生蛋白质凝固变性现象，同时改变了蛋白质原有功能特性，而大多数酶的化学本质是蛋白质，因此超高压对酶活性有一定的影响。研究不同的超高压条件对凡纳滨对虾中多酚氧化酶活性的影响发现，压力小于300MPa的超高压条件可激活多酚氧化酶活性，酶活被提高至57.61%；当大于300MPa时，多酚氧化酶的活性逐渐降低；超高压条件为500MPa，作用2min时，多酚氧化酶完全失活。结果表明，超高压主要破坏蛋白质三级及以上高级结构的非共价键，导致构象发生变化，酶的活性功能也随之改变。

（三）超高压技术对感官品质的影响

与传统热加工相比，超高压技术对保持水产品的感官品质有较大的提高。Angsupanich等研究超高压对鳕鱼质构的影响，0~300MPa条件下，压力越高，鱼肉弹性越好；400MPa以上压力条件处理鳕鱼后，其硬度和咀嚼度均优于200MPa以下的超高压条件。Hwang等研究超高压对罗非鱼鱼糜的凝胶质构和流变性能，结果显示，200MPa的超高压条件下鱼糜凝胶形成能力、凝胶弹性、破断力均好于蒸煮（90℃、30min）对照组。超高压组与蒸煮对照组相比更易于形成凝胶，这是由于超高压不会破坏鱼糜凝胶中的共价键。以上结果可知，500MPa以下的超高压条件对水产品感官品质均有一定的提高，当压力过高时，超高压会破坏蛋白质结构，从而使得感官品质有所降低。

四、脉冲电场技术

脉冲电场技术（PEF）是一种非热加工和保藏技术，该技术主要是指将物料置于脉冲电场两极间，以高电压、窄脉冲的形式作用到食品物料上。脉冲电场技术在室温下进行，处理过程中物料的升温幅度很小，能够实现对食品物料的非热加工处理，具有处理时间短、产生热能少以及在常温条件下处理的优势，能够避免由传统加热处理所引起的对食物自身色泽和风味的破坏以及营养物质的损失等弊端，更好地保持食物原有的品质和新鲜度，极大地保留食品原有的风味、结构以及营养物质，满足消费者对食品原有口感和营养的需求。此外，脉冲电场技术在热敏性物质的处理方面也体现出巨大的优势，目前在果蔬汁、牛乳等液体食品中应用较多。

（一）脉冲电场技术特点

1. 灭菌效率高

脉冲电场技术的灭菌效率高，在一定条件下可使液体食品中的含菌量下降数个指数级。灭菌时间短，脉冲电场技术可在微秒级时间内对食品内的致病菌等微生物进行灭活。

2. 能耗低

脉冲电场技术的能耗远低于热力灭菌技术，且能量利用率高，仅有小部分能量损耗以热能形式积累于物料。

3. 保全食品的风味口感和营养

脉冲电场技术利用电脉冲对食品进行处理，对食品无有害残留，处理过程中升温幅度小，不会造成食品本身组分的焦变和营养的流失，可保全食品的色泽、风味和营养。

（二）脉冲电场杀菌机理

目前，关于高压脉冲电场技术的杀菌机理并没有定论，但主要存在以下几种理论：电穿孔理论、介电击穿理论、磁场机制理论、黏弹极性理论等。这些理论都是基于细胞膜不同程度的受损而言的。总的来说，细胞膜的损伤会给微生物带来两种后果：一方面因细胞膜产生不可修复的孔洞从而使微生物死亡；另一方面细胞膜产生可修复的孔洞从而使微生物亚致死。

(三)影响脉冲电场技术灭菌效果的主要因素

脉冲电场技术灭菌效果受诸多条件影响,脉冲电场系统本身的参数、诸多环境因素、液体物料化学组成和流体特性等,都会对脉冲电场技术处理过程中的电学参数以及液体物料中微生物的活性产生影响,从而影响灭菌效率。

1. 脉冲作用时间

脉冲作用时间常通过控制脉冲数目和液体物料的流速来调节。国内外的研究实验表明,脉冲处理时间延长可提升灭菌效果,且在一定范围内,灭菌率与处理时间成线性关系,一旦处理时间超出线性范围,脉冲作用时间的延长对灭菌效果的提升会十分有限。过长的脉冲处理时间,还会使得脉冲能量持续转化成内能积累于负载,使得液体食品升温。

2. 电场强度

电场是破坏液体食品中微生物细胞的根本原因,因此场强的大小是影响脉冲电场技术灭菌率最为关键的因素,当场强达到特定的临界值时,可使得灭菌率显著提升,电场强度在一定范围内与灭菌效率成线性关系,但过高的电场强度,易产生击穿放电现象。

3. 脉冲波形

应用于脉冲电场技术灭菌常见的波形有方波、指数波、振荡波以及双极波等。其最显著的差异在于有效的脉冲宽度不同,即单个脉冲波作用的有效时长不同,方波脉冲在峰值电压的持续时间最长即脉宽最长,因此方波的杀菌能力最优,振荡波最劣。但是方波脉冲所需的发生电路拓扑结构复杂、成本高昂。

4. 处理室

高压脉冲电场处理室主要分为平板式、同轴式和共场式等,处理室的结构对电场的分布以及物料的分布都有决定性的作用,进而影响灭菌效率。

5. 液体物料的性质

液体物料的电导率、pH、离子强度等均会影响脉冲电场技术的灭菌效果,电导率决定了放电端的负载的阻值;pH则关系到液相中微生物和酶的活性,以及电场作用后细胞膜受损导致的细胞内容物的变化;离子强度关系到膜穿孔率和微生物细胞膜的损害率。

思政小课堂

近日,一批集防潮、抗冻、保鲜等功能于一体的新型保温菜窖在大雪封山之前建成投入使用。中央军委后勤保障部军需能源局负责人介绍,这批新型保温菜窖容量大、质量高,既恒温又保鲜,可以有效延长食物保存时间,对丰富部队冬菜储备品种、提高储备能力,提升后勤保障质量,助推戍边护边任务完成具有重要作用。

近年来，中央军委有关部门高度重视高原边防部队建设，特别是一线部队官兵吃菜难问题，各级把高原边防部队作为重点保障对象，在物力、财力配置上给予倾斜，引进现代农业技术，建设新型温室大棚、蔬菜工厂、保温菜窖，实现"贮菜于棚、贮菜于地、贮菜于窖"，较好地解决了一到大雪封山鲜菜送不上来、留存不住的问题，边防官兵餐桌上土豆、萝卜、白菜"老三样"成为历史。

新型保温菜窖使用通风制冷设备，内壁搭建保温板，采用智能化调节风力、温度和湿度，存储量大、保鲜效果好，有了这个"大冰箱"，储存蔬菜、干菜和水果的时间可达半年以上，就算碰到极端恶劣天气，也不愁没新鲜蔬菜吃。

据了解，这批新型保温菜窖的建成使用，对于丰富高原边防官兵"菜盘子"，提高在极寒条件下的副食品保障能力具有重要意义，改变了过去"冻三分之一、烂三分之一、吃到嘴里不到三分之一"的冬储状况，为高原边防官兵战备执勤提供了坚强的后勤保障。无可否认，后勤保障能力是战斗力持续保持的重要因素，而高科技手段的运用则又是后勤保障能力的前提。随着我军装备和后勤保障能力不断提升，一大批科技满满的新装备投入到边防一线，大大加强了边防部队的战斗力和保障力。（《解放军报》2020年11月）

思考：

你认为食品贮运及保鲜技术在国防（强军）建设还有哪些应用？在航空航天、远洋等方面有什么贡献？

复习思考题

1. 我国传统的贮藏方式有哪些？各有什么特点？
2. 食品机械冷藏的原理是什么？食品在冷藏过程中会发生哪些变化？
3. 食品气调贮藏的原理是什么？简述气体指标的控制方式及应用。
4. 什么是减压贮藏？简述减压贮藏的优点。
5. 食品防腐剂的作用原理是什么？
6. 常用食品防腐剂、抗氧化剂的种类及作用特点有哪些？
7. 阐述辐照技术的原理及其在食品贮藏中的具体应用。
8. 举例说明冰温保藏技术的原理。

实训项目六　果蔬的气调贮藏保鲜

一、实训目的

1. 掌握气调贮藏技术的基本原理及操作要点。
2. 掌握气调贮藏保鲜果蔬品质的感官评价方法和标准；能进行感官质量指标的测定，评判质量。

二、实训原理

气调贮藏指将食品存放在一个相对密闭的贮藏环境中，根据需要来改变、调节贮藏环境中的气体成分比例来贮藏产品的一种方法。引起食品品质下降的食品自身生理生化过程和微生物作用过程，多数与O_2和CO_2有关。气调技术的核心是将食品周围的气体调节成正常大气相比含有低O_2浓度和高CO_2浓度的气体，配合适当的温度条件，来延长食品的寿命。在该环境下，新鲜果蔬的呼吸作用就会受到抑制，降低其呼吸强度，推迟呼吸高峰出现的时间，延缓新陈代谢的速度，减少营养成分和其他物质的降低和消耗，从而推迟了成熟衰老；抑制乙烯的生物合成，削弱乙烯刺激生理作用的能力，有利于新鲜果蔬贮藏寿命的延长；抑制某些生理性病害和病理性病害发生发展的作用，减少产品贮藏过程中的腐烂损失。

三、实训材料和器具

（1）材料　葡萄、亚硫酸钠、变色硅胶。
（2）器具　天平、折光糖度仪、烧杯、纱布、不锈钢果刀等。

四、实训步骤

1. 葡萄预处理

经分选，选择无烂果、无病虫害、成熟度一致的葡萄，随机分成2份，一份葡萄装入有垫物的容器中（各小组都贴好标签放入此容器）；另一份同时将称好的亚硫酸钠粉剂（按果重的0.2%）加变色硅胶粉剂（按果重的0.6%）混合后，分包成若干个纸包，在容器的不同部位均匀放入纸包，将葡萄用包装袋包装，常温贮藏。定期观察实验现象，记录实验结果，直到出现明显对比症状为止。

2. 指标测定

感官评价：各个小组自行制定感官评价标准，并对不同贮藏时期的葡萄感官进行打分评价。

测定糖度、失重率等指标，并计算发病率、统计归纳实验数据，根据实验结果写出实验报告。

糖度的测定：取10g果肉，捣碎，用4层纱布过滤，将汁液滴在折光糖度仪上，读出果蔬的糖度，并记录。

失重率的测定：取一定量的葡萄，称其质量即为W_0，定期测定其果实质量记为W_1，按式（3-1）计算失重率。

$$失重率/\% = \frac{W_0 - W_1}{W_0} \times 100 \quad (3-1)$$

发病率的计算：统计发病的葡萄个数，按式（3-2）计算发病率。

$$发病率/\% = \frac{发病个数}{总检查数} \times 100 \quad (3-2)$$

五、实训结果

1. 详细记录每次观察的结果（感官评价），并对结果进行分析。

贮藏期			感官评价（颜色、质地、口感等）
入贮日期	观察日期	贮藏天数	

2. 记录葡萄在贮藏过程中糖度、发病率、失重率的变化并进行分析。

实训项目七　香蕉的人工催熟

一、实训目的

1. 掌握果蔬人工催熟的原理和方法。
2. 掌握利用乙烯利等催熟剂进行果蔬催熟的方法和基本操作，能够对香蕉进行人工催熟。

二、实训原理

大多数果实可以在采后立即食用，但有一些果实采收后并未达到可食用的程度，如香蕉、芒果、柿子、番茄等，采收后须经过后熟或人工催熟，其色泽、芳香等风味才能符合人们的食用要求（例如香蕉、番茄等也可以采用类似的方法，加速其成熟过程，以满足消费者的需要）。这些果蔬为了获得一致成熟度的商业要求，一般需要进行催熟处理。不同类别的果蔬需要不同的商业化处理，才能满足商业化的需求。

果实催熟的原理是利用适宜的温度、湿度等其他条件，以及某些化学物质及气体如乙烯等来刺激果实的成熟作用，以加速其成熟过程。乙烯是植物生长调节剂，具有植物激素增进乳液分泌，加速成熟、脱落、衰老以及促进开花的生理效应，商业化的产品为乙烯利，具有催熟作用，应用广泛，目前乙烯已在果蔬行业得到越来越多的应用。

三、实训材料和器具

（1）材料　香蕉、乙烯利。
（2）器具　聚乙烯薄膜袋、保鲜膜、保温箱、玻璃真空干燥器等。

四、实训步骤

1. 原料选择

购买七八成熟呈饱满无棱角的生香蕉若干斤，选取果形正常、无病虫害的鲜果进行整形分装处理，分成数组，分别置于玻璃真空干燥器或催熟箱内，用以下方法进行催熟处理。

2. 乙烯利处理

根据果实成熟度和温度情况配制不同浓度的乙烯利溶液，按式（3-3）计算出所需原液量进行稀释（乙烯利原液浓度40%）。

乙烯利原液（mL）=需配量（mL）×配制浓度（%）/乙烯利原液浓度（%）　　（3-3）

取乙烯利配成1‰~2‰的水溶液，把香蕉浸在乙烯利溶液中，取出自行晾干，或将乙烯利溶液均匀地喷洒在生香蕉上，将香蕉装入容器或聚乙烯薄膜袋，或在香蕉上覆盖保鲜膜贮藏3~4d，每天观察效果。

3. 对照

取同样成熟度的香蕉，不加处理，放在20℃室温下观察其变化。

4. 管理

催熟期间注意保持适宜的温度和湿度。

五、实训结果与报告

1. 观察并记录每次感官质量情况,设计一张记录表,记录色泽、气味、硬度、可溶性固形物等指标。

2. 撰写一份香蕉人工催熟的作业指导书。

第四章
生鲜食品贮藏保鲜

学习目标

知识目标

1. 掌握果蔬的贮藏保鲜技术原理；鲜切果蔬的定义、保鲜方法；粮食贮藏技术方法；肉冷藏过程中的质量变化机理；常见水产品冷藏保鲜工艺及其操作要点。
2. 熟悉鲜切果蔬的品质控制方法和机理；粮食的贮藏特性及其在贮藏期间的变化规律；肉的保鲜技术、水产品的鲜度评价方法。
3. 了解各类果品蔬菜的贮藏特性、贮藏方式及贮藏技术要点；粮食的贮藏技术和基本流程以及各种贮藏保鲜技术在水产品中的应用情况及发展趋势。

技能目标

1. 能够分析在果蔬贮藏保鲜中影响鲜切果蔬品质变化的因素。
2. 能够运用干控、温控、气控等综合技术措施，以增强粮食贮藏的稳定性，减少贮藏的损耗，控制品质的变化；能够对典型的肉品和水产品进行鲜度鉴定操作。
3. 能够通过查阅文献等确定或制定合适的贮藏温度、湿度及贮藏方式、时间等方案，解决易腐果蔬、鲜切果蔬、粮食、冷鲜肉和水产品贮藏的品质劣变问题。

职业素养目标

1. 具备食品工程意识，能够独立思考、制定合理的解决方案，并具备方案的转化力，具有积极寻求有效的问题解决方法的能力和韧性。
2. 培养对我国食品安全、粮食安全等热点问题的持续关注度，践行绿色低碳发展理念，自觉弘扬和践行社会主义核心价值观，并培养家国情怀。
3. 能进一步理解发展农产品深加工，能够有效提升农产品原料附加值，实现食物高质化的深刻内涵；认识到党的二十大报告提出的"加快建设农业强国""发展乡村特色产业，拓宽农民增收致富渠道"的意义所在。

> **案例导入**

近5年地标生鲜农产品成交额年均增长41%

乡村振兴的核心之一是产业振兴,增加农民收入的核心是农产品能卖得好、卖上价,发展地标农产品,能激活各地农业农村的发展活力,带动产业带供应链建设,促进乡村振兴发展。

2022年中国农民丰收节前夕,京东发布《2018—2022地标农产品上行趋势报告》(以下简称《报告》),《报告》梳理了2018—2022年上半年各省地标农产品上行的趋势特点、品类结构变化、市场分布及消费者画像。

《报告》显示,地标农产品是农产品上行的新增长点。近5年,地标农产品成交额年均增长36%,高于农产品整体增速4个百分点;地标生鲜农产品成交额年均增长41%,高于生鲜农产品整体增速7个百分点。

其中,东北大米、云南普洱茶、新疆水果等地标农产品在该省农产品线上成交额占比超9成,成为产地的一张特色名片。猪牛羊肉、禽肉蛋品、蔬菜等地标产品成交额年均增速高于一般农产品,地标猪肉销售年增300%,木瓜、荔枝、鱼类等成交额增速超150%。内蒙古羊肉、宁夏滩羊肉、海南荔枝是2022年上半年成交额最高的地标农产品。

地标农产品数量持续增长,西部、东部品牌数量较多,其中山东、四川、湖北地标农产品品牌数量最高。东北、华东产区农产品上行成交额增速最高,近5年农产品上行成交额年均增速都是47%。华北产区近5年农产品上行成交额年均增长44%,华南产区、西南产区、西北产区、华中产区近5年农产品上行成交额年均增速都超过了30%。

目前,在中国市场上,真正具备全国影响力的农产品品牌还比较少,因此,地标在很大程度上发挥着品牌的作用,帮助消费者选择安全、高品质的农产品。地标农产品不仅是消费升级的指征,也是农业走向高质量、可持续发展的一条鲜明路径。

讨论:

1. 影响我国生鲜农产品贮藏品质的因素有哪些?
2. 如何对生鲜农产品进行贮藏保鲜提高品质和安全?
3. 二十大报告指出"加快建设农业强国""发展乡村特色产业,拓宽农民增收致富渠道",请结合实际生产、生活,谈谈你对此的认识。

第一节 果蔬贮藏保鲜技术

我国是果蔬生产大国，由于较重视育种、采前栽培和防治病虫害工作，忽视了采后处理和产地基础设施建设，未能解决果蔬的分级、预冷、包装、运输、保鲜等问题，使果蔬在采后的流通过程中损失严重，果蔬每年的损失超过30%，甚至有的达到50%。由此可见，目前我国在果蔬保鲜和技术手段上还处于较低水平，果品蔬菜采后损失是果蔬产业中普遍性问题。

我国幅员辽阔，果品蔬菜品种繁多，其营养丰富，富含碳水化合物、有机酸、维生素及无机盐，是人们生活中不可缺少的食品。但果蔬生产存在较强的季节性、区域性以及果蔬本身的易腐性，给果蔬的贮藏、运输、包装、销售等流通环节带来了极大困难。不同品种的果蔬有不同的生理特性，这些特性大多与贮藏有密切关系。果蔬采收后品质下降的原因主要有两个方面：一方面是伴随着自身的生命活动而发生的成分变化和消耗，另一方面是微生物、害虫等的侵染而造成的腐烂。

一、果蔬采收

采收是果蔬栽培生产的最后一个环节，也是果蔬采后商品化处理的开始。采收工作具有很强的季节性和技术性，采收时要力求最小的损失，因此，采收直接关系到果蔬的产量和采后贮藏流通品质。适期采收，要确定适宜的采收期和适当的采收方法。

(一) 采收成熟度

果蔬的成熟可分为生理成熟、完熟和后熟等，采收成熟度对于不同品种的果蔬、不同的采收季节、不同的用途都是不同的。采收成熟度可以通过果蔬色泽变化、蒂梗脱落的难易度、质地和硬度、形态、生长期和成熟特征以及主要营养成分的含量进行判断。

(二) 采收方法

果蔬的采收方法分为人工采收和机械采收两种。目前人工采收是我国果蔬鲜销和长期贮藏的最佳采收方法，主要有手摘法、剪切法、刀砍法和打落法，为有效减少机械损伤的发生，保证果蔬采后贮运质量，应对采摘人员进行培训以提升技能和素质、选择最佳采收时间等。机械采收可以显著提高采收效率，但对产品损伤较大，目前有强风压机械或强力振动、犁耙式采收机械等，为提高采收效率也需要提高机械操作人员的素质、定期保养维护机械设备以及培育适宜新品种等。

二、采后商品化处理

果蔬采后商品化处理是为了达到减少产品采后损失、最大限度地保持产品质量并使其从农产品转化为商品所采取的一系列措施的总称,包括采收后的挑选、修整、分级、清洗、预冷、包装、贮藏、催熟等技术环节。根据果蔬的特性和市场要求,有些需要经过全部环节的处理,有的只选用其中几种。采后商业化处理可改善果蔬的商品形状,实现果蔬的优质优价,满足消费者需求,提高信誉,以获得最大的经济效益。

(一)挑选与修整

挑选与修整是采后处理的第一步,其目的是剔除有机械伤、病虫危害、外观畸形等不符合商品要求的产品,以便改进产品的外观,改善商品形象,便于包装贮运,有利于销售和食用。果蔬从田间收获后,进行适当的修整,如清除残叶、败叶、枯枝,或去除不可食用的部分以及进行捆扎等,以获得较好的商品性和贮藏保鲜性能。挑选是进一步剔除受病虫侵染和受机械损伤的产品。挑选由于涉及病、虫、伤、残、色、畸形等多项指标且综合判断较复杂,目前基本靠手工完成,但必须根据不同果蔬的特点规定相应的标准。如在西北苹果产区对鲜销苹果挑选的基本要求是果面"三无一净",即无虫、无病、无伤,果面干净并达到一定的着色度。

(二)分级

分级是按一定的品质标准和规格大小将产品分为若干等级的措施,是提高商品质量、实现果蔬产品标准化、商品化的重要手段。果蔬产品的分级方法有人工分级和机械分级两种。人工分级主要是通过目测或借助分级板,按产品的颜色、大小将产品分为若干等级;机械分级机目前都是根据产品的横径大小进行形状选果或根据产品重量进行重量选果,如重量分级机、图像式分级机等。我国目前制定了果品质量分级国家或行业标准,其中包括鲜苹果、鲜梨、柑橘等,以及一些蔬菜等级和鲜蔬菜的通用包装技术国家或行业标准。如我国鲜苹果一般是按果形、色泽、硬度、果梗、果锈、果面缺陷等方面进行分级。按果实最大横切面直径(即果径)大小将果实分为优等品、一等品、二等品三个等级。GB/T 10651—2008《鲜苹果》规定优等品和一等品的果径为大型果≥70mm,中小型果≥50mm;二等品的果径为大型果≥65mm,中小型果≥55mm。

(三)贮运前预处理

贮运前预处理包括除采收后整理挑选、分级等必要的步骤外所有的诸如清洗、预冷、愈伤、药物处理、吹干、打蜡抛光、催熟、精细包装等多项技术环节。由于不同的果蔬处理方式不一，比如柑橘一般贮运前要进行保鲜药剂浸泡杀菌处理，而江浙特产杨梅则因其无外果皮而不能采取浸泡处理；又比如果蔬就地即时销售则不需预冷处理，远距离销售则需预冷，并进行冷藏或气调贮运。因此，贮运前预处理的各个环节并非所有果蔬必须处理，要根据果蔬的品种、市场需要等因素灵活处理。

（四）采后商品化处理的发展方向

我国果蔬采后处理技术已经参与到国际化激烈竞争中，竞争的本质是科技竞争，尤其是对果实要求从个、形、色、香、味、包装等方面，应全方位考虑，这一形势冲击着我国果蔬产业。长期以来，我国对果蔬采后的商品化处理重视不足，使之在国内、国际市场上缺乏竞争力，这一形势必然会影响果蔬产业的发展。我国的果蔬产业不应再是单纯地提高产量，而应从根本上解决果蔬的采收、分级、包装、运输、品质检测、贮藏保鲜等问题。果蔬产业的根本出路是加强采后的商品化处理，迅速提高果蔬产品质量，全面进入质量时代。同时，果蔬消费的价格也使我国果蔬采后处理不能单纯走国外投入成本大的高、精、尖设备和技术的道路，研究开发低成本、高效益、节能源的中国特色技术，不仅是当务之急，而且是技术创新的源泉。同时，也应当加快深化果蔬产业科技体制改革，逐步使企业成为科技开发的主体，建立新的科技创新体系；切实增加果蔬采后处理技术的科技投入，建立以政府投入为主导的多元化科技投入体系；重视果蔬产业科技人才，抓紧实施人才、专利、技术标准战略；加强果蔬采后处理与贮藏保鲜产业的科技基础研究，营造良好环境提高我国果蔬产业的创新能力。

果蔬采后商品化处理（拓展阅读）

三、果蔬采后贮藏保鲜技术

（一）果蔬的低温保鲜技术

1. 果蔬的冷藏保鲜贮藏

冷藏是当今世界上应用最广泛的果蔬贮藏方法。冷藏是指食品保持在冷却或冻结终了温度的条件下，将食品低温贮藏一定时间。

果蔬的机械冷库贮藏是在有良好性能的库房中借助机械冷凝系统的作用，把热量由高温物体转移到低温物体（环境介质）中去，即将库内的热量传递到库外，使库内温度降低并保持在有利于果蔬长期贮藏的范围内。机械冷藏的优点是不受外界环境条件的影响，可以迅速均匀地降低库温，库内的温度、湿度和通风都可根据贮藏对象的要求而调节控制。为了使某些食品达到更好的贮藏效果，有些食品需要在冷藏中进行变温贮藏，变温贮藏中的间歇升温处理不仅能有效地减少冷害，而且无毒副作用，并已得到应用。贮藏温度、升温周期根据果蔬种类的不同而有差异，如甜椒在低温（0～1℃）条件下贮藏一段时间后，转放到18～20℃贮藏1d，然后再进行低温贮藏，可明显降低脯氨酸的累积和增加膜透性，缓解甜椒冷害的发生。宋红日等在贮藏保鲜肥城桃试验中，使用生物保鲜袋和防腐保鲜技术，结合变温贮藏技术，较好地保持肥城桃原有风味品质，有效地防止冻害发生，最大限度地降低后熟变软，减少腐烂，贮藏期一般可控制在2个月，好果率在85%以上。

2. 果蔬的速冻保鲜贮藏

速冻是一种快速冻结的低温保鲜法。速冻果蔬是将经过处理的果蔬原料，采用快速冷冻的方法，使之冻结，然后在-20～-18℃的低温下保存待用。速冻保藏是当前果蔬加工保藏技术中能最大限度地保存果蔬原有风味和营养成分较理想的方法。

果蔬的速冻流程：选料 → 预冷 → 清洗 → 切分 → 烫漂 → 沥水 → 速冻 → 包装 → 贮存。

（1）选料　选择充分成熟，色、香、味能充分显现，质地坚脆，无病虫害、无霉烂、无老化枯黄、无机械损伤的果蔬原料，最好能做到当日采收。

（2）预冷　为确保快速冷冻，刚采收的果蔬必须在速冻前进行预冷，可采用空气冷却和冷水冷却，前者可用鼓风机吹风冷却，后者直接用冷水浸泡或喷淋使其降温。

（3）清洗　为保证产品符合食品卫生标准，可采用人工清洗、洗涤机（如转筒状、振动网带洗涤机）或高压喷水冲洗以去除果蔬表面附着的灰尘、泥沙及污物。

（4）切分　速冻果蔬有的需要去皮、去果柄或根须以及不能用的籽、筋等，并将较大的个体切分成大体一致的较小个体，以便包装和冷冻。切分可用手工或机械进行，一般蔬菜可切分成块、片、条、段、丝等形状，要求薄厚均匀，规格统一。

（5）烫漂　烫漂主要用于蔬菜的速冻加工，目的是抑制其酶活性、软化纤维组织、去掉辛辣涩等味，以便烹调加工，但也不是所有品种都要烫漂，要根据不同品种区别对待。

（6）沥水　切分后的蔬菜，无论是否经过烫漂，其表面常附有一定水分，在速冻前必须沥干。沥干的方法很多，可将蔬菜装入竹筐内放在架子上或单摆平放，让其自然晾干；有条件的可用离心甩干机或振动筛沥干。

（7）速冻　沥干后的蔬菜装盘或装筐后，需要快速冻结，在最短时间内，使菜体迅速冷冻通过最大冰晶生成带才能保证速冻质量，通过迅速冻结，菜体中的水分形成细小的晶体，不致损伤细胞组织。

（8）包装　最后通过包装，达到防止果蔬表面水分的蒸发、防止产品贮藏中因接触空气而氧化变色、防止大气污染（尘、渣等），保持产品卫生以及便于运输、销售和食用的目的。

（二）果蔬的气调保鲜技术

果蔬气调包装的保鲜原理为用透气性薄膜包装果蔬，充入低浓度O_2与高浓度CO_2的混合气体置换空气后密封，果蔬的呼吸活动消耗O_2并放出CO_2，使包装内的O_2浓度低于空气而积累CO_2高于空气，通过薄膜进行气体交换，达到有利于果蔬保持微弱需氧呼吸的气调平衡而达到保鲜。果蔬气调包装气调平衡的条件是包装内果蔬的呼吸速度要与塑料薄膜的透气率相匹配。因而，果蔬气调包装保鲜效果较大程度取决于包装材料。目前用于低呼吸速度果蔬（如番茄等）气调包装材料有0.03~0.04mm的聚乙烯（PE）、聚丙烯（PP）和聚氯乙烯（PVC）薄膜，但不能满足高呼吸速度热带水果或叶菜类的包装要求。国内外正在研究开发各种高透气率的微孔薄膜，以适应各类果蔬气调包装的要求。

（三）果蔬的减压保鲜技术

减压贮藏保鲜是用降低大气压力的方法保存水果、蔬菜的新技术，该技术不仅使水分得到保存，而且维生素、有机酸和叶绿素等营养物质也减少了消耗；减压贮藏效果比气调贮藏效果更好，是贮存保鲜技术的又一新发展。减压贮藏是使果品保持在减压状态下贮藏，真空泵抽空，并向库内充入饱和湿蒸汽，库房的进口和出口装有调压器，以调节气体的流量和压力，由于贮藏库内始终保持一个低压高温的贮藏环境，室内空气中的氧、二氧化碳、乙烯等各种气体组分的绝对量相对减少，造成一个低氧环境，起到类似气调贮藏中的降氧作用。一般减压范围为0.0035~0.0044MPa，此时库内氧的含量已低于0.2%，温度范围-2~15℃，相对湿度90%以上，每小时需更换1~4次新鲜潮湿空气。减压保鲜技术具有快速降氧、随时净化、低能耗、高效杀菌、消除残留的优点，其保鲜效果比气调贮藏效果更好，在我国推广应用前景十分广阔。

（四）果蔬的涂膜保鲜技术

涂膜保鲜是在果实表面涂上一层高分子的液态膜，干燥后形成一层很均匀的膜，起到隔离果实与空气进行气体交换作用，从而抑制果实的呼吸作用，减少营养物质的消耗，改善果实的硬度和新鲜饱满程度，并减少病原菌的侵染而造成的腐烂。此外涂膜处理还能增加果实的光亮度，改善外观。涂膜剂必须无毒、无异味，与果蔬接触后不产生对人体有害的物质。果蔬涂膜后，表面被一层极薄的涂层包裹着，所以这种处理也称"液体包装"。

涂膜方法主要包括浸染法、喷涂法和刷涂法三种。浸染法最简单，即将涂料配成适当浓度的溶液，将果实浸入，蘸上一层薄薄的涂料，取出晾干即可。喷涂法是当果实洗净干燥后，喷上一层很薄的涂料。刷涂法则是用刷子蘸上涂料，涂到果实表面的方法。

涂膜剂的种类较多，归纳起来主要有以下三大类。

（1）蛋白质沉淀溶液涂膜剂　将谷粒、大豆、干酪、小麦等富含蛋白质的物质碾成粉末状，然后制成相应的溶液，再向溶液中加入阴离子表面活性剂，使蛋白质沉淀，通过过滤或离心作用，将蛋白质沉淀提取出来，再将其溶解于氢氧化钠溶液中。用此溶液浸渍果蔬，在空气中自然晾干后，果蔬表面形成一层很薄的膜，这样便可进行贮存。

（2）食用脂肪涂膜剂　这种涂膜剂以可食用的脂肪为基础原料，由低级脂肪、猪油、乳化剂3部分组成。低级脂肪占涂膜剂的50%~70%，它可以从某些动物脂肪中获得，如牛的脂肪；乳化剂用量不超过涂膜剂总量的1%，其作用是提高脂肪化合物与水分子之间的结合力，常使用对人体无副作用的卵磷脂，卵磷脂还可起抗氧化的作用。

（3）化学涂膜剂　这种涂膜剂以海藻酸钠、蔗糖脂肪酸酯、硬脂酸单甘油酯、植酸等化学物质按一定比例与水混合均匀而制成，是目前应用较多，使用方便的一类涂膜剂。

（五）果蔬的热处理保鲜技术

热处理是利用热力杀死或钝化果实上的害虫或病原菌以减少腐烂，同时改变果实采后某些代谢过程以达到果蔬贮藏保鲜目的的一种物理贮藏保鲜方法。常用的方法有：热水浸泡、热蒸汽、强力热空气、热化学保鲜剂处理等。根据果蔬种类和热处理的目的选择适宜的热处理方法。热处理具有杀菌、杀虫和保鲜的作用，且无农药残留，备受人们关注。

果实采后热处理是将采后的果实置于适当的高温下持续处理一定时间，降低果实的某些生理代谢，延迟后熟期的到来，以延长果实的保鲜期，减少果实采后腐烂。热处理在果实上的应用最早是从控制柑橘因炭疽病造成的腐烂开始，1980年以后，我国开始对芒果、香蕉等热带、亚热带水果进行果实采后热处理的试验研究。用热处理方法对芒果的不同品种进行采后处理，一般52~55℃的温水浸泡5~10min，均获得有效的防腐保鲜效果，且色香味无明显变化。用同样的方法在柑橘、苹果、桃、甜瓜、草莓、香蕉等众多水果上实现了采后防腐保鲜。热处理延缓苹果、香蕉、芒果、番茄、油梨等果实呼吸高峰的到来，或呼吸高峰不出现，延迟了果蔬的后熟和衰老。热处理使果实的酸度降低，提高了糖酸比，改善了果实的品质。热处理不影响芒果、番木瓜、葡萄和草莓的风味。

（六）果蔬的辐照保鲜技术

辐照贮藏保鲜主要利用^{60}Co、^{137}Cs发出的γ射线，以及加速电子、X射线穿透有机体时，使得其中的水和其他物质发生电磁作用，电离生产游离基或离子，从而影响新陈代谢过程，严重时则杀死细胞，起到抑制发芽、杀虫灭菌、调节熟度、保持食品鲜度和卫生的作用，延长货架期和贮存期，达到减少损失保存食品的目的。辐照保鲜是一种比传统保鲜方法更经济、方便、高效、保鲜时间更长的方法。不同的辐照剂量所起的作用也有差别。一般新鲜水果选用相对较低的剂量，一般小于3kGy，更好保持水果的营养成分。低剂量辐照预处理也可以与冷冻、烫漂等技术复合使用，如通过热水浸渍或蒸汽（温度为50~55℃）加热5min，以减少辐照剂量，在柑橘、桃和樱桃保鲜过程中广泛应用。

四、常见果品的贮藏保鲜技术

果品种类繁多,生长发育特性各异,其中很多特性都与采后成熟衰老变化密切相关,因而对贮藏产生一定的影响。良好的贮藏对于保证果品的周年供应有重要意义。影响果品贮藏期长短的因素很多,其中最主要的是果品本身的呼吸作用及其相关因素。采收后的果品仍是活着的有机体,在贮藏期间继续进行着复杂的代谢活动。其中,呼吸作用造成果品营养物质消耗,导致果品品质下降,抗病性减弱,微生物侵染,以至腐败变质。果品贮藏的基本原理就在于有效地调节影响呼吸强度的因素,从而达到控制果品呼吸的目的。

生鲜果蔬的贮藏保鲜技术(视频)

(一)仁果类贮藏保鲜技术

仁果果实的中心有薄壁构成的若干种子室,室内含有种仁。一般可食用部分为果皮与果肉。目前生产上栽植面积较大的仁果类果实有苹果、梨等。

1. 仁果类贮藏特性

苹果品种很多,按成熟期不同可分为早熟(7—8月上旬成熟)、中熟(8—9月成熟)、晚熟(10月以后成熟)。不同品种的苹果贮藏性和商品性状差异明显。晚熟品种(国光、富士等)相较于其他品种,果实成长期长,糖分积累多,果实果肉结构较为紧密,果皮厚且采收季节也多在秋季,内源乙烯产生量小,呼吸强度低,因此耐藏性最好;其次是中熟品种(金帅、元帅等),若使用冷藏,能延长贮存期限。然而早熟品种(黄魁、红魁等)由于生长期短,糖分积累较少,果肉疏松且果皮薄,且收获期温度高,释放的内源乙烯含量高,呼吸强度大,养分消耗快,病菌易侵入,不耐保存。

苹果属于典型的呼吸跃变型果实,成熟时乙烯生成量很大,呼吸高峰时一般可达到200~800μL/L,由此而导致贮藏环境中有较多的乙烯积累。在贮藏过程中,通过降温和调节气体成分,可推迟呼吸跃变发生,延长贮藏期。

梨与苹果类似,其贮藏性在不同品种间也存在较大差异。根据果实成熟后的肉质硬度,可将梨分为硬质梨和软质梨。一般来说,硬质梨较软质梨耐贮藏,但对CO_2的敏感性强,气调贮藏时易发生CO_2伤害。

2. 仁果类贮藏条件

大多数苹果品种适宜在较低温度贮存,一般为-1~0℃,但对于一些低温敏感的品种如红玉、旭等适宜贮藏温度一般为2~4℃。由于果实失水达5%~7%,果皮皱缩影响外观,对于低温贮藏下应采用高湿度贮藏,一般保持库内相对湿度为90%~95%。较高湿度时,果实蒸腾失水减低,降低果实自然损耗,保持果实新鲜饱满状态。苹果的贮藏应在适宜的温湿度环境条件下,控制贮藏环境中的气体成分,延缓呼吸高峰的到来,从而延长苹果的贮藏期限。气调贮藏的适宜温度比一般贮藏可高出0.5~1℃，有助于减轻气体伤害。苹果贮藏环境中的气体成分对于苹果的呼吸方式与呼吸强度有重要影响。适当调节贮藏环境中的气体成分，对提高苹果贮藏效果有显著作用。苹果是对乙烯敏感性较强的果实，在贮藏管理过程中，库内气体应定时更换或用气体洗涤器洗涤。

梨的冰点温度可达到-2.1℃。东方梨是脆肉型果实，贮藏最适温度是0~2℃，当温度低于-1.5℃时，贮藏期间会发生冻结，可能发生冻害。西洋梨大部分品种适宜贮藏温度为-1~0℃。对低温敏感的品种如鸭梨等，采收后需要逐步降温，维持适宜低温，若立即在0℃贮藏则易发生冷害。同时，梨果贮藏时应注意避免贮藏温度的剧烈变化，防止引起梨呼吸增强，诱发生理病害。在低温贮藏条件下，梨的适宜相对湿度为90%~95%。由于梨表皮组织薄，水分易蒸发，在相对湿度低的环境中容易发生皱缩、干柄等现象。低氧环境对于几乎所有梨品种都有抑制成熟衰老的作用。但品种间对CO_2适应性差异甚大。除少数品种外，大多数品种的梨对CO_2敏感，如目前国内栽培和贮藏量较大的鸭梨，当环境中CO_2浓度高于1%，果实会受毒害。因此，梨的贮藏应在低O_2和低CO_2的条件下，从而降低呼吸强度，延长贮藏期限。与苹果贮藏类似，梨贮藏也应注意库房通风换气，排除过量CO_2、乙烯、乙醛等有害气体，防止对果实贮藏不利。

3. 仁果类贮藏方式与技术

仁果类的贮藏方式很多，以苹果为例，我国各地苹果产区短期贮藏可采用地沟贮藏法、窑窖贮藏、通风库贮藏等方式；这些常温贮藏方式在入贮前应经过预冷。若贮藏期较长时应采用冷藏或气调贮藏，机械冷藏和气调贮藏较简易贮藏可有效延长苹果贮藏时间，保持苹果品质。气调贮藏在贮藏效果上显著优于机械冷藏，但机械冷藏仍是国内苹果主要的贮藏方式。

苹果冷藏的适宜温度与品种相关。苹果采收后，应尽快冷却到0℃左右，采收后1~2d入冷库，入库后3~5d冷却到-1~0℃。对于如鸭梨等对温度比较敏感品种，不宜直接入0℃冷库，果实容易发生严重"黑心"，应采用缓慢降温或分段降温的方式。如鸭梨、京白梨等果实入库后将温度迅速降至12℃，1周后每3d降低1℃，至0℃左右时贮藏，降温过程总共约1个月。冷藏的梨出库时，若外界气温高于15℃，也要采取逐步升温法，当库温升到10~12℃时才能出库，防止剧烈的气温变化导致梨的病变，降低贮藏果实的品质。

气调贮藏主要可分为塑料薄膜封闭贮藏和气调库贮藏两种。在冷藏条件下，贮藏果实的效果更好。以苹果为例，可用塑料薄膜袋或薄膜帐贮藏。若用薄膜袋贮藏，果实需在分级后，装入衬有聚乙烯塑料薄膜袋的果箱或筐中，扎紧袋口，作为一个封闭的贮藏单位保存。若使用薄膜帐贮藏，则需将果垛封闭。薄膜一般选用高压聚氯乙烯薄膜，厚度为0.1~0.2mm。对大多数苹果品种来说，贮藏时控制O_2浓度下限为2%，CO_2浓度上限为7%较为安全。薄膜帐由于湿度高经常在帐壁上出现凝水现象，凝水滴落果实上容易引起腐烂。减少凝水的关键是果实罩帐前要充分冷却和保持库内稳定的低温。气调贮藏则是利用气密条件好，设有调控气体成分、温度和湿度的机械冷藏库进行果实保存。管理方便，与薄膜贮存相比，容易达到贮藏要求条件。对大多数苹果品种而言，一般控制O_2浓度为2%~5%，CO_2浓度为3%~5%。对于CO_2敏感度高的品种，可提高贮温，减轻CO_2伤害，又有利于减轻易受低温伤害品种的冷害现象。用气调库贮藏保鲜能大大延长苹果的贮藏期限和大幅度降低由于微生物和生理性病害造成的损失，并能保持苹果的营养价值。

由于梨对CO_2敏感，不如苹果那样适于气调贮藏。如果环境中CO_2浓度超过1%，梨有发生病变的危险。因此，气调贮藏时CO_2浓度需严格控制。普通冷库或常温库贮藏期间应定期通风换气，以免库内CO_2和其他气体积累到有害的程度。

（二）核果类的贮藏保鲜技术

核果是由一个或多个发育心皮而成的肉质果。核果按果核类型，一般可分为离核型及黏核型两种。常见的核果类果实有桃、李、樱桃等。核果果实虽味道鲜美，肉质细腻且营养丰富，但不易贮存。以桃、李为例，果实皮薄肉软，汁水丰富，采后贮运过程易受机械损伤，且其收获季节又多集中在6—8月份，低温贮藏时易产生褐心，高温又容易软化腐烂，因此必须精细贮藏才能达到保鲜的目的。樱桃果实色泽艳丽，营养丰富，品质优良，但极不耐贮。其果实成熟多集中在5—6月份，正值夏季来临，气温升高，常温下果梗很快枯萎变褐，果实色泽变暗，果肉变软腐烂。

1. 核果类贮藏特性

核果类果实不同品种的耐藏性差异很大。一般早熟品种不耐贮运，中晚熟品种耐贮运性较好。以桃为例，一般桃中离核、组织肉柔软多汁及早熟品种的耐藏性差，中熟品种次之，而晚熟、硬肉、黏核品种的耐藏性较好。如早熟水蜜桃五月鲜耐藏性差，而硬肉桃中的晚熟品种肥城桃、深州蜜桃、陕西冬桃等则较耐贮运。李的耐藏性与桃类似，一般晚熟品种耐藏性好。硬肉型果皮厚韧，可溶性固形物含量高，果色深，耐藏。许多品种如牛心李、冰糖李、黑琥珀李等耐藏性较强。樱桃的种类与品种较多，目前我国生产栽培的樱桃有4种，为中国樱桃、毛樱桃、甜樱桃和酸樱桃。生产上栽培的耐贮运品种主要有那翁、拉宾斯、巨红、大鹰紫甘、银珠、斯坦勒、先锋、红蜜、红艳等。

核果类果实对低温非常敏感，一般在0℃贮藏3~4周即发生低温伤害，细胞壁加厚，果实糠化，表现为果肉褐变、生硬、木渣化、风味变淡，甚至变苦而丧失原有风味。一般贮藏适温为0~1℃。桃对温度的反应比其他果实都敏感。桃采后在低温条件下呼吸强度被强烈地抑制，但易发生冷害。桃的冰点温度为-1.5℃，长期贮存在0℃以下易发生冷害。桃、李属于呼吸跃变型果实。桃采后具有双呼吸高峰和乙烯释放高峰，呼吸强度大，果实乙烯释放量大。离核桃呼吸强度大，果胶甲酯酶、多聚半乳糖醛酸酶活力高，而黏核桃呼吸强度低，果胶甲酯酶活力低，故黏核桃耐藏性强于离核桃。樱桃属于非呼吸跃变型果实，成熟果实采后用乙烯处理不引起呼吸作用的明显加快。桃和油桃对低O_2浓度忍耐程度强于高CO_2浓度。但研究发现CO_2浓度过高，会造成桃、李果实不可逆转的硬化，品质劣变或有异味。但甜樱桃果实对高浓度CO_2具有较强的忍耐力。

2. 核果类贮藏条件

核果类果实不耐久藏，贮藏中易发生内部腐变，且对低温敏感。若长期在低温（0℃以下）贮藏易发生冷害，影响原有果实风味。为减轻病害，常采用间歇升温的方法。这种方法可降低果实的呼吸强度，使乙烯释放量降低并减轻冷害，同时有利于有害气体的挥发和代谢。

核果类果实如桃、李、樱桃贮藏时，相对湿度一般需控制在90%～95%，湿度过大，易引起果皮病害、果肉腐烂、加重冷害症状；湿度过低则会引起失水过度而失去商品价值。不同品种核果对于贮藏中空气的气体成分要求不同。核果果实如桃、李等对CO_2比较敏感。对桃果实来说，当CO_2浓度高于5%时会发生CO_2伤害，因此贮藏过程中要注意保持适宜的气体指标。在O_2浓度1%、CO_2浓度5%的气调条件下，若温度、湿度等其他贮藏条件相同，桃果实贮藏期可加倍延长。对于李果实来说，长期高CO_2浓度会使果顶开裂率增加，一般认为O_2浓度3%～5%，CO_2浓度5%是李贮藏的适宜气体条件。樱桃果实在运输时常采用高CO_2抑制果品呼吸强度，保持果实鲜度，适宜气体成分为O_2浓度3%～5%、CO_2浓度10%～25%。

3. 核果类贮藏方式与技术

核果类贮藏主要使用冷藏及气调贮藏方式。影响贮藏效果的因素有很多，其中采收期是主要因素之一，如桃、李一般在七八成熟时采收，应于早、晚冷凉时采收。贮藏前需进行预冷，使果品尽快达到贮运最适温度，降低呼吸强度，一般在采后12h内，最迟24h内将果实冷却到5℃以下，可有效抑制桃褐腐病和软腐病的发生。迅速预冷可更好地保持果实硬度，减少失重，控制贮藏期病害。桃冷藏期间应注意控制相对湿度在85%～90%。贮藏期间可通过通风排气去除有害气体。桃在库内冷藏后期需要进行后熟。后熟时间越短，果实品质越佳。李果实的冷藏特性与桃相类似，最适宜冷藏温度为-0.5～1℃。李果实在贮藏期末期也需进行后熟处理。樱桃与桃或李果实不同，预冷一般采用通风预冷的方式，不宜使用水预冷，因为这种方法容易导致裂果和果面斑点病。樱桃冷藏的适宜条件为温度-1～0℃。

桃一般有冷库贮藏和气调贮藏，冷藏中采用塑料小包装。桃的气调贮藏一般是在0℃的条件下控制O_2浓度为1%和CO_2浓度为5%，贮藏3～4周后，间歇升温至18～20℃保持2d，再回到0℃贮藏，有较好的保鲜效果。李采后软化进程较桃稍慢，果肉韧性、耐压性比桃强，商业贮藏多以冷藏为主。李在0～1℃、85%～90%相对湿度条件下，贮藏期一般可达20～30d，若结合间歇升温处理，贮藏期可进一步延长。用0.025mm厚的聚乙烯薄膜袋包装，每袋装果5kg，在0～1℃、1%～3% O_2浓度和5%CO_2浓度条件下，贮藏期可达10周左右，腐烂率较低。李的气调保藏条件一般为0～1℃，控制气体成分为O_2浓度3%，CO_2浓度3%，可抑制果实腐烂变软，延长李果实贮藏期。CO_2浓度若过高，可引起李果实内部变黑，影响果实品质。樱桃适于装入

0.06~0.08mm厚的聚氯乙烯薄膜袋中，每袋装果2~2.5kg，扎紧袋口，置于小型纸箱中贮藏。樱桃的气调贮藏可使用塑料薄膜大帐，每帐贮藏250~1500kg，控制温度在0~1℃，相对湿度90%~95%，气体条件为10% CO_2和11% O_2。在这一条件下，可延长贮藏期至40~60d。若使用CO_2脱除器去除环境中过多CO_2，也可延长贮藏期至40d左右。

（三）浆果类贮藏保鲜技术

浆果是一般由多心皮合生雌蕊发育而成的肉质果，偶见由单心皮发育。它是果实的一种，属于单果。浆果外果皮较薄，中果皮与内果皮分区不明显，一般肉质发达且含有丰富浆汁。常见于分属于不同科属的多种植物，如葡萄、猕猴桃、柿等。

1. 浆果类贮藏特性

葡萄果肉柔软多汁，营养丰富，广受消费者欢迎。但其水分含量高，高达65%~88%，在贮藏期间易失水干瘪、干枝皱皮、掉粒、腐烂和风味劣变。不同的葡萄品种之间耐贮藏性差异明显，一般来说，晚熟品种、深色品种耐藏性较强，不同产地贮藏性也有差异。我国种植的葡萄品种如龙眼、和田红葡萄、晚红、秋黑、巨峰、脆红等品种耐藏性均较好。葡萄在商品流通中常以整穗体现商品价值，因此，贮藏保鲜的主要任务在于保鲜穗轴，保持果实纯正风味，减少腐烂掉粒及变色。故研究葡萄耐藏性不仅应考虑其果实，也应研究其果梗和穗轴的生物学特性。葡萄果实通常被认为是非跃变型果实，采后呼吸作用呈下降趋势，成熟期间乙烯释放量少，在成熟过程中没有明显后熟变化。充分成熟的葡萄果实含糖量高，果皮厚，果实表面蜡质充分，耐藏性好。但在相同温度下，整穗葡萄的穗轴尤其是果梗的呼吸强度要比果粒高10倍以上，且出现呼吸高峰。葡萄果梗、穗轴是采后物质消耗的主要部位，也是生理活跃部位，故葡萄贮藏保鲜的关键在于推迟果梗和穗轴的衰老，控制其失水变干及腐烂。

猕猴桃是皮薄多汁、营养价值丰富的浆果，由于采收季节（9—10月）气温较高，在自然条件下无法长期贮藏，极易变软腐烂。品种是影响猕猴桃贮藏的首要因素，与葡萄类似，各品种的果实耐藏性差异很大，一般来说，晚熟品种的耐贮藏性要明显优于早、中熟品种。猕猴桃是呼吸跃变型浆果，刚采摘时，猕猴桃内源乙烯含量低且稳定，一般在1μg/g以下。短期存放后，内源乙烯量大幅增加，呼吸高峰时可达到10μg/g以上，且其对乙烯的敏感性高，微量乙烯的存在也可以提高其呼吸水平，加速呼吸跃变，促进果实成熟软化。

柿种植主要分布于热带与亚热带地区。在我国是北方广泛种植的果树之一。柿的品种很多，一般可按其果实性质分为甜柿与涩柿两种。甜柿在树上能自然脱涩，采后即可食用。而涩柿则宜在果皮转黄未泛红时采摘，采收后经过人工脱涩处理才能食用。对于柿品种来说，一般晚熟品种较早熟品种耐贮藏。柿属于呼吸跃变型果实，对乙烯敏感，极少量外源乙烯（0.01μL/L）即可诱发呼吸跃变，导致柿软化，软化一旦发生不可控制。因此，对于柿来说，可采用气调贮藏，及时排除贮藏环境中的乙烯，延长贮藏时间，提高贮藏品质。另外，对于涩柿的脱涩处理也会促进果实的成熟，果实脱涩后极易软化。因此，在远距离运输或长时间贮藏柿果实时，常采用先保硬后脱涩的处理方法。

2. 浆果类贮藏条件

葡萄的冰点一般在-2.5~1.5℃，因果实含糖量的不同而异，因葡萄贮藏以整穗为单位，果梗和穗轴也应纳入考虑范围，其冰点一般在-0.7℃，且易发生冻害，因此大多数葡萄品种的适宜贮藏温度为-1~0℃。葡萄果实易在贮藏过程中失水，低湿度的环境会引起果皮皱缩及干梗的现象，保持贮藏环境中高湿度的条件有利于葡萄保水，但却易引起霉菌滋生。因此，葡萄保鲜贮藏时一般采用高湿度（相对湿度90%~98%），并结合防腐剂处理的方式。由于葡萄是非呼吸跃变型果实，气调贮藏对其果实保鲜的效果不大，但可抑制葡萄果梗的呼吸强度，对果梗保绿有良好作用。不同葡萄品种对于O_2和CO_2敏感性不同。因此，选择适宜气调指标，配合保鲜袋与保鲜剂可获得对葡萄整穗较好的保藏效果。

猕猴桃适宜贮藏温度为-1~0℃，冷藏温度维持在（0±0.5）℃时，保鲜期可达6个月左右，好果率大于95%。低温贮藏虽然是一种高效的猕猴桃保鲜方法，但由于猕猴桃属于冷敏性果实，在贮藏过程中（<0℃）易发生冷害，导致果实变软腐烂。猕猴桃贮藏的适宜相对湿度与贮藏温度相关。一般冷藏条件下适宜相对湿度为90%~95%。湿度过低会导致果实失水皱缩，而湿度过高，则有可能导致果实出现水浸斑点，软化腐烂。猕猴桃对贮藏环境中的乙烯敏感。0℃条件下33μg/kg的乙烯就能引起猕猴桃果实后熟软化。因此及时排除环境中的乙烯气体是延长猕猴桃贮藏期限的主要方法。另外，低O_2和高CO_2的气体环境能使内源乙烯的生成受到抑制，对果实保硬有较好的效果。适宜的气体指标为O_2 2%~3%，CO_2 3%~5%。O_2与CO_2有下限与上限，超过限制容易引起低O_2和高CO_2损伤。

柿的适宜贮藏温度为-1~0℃，适宜相对湿度为85%~90%。柿是呼吸跃变型果实，且对低O_2与高CO_2的耐受力强，适宜气调保藏。适宜气体条件为O_2 2%~5%，CO_2 3%~8%。

3. 浆果类贮藏方式与技术

浆果类常用的贮藏方式有传统贮藏、气调贮藏和机械冷库贮藏等方式。葡萄可采用窖藏、低温简易气调贮藏等贮藏方式，运用减压贮藏、天然保鲜剂、涂膜保鲜技术延缓采后衰老劣变，减少损失和腐烂。窖藏是葡萄产区使用较多的一种贮藏方法，窖内用硫黄熏蒸，注意通风，维持窖温在0~2℃，相对湿度为85%~90%，可贮藏葡萄2~3个月。葡萄采用低温简易气调贮藏，葡萄采收后，剔除病粒、小粒并剪除穗尖，将果穗装入内衬0.03~0.05mm厚的PVC袋中，袋口敞开，经预冷后放入保鲜剂扎口后码垛贮藏。贮藏期间维持库内0~1℃，湿度90%~95%。定期检查果实质量，检出霉变破裂果实。

猕猴桃贮藏目前以低温冷库贮藏和气调贮藏为主，也可辅以热处理、化学保鲜和生物保鲜技术保持果实采后品质，延缓果实的成熟衰老。当使用机械冷库贮藏时，需控制库内温度在0℃左右，入库期间，尽量避免库温波动。猕猴桃产生的乙烯气体和挥发性物质应利用早晚或夜间低温时,通过排风口通风换气。换气时应注意防止温度波动,并控制库内相对湿度在90%~95%。若使用气调贮藏,在控制适宜贮藏温度(0℃左右)与相对湿度(90%~95%),气调库中若配置乙烯脱除器,则贮藏效果更好。在冷库中贮藏时,也可采用厚聚乙烯塑料薄膜袋或薄膜帐封闭贮藏猕猴桃。

柿果常见的贮藏方式包括冷藏和气调贮藏、室内堆藏和冷冻贮藏。在使用机械冷库的贮藏方法时应控制冷库温度在0~1℃,库内相对湿度85%~90%,在此条件下,柿可贮藏50~70d。若使用气调贮藏,则可通过在低温(0℃)条件下控制环境中气体成分浓度,达到降低柿呼吸强度、延缓软化的目的。若使用速冻贮藏,应先将柿放入-25℃的冷库中冻结1~2d,再转入-18℃的条件下保存,较好地保持柿果的色泽和风味,并可以较长时期保持品质不变。

为保持贮藏中果实的采后品质,要注意科学采收、防止机械损伤以及采前保鲜技术管理。葡萄采收时应选择充分成熟、含糖量高、着色好、果皮厚、韧性强的果实,并且果实表面蜡质充分形成,更能耐久藏。采收宜在天气晴朗、气温较低的清晨或傍晚进行。采收后按质分级,分别平放于内衬有包装纸的筐或箱中,包装时果穗间空隙越小越好,然后置于阴凉处或运往冷库。猕猴桃采收过程中,应尽量轻拿轻放,避免指甲划伤果实,防止磕伤与碰伤,从源头降低果实的腐烂率。

(四)柑橘类贮藏保鲜技术

柑橘类水果品种极为丰富,主要起源于中国及东南亚的亚热带地区。柑橘类果实营养丰富,色香味兼优,既可鲜食,又可加工成以果汁为主的各种加工制品,包括橘、柑、橙、葡萄柚、柚子、柠檬、杂交柑等。柑橘类果实由外果皮、中果皮及囊瓣组成,成熟后的果实果皮细胞层下具有密厚的海绵组织,外果皮下的中果皮性状柔软,柑橘类水果囊瓣在果皮内整齐排列,且由囊膜包裹充满汁液的囊胞所组成,这一特性使其果实具有一定的抵抗碰撞、抗拒病原菌侵染的能力,可以较长时间贮运。但柑橘类水果在田间及采后极易受到微生物侵染而产生病害,最终导致果实腐烂,在我国因此造成的柑橘腐烂损失率高达20%~25%。主要病害、呼吸代谢、水分蒸腾与流失、酶代谢等是影响柑橘类贮藏品质的重要因素。

1. 柑橘类贮藏特性

柑橘类果实具有较好的耐藏性,但不同种类柑橘的耐藏性存在差异。一般中、晚熟品种较早熟品种具有较好耐藏性,另外,其耐藏性差异也与果实采收后呼吸作用的大小及果实形态结构有关。一般呼吸强度小,果皮组织紧密,果心小而充实的果实耐藏性较好。除此之外,柑橘类水果的保鲜也受产地、栽培条件及贮运条件等因素的影响。

柑橘类多产于亚热带地区,长期温暖气候下的生长发育条件使得果实不能耐受过低温度,不耐严寒,容易产生低温伤害。冷害在果实上具体表现为果皮出现褐色斑点,果实开始腐烂且伴随苦味与异味的出现；果皮失去光泽，内果皮转成淡褐色或暗黑色；内部囊瓣中汁液减少，果实软化。柑橘果实对冷害的敏感度与其种类和品种、栽培条件及成熟度相关。一般葡萄柚、柠檬、莱姆等品种容易发生冷害，而橙、橘和柑次之。晚熟品种较早熟品种对冷害敏感，且酸度越高，果实对冷害敏感程度越高。

2. 柑橘类贮藏条件

柑橘贮藏多以控制温度、湿度、气体成分等因素为主。一般橘类的适宜贮藏温度较高，在 2~9℃，甜橙为 4~12℃、柠檬为 6~12℃。柑橘主产区建造贮藏冷库除需要制冷设备外，还需加温设备，以备冬季外界温度低于 5℃ 时进行加温，防止果实在冷库换气后温度过低造成冷害。不同种类和品种的柑橘在贮藏期间，蒸腾失水的程度不同。目前，大多数研究表明柑橘对贮藏环境的 CO_2 浓度比较敏感，CO_2 浓度过高往往容易造成柑橘 CO_2 中毒。但不同的柑橘类品种对气体成分的要求存在很大差异。

3. 柑橘类贮藏方式与技术

柑橘类果实的主要贮藏方式有地下库贮藏、通风库贮藏、机械冷藏和气调贮藏，此外目前研究还包括热处理、短波紫外线、臭氧、化学保鲜、生物保鲜方法，不仅要减少柑橘的侵染性病害发生，还要求能保持果实的水分和风味、改善果实的色泽和香气，因此选择合适的贮藏保鲜处理技术至关重要。通风库贮藏柑橘是目前应用最广泛的柑橘贮藏设施。它具有通风量大且均匀，库内温、湿度稳定，可显著提高贮藏效果且建库投入少的特点，适合大规模的商业贮藏。地下库贮藏，因其设施简易、成本低，可用作果实的短期贮藏。贮藏时地库内相对湿度一般为 95%~98%，温度稳定在 12~18℃。地库内空气中 CO_2 浓度较高，达到 4%~6%，有利于保持果实水分，控制自然失重率在较低的状态。机械冷藏是借助制冷系统作用，人为调节库内温度、湿度及空气流通，形成适合控制柑橘类果实产品质量的综合环境，有效保持果实新鲜并延长柑橘的贮藏期。机械冷藏关键在于控制适宜的低温和湿度，注意通风换气。一般甜橙类贮藏温度控制在 1~3℃，而宽皮柑橘类低温耐受力较差，贮存温度一般应控制在 7℃ 以上。气调贮藏柑橘作为一种新的贮藏方式，目前尚没有统一结论。不少专家认为柑橘果实没有呼吸高峰，不适合气调贮藏，也有报道认为柑橘气调贮藏没有明显效果。但仍有研究表明柑橘气调贮藏的可行性。例如温州蜜柑，在氧气 3%~6%、二氧化碳 1%、氮气 93%~96% 的环境下，较不进行气调的对照组，其果实中的糖、酸、果胶和维生素C含量都较高。

五、常见蔬菜的贮藏保鲜技术

(一) 叶菜类贮藏保鲜技术

叶菜类是常见蔬菜品种最多，消费量最大的品种，一般可分为以大白菜、结球甘蓝等为代表的结球叶菜及以菠菜、芹菜、韭菜等为代表的绿叶蔬菜。由于其生理代谢活跃，表面积大，气孔分布多，采收后降解代谢旺盛，除结球甘蓝外，大多数极易失水、黄化、腐烂变质。贮藏运输中，蔬菜品质下降很快。因此，对于叶菜类保鲜贮藏技术的研究显得十分重要。

1. 叶菜类贮藏特性

在贮藏中，由于叶菜类蔬菜的呼吸作用和蒸腾作用，使得采后叶菜水分与营养物质损失，不利于延长保鲜期。蔬菜中含有大量的水分，它是保证和维持蔬菜品质的重要成分。含水量是衡量蔬菜新鲜程度的重要指标。一般鲜菜含水量为65%~90%，失水会引起萎蔫和皱缩。采后的叶菜极易因蒸腾作用失水导致失重、萎蔫、表皮皱缩、失去脆性，使得产品品质降低，味道劣化。此外，一些叶菜类蔬菜采后也会产生乙烯，虽然产生量一般较低，但释放的少量内源乙烯在贮运环境中的聚集积累刺激植物的呼吸作用，破坏叶绿素，导致叶菜的黄化、叶片脱落、促进组织纤维化，从而影响产品品质，降低产品价值。

2. 叶菜类贮藏条件

贮藏时的环境温度、相对湿度和气体成分会严重影响叶菜的贮藏质量。温度升高会导致叶菜采后呼吸作用加剧，这是促进植物衰老和缩短贮藏寿命的重要原因，同时加快叶菜植物的生理劣变，使其容易感染病菌产生腐烂现象，致叶片蒸腾作用的加剧及内源乙烯产生量的增多。因此，叶菜植物的贮藏一般选择0~1℃的低温较为合适。贮藏时需注意贮藏环境保持适宜湿度或以包装袋包装，以维持其一定的高湿环境，减少蒸腾失水，保持较高鲜度。叶菜贮藏环境较适宜的相对湿度为95%~100%。目前研究认为影响叶菜采后贮藏寿命的主要气体为O_2、CO_2和乙烯。O_2与CO_2通过影响叶菜的呼吸代谢来影响其贮藏寿命。一般在贮藏过程中CO_2浓度超过10%~15%，尤其是长期处于这种环境下就会引起CO_2伤害，缩短叶菜的贮藏寿命。对大多数叶菜而言，贮藏最适气体条件为O_2 1%~3%、CO_2 2%~5%。

另外，叶菜类在采收、分级、包装、运输和贮藏过程中应注意避免机械损伤。机械损伤会加快贮藏过程中的呼吸速率，刺激乙烯的释放，同时机械损伤破坏了正常细胞中酶与底物的空间分隔，扩大了与空气的接触面，为微生物的侵染创造了条件，并启动膜脂过氧化进程，提高衰老基因的表达，导致叶菜衰老。

3. 叶菜类贮藏方式与技术

叶菜类蔬菜按照品种不同，贮藏适用的条件与方式也有所不同。目前，大白菜的贮藏可分为堆藏、埋藏、窖藏、冷藏等多种方式。由于大白菜含水量高，在贮藏时易失水萎蔫，因此除保证贮藏环境的湿润外，在贮藏前需将收获后的大白菜平铺晾晒以降低其水分含量，一般需晾晒3~4d，其间翻动使水分均匀。晾晒后菜中水分可降低20%左右。此时大白菜菜帮干软失去脆性，不会由于断裂造成细菌侵入引起变质，水分含量的降低还有利于大白菜冰点温度的降低，提高了耐贮藏性能。晾晒后，需摘除大白菜外叶叶片部分，防止外叶包裹，不利于散热，影响大白菜的呼吸作用。

堆藏法只能运用于最低气温不低于-6℃的地区，它与其他方法相比，虽简单易行但贮藏期短，贮藏过程中白菜营养物质损耗大。其方法主要是在白菜采收后，经过晾晒、分级后在露地上按长排形堆叠，排与排之间留有距离，两排白菜垛菜根向里，菜叶向外，顶部合拢。天冷时可在菜垛顶部加盖一层菜封盖，四周与顶部可用草帘覆盖，起到防雨、防晒、稳定温度的作用。埋藏法所使用沟的深度依据当地冻土层厚度决定，入沟埋藏的大白菜顶部应与冻土层接近。埋藏时可在沟底铺稻草或菜叶，有利于维持温度不至于过低。与堆藏法相比，埋藏法虽贮藏时间较长，但由于贮藏过程中抽检不便，损耗较大。窖藏法即是将大白菜入窖贮藏，在贮藏中可通过通风换气，调节窖内温度、湿度及气体环境等方式创造合适的贮藏环境。窖藏法虽有时需要使用外部设备调节贮藏环境，但贮藏期较堆藏或埋藏法损耗小，贮藏期长。尤其是架藏法，架藏法与堆藏不同，是将白菜摆放在分散的菜架上，每层菜架间留有空隙，便于通风换气，架藏不需多次翻菜抽检，与窖内堆藏相比，较为方便。贮藏期间应注意观察温度，维持温度稳定，没有波动。环境湿度也需及时检查，如湿度过小，可通过喷洒水珠调节。冷藏时应注意通风换气，在防止冷气直吹产生冻害的同时也应注意防止换气时的温度升高。

（二）果菜类贮藏保鲜技术

1. 果菜类贮藏特性

果菜类蔬菜是指以植物的果实或幼嫩种子作为可食用部分的蔬菜。按照采收时的成熟度不同可分为成熟果菜类与未成熟果菜类。成熟果菜类要求采收时达到理想的成熟度，其品种包含瓜类（甜瓜、西瓜、南瓜等）及茄果类（番茄、青椒、彩椒等）。未成熟果菜主要品种为豆类（菜豆、豌豆等）。一般未成熟果菜在采收后的短时间内，其营养成分、水分含量、外观等性质均变化迅速，因此，未成熟果菜不适宜长期贮藏。除甜玉米、豌豆等的大多数未成熟果菜由于对低温敏感，在进行短期贮藏时，应特别注意贮藏环境中温度的控制，防止高温导致呼吸高峰提前，同时也应防止温度过低产生冷害。对于未成熟果菜虽然有研究表明气调贮藏可帮助持色，延长贮藏寿命，但这种方法在商业上很少应用。成熟果菜同样属于低温敏感蔬菜，贮藏时也需严格控制环境温度，但成熟果菜对于环境湿度要求并不严格，如番茄的适宜相对湿度为85%～60%、南瓜为60%～70%。成熟果菜的呼吸速率和乙烯释放速率主要与品种相关。如贮藏时，西瓜对于乙烯的敏感度要高于南瓜和冬瓜。乙烯会使西瓜肉质粉质化，果肉果皮分离。

2. 果菜类贮藏条件

对于未成熟果菜，以菜豆为例，贮藏时应注意选择合适的温度、湿度及气体环境。菜豆在采收后具有明显的后熟作用，后熟期间呼吸速率高、代谢旺盛、营养消耗多，且豆粒容易脱水老化，品质下降。一般常规条件下贮藏时，应控制贮藏温度在9℃，鲜食菜豆贮藏的临界温度为8℃，低于8℃会引发锈斑等冷害，严重影响感官品质，超过10℃时会导致菜豆失绿、干瘪、失水、营养成分损失严重。由于菜豆采收后易脱水萎蔫，环境中相对湿度应控制在较高范围，一般为90%～95%。鲜食菜豆贮藏过程中CO_2浓度至关重要，其临界浓度为2%，高浓度会引发锈斑，虽不直接影响食用品质，但严重影响感官品质。因此，贮藏时应注意通风换气，控制环境中CO_2浓度在2%以下。

作为典型成熟果菜代表，番茄由于原产于南美洲热带地区，喜温暖，不耐低温。番茄果实的贮藏条件与其采收时的成熟度相关。一般番茄果实的成熟期依据果实颜色的变化可分为绿熟期、微熟期、半熟期、红熟期及完熟期。一般用于长期贮藏时应选择绿熟期的果实，其适宜贮藏温度为10～13℃，若温度低，则易发生冷害，影响贮藏品质。对于短期贮藏一般选择红熟期的果实，贮藏温度应控制在7～10℃，若果实完全红熟，则适宜贮藏温度为0～2℃。贮藏时的相对湿度应控制在85%～90%。适宜气体成分O_2与CO_2浓度都控制在2%～5%。绿熟期的番茄果实对于乙烯敏感，贮藏时可使用乙烯催熟，过了绿熟期后，番茄自身产生乙烯，外源乙烯作用不大，当番茄进入呼吸高峰或处于跃变后期时，即使在0℃的低温下，果实也难以长期贮藏。

3. 果菜类贮藏方式与技术

以菜豆来说，贮藏方式很多，其中应用最为广泛、效果良好的有冷藏、气调贮藏两种方式。菜豆采收一般在早霜到来之前进行，收获后把老荚及带有病虫害和机械伤的挑出，选鲜嫩完整的豆荚进行贮藏。适宜的采前处理不仅可以维持鲜食菜豆的贮藏品质，还能降低采后病害。菜豆冷藏时，注意库内及时通风换气，防止CO_2积累导致的病害。若使用气调贮藏，需先将菜豆10～15kg装入经过漂白粉消毒的铺有蒲席的筐中，筐外用0.1mm厚度的聚乙烯薄膜套封，封套上留出气口，并在袋口一端两侧装消石灰袋。贮藏开始前先用氮气将封套中O_2浓度降到5%，在贮藏期间监测O_2及CO_2浓度，若O_2浓度低则打开通气孔放入空气；若CO_2浓度高，则解开消石灰袋，抖落消石灰以吸收多余CO_2，贮藏时将空气成分控制为O_2与CO_2均为2%～4%，温度维持在12～15℃，控制温度波动，使袋内不出现水汽。

番茄贮藏主要分为常温贮藏、冷库贮藏及气调贮藏三种。常温下，番茄的贮藏通常利用地窖、地下室、通风库等阴凉场所以获得较低温度。存放时可采用筐藏或架藏两种方式，贮藏期间可通过通风换气来调节湿度和温度，并经常对果实进行观察分拣，挑出成熟果实、腐烂果实与病害果实。冷库贮藏时一般按照番茄果实采收时成熟阶段的不同选取不同的温度条件。绿熟果的适宜温度为10～13℃，红熟果的贮藏温度为7～10℃。冷藏时要注意通风换气，排出番茄呼吸作用产物，以延长番茄保藏期限。番茄若要长期保藏，则在冷藏的基础上应结合气调的贮藏方法。简易气调贮藏番茄目前在生产中比较多用，用此法贮藏效果好，保鲜时间长。番茄的气调贮藏可采用小包装气调或帐藏两种方式，用聚乙烯薄膜袋贮藏时，应控制番茄量在5kg以内，并用小袋包装，贮藏时，可在袋口插入竹管方便控制气体成分，并放在阴凉处。当使用帐藏时，应注意控制帐内湿度，防止湿度过高。气调一般采用自然气调或快速气调。使用自然气调时，多余CO_2可利用消石灰吸收，O_2不足时则通过帐口通风换气补充。快速气调则是通过在帐口设置管道与气调机相连。

（三）花菜类贮藏保鲜技术

1. 花菜类贮藏特性

花椰菜和青花菜均属十字花科甘蓝类蔬菜，原产地中海沿岸，食用器官为花球。花椰菜又名菜花或花菜，采收期延迟或采后不适当的贮藏环境如高温、低温等，都可能引起花椰菜在贮藏中松球、花球变褐而使品质降低。青花菜又称西蓝花、绿花菜或嫩茎花椰菜，由于其食用部分是幼嫩的花梗与小花蕾，采后在室温下花蕾极易开放和黄化，比花椰菜更难保鲜。引起花球褐变的原因很多，如花球在采收前或采收后较长时间暴露在阳光下，花球遭受冻害、失水和受病菌感染等都能使其变褐，严重时花球表面还能出现灰黑色的污点，甚至腐烂失去食用价值。

2. 花菜类贮藏条件

花椰菜贮藏温度要求为0~1℃，湿度为90%~95%，为了保湿，在库内对未有内包装的产品，堆垛四周罩上塑料膜，薄膜边沿留有自然开缝，不全封闭。贮藏气体成分为2%~3% O_2 和2%~4% CO_2，花椰菜和青花菜在贮藏期间有一定的乙烯释放，贮藏管理中应注意适时通风换气，或在顶层留出空间放置乙烯吸收剂。

3. 花菜类贮藏方式与技术

花菜类最好用机械冷藏库贮藏，机械冷藏库也是目前贮藏花菜类较好的场所，它能调控适宜的贮藏温度，可贮藏2个月左右。用于贮藏的花椰菜应在花球茎部的花枝松散前收获，以色泽淡白、组织紧密、大小适中的晚熟品种耐藏性最好，应选择在天气晴朗、土壤干燥的早晨采收。收获时一般保留2~3轮外叶，以对内部花球起一定保护作用。入贮时在花球上喷洒3000μg/g的苯菌灵或托布津有减轻腐烂的作用。花椰菜和青花菜采后经挑选、修整及保鲜处理后应立即放入预冷库预冷。特别是青花菜，防止变色、变老和延长保鲜期最关键的措施是采收后尽快处于低温条件下，最好能在3~6h内降至1~2℃。通过-17℃低温快速预冷的方法，可在5h内使菜温降至所要求的低温。花椰菜和青花菜在包装时，将茎部朝下码在筐中，最上层产品低于筐沿。为减少蒸腾凝聚的水滴落在花球上起霉烂，也可将花球朝下放。严禁使用竹筐或柳条筐装运，有条件的可直接用聚苯乙烯泡沫箱装载，装箱后立即加盖入库。为延长保鲜期，可使用0.015~0.03mm厚的聚乙烯薄膜包装单花球，必要时在袋上打2个小孔，能起到良好的自发气调作用。用聚乙烯袋密封，加硅橡胶窗即硅窗法包装，贮藏效果更佳。

（四）根茎类贮藏保鲜技术

1. 根茎类贮藏特性

根茎类蔬菜可以分为根类蔬菜和茎类蔬菜，常见的有马铃薯、萝卜、洋葱等。这些蔬菜富含膳食纤维，是人们日常生活中不可或缺的重要蔬菜。

马铃薯又名土豆、洋芋，原产于南美洲地区，目前在我国种植产量较大，其种类众多，按成熟期分类可分为早熟、中熟和晚熟品种。一般在寒冷地区栽培的早熟品种或秋季栽培的马铃薯品种贮藏性较好。马铃薯在休眠期时，新陈代谢减弱，抗性增强，即使处于适宜条件下也不会萌芽生长。创造适宜贮藏条件，延长休眠期是马铃薯贮藏的关键。

萝卜是我国根菜类蔬菜的重要品种之一，以其肉质根作为可食用部分。与马铃薯不同，它没有生理休眠期，贮藏中遇到合适条件会萌芽抽薹、组织中的营养素与水分转移，致密肉质变得疏松绵软，这种现象一般称作糠心。糠心会使得萝卜风味变差，食用品质下降，因此，防止糠心是贮藏萝卜的关键。由于萝卜组织缺少角质或蜡质保护层，其保水能力差，若在低湿贮藏环境中保存或受到机械损伤，会促使呼吸作用及蒸腾作用的加强，使得萝卜组织失水严重，养分消耗，产生糠心。另外，由于萝卜组织细胞间隙大，具有高通气性，因此可忍受高浓度CO_2，这与其肉质根长期生活在土壤中形成的适应性有关。

洋葱属于石蒜科，原产于伊朗、阿富汗等西亚地区，可食用部位是其肥大的肉质鳞茎，种类很多，分布广泛，营养丰富。洋葱具有明显的生理休眠期，在夏季收获后即进入休眠期，呼吸作用减弱，使洋葱可忍耐炎热与干燥，安全度过炎热夏季。洋葱休眠期一般为1.5~2.5个月，休眠期过后，洋葱遇到高湿高温的适宜条件便会萌芽，致使养分转移、鳞茎发软中空、鳞叶衰老变薄、品质下降，降低食用品质。因此，选择适宜贮藏条件，使洋葱长期处于休眠状态，抑制萌芽生长，是洋葱贮藏的关键。

2. 根茎类贮藏条件

通常马铃薯的适宜贮藏温度为3~5℃。马铃薯在适宜低温下贮藏可延长休眠期，特别是贮藏初期，低温对延长休眠期有利。但温度过低时，易发生冷害。对于专供煎制薯片或薯条的晚熟马铃薯可在10~13℃条件下贮藏，这一温度可使马铃薯块茎内积累的单糖重新合成淀粉，有利于产品品质。另外，贮藏环境的湿度也对马铃薯块茎的贮藏效果有影响。一般应控制马铃薯的相对湿度在80%~85%，晚熟品种的相对湿度应为90%。湿度过低会引起马铃薯失水，使其新鲜度下降，损耗增加。若湿度过高，则会缩短马铃薯休眠期，且容易造成致腐菌大量繁殖，增加腐烂。马铃薯对光很敏感，光线能诱导马铃薯缩短休眠期而萌芽，薯皮变绿，并使芽眼周围组织中对人畜有毒害作用的茄碱含量急剧增加，很容易超过中毒阈值20μg/g。因此，马铃薯应在黑暗环境中贮藏，尽量避免光照。

为避免糠心，萝卜适宜在低温高湿的环境中贮藏，一般适宜贮藏温度为1~3℃，相对湿度一般为90%~95%。萝卜不能受冻，若贮藏温度过低，在0℃或以下时，会引起细胞组织死亡而腐烂。一般适宜的贮藏气体条件为2%~3% O_2、5%~6% CO_2，低O_2和高CO_2的环境有利于抑制萝卜的呼吸作用，抑制发芽。

洋葱与马铃薯及萝卜不同，抵抗低温的能力较强，冰点为-1.8~1.6℃，因此，洋葱适于贮藏在低温干燥的环境，贮藏温度为0~3℃，相对湿度64%左右最为适宜。由于结冻的洋葱会因为抽薹不良而不宜做种，种用洋葱的贮藏温度不能低于0℃。休眠期后的洋葱适宜干燥的环境，环境中相对湿度应低于80%。如湿度过大，洋葱易发芽生须，利于霉菌繁殖，导致葱头腐烂。另外，贮藏环境中适宜的气体条件为2%~4% O_2、10%~15% CO_2，鲜洋葱贮藏时还应注意充分通风，以利于干燥散热。

3. 根茎类贮藏方式与技术

马铃薯的贮藏方式很多，依据各地不同条件可做堆藏、窖藏、沟藏等。有条件的地区也可对马铃薯进行冷藏。马铃薯的堆藏只适用于短期贮藏。一般先选择通风良好、场地干燥的库房，再用福尔马林和高锰酸钾混合后的喷雾消毒2~4h，然后将预贮过的马铃薯以板条箱或箩筐盛放后进库堆藏。板条箱大小以20kg/箱为好，箱不装满，一般到离箱口5cm处，这样既防止压迫造成的机械损伤，又有利于块茎的通风换气。在我国西北地区，常在窑窖或井窖内贮藏马铃薯，窖内的温、湿度通过窖口通风调节，因此，窖内贮藏不宜太满，防止薯块呼吸强度大，难以降温。气温低时，为防止冷害，可用草帘覆盖防寒。马铃薯沟藏时，贮藏沟一般要求深1.0~1.2m、宽1.0~1.5m，薯块堆积至距离地面0.2m处，上面覆土保温。以后随着气温的下降，可分期覆土，覆土的总厚度约为0.8m。若使用冷库保存，库温应维持在0~2℃，且薯块入库前都必须经过挑选和预冷。贮藏期间应每隔一段时间检查一次，发现变质者及时拣出，防止感染。库内薯块堆放时，注意垛与垛之间或箱与箱之间应保留适当空隙，便于通风散热和检查分拣。

萝卜的贮藏方式主要为沟藏和窖藏，近年来通风库贮藏与气调贮藏的应用越来越多。用于萝卜沟藏的沟一般宽1.0~1.5m，深度应比冻土层稍深，以免肉质根受冻。为了防止底层产品受热，萝卜在沟内堆积厚度一般不超过0.5m。入沟后应注意控制分次覆土时所覆盖土的时间和厚度，一般每次覆土厚度为0.7~1.0m。萝卜的窖藏具有贮藏量大且管理方便的特点，萝卜窖内散放或堆垛时的堆高一般控制在1.2~1.5m，若采用湿沙与萝卜层积，则在萝卜经过预处理入库前，在窖底铺约10cm厚湿沙，然后一层萝卜一层湿沙。萝卜窖藏时均应注意通风保湿，并控制窖温在适宜范围内。通风库贮藏与窖藏类似，萝卜散堆或堆垛堆高要求与窖藏相同。贮藏中应注意库内温度，为保温可用草帘覆盖，防止冻害的同时应做好加湿工作。气调贮藏一般采用薄膜封闭或塑料袋贮藏的方式。使用薄膜封闭时，先将萝卜在库内堆叠成宽1.0~1.2m、高1.2~1.5m、长4.0~5.0m的垛形，贮藏期间可定期通风换气，通过适当降氧、积累CO_2并保湿的形式，可将萝卜贮藏至翌年六七月份，且保鲜效果良好。用聚乙烯塑料袋贮藏，应先将挑选好的萝卜预冷后装入袋中，松扎袋口，留3~4cm口径，放入低温通风且无阳光直射的地方贮藏。贮藏温度一般控制在0~3℃，避免温度波动过大。贮藏期间要经常检查，并根据情况采取相应操作。

洋葱贮藏一般可分为垛藏、冷藏及气调贮藏3种方式。垛藏具有贮藏期长，贮藏效果好的优点。选择洋葱鳞茎充分成熟，且组织干燥，水分含量低，经晾晒使葱头辫子充分干燥后再上大垛，一般选在地势高，排气良好的干燥场所，垛高一般为1.5m、垛宽1.5~2.0m、垛长

5.0~6.0m，每垛可贮藏洋葱500kg左右，可以防止阳光直晒和雨水渗漏。目前贮藏洋葱较好的方式是冷库贮藏，通过低温环境强迫洋葱在自然休眠期过后继续休眠以延长贮藏期。库内温度由洋葱入库时开始下降，每天下降0.5℃至库温降到-2℃为止。库内保持通风以降低热量。气调贮藏的方式主要是对通风窖或荫棚下的洋葱堆垛使用塑料薄膜帐封闭。封帐后，由于呼吸作用，帐内CO_2浓度增高，O_2浓度降低，可达到缺氧保藏的目的。

（五）食用菌类贮藏保鲜技术

食用菌是对可以食用的大型真菌的通称，是指真菌中能形成大型子实体或菌核并能食用的种类，常称为菌、菇、耳、蕈等。食用菌是药食兼用的食品，自古被誉为"山珍"，营养丰富，风味独特，既是餐桌上的美味佳肴，又具有提高机体免疫功能、预防某些疾病的功效，因而深受大众的喜爱。目前，我国食用菌的总产量已居世界首位。对食用菌进行贮藏保鲜具有重要的社会效益和良好的经济效益。

1. 食用菌类贮藏特性

采收后的食用菌一般含水量较高、组织饱满、质地柔嫩、各种代谢旺盛，由于食用菌的菌盖上无明显表面保护结构，并且采后旺盛的呼吸作用与剧烈的蒸腾作用，使得食用菌在生理上极易变质老化。同时，食用菌细嫩柔软的组织结构，使其易受病菌、害虫侵染和机械伤害，并由此引起腐烂变质。

2. 食用菌类贮藏条件

大多数食用菌的贮藏温度通常应控制在0~8℃，新鲜平菇、香菇等食用菌以0~3℃为宜，较低温度可减弱菌体呼吸强度，抑制蒸腾强度，在不冻结的低温范围内，可减缓因各种代谢引起的营养物质消耗与蒸腾导致的水分丧失，从而保持食用菌新鲜度与良好品质。温度过低，会使菌类产生冷害或冻害。若要短期贮藏，可采用低温冻结、干制、盐渍等方式。不同菇类对湿度要求稍有不同。鲜香菇一般要做收水处理，一般控制冷藏库空气相对湿度在75%左右，必要时可用除湿机进行降湿。但若湿度过低，鲜菇水分过度散失，会导致菇体枯萎和皱缩，从而降低保鲜效果。鲜香菇在贮藏过程中，因呼吸作用会导致空气中CO_2浓度过高，O_2浓度过低，从而导致鲜香菇品质劣化。蘑菇的贮藏要求高湿度，若空气相对湿度低于90%，蘑菇易开伞和变褐，保鲜效果降低。在贮藏过程中，库内气体成分变化对菌菇的贮藏品质也有所影响。

3. 食用菌类贮藏方式与技术

食用菌贮藏方式通常为低温贮藏和气调贮藏。低温贮藏适宜的低温是食用菌类贮藏的最基本条件。食用菌的种类不同，适宜的贮藏温度也不同。对大多数新鲜食用菌，贮藏的温度一般为0~3℃并要求温度保持稳定。温度过高会促进食用菌生理活动的进行，加快菌类衰老变色并有利于病原菌活动，导致腐败加快；温度过低则容易引起冷害。新鲜的食用菌在采收后应及时进行预冷处理，将温度降到规定范围并及时入库贮藏。大量食用菌贮藏时可使用冷库。若采用气调库，控制CO_2浓度在25%时，贮藏效果好。若采用简易气调贮藏，可用塑料薄膜包裹贮藏，贮藏时控制贮藏温度在0~3℃，利用自发气调，使环境中O_2浓度在1%，CO_2浓度在10%以上。此种条件下可抑制菌类开伞和褐变，保持菌体颜色洁白，品质良好。

第二节　鲜切果蔬保鲜技术

一、鲜切果蔬的贮藏特性

鲜切（Fresh-cut）果蔬，又称半处理果蔬、果蔬最少加工处理果蔬（Minimally processed fruits and vegetables），它是对新鲜果蔬进行分级、整理、清洗、切分、保鲜、包装等处理，再经过低温运输进入冷柜销售的即食或即用果蔬制品。

（一）鲜切果蔬的生理特性

新鲜果蔬经过了整理清洗、切分等工序，这些机械伤害会诱发其产生一系列生理生化反应，这些变化对鲜切果蔬的品质、鲜度和营养成分都将产生很大影响，包括组织变色，尤其是鲜切果蔬的切割表面组织细胞的破裂和随后的氧化过程导致的酶促褐变、呼吸强度提高、乙烯的产生、组织结构解体、异味产生、组织的软化等，这些都加速了果蔬衰老进程从而影响鲜切果蔬的品质和货架期。鲜果蔬在加工处理及贮藏过程中，其营养成分，特别是维生素极易受损，不宜的温度、光、空气、自身的代谢作用都会导致鲜切果蔬营养物质的损失。鲜切果蔬经去皮、去核、切分等加工处理后，由于果蔬营养汁液暴露于空气中，极易受微生物侵染而引起鲜切果蔬腐败变质。因此，微生物的侵染与繁殖是导致鲜切果蔬品质下降的主要因素。果蔬中的微生物来源于两个方面：一是新鲜果蔬原料自身存在且清洗后残留生物，即切分前污染；二是原料在切分、修整、贮藏等工序中受外源微生物侵染，即切分后污染。褐变是食品在加工、贮藏过程中，经常会发生的变色现象。褐变按其发生机制分为酶促褐变和非酶促褐变。褐变对鲜切果蔬是有害的，它影响外观和风味，并降低营养价值，而且往往是食品腐败、不堪食用的标志。

（二）鲜切果蔬的品质劣变及其控制

（1）冷藏保鲜　温度是影响鲜切果蔬品质劣变的主要因素，鲜切果蔬一般都需进行冷藏。因为冷藏一方面可以抑制鲜切果蔬组织的呼吸，降低其体内的各种生理生化反应速度，延缓衰老和抑制褐变；另一方面微生物的生理代谢被抑制，从而使微生物的生长与繁殖被抑制。

（2）气调保鲜　气调保鲜的基本原理是通过使用适宜的透气性的包装材料，被动地产生一个调节气体环境，或者采用特定的气体混合物及结合透气性的包装材料主动地产生一个调节气体环境。其目的是在包装中建立一个最适宜的气体平衡，使产品的呼吸活性维持在尽可能低的水平上，且O_2和CO_2的浓度水平不能对产品造成危害。在生产中控制贮藏环境的气体指标为2%~5%的O_2和2%~5%的CO_2，如果结合使用乙烯吸收剂，则阻止果蔬品质劣变和组织软化的效果更好，通常使用的乙烯吸收剂有高锰酸钾、活性炭+氯化钯催化剂等。但利用这种方法必须注意避免形成缺氧环境。

（3）其他保鲜技术　在生产实践中低温冷链+气调包装是鲜切果蔬的主流保鲜方法，不过鉴于鲜切果蔬的产品特性，仅仅采用低温+气调有时并不能满足鲜切果蔬的生产需求，因此国内外学者对鲜切果蔬的保鲜有很多深入的研究。各式各样的保鲜方法也层出不穷。概括而言，有物理保鲜方法，包括热处理、臭氧处理、辐照、超高压、超声波等；化学保鲜方法，包括化学药剂处理、可食性涂膜处理、天然提取物处理等；生物保鲜方法，包括拮抗菌处理、抗生素处理及基因调控等。

（三）鲜切果蔬的微生物污染及其控制

果蔬在去皮、切分过程中，由于产品暴露在空气中，会受到包括大肠杆菌等在内的多种微生物的污染。一般认为工厂中主要污染源是切割机，尤其是蔬菜加工时，由于大部分蔬菜属于低酸性食品，其高湿及较大的切割表面为微生物提供了理想良好的生长条件。因此，鲜切产品如不采取措施，会很快腐烂变质，失去食用价值。另外，随着鲜切果蔬货架期的延长，鲜切产品外观虽仍较新鲜，但实际上微生物数量可能已经很高。如在市售的鲜切胡萝卜中，嗜中温的微生物数量可达10^6~10^7CFU/g，甚至致病微生物可能会达到有害水平。要提供给消费者新鲜、营养、安全可靠的鲜切果蔬，必须抑制微生物的生长繁殖。

鲜切蔬菜上的微生物主要是细菌，而霉菌、酵母菌数量比较少。水果除含有细菌外，霉菌、酵母菌数量较多。不同蔬菜上的细菌菌落差异很大。新鲜叶菜类蔬菜上的主要微生物是假单胞菌属和欧文氏菌属，新鲜番茄上的微生物主要为黄杆菌属和假单胞菌属。大多数蔬菜上含有胡萝卜软腐欧文氏菌和荧光假单胞菌，这些细菌不仅能分解果胶，而且在低温下仍能繁殖存活。值得注意的是，在鲜切果蔬中已分离到了一般认为仅存在于动物性产品上的沙门氏菌。

在鲜切果蔬加工中，对微生物的控制可采用化学法和物理法。前者是指运用一些化学试剂直接杀灭微生物或抑制其生长繁殖，后者则是指通过辐照、臭氧等技术以及采用合理的包装、适宜的低温来达到杀灭或抑制微生物的目的。另外，果蔬切割后的清洗（洗去切割表面流出的营养物质）及离心脱去表面水分对提高切割果蔬的品质也是必需的。

（1）化学清洗　果蔬经切分后进行适当的化学清洗，能降低表面微生物数量并去除细胞汁液残留，减少贮藏过程中微生物侵染的机会。使用化学清洗应选用适宜的清洗时间及化学物质浓度，防止化学物质在鲜切果蔬中的残留超过限量标准，一般经化学清洗后的果蔬应用清水冲洗其表面。另外，化学清洗还应注意一些不良反应，如变色、组织萎蔫等胁迫反应的发生。如在清洗水中加入O_2、磷酸氢二钠、过氧化氢、Ca^{2+}等化学物质均能有效地控制微生物的生长。另外，利用乳酸菌、乳杆菌等菌种的拮抗作用来抑制腐败菌生长的生物控制法也日益受到重视。

（2）化学抑菌剂　抑菌剂的作用机理主要是通过调节微生物生长条件如pH、气体成分及水分活度等来达到控制微生物生长的目的。常用的抑菌剂有机酸，包括柠檬酸、苯甲酸、山梨酸、醋酸、乳酸和中链脂肪酸等。但化学抑菌剂的使用易对鲜切果蔬的风味造成影响，因此，化学抑菌剂的选用应适合鲜切果蔬特性的要求。

（3）冷杀菌技术　杀菌必须在低温或常温下进行。冷杀菌处理的方法很多，包括辐照、臭氧、高强度脉冲电场、微波、红外、紫外、超声波、高静压（HHP）等技术，这些处理可有效地杀灭病原菌，减少蔬菜的腐败变质，可作为冷藏和其他采后处理的辅助手段，延长货架期。大量研究证明，辐照技术对真菌、病原菌等的抑制效果明显，而且安全无害。紫外照射对产品表面的霉菌等有较强的抑制作用。臭氧具有强烈的广谱杀菌能力，杀菌谱比其他消毒杀菌剂广、杀菌彻底，可杀灭细菌繁殖体和芽孢、病毒、真菌等，其氧化效力比氯高1.5倍，而且臭氧易分解、不存在残留。果蔬用臭氧处理，不仅可防止腐烂变质，同时还能使果蔬表皮气孔缩小，调节呼吸，消除乙烯、乙醇、乙醛等有害气体，减少损耗，抑制后熟。

（四）鲜切果蔬的褐变及其控制

1. 鲜切蔬菜褐变机理

鲜切蔬菜极易发生褐变，从而影响产品的外观品质，大大降低了鲜切蔬菜的商品价值。鲜切蔬菜褐变主要是酶促褐变。酶促褐变是指蔬菜受到机械损伤或处于异常环境条件（受冻、受热）时，在酶作用下氧化而呈褐色。其褐变机理是蔬菜组织完整细胞中含有的酚类物质作为呼吸传递物质，在酚-醌之间保持着动态平衡：当新鲜蔬菜组织被损伤，氧气大量侵入，酚迅速被氧化，平衡受到破坏，发生醌的积累，醌再进一步氧化聚合而形成黑褐色的黑色素物质。酶促褐变的发生必具备3个条件：酶、底物和氧。褐变底物一般因蔬菜的不同而不同，主要是一些多酚类物质；而褐变所涉及的酶类主要有多酚氧化酶（PPO）、苯丙氨酸解氨酶（PAL）、过氧化物酶（POD）、过氧化氢酶（CAT）等，研究表明酚类氧化酶主要是多酚氧化酶。

2. 褐变的控制措施

控制酶促褐变的方法主要从控制酶和氧气两方面入手，主要途径有：钝化酶的活性（热烫、加抑制剂等）、改变酶作用的条件（pH、温度、水分活度等）、隔绝与氧气的接触、使用抗氧化剂（抗坏血酸、SO_2等）。

（1）使用护色剂抑制PPO活性　就水果蔬菜而言，如去皮的苹果、梨和马铃薯，主要的质量问题之一是褐变，造成外观质量下降。早期使用的亚硫酸盐或酸式亚硫酸盐抑制果蔬的酶促褐变，取得了较好的效果。由于这两种含硫的盐对一些哮喘病人能引发类似过敏的反应，美国食品与药物管理局（FDA）已禁止亚硫酸盐类在某些食品中使用，多用其他化学添加剂作为亚硫酸盐类的替代物来抑制褐变。

按照护色剂的作用机理来分，可分为酸化剂（如柠檬酸）、还原剂（如抗坏血酸）、螯合染剂（如乙二胺四乙酸，EDTA）、底物竞争剂（如4-己基间苯二酚）等。所有商业上应用的无亚硫酸盐的护色剂都是组合而成的，且大部分都含抗坏血酸。一个典型的组合包括一种化学还原剂（如抗坏血酸），一种酸化剂（如柠檬酸）以及一种螯合剂（如EDTA）。在实际应用中，常采用几种护色剂联用或化学试剂和物理方法（如低温、气调、高压、脉冲电场等）相结合的方法来抑制褐变的发生。

（2）使用物理方法抑制PPO活性　减少鲜切果蔬的褐变反应率和延长其货架期，单使用化学药品处理不够，还要控制其他因素，如贮藏温度及产品所处的气体环境。处理后的鲜切果蔬进行冷藏（温度多在2~4℃），或者结合气调包装，能有效地延缓褐变反应，提高保鲜效果。另外，热烫、微波灭酶、真空渗入隔氧等也是一个新的研究热点。

二、鲜切果蔬加工过程中保鲜技术

（一）鲜切果蔬加工生产流程

据调研得知，目前鲜切蔬菜的加工生产主要分为叶菜类加工生产线和根茎类加工生产线，鲜切果蔬工厂化加工工艺流程简要介绍如下。

1. 叶菜类生产线

预处理拣选 → 滚刀式切菜机 → 预洗输高机 → 一次鼓泡清洗 → 二次鼓泡清洗 → 三次鼓泡清洗 → 检视线 → 喷淋 → 护色 → 缓冲池 → 离心沥干（或振动沥干）→ 包装 → 紫外杀菌 → 成品。

上述是完整的叶菜类生产线，可以根据顾客要求有选择地省略上述的一些工序。

2. 根茎类生产线

预处理拣选 → 清洗（振动清洗、鼓泡清洗、毛刷去杂清洗均可）→ 去皮 → 切割 → （一、二、三次）鼓泡清洗 → 检视线 → 喷淋 → 护色 → 烫漂 → 缓冲池 → 离心沥干 → 包装 → 紫外杀菌 → 成品。

总体而言，鲜切果蔬的一般加工工艺包括：原料的来源及选择、冲洗和消毒、切分、冲洗、护色、脱水、包装和冷藏。

（1）原料的选择　目前对鲜切果蔬原料的系统研究还未见报道，但事实证明，作为鲜切果蔬的原料必须新鲜、饱满、健壮、无异味、无腐烂、成熟度适中、大小均匀，因此应有专门的果蔬配送中心，以保证有适宜的原料满足加工需求。

（2）预处理（清洗、去皮、切分） 采收和收购的果蔬表面往往带有灰尘、泥沙和污物，加工前必须仔细地清洗。一般清洗用水为符合国家标准的饮用水，不含清洁剂，故原料上的病原菌在清洗后仍会有残留，并且在清洗过程中，不同的病原菌会交叉污染。定期清洁清洗机并定时更换清洗用水，可以避免造成交叉污染。

切割包括去皮、去核、切分等处理，这些操作对鲜切果品货架期长短具有极其重要的影响。研究认为，去皮方式、切割方式、切割刀具锋利程度、切割厚度及果蔬成熟度等对鲜切果蔬的货架期长短均有重要的影响。如刀具的日常磨损可能导致金属屑误入产品中，造成食用不安全，而且刀刃状况与所切蔬菜的保存时间有很大关系，锋利刀具切分蔬菜保存时间长；钝刀切割切面受伤多，保存的时间就相对短。切分的大小对鲜切果蔬的品质也有影响，研究表明切分越小，切口面积越大，越不利保存。因此需要定期对刀具做检查并禁止使用已生锈的刀具，应选择锋利的不锈钢刀具。

需要去皮的果蔬可以采用手工、机械、化学或高压蒸汽去皮，但考虑到机械、化学或蒸汽去皮会严重破坏果蔬的细胞壁，使细胞汁液大量流出，增加了微生物生长及酶促褐变的可能性，因而降低了产品品质，所以理想的方法是采用锋利的刀具进行手工去皮。

（3）清洗杀菌、护色及脱水处理 由于果蔬在加工过程中缺少表皮组织的保护作用，增大了与外界的接触面积，微生物很容易在营养丰富的细胞汁液表面生长繁殖，从而导致产品腐烂变质。所以去皮、切分后的果蔬原料必须再冲洗一次，以减少微生物污染，防止其氧化褐变，从而可减少鲜切果蔬的原始菌数，若在清洗液中添加抗菌物质，则更能增强这种效果。常用的杀菌剂有氯系杀菌剂、电解食盐水、二氧化氯、臭氧、过氧化物与氯化物混合的杀菌剂。同时也可结合采用超声波等方法进行。

在鲜切果蔬的贮藏过程中，多酚类物质的氧化褐变是影响其品质最主要的因素。目前国内外对鲜切果蔬的研究焦点大多集中在抑制褐变方面。

切分洗净后的果蔬应立即进行脱水处理，否则比不洗的果蔬更易变坏或老化，至少应采用沥水法去除果实表面的水分，也可用棉布或吹风排除产品表面的水分。工厂通常是用离心机、振动沥水器等进行脱水，脱水时间要根据品种的不同来确定。

（4）包装与贮存 包装是鲜切果蔬生产中的最后操作，是防止水分蒸发的方法之一。在包装材料中可以添加一些具有栅栏功能的成分如脱氧剂、吸湿剂、乙烯吸收剂及防腐剂等。工业上用得最多的包装薄膜是聚氯乙烯（用于包裹）、聚丙烯和聚乙烯（用于制作包装袋）；复合包装薄膜通常采用乙烯-醋酸乙烯共聚物（EVA），以满足鲜切果蔬不同的透气速率。

包装方法可以用真空包装机进行真空包装，也可以进行气调包装。对于真空包装而言，其真空度也必须根据鲜切果蔬种类的不同而有所不同。鲜切果蔬包装后，应立即放入冷库中贮存，一般在0~5℃下冷藏，贮存时应单层摆放，否则产品中心不易被冷却，放入纸箱贮存，更应注意这一点。

(二)鲜切果蔬成品的保鲜技术

低温是保证鲜切果蔬品质的关键因素,在加工、贮藏过程中维持适宜的低温,可有效减缓微生物的生长,抑制果蔬的呼吸强度,降低各种生化反应速度,因此,低温冷链技术能更好保证鲜切果蔬在加工和贮藏过程中的品质。但鲜切果蔬在低温下贮藏,仍有部分嗜冷微生物生长繁殖,因此还需要与其他预防措施相结合。

此外,为防止鲜切蔬菜发生褐变,被微生物污染且代谢旺盛,常采用气调包装,使其处于适宜的低O_2、高CO_2环境中,降低其呼吸强度,抑制乙烯产生,延缓衰老,延长货架期;同时也能抑制好氧性微生物生长,防止腐败变质;但CO_2浓度过高或O_2浓度过低,则会导致无氧呼吸,产生不利的代谢反应与生理紊乱。目前,气调保鲜作为无公害保鲜手段备受国际关注。常采用的自发气体调节包装就是通过使用适宜的透气性包装材料被动地产生一个调节气体环境,或者采用特定的气体混合物及结合透气性包装材料,主动地产生一个气调环境。自发气体调节包装中适宜的低O_2和高CO_2可降低果蔬的呼吸代谢和乙烯生物合成量,抑制酶活力,减轻生理紊乱,减缓果蔬品质败坏。

第三节 粮食贮藏技术

粮食包括食用粮、油料和种子粮,泛指粮食系统仓储部门保管的各种商品。食用粮包括谷类、豆类和薯类。谷类包括原粮和成品粮。原粮指稻谷、小麦、玉米、高粱等;成品粮指大米、面粉、玉米粉等。豆类指蚕豆、豌豆、赤豆、绿豆、菜豆等。薯类指甘薯、薯干。薯类在保鲜上一般归于蔬菜。油料指大豆、油菜籽、花生、棉籽、芝麻、油茶籽、葵花籽等。种子粮指农业生产上推广的各种优良品种。

一、粮食的贮藏特性

(一)粮食的生理特性

1. 粮食的呼吸作用

粮食作物收获之后仍是有生命的有机体,在贮藏过程中会出现特有的生命活动。粮食的呼吸作用是粮食内部的营养物质不断消耗的过程。呼吸作用一方面维持了粮食种子的生活力，另一方面又会消耗种子内的营养物质。呼吸作用越强，消耗的营养成分也就越多，对粮食的保管就越不利，因此保管粮食，既要保持粮食的呼吸作用，又要防止呼吸作用过强。

影响粮食贮藏过程中呼吸作用的因素主要有水分、温度、通风条件和粮堆间的氧气。

（1）水分　水分是决定粮食呼吸强度的最主要因素。水分含量高时，呼吸作用强，营养物质消耗快，粮食种子寿命就短；水分含量低时，呼吸作用弱，营养物质消耗少，粮食种子的寿命就长。

（2）温度　在一定的温度范围内，温度与呼吸作用正相关。粮食呼吸最适宜温度为30~40℃，最低为0℃，最高为50℃左右。过高的温度会使种子中的蛋白质凝固，失去生命力。因此，为了降低粮食的呼吸作用，延长粮食的寿命，应当适当减少粮食的水分，并且应贮藏在较低的温度下。

2. 粮食的后熟

新粮在田间收获时并没有完全成熟，经过一段时间的贮藏，胚发育完整，使粮达到完全成熟的保管期叫后熟期，经过后熟的粮食呼吸作用减弱，发芽率增加，加工品质也得到了改善。新粮完成后熟的鉴定指标是发芽率达80%以上。不同的粮食种子，所需的后熟期长短不一。

后熟期的长短要受温度、湿度和粮堆空气成分的影响。当温度高时，后熟快；当温度低时，后熟慢。当湿度高时，后熟慢；当湿度低时，后熟快。粮食通风良好，有利于后熟。粮食后熟期间，生理活动旺盛，呼吸作用较强，粮食会释放出大量的水蒸气和热，遇到冷空气后形成水滴凝结在粮粒表面，使粮粒"出汗"，需通风降湿降温，否则很容易使粮食发热或发霉不利于粮食的保管。为了促进粮食的后熟和提高粮食品质，新粮入库前应当尽量晒干，入库后保持良好的通风条件。

3. 粮食的陈化

粮食的陈化是粮食的自然劣变，是其生理生化变化的结果，粮食由新到陈，由旺盛到衰老的现象称为粮食的陈化。有胚和无胚粮食都会陈化。贮藏时间是粮食陈化的重要因素，随贮藏时间的延长而出现陈化，并随贮藏时间的继续延长而逐渐加深。

（二）粮食的物理特性

粮堆是粮食贮藏的主要研究对象。粮堆是由粮食颗粒堆积而成的群体，是由粮粒（60%）、杂质、粮食微生物、昆虫和螨类以及粮粒间的空气（40%）组成。粮堆的形式主要有散装粮堆、包装粮堆、围包散装等。

1. 散落性和自动分级

粮食是一种散粒体，粮食在自由下落时流动形成一个圆锥体的性质称为粮食的散落性，以粮食由散落性形成的圆锥体的静止角的大小来表示。圆锥体的斜面与底面形成的夹角叫静止角,其大小与散落性成反比。散落性与粮食种类、籽粒大小、形状、轻重、水分、杂质含量等有关。对于同种粮食来说,粮食籽粒饱满,散落性大;水分低,散落性大;含杂质少,散落性大。一般可以从散落性的变化看到粮食贮藏稳定性的情况。如粮面易于松动、散落性大,粮食的质量较好;如粮面不易松动、紧实、散落性小,粮食质量可能有问题,其主要原因为粮食出汗返潮、霉菌滋生,使粮食的散落性变小、使粮面板结。

散落性使粮食自上而下降落时产生自动分级。收获的粮食,包含各种杂质以及不饱满粒、破碎粒。粮食在入仓入囤时,同一质量的粮食籽粒、同一性质的杂质就自然集中在同一部位,形成自动分级。自动分级有利于粮食的清理,而不利于粮食的保管。粮食清理可以利用粮食自动分级这一物理特性,采用风车、筛子、去石机等机械,除去混杂在粮食中的杂质。粮食保管时,杂质多、水分大的粮食集中在粮堆某一部位,使这一区段空隙度小、潮湿而易滋生虫、霉,成为粮食发热霉变的发源地。

2. 导热性

粮堆内外热交换方式有粮粒与粮粒接触而产生的热传导以及粮堆空隙中空气流动而产生的热对流。其中,热对流是粮堆导热的主要形式。粮堆内外温差大,粮堆交换的热量就多;粮堆比表面积越大,交换的热量越多;粮堆高度越高,热流路线越长,单位时间内通过单位面积传递的热量就越少。

粮食是不良导体,其导热系数为$0.50 \sim 0.84 kJ/(m \cdot h \cdot ℃)$。水的导热系数大,因此水分高的粮食比水分低的粮食导热系数要大一些。粮食导热系数低,可以保持冷冻粮的低温贮藏和小麦趁热入仓的高温贮藏,有利于增强粮食贮藏的稳定性。在粮堆需要散热时散热缓慢,会助长粮食的劣变。合理的通风及翻仓倒粮,有助于散湿降温,是克服粮食导热不良的措施。

3. 吸附性和吸湿性

吸附性是气体分子浓集和滞留在固体表面的特性。粮食是富有毛细管的胶质物体,吸附能力很强。粮食与气体分子发生吸附有物理吸附和化学吸附两种形式。

(1)物理吸附 比较容易解吸,如粮粒对CO_2的吸附,在通风几天后即可彻底除去。

(2)化学吸附 这种吸附发生化学反应,不易解吸,被吸附的气体不易除去。

粮食的种类不同,对某种气体的吸附性也不同。温度会对粮食的吸附有影响。吸附是放热过程,温度下降时有利于放热,吸附增加;解吸是吸热过程,温度上升时有利于吸热,吸附减少。另外,气体浓度大时,吸附量增加,反之则减少。沸点较高而又容易凝结的气体最易被吸附。

吸湿性是粮食吸附和解吸水蒸气的性能。碳水化合物和蛋白质是粮食的主要成分,其分子中含有大量的亲水极性基团,可与H_2O形成氢键,具有很高的亲水性。所以,粮食贮藏期间应尽可能创造低湿条件,以利于粮食的降水,增加储粮稳定性。同时应避免干湿粮混储。

二、粮食的基本营养成分及变化

粮食中含有碳水化合物、脂肪、蛋白质、维生素、无机盐等多种人体需要的营养成分。淀粉是构成小麦的主体，粮食中的还原糖易与食品中的氨基化合物发生美拉德反应引起食品的褐变，淀粉在粮食贮藏期间的主要变化是糊化温度升高，黏度降低，可溶性直链淀粉含量减少。粮食中广泛存在脂肪，是由各种不同的脂肪酸和甘油组合的三脂肪酸甘油酯，其在粮食贮藏期间，易发生水解氧化分解，形成具有异味的低分子醛、酮、酸类物质，引起食品变质，出现一种不愉快的哈喇味。面筋是面粉中的蛋白质，蛋白质的性质不稳定，在贮藏期间容易发生变性和水解，对粮食品质产生重要影响。粮食发热或烘干不当，可能导致蛋白质变性，粮食含水量越高，越容易发生变性。

三、常见的粮食贮藏方法

（一）常规贮藏

常规贮藏方法是一种基本适用于各粮种的贮藏方法，从粮食入库到出库，在一个贮藏周期内，通过提高入库质量，加强粮情检查，根据季节变化采用适当的管理措施和防治虫害，基本上能够做到安全保管。常规贮藏是粮食贮藏的主要技术措施，是以控制水分，清除杂质，提高入库粮质为主，同时贮存时做到"四分开"（种类分开、好次分开、干潮分开、新陈分开），加强虫害防治并做好贮藏期间的密闭工作。其中，粮食的干燥是粮食安全贮藏的首要条件。粮食的干燥方法常采用日光暴晒或机械烘干，通过自然通风或机械通风尽量达到降温和降湿的目的，对粮仓实行密闭管理。

（二）低温贮藏

低温贮藏是粮食长期安全贮藏的基本途径。低温贮藏能够防虫、防霉，降低粮食的呼吸消耗及其他分解作用所引起的成分损失，有利于保持产品成分的完整性和种子的生活力。低温贮藏的技术措施主要掌握好降温和保持低温两个环节，特别是低温的保持是低温贮藏的关键。降温主要通过自然通风或机械通风来降低粮温，保持低温就要对仓房进行适当改造，增强仓房的隔热性能或建设低温仓库，这是发展低温贮藏的基础。

（三）缺氧贮藏

在粮食的气调贮藏技术中，目前国内外使用最广泛的方法是自然缺氧贮藏。自然缺氧贮藏的关键在于粮堆的密闭效果。缺氧的速度主要取决于贮藏温度、水分及粮食本身的质量，一般是水分大、粮温高、新粮、有虫时缺氧快。缺氧贮藏有利于防治害虫,当O_2浓度低于2%或CO_2浓度在40%～50%时,害虫很快窒息死亡。同时可以达到抑菌防霉的作用,霉菌多为好氧菌,在缺氧条件下生长受到抑制。此外,还能降低贮藏粮食的呼吸强度。缺氧贮藏对低水分粮食基本没有不良影响,但是高水分粮食不能长期缺氧贮藏,否则会失去发芽能力,但可以适应短期缺氧贮藏。

粮堆脱氧的方法有自然脱氧、辅助脱氧、抽氧充氮、充CO_2排氧、燃烧循环脱氧、燃烧制氮机充氮脱氧、分子筛富氮脱氧以及其他化学方法脱氧等。

(四) 化学贮藏

化学贮藏一般只作为特定条件下的短期贮藏措施或临时抢救措施。目前我国运用较多的是用磷化氢进行化学贮藏。此外,还有低氧+低磷化氢化学贮藏、环氧乙烷化学贮藏、有机酸处理、食盐处理和漂白粉处理等。

(五) 生物保鲜

利用壳聚糖成膜性、抗菌性及功能性,将壳聚糖制成纯天然的大米生物保鲜剂,喷涂在大米表面形成保护膜,以隔绝空气与大米的接触,从而抑制大米内细菌的生长和虫卵的繁殖,达到保鲜的目的。

四、主要粮食的贮藏技术

(一) 稻谷的贮藏技术

1. 常规贮藏

稻谷耐藏性差,陈化明显。稻谷贮藏易发热、结露、生霉、发芽,稻谷收货后需及时干燥,稻谷安全贮藏的关键在于控制入仓稻谷水分。在入库时,应注意清除杂质,坚持做到"四分开",提高贮藏的稳定性。稻谷入库后,应根据气候特点适时通风,缩小粮温与外温及仓温的温差,防止发热、结露。通风方式目前有利用离心式风机、地槽通风、竹笼通风和存气箱通风的方式,另外也有采用排风扇或低压轴流式风机进行负压通风。稻谷在通风降温后,再辅以密闭措施,便可有效防止夏季稻谷的发热。稻谷入库后,应及时采取有效措施防治害虫,如采用防护剂或熏蒸剂。最后,冬末春初气温回升以前粮温最低时,因地制宜采取有效的方法,压盖粮面密闭粮堆,以长期保持粮堆的低温或准低温状态,延缓最高粮温出现的时间及降低夏季粮温。低温是延缓稻谷陈化的最有效的方法。

2. 缺氧贮藏

新粮粮温在20~25℃，粳稻水分在16%左右，籼稻水分在12.5%左右就可进行自然缺氧贮藏。隔年的陈稻谷存在降氧速度较慢问题，可通过选择密封时机及延长密封时间，提高降氧速度，尽快使粮堆达到低氧要求。一般可在春暖后，粮温达到15℃以上密封，经1个月左右可使堆内氧浓度达到低氧要求。

3. 高水分稻谷的贮藏

高水分稻谷主要特点是水分含量高，呼吸旺盛易产热，易霉变，贮藏稳定性极差。因此，高水分粮难以贮藏，尤其在稻谷产区，收获季节如遇阴雨天气，大批的稻谷往往来不及晾晒和干燥，而造成新粮发热霉烂，损失严重。对于高水分稻谷需进行通风贮藏，通风主要有两种形式，一种是散装仓内进行地上笼和地下槽通风，需注意稻谷入仓后要平整粮面，且堆高不能超过3m；另一种形式是，在包装仓内利用离心式风机间歇地强力通风，粮垛堆成小垛或通风垛，堆高不能超过10~12包，利用有利的仓外空气反复置换仓内及堆内的湿热空气，达到降水降温、安全贮藏的目的。将高水分稻谷贮存于低温、准低温仓内，使仓温控制在20℃以下，进行低温、准低温贮藏，也可达到抑制稻谷的呼吸、控制虫霉危害的目的。在不具备通风及低温贮藏的条件时，对于收获后的湿谷和潮粮，在无法及时干燥的情况下，可在晒场上或空仓内堆成高约80cm、底宽1m的梯形长条垛，用塑料薄膜密封，进行缺氧贮藏，薄膜四周压严，使粮堆尽快绝氧。

（二）小麦的贮藏技术

1. 常规贮藏

小麦具有明显的后熟作用，后熟期一般在2个月左右，后熟期间，呼吸强度高，酶活性大，达到最高之后开始下降，贮藏稳定性增加。小麦具有较强的吸湿性，极易吸收空气中的水分，在相同的相对湿度下，小麦的平衡水分能力强于稻谷。因此，对于小麦的贮藏主要采取常规贮藏，通过控制水分、清除杂质、分级贮藏、通风降温、防治虫害和密闭堆藏的方式进行贮藏，目前基层粮库普遍采用常规贮藏来保管小麦。

2. 热密闭贮藏

小麦热密闭贮藏一般称为"小麦热入仓"，是我国传统的贮藏小麦的方法。主要利用夏季高温暴晒小麦，使水分降低到12.5%以下，麦温达到48~50℃，并延续2h，下午3时左右收场拢堆，闷热1h左右，趁热快速收入仓内，然后立即扒平，铺垫1~2层无虫麻袋或细布，使麦温保持在42℃以上，维持7~10d。热密闭贮藏只适宜用于新收获的商品小麦，并且仓库器材和压盖材料都要事先彻底消毒、充分干燥，做到"三热"，即粮热、仓热、压盖材料热，防止产生过大温差引起结露和霉变。

3. 低温贮藏

低温贮藏是小麦长期达到安全贮藏的有效基本途径。低温可以防虫、防霉，降低粮食的呼吸消耗及其他分解作用所引起的成分损失，以保持小麦的活力。在我国，利用自然低温贮藏潜力较大，如除华南地区外，我国大部分产麦区都有0~5℃低温期，可为小麦的低温贮藏提供有利条件，同时选择隔热、密闭性能好的仓库，做好密闭压盖工作，增强防热、防潮性能。

4. 缺氧贮藏

小麦是主要的夏粮，收获时气温高，干燥及时，水分降低到12.5%以下，由于后熟作用，生理活动旺盛，呼吸强度大，极有利于粮堆自然降氧。自然缺氧贮藏在全国范围推广，并收到了较好的杀虫效果。新收获的小麦必须进行晒干、扬净，保证入库质量。在实际生产实践中，可采用热密封与冷密封交替使用的方法，防止小麦生虫变质。

（三）大米的贮藏技术

大米是稻谷加工去壳去皮之后的成品，由于没有皮壳保护层，营养物质直接暴露在外，易受外界温度、湿度、氧气的影响，且吸湿性强，带菌量多，易受到害虫、霉菌的直接危害。此外，糠粉中所含的脂肪易于氧化分解，生成脂肪酸，使大米酸度增加。所以，大米的贮藏应以散堆为主、包装为辅，密闭为主、通风为辅的保管方法。尽量减少大米与外界空气接触的机会。

（四）玉米的贮藏技术

充分干燥，做好防潮是玉米长期安全保管的主要措施。玉米成熟后抓紧时间收获，南方最好带穗干燥之后再脱粒，玉米长期贮藏前需充分干燥，水分在12.5%以下，温度不超过35℃。北方由于气候寒冷，玉米收获后往往不能及时干燥，含水量较高，未成熟的籽粒未经充分干燥，脱粒时易受损伤，由此易造成未成熟粒和破损粒较多，极易遭受害虫和霉菌的侵害。因此，冬季应加强管理，到第二年春暖之后进行干燥，降低水分，安全过夏。水分在20%以上的玉米，长期处于0℃以下的低温环境中，同时也要做好防冻工作，降低水分。较多的杂质易发热生霉和招致虫害。玉米入仓前要过风过筛，清理杂质。玉米贮藏通常用高粱秆做成一个圆形或方形的围囤，分层把玉米果穗装入围囤中，每装一层玉米，另外装一层横的或竖的通风笼。围囤外圈用草绳或麻绳捆住，顶部用草苫盖严。

（五）面粉的贮藏技术

面粉是小麦去掉大部分麸皮与胚之后碾磨成粉末的成品。含有较多的面筋质。面粉的颗粒细小，与外界的接触面相对增大，吸湿能力强，有利于霉菌繁殖，氧化作用旺盛，而且容易压紧结实，导热不良，湿热容易积聚。面粉在保管中容易发酸变苦，成团结块和发热霉变。所以，进行面粉贮藏时，应合理堆放、密闭隔湿与严防虫害。

第四节　畜禽产品贮藏保鲜技术

肉中含有丰富的营养成分，在肉的贮藏、运输、加工过程中由于微生物污染、脂质氧化、自溶酶及其他条件引起的腐败，造成巨大的经济损失，而且变质的肉类食品会给人们的健康带来危害。因此，延长肉的货架期，减少肉的腐败变质始终是肉类工业中关注的重要问题。畜肉的贮藏保鲜技术研究食品在贮藏过程中物理特性、化学特性和生物特性的变化规律，这些变化对食品质量及其保藏性的影响，以及控制食品质量变化应采取的技术措施等内容。过去，对肉的保藏主要采用冷冻贮藏的方法，但该方法有一定的局限性和缺陷。目前已研究了许多新的保鲜方法，主要包括真空包装与气调包装技术、生物防腐剂乳酸链球菌素的应用、食品防腐剂的应用、有机酸及盐在鲜肉保鲜中的应用、辐照保藏技术等。

一、肉类保鲜技术

（一）肉的低温保鲜技术

1. 肉的分类

根据贮藏温度的不同，肉可以分为热鲜肉、冷冻肉及冷鲜肉等。刚屠宰的畜禽，肌肉的温度通常在38~41℃，这种尚未失去生前体温的肉叫热鲜肉。冷冻肉是指宰杀后的畜禽肉，经预冷后，在-18℃以下速冻，使深层温度达-6℃以下的肉。冷鲜肉是指严格执行检疫制度屠宰后的胴体迅速进行冷却处理，使胴体温度（以后部为测量点）在24h内降为0~4℃，并在后续的加工、流通和分销过程中始终保持0~4℃内的肉。

2. 肉的冷却保鲜技术

（1）肉类冷却的概念　肉类冷却就是将刚屠宰后的胴体吊挂在冷却室，使其冷却至胴体最厚部的深层温度达到0~4℃的过程。肉处于冷却环境下，温度迅速下降，使微生物的生长繁殖和酶的活力减弱到最低程度。由于冷却过程中水分的蒸发，肉的表面形成干燥膜（亦称干壳），可阻止微生物的进一步污染，并能够减缓肉体内部水分的蒸发。冷却也是冻结的准备阶段。而且冷鲜肉经历了较为充分的解僵成熟过程，质地柔软有弹性，滋味鲜美。与冷冻相比，冷鲜肉具有汁液流失少、营养价值高的优点。

（2）肉的冷却方法　肉类冷却一般采用空气冷却法，以空气作为介质，冷却的速度取决于肉体的厚度和热传导性能，一般以后腿最厚部位中心温度为准。胴体在入库前，应先把冷却间的温度降到-3～-2℃，进肉后经14～24h的冷却，待肉的温度达到0℃时，使冷却间的温度保持在0～1℃。猪、牛胴体及副产品在空气温度为0℃左右的自然循环条件下所需的冷却时间为24h，羊胴体为18h。冷却间的相对湿度一般保持在90%～95%。

（3）冷却保鲜过程中的问题与质量控制　冷藏条件下的肉类、禽等由于微生物和酶的作用，易出现干耗及表面发黏、发霉、变软、变色等现象，甚至产生异味。

①干耗。干耗是肉在冷藏中水分散失的结果。干耗不但使肉质量降低，而且影响肉的食用品质，促进表层氧化的发生。处于冷却终点温度的肉，其物理、化学变化并没有终止，其中以水分蒸发而导致的干耗最为突出。干耗受冷藏室温度、相对湿度、空气流速的影响。高温、低湿、高空气流速会加剧肉的干耗。因此，为了防止或降低干耗，必须控制适宜的冷藏室温度、湿度及空气流速。

②发黏、发霉。发黏、发霉是肉在冷藏过程中，微生物在肉表面生长繁殖的结果，这与肉表面的污染程度和相对湿度有关，也与环境的温度有关。微生物污染越严重，湿度越高，温度越高，肉表面越易发黏、发霉。在0℃和有氧条件下，微生物污染程度与肉表面形成黏液的时间密切相关。当最初肉表面污染的细菌数为100个/cm^2时，16d达到发黏；当达到10^5个/cm^2时，仅7d就达到发黏。这就要求在肉品生产、冷藏、流通过程中严把卫生关，确保肉品的质量。

③肉色变化。肉在冷藏中色泽会不断地变化，若贮藏不当，牛、羊、猪肉会变褐、变绿、变黄、发荧光等，脂肪会变黄。这些变化有的是在微生物和酶的作用下引起的，有的是本身氧化的结果。色泽的变化是品质下降的表现。

3. 肉的冷冻保鲜技术

（1）肉冻结的概念　肉的冻结过程为肌细胞间的水分冻结并出现过冷现象，而后细胞内水分冻结。这是由于细胞间的蒸汽压小于细胞内的蒸汽压，盐类的浓度也较细胞内低，而冰点高于细胞内的冰点。因此，细胞间水分先形成冰晶，随后在结晶体附近的溶液浓度增高并通过渗透压的作用，使细胞内的水分不断向细胞外渗透，并围绕在冰晶的周围使冰晶体不断增大，而成为大的冰颗粒，直到温度下降到使细胞内部的液体冻结为冰晶体为止。

一般在生产上冻结速度常用所需的时间来区分。如中等肥度猪半胴体由0～4℃冻结至-18℃，需24h以下为快速冻结；24～48h为中速冻结；若超过48h则为慢速冻结。

快速冻结和慢速冻结对肉质量有着不同的影响。慢速冻结时，在最大冰晶生成带（-1℃降低-5℃）停留的时间长，纤维内的水分大量渗出到细胞外，使细胞内液浓度增高，冰结点下降，造成肌纤维间的冰晶体愈来愈大。当水转变成冰时，体积增大9%，使肌细胞遭到机械损伤。这样的冻结肉在解冻时可逆性小，引起大量的肉汁流失。因此慢速冻结对肉质影响较大。快速冻结时温度迅速下降，很快地通过最大冰晶生成带，水分重新分布不明显，冰晶形成的速度大于水蒸气扩散的速度，在过冷状态停留的时间短，冰晶以较快的速度由表面向中心推移，结果使细胞内和细胞外的水分几乎同时冻结，形成的冰晶颗粒小而均匀，因而对肉质影响较小，解冻时的可逆性大，汁液流失少。

（2）肉的冻结工艺　冻结工艺分为一次冻结和二次冻结。

①一次冻结。宰后鲜肉不经冷却，直接送进冻结间冻结。冻结间温度为-25℃，风速为1~2m/s，冻结时间16~18h，肉体深层温度达到-15℃，即完成冻结过程，出库送入冷藏间贮藏。

②二次冻结。宰后鲜肉先送入冷却间，在0~4℃温度下冷却8~12h，然后转入冻结间，在-25℃条件下进行冻结，一般12~16h完成冻结过程。一次冻结与二次冻结相比，加工时间可缩短约40%，减少大量的搬运，提高冻结间的利用率，干耗损失少。但对冷收缩敏感的牛、羊肉类，一次冻结会产生冷收缩和解冻僵直的现象，故一些国家对牛、羊肉不采用此方式。二次冻结肉质较好，不易产生冷收缩现象，解冻后肉的保水力好，汁液流失少，肉的嫩度好。

（3）冻结肉的冻藏　冻结肉在冻藏过程中会发生一系列变化，如冻结时形成的冰晶在冻藏过程中会逐渐变大，这会破坏细胞结构，使蛋白质变性，造成解冻后汁液流失，风味和营养价值下降，同时冻藏过程中还会造成一定程度的干耗。要克服这些问题，除采用低温快速冻结外，在冻藏中温度也应尽量降低、少变动，特别要注意避免在-18℃左右温度的变动。为了防止冻结肉在冻藏期间质量变化，必须要使冻结肉体的中心温度保持在-15℃以下、冻藏间的温度在-20~-18℃（±1℃），相对湿度95%~98%，空气以自然循环为好。

（4）肉的解冻　冻结的肉类，在使用前必须先解冻。影响解冻肉质的因素有冻结温度及冻藏温度、肉的pH、解冻速度及不同的冻结方法等。当冻结温度高、贮藏温度高、贮藏期温度变化大时，解冻时肉汁流失多。目前常用的解冻方法有空气解冻法、水解冻法、微波解冻法及真空解冻法。

①空气解冻法。即自然解冻，是最简单的解冻方法，分为低温微风解冻和空气压缩解冻。在0~5℃冷藏库内，低风速加湿空气，经14~24h均匀解冻的方法称为低温微风解冻，又称缓慢解冻。这种方法的优点是解冻肉的整体硬度一致，便于加工，缺点是费时。空气压缩解冻法也是空气解冻法的一种，是指冻肉在15~20℃、相对湿度70%~80%、风速1~1.5m/s的流动空气中解冻。这种解冻方式是在普通的流动空气式解冻的基础上，再施加一定的压力对肉进行解冻，经20~30h解冻完成。

②水解冻法。用4~20℃的清水对冻肉进行浸泡或喷洒以解冻。此方法适用于肌肉组织未被破坏的半胴体或1/4胴体，不适合分割肉。此方法的优点是速度快、肉汁损失少。在10℃水

中解冻半胴体需13～15h，用10℃水喷洒解冻需20～22h。在5℃空气中解冻禽肉需要24～30h，而在水中只需3～4h。

③微波解冻法。频率为2450MHz的微波照射到肉时，会引起肉中水分子激烈振动，产生摩擦而使冻结肉温度上升以达到解冻目的。其特点是解冻速度快，一定厚度的肉微波解冻1h完成，而空气解冻需要10h左右。

微波解冻可使解冻时间大大缩短，同时能够减少肉汁损失，改善卫生条件，提高产品质量。此法适于半胴体或1/4胴体的解冻。具有等边几何形状的肉块利用这种方法效果更好。因为在微波电磁场中，整个肉块都会同时受热升温。微波解冻可以带包装进行，但是包装材料应选用符合相应的电容性和对高温有足够稳定性的材料。最好用聚乙烯或多聚苯乙烯，不能使用金属薄板。

④真空解冻法。在真空条件下，降低水的冰点，促使水分融化。真空解冻法的主要优点是解冻过程均匀和没有干耗。厚度0.09m，重量31kg的牛肉，利用真空解冻装置只需60min。

（二）冷鲜肉的保鲜包装技术

近年来，在欧美一些发达国家，小包装冷鲜肉已经发展为肉类销售的主要品种，占肉类总产量的60%以上，这些国家都拥有科学的加工工艺和流通技术，以及完善有效的质量控制体系，在他们的超级市场里展售的基本上是冷鲜肉。冷鲜肉最吸引消费者的是其卫生安全性。冷鲜肉的生产从原料检疫、屠宰、分割、剔骨、包装、运输、贮藏到销售的全过程始终处于严格监控之下，尽可能地防止污染的发生。屠宰后，产品一直保持在0～4℃的低温下，不仅大大降低了初始菌数，肉毒梭菌和金黄色葡萄球菌等病原菌不能分泌毒素，而且由于低温伴随，冷鲜肉的卫生品质比热鲜肉显著提高。因此，冷鲜肉被认为是集营养、美味、安全于一体的最科学的生鲜肉。冷鲜肉冷加工后，大多需要经过一定的包装才能进行运输和销售，目前市场上冷鲜肉在运输销售过程中的包装形式主要有真空包装、气调包装等形式。

1. 冷鲜肉的真空包装技术

真空包装是冷鲜肉最常用的保鲜包装方法之一，冷鲜肉经过真空包装，好氧性微生物的生长减缓或受到抑制，减少了蛋白质的降解和脂肪的氧化酸败，同时使乳酸菌和厌氧菌增殖，pH降低至5.6～5.8，进一步抑制了其他菌的生长，而延长了产品的贮存期。实际生产中，常将冷却后的分割肉真空包装，再进行低温流通和销售。

（1）真空包装的抑菌保鲜原理　真空包装可抑制微生物生长，并避免外界微生物的污染，延长产品贮藏期，如表4-1所示。真空包装后，牛肉的贮藏期可达2个月以上，猪肉可达6周。肉品的腐败变质主要是由于微生物的生长，特别是需氧微生物。抽真空后可以造成缺氧环境，抑制许多腐败微生物的生长。

表4-1　不同种类的冷鲜肉真空包装贮藏期比较

种类	肌肉pH	贮藏期/周
牛肉	5.5~5.8	10~12
猪肉	5.5~5.8	6
	6.0~6.3	4~6
羊肉	可变的*	6~8

注：*为羊肉分割肉，包含大量小块不同极限pH的肌肉。

包装前，冷却羊肉中假单胞菌、乳酸菌和热死环丝菌分别占29.25%、29.75%和27.50%，是冷却羊肉初始菌中的优势菌群；而肠杆菌的含量相对较少，仅为4.01%；另外，有9.5%的未知菌，可能为微球菌、霉菌等微生物。经过真空包装冷藏一段时间后，乳酸菌呈比例上升趋势，并逐步成为绝对优势菌群，热死环丝菌和假单胞菌的比例呈逐渐下降趋势，假单胞菌的下降幅度更大，当贮藏10d时，这两种菌已经失去了优势菌群的地位；肠杆菌的比例也有所下降，但下降幅度不明显；其他未知菌群的比例有先升高后降低的趋势，并在5~10d期间含量达到最高（表4-2）。

表4-2　真空条件下冷却羊肉在4℃贮藏时菌相构成变化

贮藏时间/d	各种菌占总菌的比例/%				
	乳酸菌	热死环丝菌	假单胞菌	肠杆菌	未知菌
0	29.75	27.50	29.25	4.01	9.50
5	38.14	19.83	17.29	3.89	20.85
10	45.75	11.48	9.25	3.40	28.52
15	63.79	7.22	4.43	3.49	21.06
20	78.85	3.96	1.79	2.75	12.65
变化幅度	+49.10	-23.54	-27.46	-1.26	+19.02

此外，真空包装还可减缓肉中脂肪的氧化速率，对酶活性也有一定的抑制作用。为减少产品失水，保持产品质量，可以和其他方法结合使用，如抽真空后再充入O_2等气体，并可与一些常用的防腐方法结合使用，如脱水、腌制、热加工、冷冻和化学保藏等，使产品整洁，增加市场效果，较好地实现市场目的。

（2）冷鲜肉的真空包装材料与形式

①鲜肉真空包装的材料。要求有阻气性、水蒸气阻隔性、香味阻隔性能、遮光性、力学性能。包装材料的良好阻气性能防止大气中的氧重新进入真空的包装袋内，避免需氧菌生长。如

乙烯、乙烯-乙烯醇共聚物都有较好的阻气性，若要求非常严格时，可采用一层铝箔。材料应能防止产品水分蒸发，最常用的材料是聚氯乙烯薄膜，还应能保持产品本身的香味，并能防止外部的一些不良气味渗透到包装产品中，聚酰胺和聚乙烯混合材料一般可满足这方面的要求。由于光线会促使肉品氧化，影响肉的色泽。只要产品不直接暴露于阳光下，通常用没有遮光性的透明膜即可。按照遮光效能递增的顺序，采用的方式有：印刷、着色、涂聚偏二氯乙烯、上金、加一层铝箔等。包装材料最重要的力学性能是具有防撕裂和防封口破损的能力。许多肉制品和鲜肉的包装袋是由氯乙烯和偏二氯乙烯聚合制成的，具有热收缩性，在排空空气后可以使产品具有良好的外观和贮存期。

②真空收缩包装。为了避免普通真空肉出现汁液流失问题，近年来，真空收缩包装日趋流行。鲜肉收缩包装是在真空包装的基础上，进行短时热水处理，使包装袋发生收缩，裹贴在肉的表面。热收缩是其重要环节，可排除鲜肉毛细血管吸水现象，减少其渗水；同时使包装紧贴于肉的表面，改善产品的外观；可以增加包装的强度、提高其阻隔性和抗穿刺能力，并改善肉类。采用收缩包装的一个主要原因是防止在解冻时出现肉汁流失。将产品真空包装密封口密封后放入80~82℃水中，保持1~2s，使塑料袋收缩，塑料袋薄膜收缩成肉块原有的外形，成为肉的"第二层皮"。收缩能消除包装薄膜出现皱纹或裂隙的情况，避免发生水分从产品抽出的"毛细血管现象"。

（3）真空包装存在的问题　真空包装虽然能延长产品的贮存期，但有质量缺陷，主要存在以下几个问题。

①色泽。肉的色泽是决定鲜肉货架期长短的主要因素之一。鲜肉经过真空包装，氧分压低，肌红蛋白（Mb）生成高铁肌红蛋白，鲜肉呈红褐色。真空包装鲜肉的颜色问题可以通过双层包装，即内层为一层透气性好的薄膜，然后用真空包装袋包装，销售前拆除外层包装，由于内层包装通气性好，与空气充分接触形成氧合肌红蛋白，肉呈鲜红色。

②抑菌效果。真空包装虽能抑制大部分需氧菌生长，但即使氧气含量降到0.8%，仍无法抑制好氧性假单胞菌的生长。但在低温下，假单胞菌会逐渐被乳酸菌所取代。冷冻真空包装肉在低温下冷藏可减少微生物污染，但却不能消除微生物的生长。和鲜肉包装一样，在产品制备过程中同样存在污染的危险。芽孢或者细菌产生的毒素在冷冻过程中保持活性。如果预包装肉在消费前较长时间处于冰点以上温度，细菌则能够在肉中繁殖。

③肉汁渗出及失重问题。真空包装易造成产品变形和肉汁渗出，感官品质下降，失重明显。国外采用特殊制造的吸水垫吸附渗出的肉汁，使感官品质得到改善。

目前国际上生鲜肉真空包装作为在流通或配送过程的主要包装贮藏方式，肉品在没有空气的条件下贮存时间越长，在空气中或高氧气调包装条件下零售贮存的时间越短，但这种包装能适用于流通或配送的大块肉包装，分割零售时常常采用高氧气调包装或在空气暴露一定时间，使生鲜肉的色泽恢复生鲜状态。

2. 冷鲜肉的气调包装技术

（1）冷鲜肉气调包装技术机理　冷鲜肉真空包装时因缺氧而呈现淡紫红色，在销售时会使消费者误认为不新鲜，若在零售时打开包装让肉充分接触空气或再充入高氧混合气体，可在短时间内使肌红蛋白转变为氧合肌红蛋白，恢复鲜红色。

气调包装可保持较高氧气分压，有利于形成氧合肌红蛋白而使肌肉色泽鲜艳，并抑制厌氧菌的生长。据研究报道，氧分压60～70mmHg时生成较多的氧合肌红蛋白，大于240mmHg时可有效促进肌肉中氧合肌红蛋白的生成，氧分压小于1.4mmHg时以肌红蛋白形式存在，在4～10mmHg时以高铁肌红蛋白的形式存在。因此，根据鲜肉保持色泽的要求，混合气体中氧的分压应大于240mmHg，亦即氧的混合比例应超过30%。氧合肌红蛋白的形成还与肉的表面潮湿情况有关，表面潮湿则溶氧量多，易于形成鲜红色。

CO_2具有抑制细菌生长的作用，尤其是在细菌繁殖的早期，可以达到延长货架期的目的。一般情况下，早期使用可以延长微生物的迟滞期，而进入对数生长期后再使用CO_2则效果很差；低温可以使CO_2在水中的溶解度大大增加，同时微生物的生命活性也大为降低，因此可以提高CO_2的作用效果。考虑到CO_2易溶于肉中的水分和脂肪以及复合薄膜材料的透气率，一般混合气体中的CO_2的混合比例应超过30%，才能起到明显的抑菌效果。如在4℃条件下空气包装的羊肉保鲜期不到两周，75% CO_2/25% O_2混合气体包装羊肉的保鲜期为24d，而高浓度CO_2气调包装保鲜期可达28d。

（2）影响冷鲜肉品质的主要因素　冷鲜肉的色泽是影响销售的重要外观因素，取决于肌肉中的肌红蛋白和残留的血红蛋白的状态。肌肉缺氧时的肌红蛋白与氧气结合的位置被水取代，使肌肉呈暗红色或紫红色，当与空气接触后形成氧合肌红蛋白而使色泽变成鲜红色，如长时间放置或在低氧分压下存放，肌肉会因高铁肌红蛋白的形成而变成褐色。影响肉色变化的主要因素有氧分压、温度和微生物。

①氧分压。鲜肉表层以氧合肌红蛋白为主，呈鲜红色；中间层以高铁肌红蛋白为主，呈褐红色；下层以还原态肌红蛋白为主，呈紫红色，这是由于氧气在肌肉深层渗透过程中氧气分压逐渐下降造成的。环境中的氧气分压高时有利于形成较稳定的氧合肌红蛋白，氧气分压下降时还原成还原态肌红蛋白，并最终形成褐色的高铁肌红蛋白。鲜肉明亮的红色依赖于氧合肌红蛋白的深度，由氧气扩散率、氧气消耗状态、鲜肉表面氧气分压所决定。如果肉被保存在高氧环境（超过4kPa），肌红蛋白自动氧化速率反而降低，表明生鲜肉高氧气调显著的保鲜效果。

②温度。温度高会促进肌红蛋白氧化、微生物生长加快、呼吸酶活性增强及脂肪迅速氧化，使包装中氧气分压降低，造成肌红蛋白的自动氧化，同时高温使氧气不易向肌肉深层渗透，肉中以高铁肌红蛋白为主的褐色层向肉表面靠近使肉色明显变褐色，降低肉色货架保鲜期。相反，低温能促进氧气透过肉的表面，组织中的溶氧量也增加，有利于维持肌红蛋白的氧合形式。研究表明，包装牛肉每增加5℃，肉的变色率增加1倍，10℃时肉的变色率是0℃时的

2~5倍,因此包装冷鲜肉应尽可能贮存在低温下。

③微生物。微生物是商品销售中导致鲜肉褪色的主要原因。在微生物的对数生长期,需氧菌如荧光假单胞菌、铜绿假单胞菌、弯曲假单胞菌和莱茵黄杆菌等迅速繁殖,并消耗大量氧气使肉表面氧气分压下降,促进高铁肌红蛋白大量形成而使肉色变为褐色;有些细菌则会产生一些副产物如硫化氢、过氧化氢等,它们与不稳定的肌红蛋白反应生成硫血红蛋白、胆珠蛋白而改变肉色。因此,从提高冷鲜肉的卫生安全性和延长肉色货架保鲜期两方面,都需要严格控制从屠宰到分割加工和包装的微生物污染。

此外,冷鲜肉存在微生物不可避免。肉品上生长的微生物除一般杂菌外主要是一些致病菌和腐败菌,如肉毒梭菌E型、沙门氏菌和金黄色葡萄球菌在3℃时都已停止生长繁殖,不分泌毒素。冷却就是要将环境温度降到微生物生长繁殖最适温度范围以下,使肌肉组织在完成僵直、解僵、成熟过程中避免因微生物的生长繁殖而腐败变质。为保证冷鲜肉品质,避免病原菌生长,最好将肉冷却到0~3℃,并在此温度下流通贮藏;冷却到4℃并保持该温度也可抑制病原菌生长,超过7℃病原菌将成倍增长而无法保证产品质量。但是冷却不能抑制所有的腐败菌,在0℃左右腐败菌仍能继续繁殖,贮存时间稍长就会造成肉表面腐败、产生黏液和难闻的气味。

此外,包装内气调环境对生鲜肉微生物也会产生明显影响,研究表明,假单胞杆菌、大肠杆菌是含氧气调包装中的优势菌,乳酸菌是高浓度O_2气调包装羊肉中的优势菌。酵母菌在气调包装羊肉中数量很少,而且在整个贮藏过程中,基本没有变化,说明酵母菌不是影响气调包装保鲜的主要微生物。假单胞菌大量繁殖,会分解肉中蛋白质及其他营养物质,使肉表面发黏,产生臭气,并使肉腐败变质。大肠杆菌是含氧气调包装中的一种主要的腐败菌,是检验鲜肉安全性的一个重要指标,当大肠杆菌达到一定程度时,便开始降解氨基酸并产生臭味物质,使肉腐败变质。而高浓度CO_2可明显抑制假单胞菌、大肠杆菌的生长,从而保证了鲜肉的安全性。

(3)超市冷鲜猪肉高氧气调包装保鲜技术 近几年国际上对冷鲜分割红肌肉的零售货架期和肉色稳定性研究采用高氧气调包装和低氧+CO_2的技术方法。从消费者最为关注的食品安全和生鲜感官质量问题来看,原料肉的微生物控制、保鲜处理、包装方法等诸多因素决定货架期,冷鲜肉微生物腐败无疑是最危险的因素。目前欧洲国家超市生鲜肉流通采用高氧气调包装,有效提高了冷鲜肉安全品质和肉色货架期。我国冷鲜肉进入超市销售的规模越来越大,原料肉微生物控制技术水平低于欧洲国家,超市生鲜肉流通安全品质日益受到消费者关注,冷鲜肉用高氧气调包装来提高肉色感官品质和货架期是一种有效的方法,目前在英国和北欧许多国家冷鲜肉包装首推高氧气调包装。O_2浓度和渗透深度之间是平方根关系,O_2浓度超过80%将达到4倍的环境O_2浓度、2倍渗透深度,将使表层氧合肌红蛋白稳定,肉色货架期达到7~8d,在英国和荷兰采用的O_2浓度超过85%,但Georgarla建议75%~80%O_2和20%~25% CO_2是红肌肉气调包装的最佳浓度。但由于国内屠宰分割危害分析及关键控制点(HACCP)技术管理水平低于发达国家，使进入超市冷鲜猪肉的原始细菌污染较高，用进一步的高氧气调包装来延长货架期是有限度的。试验证明，冷鲜肉大肠菌群超过10CFU/g，高氧气调包装对控制好氧微生物是不利的，当CO_2浓度达到30%可有效抑制好氧微生物，其肉色货架期达到5d以上。

①微生物。超市生鲜肉高氧气调使菌落总数、大肠菌群数有一个先降低再升高的过程，O_2浓度大于60%的高氧气调包装产品在2d后菌落总数达到低点，70% O_2-30% CO_2-2%NaCl处理组可使菌落总数、大肠菌群数降低1.2个数量级，说明高浓度O_2-CO_2有显著的减灭菌作用。

②感官质量（肉色货架期）。冷鲜肉的感官色泽是重要的质量指标，国外称肉色货架期，冷鲜肉在高氧环境条件，使肌红蛋白和高铁肌红蛋白转化为氧合肌红蛋白，使冷鲜肉呈现鲜红的色泽，高氧气调保鲜包装使经过一定时间流通的生鲜肉原料在1~2d低温贮藏后变得更鲜嫩。

③冷鲜肉汁液渗出控制。冷鲜肉汁液渗出是超市冷鲜分割肉包装产品普遍存在的问题，给消费者带来不新鲜、低品质的印象。事实上，冷鲜肉汁液渗出一方面造成产品损失；另一方面会影响肉品的多汁性和嫩度，成为近年来国内外肉品质量控制研究重点关注的问题。

④包装保鲜的后效应。即打开包装后能有一定时间的保鲜期。消费者从超市购买的冷鲜分割肉一般不会一次消费完，希望开包后能有1~2d甚至更长时间的保鲜期，尤其对工作繁忙的消费群体，希望一次采购能消费3~5d，因此冷鲜肉的包装保鲜后效应能符合这种现代消费理念和发展趋向。普通包装的保鲜后效应一般在1d左右，高氧气调包装的保鲜后效应能达到2~3d。因此，研究开发超市冷鲜猪肉采用高氧气调包装和抑菌保鲜等栅栏因子，提高安全品质和肉色货架期，探索适宜我国超市冷鲜肉流通销售的气调包装保鲜技术具有重要的现实意义。

3. 肉的辐照保鲜技术

辐照保鲜是一种利用电离辐射与物质相互作用所产生的效应对食品进行加工，以达到延长食品货架期目的的技术。辐照保鲜中应用到的射线主要是原子能射线，微生物在吸收这些射线中的能量后，化学键断裂、体内的化学成分发生变化，导致微生物生命活动降低或死亡，从而达到抑制微生物生长，延长肉品货架期的目的。如辐照处理羊肉，结合低温环境贮藏8d，微生物得到了明显抑制；应用辐照方法处理牛肉，可延缓脂质氧化速度。但是，我国辐照技术还需在如何降低辐照引起的产品辐照味、如何优化辐照技术流程等方面不断深入。

4. 防腐保鲜技术

防腐保鲜剂在肉的保鲜中研究较多，研究发现防腐保鲜剂对畜肉货架期具有积极的作用。其作用机理主要是杀灭或抑制微生物生长，抑制脂肪氧化，达到防腐保鲜的目的。在冷鲜肉的防腐保鲜中使用的化学防腐剂必须符合国家标准相关要求，根据保鲜剂的来源不同，将保鲜剂分为化学保鲜剂和天然保鲜剂两大类。

（1）化学保鲜剂　主要有乳酸及其盐类、山梨酸及其盐类、有机酸（柠檬酸、抗坏血酸、甲酸、乙酸）、混合磷酸盐等，这些保鲜剂属于无公害保鲜剂。

乳酸对许多微生物都表现出较强的抗菌作用，如肉毒梭菌在生长过程中会降低冷鲜肉的pH，从而干扰质子跨膜运输传递。加入乳酸对肉毒梭菌具有较好抑制作用，能够有效防止因肉毒梭菌引起的冷鲜肉腐败。乳酸盐在肉类工业中也是广泛应用的一种抗菌剂，与乳酸在肉制品中的抗菌机制相同。

抗坏血酸及其钠盐在肉类防腐保鲜中应用广泛，该类防腐保鲜剂具有较强的抗氧化性，能够氧化由水生成的活性氧，增强抗氧化剂铁的螯合作用。

山梨酸（2,4-己二烯酸）及其盐类在世界各地被广泛用作抑制细菌和真菌的肉类防腐剂，食品中0.3%山梨酸盐浓度就能达到抑制微生物的效果。山梨酸具有抑制肉品内部pH升高的作用。

（2）天然保鲜剂　主要分为植物源、动物源和微生物源抗菌防腐剂3种。常见的植物源抗菌防腐剂主要包括香辛料及中药提取物，如洋葱、生姜和大蒜提取物、石榴汁酚类溶液以及肉桂提取物肉桂醛等，这些物质均能够抑制冷鲜肉表面细菌生长，延长冷鲜肉的货架期。动物源抗菌防腐剂主要有壳聚糖、溶菌酶、乳铁蛋白、蜂胶和抗菌肽等。壳聚糖是从甲壳类动物中提取出来的一种碱性多糖，具有较好的成膜性，应用于冷鲜肉的保鲜中能有效延长冷鲜肉的货架期。乳铁蛋白是一种天然抗菌蛋白，属于转铁蛋白家族，可以从各种外分泌物、人类和其他动物组织中分离出来。乳铁蛋白是广谱的抗菌剂，对细菌、真菌、病毒均具有较强的抑制作用。微生物源抗菌防腐剂在冷鲜肉保鲜中应用较多的为乳酸链球菌素，天然抗微生物酶类物溶菌酶和氧化还原酶。乳酸链球菌素是由乳酸菌属的乳酸链球菌产生的一种细菌素。乳酸链球菌素在酸性条件下溶解性和稳定性都比较好，作为一种广谱型抗菌剂，只需添加极少量就能抑制革兰氏阴性菌的活性。

生鲜肉类的贮藏保鲜技术（视频）

二、蛋类保鲜技术

鲜蛋主要包括鸡蛋、鸭蛋、鹅蛋、鹌鹑蛋等禽蛋，是家庭必备的生鲜食品之一，蛋中富含蛋白质、脂肪等营养成分，具有较高的营养价值。但是由于鲜蛋在常温贮藏时易感染各种微生物而腐败变质，因此常采用低温、气调、涂膜等方法，在较长贮藏期内维持禽蛋的良好品质。

1. 鲜蛋的贮藏特性

禽蛋由于种类不同，其大小、外形及颜色存在差异，蛋大致结构基本相同，由蛋壳、蛋壳膜、气室、蛋白及蛋黄组成。由于蛋中富含蛋白质、脂肪等营养物质，且含水量高，常温下贮藏时容易被微生物感染。禽蛋的腐败变质主要是由于微生物的作用，附着在蛋壳表面的微生物会通过蛋壳表面气孔或裂缝进入蛋内。由于蛋壳膜的外壳膜一般结构粗糙，而内壳膜即蛋白膜结构致密，细菌不能轻易通过，进入蛋内的微生物一般被集结在禽蛋的外壳膜与内壳膜之间。集结的微生物能够通过分泌酶分解致密蛋白膜侵入内层。但由于蛋白中所含溶菌酶能抑制细菌繁殖，带壳的未破损禽蛋仍能保藏相当长的时间。但当禽蛋保存时间过长时，蛋白变稀，蛋黄会上浮，与蛋壳膜上细菌接触，由于蛋黄并不具有抗菌性，这一现象会导致禽蛋的迅速腐败。为了防止微生物的繁殖与侵入，蛋类的贮藏需要注意保持蛋壳及壳外膜的完整性，且应注意对蛋壳及蛋的贮藏环境进行消毒，减少微生物的侵入。常见的处理方式有将具有抑菌作用的涂料涂在禽蛋表面或将禽蛋浸入具有杀菌作用的溶液中。低温贮藏也可抑制微生物的繁殖，但需要注意的是禽蛋贮藏所使用的低温不能低于冰点以下，否则禽蛋会由于冻结而膨胀破裂，影响贮藏品质。

除微生物感染外，禽蛋贮藏过程中也可能发生一系列物理、化学及生理学变化。禽蛋的物理变化主要表现在贮藏过程中禽蛋质量与密度的降低及气室的增大。这是贮藏过程中，蛋内的水分与二氧化碳不断经由蛋壳上的气孔蒸发逸散导致的。蛋壳越薄，水分蒸发越多，蛋质量下降越显明。禽蛋的生理学变化指的是在较高温度时，胚胎的生理学变化。在 25℃ 以上时，受精的蛋内胚胎周围产生网状血丝，称为胚胎发育蛋，其又因胚胎发育程度不同而分为血圈蛋、血筋蛋和坏血蛋。而未受精的蛋内胚胎会有膨大现象，一般称为热伤蛋。胚胎的发育容易导致禽蛋的腐败变质，品质下降。为预防禽蛋的生理学变化经常采用的方法是低温保藏。

2. 鲜蛋的贮藏技术

禽蛋保鲜贮藏主要是根据鲜蛋本身结构及理化性质，采用各种方法，防止微生物侵入蛋内，抑制微生物的生长繁殖，减少蛋内水分蒸发及二氧化碳逸散，延缓营养成分的分解，在较长的贮藏期内维持禽蛋良好品质。禽蛋的贮藏方式很多，主要方式有冷藏法、气调贮藏法、涂膜法等。

（1）冷藏法 利用低温对鲜蛋进行冷却贮藏，是禽蛋贮藏常用的基本贮藏方式，适用于大量鲜蛋的较长时间贮藏。在入库之前，库房需要预先进行清扫与消毒，一般使用漂白粉或石灰消灭库内微生物。库内垫板等要清洗、消毒、晒干后再入库。入库的鲜蛋应严格挑选分级，剔除霉蛋、破壳蛋、污壳蛋、散黄蛋等质量不合格的禽蛋。生产季节不同的禽蛋由于质量及贮藏性的差别应分开贮藏以延长贮藏期。冷藏前，禽蛋需预先进行冷却操作，防止骤冷下造成的蛋内内容物收缩，压力降低，使空气中微生物易于侵入，造成变质。适宜的预冷温度一般在 0~1℃，相对湿度为75%~80%。预冷还能够防止禽蛋温度造成的库温上升、水汽凝结，从而为霉菌生长创造良好环境。预冷一般经过24~48h，使禽蛋温度逐渐下降到适宜温度后再入库保存。在贮藏期间，冷库内应做好管理工作。一般控制库内温度为-2~1℃，最低温度不能低于-3.5℃，防止禽蛋由于冻结造成破裂。相对湿度控制在80%~85%，贮藏期间应控制室内温度稳定，湿度在合适范围内，不过高也不过低。在冷库中贮藏期间应每隔 15~30d 对鲜蛋进行翻箱检查，抽查量一般为贮藏量的0.5%～1%。如抽查到较坏品质的鲜蛋则可适当增加抽查量。冷库贮藏的鲜蛋在出库前需要进行回温处理。若直接出库，温差过大会使蛋壳表面水蒸气凝结，易于微生物生长，造成腐败。

（2）气调贮藏法　禽蛋的气调贮藏一般是通过降低环境中O_2浓度，提高CO_2浓度，延长禽蛋贮藏期。此种方法适用于大量贮藏，且贮藏效果较好。环境中的高CO_2浓度可抑制需氧微生物的生长及蛋内CO_2的逸散。高浓度的CO_2渗入蛋内pH下降，使蛋白变稠，提高蛋白抗菌能力；还可抑制禽蛋生理变化，延缓内容物分解导致的鲜蛋衰变。气调贮藏还可通过充氮气贮藏的方式降低环境中O_2含量，从而抑制微生物的繁殖，以增加蛋的贮存稳定性。

（3）涂膜贮藏法　一种鲜蛋贮藏的常用方式，一般可分为涂刷、浸渍及喷雾三种方法。涂刷法是将涂膜材料均匀刷于蛋壳表面，干燥后在表面成膜，闭塞蛋壳上的气孔，从而防止微生物的侵入，减少蛋内水分或CO_2的逸散。浸渍是将鲜蛋浸入涂膜材料的溶液中，浸泡数秒取出后干燥使其表面成膜。喷雾法是利用涂膜机或喷雾器将涂料均匀喷于蛋壳表面。此种涂膜方式对蛋壳造成破损最小，功效最高。涂膜常用的材料一般有水玻璃(硅酸钠的透明浆状水溶液)、液体石蜡及复合涂料等。涂膜贮藏需在鲜蛋收获后尽早进行。

三、乳类保鲜技术

1. 乳的贮藏特性

乳及乳制品具有较高的营养价值，除含有完全蛋白质外，还含有丰富的矿物质与维生素，易被人体消化吸收。但乳类中由于多种营养成分的存在，可被不同微生物利用，导致乳品的腐败变质。新鲜的液态乳一般不适宜长时间的贮藏。目前，人们食用最多的液态乳为牛乳。牛乳中微生物污染来源很多，除生产过程中牛自身因素外，还有环境、容器等的污染。被污染的牛乳会在不同微生物作用下产生多种变化，主要有以下几种：因乳糖的分解而产生酸，如由乳酸菌引起的乳酸积累，牛乳的新鲜程度可通过以乳酸为主的有机酸的积累程度来判定；由于微生物作用分解蛋白质产生呈苦味的多肽与腐败味的胺类，胺类的积累导致牛乳的腐败变质；由于脂肪分解所产生的酪酸的积累；由于酵母生长所引起的发泡型。另外，还有黏稠型、水果臭型、鱼腥臭型等其他类型的腐败变质。

鲜乳的腐败变质主要是微生物作用所导致的。因此鲜乳的保鲜应注意在减少微生物污染的同时抑制鲜乳中微生物的生长繁殖。

2. 鲜乳的保鲜技术

牛乳保鲜一般使用低温贮藏。第一步是要确保牛乳采集过程中的质量，减少采集源的污染。一般可通过以下方法控制生鲜牛乳的质量。牧场中的挤乳条件应符合卫生要求，保证牛体清洁，牛舍干净通风，采集人员身体健康，采乳工具经过消毒杀菌。挤乳时应注意将病牛牛乳与健康牛的牛乳做好区分，用过抗生素的牛乳与其他乳分开贮藏。

采集后的牛乳应迅速降温至4℃以下，在此温度下进行短暂保存，等待运输至乳品厂。一般来说，运输过程中的温度升高不可避免，但应控制在10℃以下。一般在8~10℃的情况下牛乳贮藏时间为6~12h，6~8℃情况下贮存时间为12~18h，4~5℃情况下可达24~36h。若冷却工作不到位，牛乳中微生物的繁殖得不到抑制，牛乳品质将迅速下降。牛乳贮藏时的设备应选择不锈钢，且需具有良好的隔热性能，以防止牛乳温度的回升。贮藏时应尽量减少贮藏罐中的剩余空间以减少氧气。贮藏期间还需不时进行搅拌，防止脂肪分离，搅拌时应尽量避免空气混入乳液中。冷却设备短缺的小型农场可通过使用乳保鲜剂或其他杀菌方式抑制微生物以延长牛乳贮藏期。

第五节　水产品保鲜技术

水产品品种繁多，营养丰富，肉质鲜美，易于消化，深受广大消费者的青睐。但是大部分水产品有个体较小，出水易死，肉质柔软，水分含量高，品质易下降等特性，为了保持水产品良好的鲜度和延长水产品的保藏期，需要采取有效的保鲜技术。水产品的保鲜技术就是指利用物理、化学、生物等手段对原料进行处理，从而保持或尽量保持其原有的新鲜程度。

一、水产品的鲜度等级与鉴定

水产动物死后，其机体即开始产生一系列的生物、物理和化学变化，大致可分为死后僵硬、解僵、腐败3个时期。水产动物死后，鱼体开始发硬，死后肌肉组织变硬的现象称为僵硬，僵硬期鱼体变硬，肉质逐渐失去透明感，持续时间为2~20h，水产动物从鲜活状态到死去的时间，随鱼种不同而不同。过了僵硬期，肌肉硬度渐渐减退变软，称为解僵，这是由肌肉组织内蛋白质分解使肌肉自溶而引起的，即组织自身的酶分解消化组织成分，使蛋白质分解，氨基酸增加等。此时，微生物和酶的自溶作用，使鲜度降低，引起腐败的微生物繁殖所产生的腐败分解物，使鱼肉呈现腐败状态，从而产生异味。通常僵硬前或僵硬中的鱼鲜度好，解僵软化的鱼鲜度差，而发出异味的鱼即为腐败鱼。其他种类的水产品其鲜度变化与鱼有相似的变化规律。

鲜度是指水产品原料死后肉质的变化程度。鲜度对水产品的品质及原料的加工适用性有着巨大的影响，在收购、运销、加工过程中常常需要对水产品鲜度质量进行鉴定，鲜度等级只是水产品质量等级的一部分。对于鱼类来讲，鲜度一般分为新鲜、次新鲜及变质3个等级。水产品鲜度的鉴定方法一般分为感官鉴定法、化学鉴定法、物理学鉴定法和微生物学鉴定法。

（一）感官鉴定法

水产品感官鉴定是以人的视觉、嗅觉和触觉根据水产品死后不同阶段在外形、色泽、质地、气味等方面所表现出来的不同性状来评定水产品的新鲜度。感官鉴定对鉴定人员的要求较高，除了具备一定的水产品基本知识外，还应身体健康，不偏食，不色盲，无不良嗜好，有鉴定和综合评定的能力。感官鉴定人员应具有良好的专业知识和技能，并具备实事求是等职业道德素质。感官鉴定指标可参照表4-3。

表4-3　一般海水鱼感官鉴定指标项目

项目	新鲜（僵硬阶段）	次新鲜（解僵阶段）	变质（腐败阶段）
体表	有透明黏液，鳞片有光泽、不易脱落	黏液多不透明，并有酸味，鳞片光泽较差、易脱落	鳞片暗淡无光泽、易脱落，表面黏液污秽，并有腐败味
眼球	眼球饱满，角膜透明清亮，有弹性	角膜起皱，稍变混浊，有时由于内溢血发红	眼球塌陷，眼角膜混浊或发糊
鳃色	鳃色鲜红，黏液透明无异味或海水味（海水鱼）、土腥味（淡水鱼）	鳃色变暗呈淡红、深红或紫红，黏液有发酸气味或稍有腥味	鳃色呈褐色、灰白色，有混浊黏液，带有酸臭、腥臭或陈臭味
肌肉	坚实有弹性，手指压后凹陷立即消失，无异味，肌肉切面有光泽	稍松软，手指压后凹陷不能立即消失，稍有腥臭味，肌肉切面无光泽	松软，手指压后凹陷不易消失，有霉味和酸臭味，肌肉易与骨骼分离
腹部	正常不膨胀，肛门凹陷	膨胀不明显，肛门稍突出	膨胀或变软，表面发暗色或淡绿色斑点，肛门突出

对鲜度稍差或异味程度较轻的水产品以感官鉴定鲜度有困难时，可以通过水煮实验嗅气味、品尝滋味、看汤汁来判断。

（二）化学鉴定法

鱼贝类鲜度下降的主要原因可以大致分为自身酶引起的鲜度下降和细菌引起的鲜度下降两个方面，前者可用K值作为指标，后者用挥发性盐基氮（TVB-N）作为指标。国内常测的是挥发性盐基氮、K值和pH等。

1. 挥发性盐基氮

挥发性盐基氮是指肉食品的水浸液中在碱性条件下能与水蒸气一起蒸馏出来的总氮量。目前挥发性盐基氮是国家标准中用于评价肉质鲜度的唯一理化指标。挥发性盐基总氮主要是氨和胺类（三甲胺和二甲胺），其中三甲胺是季胺类含氮物经微生物还原产生的，组胺是通过细菌分泌的组氨酸脱羧酶使组氨酸脱羧生成的。可以说挥发性盐基总氮的测定是鱼臭强度测定。一般把挥发性盐基氮的含量30mg/100g作为初步腐败的界限标准。不同鲜度的鱼对应的挥发性盐基氮如表4-4所示。

表4-4 不同鲜度的鱼对应的挥发性盐基氮

鱼	活杀鱼	新鲜鱼	次新鲜鱼	变质鱼
挥发性盐基氮/（mg/100 g）	5~10	15~25	30~40	≥50

注：挥发性盐基氮不适用于含有大量尿素和氧化三甲胺的软骨鱼及氧化三甲胺含量低的淡水鱼。

2.K值法

K值法是以核苷酸的分解物作为指标的测定方法，鱼肉的ATP分解途径如下：

腺苷三磷酸（ATP）→ 腺苷二磷酸（ADP）→ 腺苷一磷酸（AMP）→ 肌苷一磷酸（IMP）→ 肌苷（HxR）→ 次黄嘌呤（Hx）

随着鲜度下降，反应向右进行，由于ATP以及分解物的总量几乎一定，以HxR、Hx的量占总量的百分比作为鱼肉的鲜度指标，称为K值，可通过式（4-1）计算。

$$K = \frac{HxR + Hx}{ATP + ADP + AMP + IMP + HxR + Hx} \times 100\% \qquad (4-1)$$

K值是鱼贝类生鲜度指标，对鱼贝类的自溶度测定，K值在20%以下为新鲜鱼，60%~80%为变质鱼（表4-5）。

表4-5 不同鲜度的鱼对应的K值

鱼	活杀鱼	新鲜鱼	次新鲜鱼	变质鱼
K值	10%	≤20%	≤40%	60%~80%

注：如果鱼体处于腐败阶段，测K值没有意义。

3.pH法

活鱼肌肉的pH为7.2~7.4，鱼死后一方面可由微生物的作用或本身酶的消化作用，使pH下降；另一方面也可以由微生物的作用所产生的氨而促使pH上升。pH在鱼死后的各个阶段不一致，在僵硬阶段pH在6~6.8，解僵阶段pH接近7，腐败开始后pH大于7。因此，可根据pH的不同判别鱼的鲜度。

（三）物理学鉴定法

水产品鲜度的物理学鉴定主要是根据鱼的质地，鱼肉或浸出液的电导率、鱼肉压榨液的黏度、眼球水晶体的浑浊度等物理参数来判断。物理学鉴定法设备简单、可以立即获得结果,实现现场测定,是一种简便有效的方法。目前,常用的物理学鲜度指标有鱼肉的弹性和电导率两种,但由于物理学鉴定还未建立起系统的参照标准,故鉴定结果只能相对而言,要准确判断鱼的鲜度等级,目前还较困难。

(四)微生物学鉴定法

由于鱼体死后僵硬阶段,细菌繁殖缓慢,到解僵阶段后期,含氮物质分解增多,细菌繁殖很快,通过测定细菌数可以大致反映鱼体的新鲜度。一般细菌总数小于10^4个/g作为新鲜鱼;大于10^6个/g作为变质开始,介于两者之间为次新鲜鱼,其测定方法可参照GB 4789.2—2022《食品安全国家标准 食品微生物学检验 菌落总数测定》。利用细菌总数来判别鱼贝类的鲜度时,常因鱼的种类、捕捞海域的污染程度、贮藏温度和贮藏条件等使测定值变动,同时还因采样部位和采样方法、培养条件、设备条件和操作人员等因素而使检测结果出现波动。由于该方法花费时间长(培养时间需24h),操作较为烦琐,需要专门的实验室,因此,此方法较多用于研究工作中。

二、水产品的冷却保鲜技术

(一)水产品的冷却保鲜

为保持水产品鲜度或减缓水产品腐败速度,常需要对水产品进行冷却保鲜,一是能有效地防止微生物的繁殖腐败,具有抑制酶类的生化反应和空气的氧化作用,符合食品卫生条件;二是具有适于在生产和运输过程中及时有效处理大量水产品的条件和能力。水产品的冷却保鲜是将水产品的温度降低到接近细胞汁液的冰点,从而抑制或减缓水产品体中酶和微生物的作用,使水产品在一定时间内保持良好鲜度的过程。要使水产品保持良好的鲜度,应在水产品捕获后,立即快速冷却,而且冷却的最终温度越低,水产品的保鲜期也就越长。适合于水产品冷却保鲜的方法主要有冰冷却法、海水冷却法,另外还有空气冷却、冰盐混合冷却等方法。由于空气冷却法不能大批量处理鱼货,冷却速度慢,在鱼的冷却中较少采用。

1. 冰冷却法

冰冷却法又称碎冰冷却、冰藏或冰鲜,保鲜温度0~3℃,保鲜期为7~12d,由于冰作为冷却介质具有冷却容量大,安全无毒,成本低,携带、使用方便的特点,冷却时不需动力,冰鲜鱼最接近活鲜鱼的生物特性,故这种传统保鲜方法是鲜水产品保藏运输中使用最普遍的方法。保藏时间因水产品的种类和保藏条件而异,一般为1~2周(表4-6)。水产品冰冷却的方法有撒冰法与水冰法两种。

表4-6 水产品在冰藏条件下的保藏期

种类	温度 /℃	保藏期 /d
底栖性海水鱼类	-1 ~ 0	5 ~ 14
洄游性海水鱼类	-1 ~ 0	3 ~ 10
淡水鱼类	0 ~ 1	2 ~ 5
贝类	-1 ~ 0	3 ~ 7
虾、蟹类	-1 ~ 0	5 ~ 14
海藻	-1 ~ 0	5 ~ 14

（1）撒冰法　撒冰法是将碎冰直接撒到鱼体表面而使水产品冷却。冷却过程中，融化的冰水又可清洗水产品表面，除去细菌和黏液，还具有防止表面氧化与干燥的作用。撒冰法保鲜的最好是刚刚捕获的或者鲜度较好的渔获物，以及处在死后僵硬期的新鲜品，加工时必须在低温、清洁的环境中，迅速、细心地操作。在冰藏过程中，除了用冰量充足外，保鲜方法对渔获物质量的好坏和保鲜期长短也有极其重要的影响。

撒冰法的工艺流程为清洗 → 理鱼 → 撒冰 → 装箱 → 贮藏。对特种鱼或大型鱼，必要时可去鳃、剖腹、清除内脏，再洗净，然后腹内抱冰后装箱、贮藏；对于小型鱼类，以整条方式同碎冰或片冰层装入容器。在冰藏过程中，撒冰法的用冰量按照冰量=（水重+鱼重）×水的初温/80计算，由于外热的传入，死后便是直热等，实际加冰量比计算值高。尽快撒冰装箱，冰粒要细，撒冰要均匀，融冰水要流出，可采用每层鱼箱之间用塑料布或硫酸纸隔开的方法，但应经常检查融冰水是否色清无臭味，温度不应超过3℃，若超过需要及时加冰。冰藏鱼在有制冷设备的渔船内进行保藏时，空气温度不应过低，应保持在2℃左右，并需经常敲打容器和鱼舱，以破坏局部形成的冰桥。

（2）水冰法　水冰法即先用冰把清淡水或清海水降温，然后把水产品浸泡在水冰中。其优点是冷却速度快，能集中处理死后僵硬快的或大批量的渔获物。水冰法一般用于迅速降低渔获物的温度，待鱼体冷却到0℃时取出，改用撒冰法保存，并不是整个保鲜过程都用水冰法。因为在水冰混合物中浸泡的时间过长，水产品的肉质会吸水膨胀，容易变质。在计算加冰量时，由于外界热量传入、生化反应放出热量及容器的冷却等，故实际加冰量比计算值要多些。水冰法的注意事项如下。

①海水要预冷到0℃，淡水要预冷到-1℃。

②水产品应洗净后放入，避免污染冰水。

③用冰要充分，水面要用冰覆盖，若无浮冰，应及时加冰。

④鱼舱或水池要防止摇动，避免擦伤水产品。

⑤当水产品冷却到0℃左右时取出，改用撒冰法贮藏。

2. 海水冷却法

海水冷却法是将渔获物浸渍在-1~0℃的冷却海水中的一种保鲜方法，具有冷却速度快，保鲜效果好，在短时间内能处理大量的渔获物，操作简单，又可用吸鱼泵装卸渔获物，减轻劳动强度的特点，特别适用于品种单一、渔获量高度集中的场合。冷海水保鲜装置主要由氟利昂制冷机组、海水冷却器、循环水泵、隔热冷却海水鱼舱、喷水管、过滤网及船底阀等组成（图4-1）。冷却海水鱼舱要求四周上下隔热，舱盖要求水密以及耐腐蚀、不粘污、易清洗等，制冷机组较多采用氟利昂，供冷方式主要有机械制冷冷却和机械制冷加碎冰结合冷却两种方式。

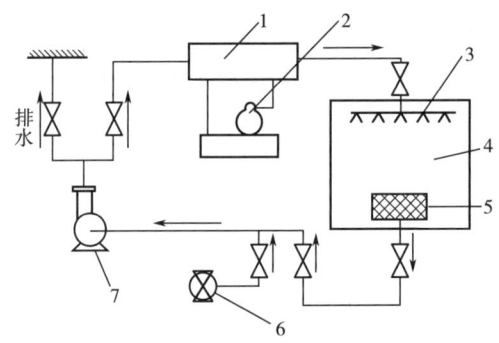

图4-1　冷海水保鲜装置示意图
1—海水冷却器　2—氟利昂制冷机组　3—喷水管
4—隔热冷却海水鱼舱　5—过滤网　6—船底阀　7—循环水泵

海水冷却的注意事项如下。

①在起网前，预先用泵将清洁海水（渔获物与冷却海水的比例一般为7∶3）抽入鱼舱，开启制冷机组将其冷却到-1℃左右备用。

②起网后，将渔获物用水冲洗干净，放入冷却海水中，同时加入已拌好的冰盐（用盐量相当于冰重的3%），随后开动循环泵，使海水循环流动，促使冰、盐的融化和鱼体的冷却，当冰、盐全部融化，温度达到-1℃后，立即停止海水循环。

③随时检查鱼舱中水温保持在-1℃左右，如发现海水中血污多时，应排出部分血污海水，补充新的冷却海水，以免引起水产品变质。

④采取冷却海水保鲜中、上层鱼类，一般有两种做法：一种作为预冷用，即把水产品温度冷却到-1~0℃，然后改为撒冰保鲜；另一种在冷却海水中冷却贮藏，可贮藏10~14d。

然而，冷却海水保鲜贮藏时间5d以上，水产品在冷却海水中吸取水分和盐分，使其膨胀且肉味略咸，体表稍有变色，同时海水循环会扩大污染，所以时间不宜过长。同时由于船身的摇动而使鱼体有损伤和脱鳞现象，另外，冷却海水系统需要一定的设备，在一定程度上影响了冷却海水保鲜技术的推广和应用。

（二）水产品的微冻保鲜

微冻保鲜是介于非冻食品与冻结食品之间的一种冷藏法，是将水产品包藏在其细胞汁液的冻结温度以下（-3℃左右）的一种轻度冷冻保鲜方法。在该温度下食品表层水分处于轻度冻结（微冻）状态，可以有效地抑制微生物的繁殖，常用于鱼类或肉类的冷藏运输或短期贮藏。鱼类的微冻温度因鱼的种类、微冻的方法不同而略有不同。不同种类鱼的冻结点大致如下：淡水鱼-0.5℃，海水鱼-0.75℃，洄游性海水鱼-1.5℃，底栖性海水鱼2℃。实际生产中，一般鱼类的微冻温度为-2~3℃。

（1）吹风冷却微冻　我国北方部分渔区（山东烟台、青岛等地）采用半鼓风冻结装置对渔获物进行微冻，使渔获物冷却至-2℃，然后在-3℃的舱温下进行保藏。因该冻结设备换热强度高，每网渔获物逐层放在冻结器内微冻，至第二网渔获物上船后，即可将微冻好的渔获物放到保冷舱内冷藏。半鼓风冻结装置最大优点是能较理想地实现水产品冷冻工艺条件要求和装置的可靠性强。但该微冻方式存在的问题是成本较高，而且吹风冷却微冻使鱼体表面干燥。

（2）冰盐混合微冻　冰盐混合进行微冻保鲜是目前应用最为广泛的一种微冻保鲜法。冰盐混合物是一种有效的制冷剂。当盐掺在碎冰里时，盐就会在冰中溶解而吸热，使冰的温度降低。冰盐混合在一起，在同一时间内会发生吸热现象：一种是冰的融化吸收热量；另一种是盐的溶解吸收热量。因此，在短时间内能吸收大量的热，从而使冰盐混合物的温度迅速下降，比单纯冰的温度要低得多。但冰盐混合微冻在与渔获物直接接触的过程中，冰盐融化形成盐水，会使水产品褪色、体内盐分增高偏咸，影响水产品的风味。由于冰融化快，冷却温度也低，冰融化后，冰水吸热温度回升，水产品温度的回升也快。因此，在冰盐微冻过程中需要逐日补充适当的冰和盐，以期保温。冰盐混合物温度的高低取决于掺入盐的量，当掺入3%食盐时，微冻温度达到-3℃。冰盐混合要均匀，才能达到最好的微冻效果。

（3）低温盐水微冻法　这种方法在渔船上应用较多。主要装置有盐水微冻舱、保温鱼舱和制冷系统3部分，盐水微冻的速度很快，其操作工艺为预制冷盐水 → 微冻 → 保温，其关键在于选择适当的盐水浓度，一般配成盐水浓度为10%，盐水冷却温度-5℃。

低温盐水微冻保鲜的操作工艺注意事项如下。

①预制冷盐水：起网前，将清洁海水抽进微冻舱，预制浓度为10.3%~13.2%的盐水，用制冷机降温至-5℃。同时，保温鱼舱也降温至-3℃左右。

②微冻：起网后，渔获物经冲洗后装入放在盐水微冻舱内的网袋中进行微冻，盐水温度会有所回升，用制冷机继续冷却到盐水温度-5℃时，使鱼体中心温度达到-2~-1.5℃。每次微冻后，要测定盐水的浓度，以便补充相应的盐量。盐水污染严重时，要及时更换清洁盐水。

③保温：将微冻鱼移入保温鱼舱散装堆放，并由冷风机吹风保冷，舱温保持（-3±1）℃。

（三）水产品的保活与运输

1. 低温保活的原理

水产品保活是保鲜的一个特殊范畴，其原理在于当水产品生活环境温度降低时，新陈代谢就会明显减弱；当环境温度降到其生态冰温时，呼吸和代谢就降到了最低点，鱼处于休眠状态。因此，在其冰温区内，选择适当的降温方法和科学的贮藏运输条件，就可使海水鱼在脱离原有的生活环境后还能存活一段时期，从而达到保活运输的目的。鱼体的状况、运输方式、温度、装运密度、氧气供应、代谢产物、水质、运输时间等都是海水鱼活体运输时需要考虑的因素，无水运输时还应考虑降温方式、暂养的程序和包装材料等。

2. 常用的水产品保活与运输方法

（1）增氧法　又称塑料袋充氧保活，是常见的简易方法。保活运输过程中用纯氧代替空气或特设增氧系统，以解决运输过程中水产动物的氧气不足问题，该法多适用于淡水鱼类。

（2）低温法　根据水产动物的生态冰温，采用控温方式，使其处于半休眠或完全休眠状态，降低新陈代谢，减少机械损伤，延长存活时间。该法应用较广，在鱼、虾、蟹、贝等的保活运输中均可使用。由于水产动物的种类不同，决定其生死的临界温度、冰点也各不相同，它们的冰温区也不一样，很难确定其相应的生态冰温而采用控温方法来使活体处于半休眠或完全休眠状态。此外，鱼类虽各有一个固定的生态冰温，但当改变其原有生活环境时，往往会产生应激反应，导致鱼的死亡。因此，许多鱼类可采用缓慢梯度降温法，降温一般每小时不超过5℃，这样可减轻鱼的应激反应，提高其存活率。

（3）无水法　由于鱼类属冷血动物，有冬眠现象，采用低温法使鱼类冬眠，可达到长距离保活运输的目的。使鱼处在生态冰温7℃左右，可保持鱼体湿润、冬眠成功。无水保活运输的特点是不用水，运载量大，无污染，并且保活质量高，适合于长途运输。活鱼无水运输的容器应采用封闭控温式，当鱼处于休眠状态时，应保持容器内的湿度，并考虑氧气的供应。

（4）麻醉法　在运输前或过程中，采用麻醉剂抑制鱼的中枢神经，以降低应激，从而降低呼吸和代谢强度，提高存活率，但由此大大增加了食用安全问题。目前，我国的活鱼运输技术还需进一步探索，研究物理或天然休眠物质、开发活鱼仿生态冷链运输装备并降低制造成本也是今后该领域重点发展方向。

拓展阅读

水产品无水保活物流技术集成应用

水产品活体运输是鱼类移殖、引种和供应等环节市场活动过程中的一种鲜活流通方式。水产品无水保活物流技术是无污染、安全、优质和高效的绿色保活流通技术，正成为今后新电商模式下水产品活体物流的发展方向。水产品无水保活运输技术是一种绿色环保、无污染、安全、优质和高效的新型活体物流技术。水产品无水保活物流技术是通过低温驯化、天然植物源诱导休眠剂方式促使各种水产品进入休眠状态，利用温控、气调处理进行无水保活运输，待到达目的地时，以梯度升温"唤醒"方式解除休眠，依靠低温驯化/"唤醒"箱、天然植物源诱导休眠剂产品、智能无水运输车、配送箱、运输盒等装备完成，从而实现水产品无水物流新模式。

1. 休眠

休眠的主要作用是减少包装、装载和运输过程中产生的强烈应激，从而实现活鱼无水冷链物流。

2. 包装

活鱼无水包装的主要特征在于其充入混合气体密封封口。无水包装材料主要包括塑料薄膜袋、橡胶袋、无水运输垫、泡沫箱、聚苯乙烯箱等。目前，无水保活运输方式主要是将休眠鱼体装入专用无水运输盒或垫，放入塑料薄膜袋、橡胶袋或泡沫箱等密闭容器中充入纯氧密封。无水包装是实现活鱼运输的重要环节之一，是维持运输的先决条件。

3. 无水微环境

无水微环境主要包括厢内大气温度以及波动范围、内部湿度、内部实际振动情况等。

4. 唤醒

"唤醒"也称为复活，即将休眠状态下的活鱼转入暂养池内（水温为生态冰温范围），通过梯度升温方式使其恢复正常游动状态。水产品无水保活物流技术集"暂养－梯度降温－诱导休眠－无水包装－低温贮藏－唤醒"全过程品控工艺、智能信息化及配套装备为一体。该技术可使水产品存活时间长达60~81h，存活率达98%以上，成本低，自动化程度高，易于操作，能实现大批量的输送。配套装备与产品严格按照工艺流程设计生产，主要包括低温驯化/唤醒箱、天然植物源休眠诱导剂、智能无水运输车、运输盒、配送箱等，有效地构成物流载体，从而实现全程高效、绿色、低碳的水产品无水保活流通。通过对水产品无水保活物流技术及其配套装备与产品的革新，提高了成活率，增加了运输量，延长了成活时间，从而大幅提升了水产品商业价值。

> **复习思考题**
>
> 1. 什么是果蔬的采后商品化处理？
> 2. 果蔬的最佳采收成熟度确定依据有哪些？判别果蔬成熟度的主要方法有哪些？
> 3. 简述鲜切果蔬的加工工艺流程以及质量控制措施。
> 4. 用生物化学的知识分析粮食酸败的机理。
> 5. 粮食贮藏的主要方法有哪些？
> 6. 什么是冷鲜肉？什么是冷冻肉？禽肉类应如何进行冷却？
> 7. 禽肉类在低温贮藏过程中有哪些变化？如何控制这些变化？
> 8. 如何进行水产品鲜度鉴定？
> 9. 常用保活运输方式有哪些？什么是水产品的微冻保鲜？

实训项目八　果蔬汁冰点的测定

一、实训目的

1. 了解果蔬采后生理的有关概念；掌握果蔬低温伤害生理作用的基本理论。

2. 能测定果蔬或果蔬汁的冰点；能使用果蔬汁液冰点测定装置进行操作；能够准确判定果蔬冰点。

二、实训原理

冰点是果蔬重要的物理性状之一，对于许多种果蔬来说，测定冰点有助于确定其适宜的贮运温度及冻结温度。但是，果蔬活组织的冰点测定过程比较复杂。由于果蔬榨汁后汁液的冰点要比果蔬活组织的冰点略高，因此，通过测定果蔬汁液的冰点，在一定程度上可以反映果蔬活组织的冰点状况。液体在低温条件下，温度随时间下降，当降至该液体的冰点时，由于液体结冰放热的物理效应，温度不随时间下降，过了该液体的冰点，温度又随时间下降。据此，测定液体温度与时间的关系曲线，其中温度不随时间下降的一段所对应的温度，即为该液体的冰点。测定时有过冷现象，即液体温度降至冰点时仍不结冰。可用搅拌待测样品的方法防止过冷妨碍冰点的测定。

三、实训材料、试剂和器具

（1）材料　苹果、梨、葡萄、猕猴桃、蒜薹、菜花等新鲜果蔬。

（2）试剂　-6℃以下冰盐水：质量分数大于11%氯化钠或氯化钾溶液，先冷却至出现冰盐结晶体。

（3）器具　标准温度计（准确度±0.01℃），碎冰，榨汁器或研钵，烧杯，玻璃棒，纱布，秒表。

四、实训步骤

1. 样品预处理

取适量待测样品（新鲜果蔬）在研钵中捣碎（或榨汁机榨汁），榨取汁液，双层纱布过滤。

2. 测定

取50mL滤液盛于100mL小烧杯中，并将小烧杯置于冰盐水中，插入温度计。温度计的水银球必须浸在样品汁液中，并不断搅拌汁液。

当汁液温度降至2℃时，开始记录温度随时间变化的数值，每30s记一次，直到果蔬完全结冰为止。

3. 绘制降温曲线

分别记录果蔬汁液温度和降温时间，以温度（℃）为纵坐标，时间（s）为横坐标，绘制果蔬汁液的降温曲线，曲线上出现平稳变化时的温度就是样品汁液的冰点。

注意：果蔬汁温度变化一般规律是温度随时间不断下降，降至冰点以下时，由于液体结冰发生相变释放潜热的物理效应，汁液仍不结冰，出现过冷现象。随后温度突然上升至某一点，并出现相对稳定，持续时间几分钟。此后汁液温度再次缓慢下降，直到汁液大部分结冰。

五、实训结果与讨论

（1）绘制降温曲线图，说明果蔬汁变化的一般规律。

（2）降温曲线中，哪个温度可以认为是果蔬汁的冰点？

（3）果蔬汁的冰点之前，曲线上是否有比冰点更低的温度出现？若有，你认为是什么温度？

（4）如何根据测定的冰点，分析确定果蔬的最佳贮运温度及冻结温度？

实训项目九　冷鲜肉保鲜品质的感官鉴定

一、实训目的

1. 通过本实验熟悉冷鲜肉贮藏销售过程中的感官品质鉴定要点。
2. 通过本实验掌握冷鲜肉保鲜品质的感官鉴定方法。

二、实训原理

冷鲜肉放置一段时间后，因受外界微生物的侵染，以及肉内部自身酶的作用，会产生各种生理生化变化，以致腐败变质。这些结果往往会表现在肉的色泽、弹性、气味及黏度等感官指标的变化上，而根据肉蒸煮后的肉汤也能判断出冷鲜肉保鲜的品质情况。因此，通过这些感官指标进行综合判断，就可以定性评定出冷鲜肉的保鲜品质。

三、实训材料和场所

各种冷鲜肉，一般选用猪肉；感官实训室。

四、实训步骤

（1）通过人的视觉、味觉、嗅觉、触觉等判定冷鲜肉的鲜度。
（2）鲜度判定的标准。肉类鲜度感官鉴定的评价标准：一般采用0~10分的分级标准对样品进行质量评定。新鲜肉：7~10分；次新鲜肉：3~6分；变质肉：0~2分（表4-7）。

表4-7　冷鲜肉的感官鉴定鲜度的指标

指标	新鲜肉	次新鲜肉	变质肉
色泽	表面呈粉红色或浅红色，新切面呈微湿但不黏手，具有每种牲畜肉的特有颜色，肉汁透明	表皮呈暗红色，切断面较新鲜，色泽发暗，潮湿，触之微黏，把滤纸贴在切面上有水分润湿，肉汁浑浊	表面灰色或微绿色，新断面强烈地发黏发湿，切断面呈暗红色，微绿或灰色
弹性	切面上肉是致密的，手指压陷的小窝可以迅速地恢复原状	切断面比新鲜肉软且松，手指压陷的小窝不能立即恢复原状	切面上肉质松软，手压陷的小窝不能恢复原状
气味	具有良好的和该种牲畜的特有气味	具有微酸和陈腐的气味，有时外表有腐败的气味，而深层没有腐败气味	在深层内有比较显著的腐败气味

续表

指标	新鲜肉	次新鲜肉	变质肉
黏度	外表微干或微湿润，不黏手	外观基本正常，关节处含有少量黏液	发黏，关节处含有多量黏液并呈稀状
肉汤	肉汤透明、芳香，且有大量油滴聚集表面，脂肪味正常	肉汤浑浊，无芳香气味，常有大量陈腐的滋味，汤面油滴小，有油污的滋味	肉汤污秽，有肉末，有酸败的气味，汤面几乎没有脂肪滴，脂肪有腐败气味

注：不同的肉类感官品质有所不同，故以上评价标准仅供参考，具体肉类的评价应有所取舍。

五、实训结果与讨论

（1）将感官鉴定结果填入下表。

肉种类	贮藏前			色泽		气味		弹性		黏度		肉汤		其他指标		综合评价
	入贮期	鉴定期	贮藏时间	贮藏前	贮藏后	贮藏前	贮藏后	贮藏前	贮藏后	贮藏前	贮藏后	贮藏前	贮藏后	贮藏前	贮藏后	贮藏后

注：①以上实训结果请用文字描述，并评分。

②最终要综合评定写出综合评定等级，并说明理由。

③由于教学实训的局限性，若没有足够的时间做2次实训，则仅记录贮藏后数据。

（2）请思考除了本实训所测定的感官品质指标外，还有哪些指标可以检测？

（3）请思考感官鉴定是否客观、正确？若只能选用感官评价，怎样才能使结果尽可能客观、准确？

实训项目十　鱼类鲜度的感官鉴定

一、实训目的

1. 通过本实验认识鱼类的感官属性。
2. 通过本实验掌握鱼类鲜度等级的划定和感官鉴定鱼类鲜度的方法。

二、实训原理

鱼类死后,随着放置时间的延长,鲜度会逐渐下降。鱼体鲜度下降是由于鱼体内生化变化及外界生物和理化因子综合作用的结果。这些结果往往又会表现在眼球塌陷、肌肉弹性下降、鳞片暗淡无光泽、肛门突出等感官指标上,通过这些感官指标进行综合判断,就可以定性评定出鱼体的鲜度。

三、实训材料和场所

各种不同鲜度的鱼类;感官实训室。

四、实训步骤

(1)通过人的视觉、味觉、嗅觉、触觉等判定不同鱼体的鲜度。

(2)鲜度判定的标准。鱼类鲜度感官鉴定的评价标准:一般采用0~10分的分级标准对样品进行质量评定。一级:7~10分;二级:4~6分;三级:1~3分;四级(变质、腐败)为0分(表4-8)。

表4-8 鱼的感官鉴定鲜度的指标

指标	一级	二级	三级	四级
体表	具有鲜鱼固有的鲜明本色与光泽,黏液透明	色较暗淡,光泽差,黏液透明度较差	色暗淡无光,黏液浑浊	色全晦暗,黏液污秽
弹性	鳞完整或稍有花鳞,但紧贴鱼体,不易剥落	鳞不完整,较易剥落	鳞不完整,松弛易脱落	鳞脱落
鳃	鳃盖紧合,鳃丝鲜红、清晰,黏液透明有清腥味	鳃盖较松,鳃丝呈紫色或紫红色,淡红色或暗红色,腥味较重	鳃盖松弛,鳃丝黏结呈淡红、暗红或灰红色,有显著腥臭味	鳃丝黏结,黏液脓样,有腐败臭味
眼球	眼球饱满,角膜光亮透明	眼球平坦或稍凹陷,角膜暗淡或微浑浊	眼球凹陷,角膜浑浊或发糊	眼球完全凹陷,角膜模糊或呈脓样封闭
肌肉	肌肉坚实或富有弹性,肌纤维清晰,有光泽	肌肉组织紧密,有弹性,压出凹陷能很快复平,肌纤维光泽较差	肌肉松弛,弹性差,压出凹陷复平较慢,肌纤维无光泽,有异味但无腐臭味	肌纤维模糊,有腐败臭味

注:不同的鱼类感官品质有所不同,故以上评价标准仅供参考,具体鱼类的评价应有所取舍。

五、实训结果与讨论

（1）将鱼的感官鉴定结果填入下表。

指标	一级	二级	三级	四级	综合等级
体表					
弹性					
腮					
眼球					
肌肉					

注：①请在相应等级上打钩，并用文字描述。

②最终要综合评定写出综合等级，并说明理由。

（2）请结合实训九、十，分析讨论感官评价的优缺点。

（3）请根据所做的实训，阐述如何才能使感官评价尽可能地客观、准确？

（4）请查阅相关文献，了解是否有其他方法来代替感官评价？并说明具体做法，请至少举出一例。

实训项目十一　涂膜保鲜实验

一、实训目的

1. 通过本实验掌握果蔬涂膜保藏的原理。
2. 通过本实验学会涂膜保鲜技术运用方法。

二、实训原理

涂膜处理在水果保鲜上已被广泛使用。海藻酸钠是由海带中提取的碳水化合物，广泛应用于食品行业，可作为涂膜剂、增稠剂、乳化剂使用。海藻酸钠是一种天然纤维素，添加到食品里面不但非常安全，而且可以降低胆固醇，预防高血压、糖尿病。海藻酸钠很容易与一些二价阳离子结合，形成凝胶。而且其温和的溶胶凝胶过程，良好的生物相容性使海藻酸钠适于作为包埋食品的凝胶囊或者是涂膜剂。

三、实训材料和器具

（1）材料　苹果、海藻酸钠、$CaCl_2$、山梨酸钾、蔗糖、聚乙烯保鲜膜。

（2）器具　天平、电磁炉、烧杯、玻璃棒。

四、实训步骤

1. 保鲜液的制备

取一定量的蔗糖、山梨酸钾和海藻酸钠，一起溶于50~60℃的水中，不断搅拌制成含5%蔗糖、0.05%山梨酸钾、1.0%海藻酸钠混合溶液。混合溶液配制量要能完全浸没苹果。

2. 混合液脱气处理

将溶解后的混合溶液静置30~40min，使其充分吸水膨胀并脱气或超声处理5min使其脱气。

3. 涂膜处理

先将苹果清洗、晾干，然后将苹果在保鲜液中浸泡5min，捞出后自然晾干，浸泡于2%的$CaCl_2$溶液5min，使海藻酸钠溶液凝胶化，形成一层膜。放在常温保藏，同时以未经浸泡涂膜的果实作为对照组，观察对照和保鲜处理后的苹果之间的感官变化。

4. 测定指标

（1）可溶性固形物含量　参照第一章实训项目二相关内容。

（2）呼吸强度　参照第二章实训项目三相关内容。

（3）失重率　参照第三章实训项目六相关内容。

五、实训结果与讨论

（1）请写出每天观察的结果（感官评价），列出测定的指标结果。

（2）涂膜方法有哪些？

（3）有哪些常用的涂膜剂？

第五章 加工食品贮藏技术

📖 学习目标

知识目标

1. 掌握加工食品腐败变质的原因及贮存主要影响因素,明确加工食品保质期;加工食品的基本制作工艺过程。
2. 熟悉常见加工食品如焙烤食品、调味品、酒类、干制品、腌制品、罐头食品、速冻食品等的贮藏目的,掌握常见加工食品的贮藏方法。
3. 了解常见加工食品如焙烤食品、调味品、酒类、干制品、腌制品、罐头食品、速冻食品等的贮藏特性,了解新技术。

技能目标

1. 针对不同类型的加工食品,具有分析贮存过程中品质劣变原因的能力。
2. 基于腐败变质原因,能提出加工食品具体的防腐方案。
3. 能够通过查阅文献等方法,掌握加工食品最新的贮藏技术及其现状和发展趋势。

职业素养目标

1. 深刻领悟自改革开放以来我国加工食品贮藏技术在中国共产党领导下的巨大进步,认识到我国加工技术的发展变化对于人民物质生活改善起到的重大作用,激发爱国情怀。
2. 认识到以科技创新推动食品产业高质量发展前景广阔。
3. 确立从实际出发、实事求是的思想路线,领悟确保我国食品安全、粮食安全战略的意义。

> **案例导入**

随着天气逐渐转暖，食物也越来越容易损坏了，家里的大米如果放置过久就容易生虫。一般来说大米生虫有两个原因：一个原因是粮食还在地里时，本身就带上了米虫的卵，经过粮食工厂加工后仍然粘在一些大米上边。而虫卵非常小，人的眼睛根本看不见。虫卵在夏季高温时孵化变成小虫子，小虫以大米为食，吃得多，繁殖快。另一个原因是有些虫卵藏在米缸底、米袋缝、墙缝、地缝里，人们很难一一把它们清除，当家中有大米、气候又适宜时，这些虫卵孵化出来便很快会爬进米袋，给大米贮藏带来不良影响。

讨论：

1. 加工食品在贮藏过程中为什么会产生虫害？有什么解决办法？
2. 加工大米出现了虫害会对品质有影响吗？这样的大米还能吃吗？
3. 为什么党的二十大报告提出，要"全方位夯实粮食安全根基""确保中国人的饭碗牢牢端在自己手中"？

第一节　焙烤食品贮藏技术

焙烤食品是以小麦等谷物粉料为基本原料，通过发面、高温焙烤过程而熟化的一大类食品，又称烘焙食品。虽然焙烤食品范围广泛，品种繁多，形态不一，风味各异，但主要包括面包、糕点、饼干三大类产品。焙烤食品通常具有较好的保存性，便于携带和存放，营养较丰富。焙烤食品的特点是以微火烘烤的方法达到高温来完成产品的熟化。焙烤是高温处理过程，当面团坯体骤然受热时，其中所含的气体或化学发面剂受热而释放的气体顿时膨胀，使食品的组织疏松。尤其是食品表面达到的温度更高，其中所含的还原糖与氨基酸、蛋白质会发生一种褐变的化学反应，使产品表面呈悦目的棕黄色，并产生特有的香味物质。这些都是焙烤食品独具的特色。

一、焙烤食品的概念

焙烤食品是人们生活所必需的，它具有较高的营养价值。除传统的普通焙烤食品外，近些年又出现了强化营养、注重保健功能的烘焙制品，例如钙质面包、全营养面包等，既可以在饭前或饭后作为茶点品味，又能作为主食果腹，满足多种消费者的不同需要。一般来说，大多数焙烤食品的水分活度、酸碱度较低，烘焙过程中经过高温烘烤，可防止微生物的生长，并使其能够在一定的环境和温度下安全存储。

焙烤食品种类繁多，主要分为以下几类。

（1）浆皮类　用糖浆和面，经包馅、成型、焙烤制成，如提浆月饼、双麻月饼。

（2）混糖皮类　用糖粉和面，经包馅、成型、焙烤制成，如广式月饼。

（3）饼干类　为手工制作糕点式饼干。油、糖、面、水混合一起，擀片成型、焙烤制成，如高桥薄脆、麻香饼。

（4）酥类　用高油、糖和面，印刷切块成型、焙烤制成，如杏仁酥、糖酥。

（5）蛋糕类　用蛋量大，加入糖、面，搅打成糊，浇模成型，经焙烤或蒸制而成，如喇嘛糕、方糕。

（6）油炸类　调制成型后以油炸熟制，如排叉、麻花、沙琪玛等。

（7）其他类　凡配料、加工、熟制方法不同于前6种的中式糕点均属于此，如绿豆糕、元宵、各种糕团等。中式糕点品种繁多，最具代表性的品种为月饼。

每一类焙烤食品中又分为数以百计的不同花色品种，它们之间既存在着同一性，又有各自的特性。焙烤制品一般具有下列特点：①均以谷类为基础原料；②大多数焙烤制品以油、糖、蛋等或其中1~2种作为主要原料；③所有焙烤制品的成熟或定型均采用焙烤工艺；④焙烤制品是不需经过调理就能直接食用的食品；⑤所有焙烤制品均属固态食品。

二、焙烤食品的质量问题

（一）饼干贮藏过程中的质量问题

1. 断裂

断裂是饼干在贮运过程中经常出现的质量问题，韧性饼干断裂的主要原因是饼干内部受力不均，产生一定应力，从而导致饼干断裂。饼干碎裂可以分为非自然破裂和自然破裂。应力产生的因素包括配方、调粉、成型、焙烤和冷却等，只要对工艺条件加以适当地调节，在一定程度上可以控制和防止饼干断裂现象的产生。

2. 氧化酸败

一般饼干中油脂含量都较高，尤其是酥性饼干，易氧化酸败，直接影响产品的保质期，影响产品的销售。添加适宜的抗氧化剂是防止或延缓饼干的氧化酸败、延长产品保质期的有效方法。常用的抗氧化剂有丁基羟基茴香醚、2,6-二叔丁基对甲酚、茶多酚、异抗坏血酸钠等。

3. 吸潮变软

饼干的水分含量很低，如果选用包装材料阻湿性差，很容易从环境中吸收水分使饼干的质地变软，进一步发生氧化和霉变，使饼干的品质降低。因此，饼干最好采用防潮包装，贮藏环境中的相对湿度不超过75%为宜。

（二）面包贮藏过程中的质量问题

1. 老化

面包老化是指面包经过长期贮存后，质地发生改变，口感坚韧，面包瓤硬化、无弹性、干燥、易掉屑且香味丧失的现象。其主要是由淀粉的老化造成，而老化后的面包只能作为其他工业原料或饲料，甚至被当作垃圾处理，直接造成经济损失。据统计，面包因老化造成的经济损失为3%~7%。水分、添加剂、淀粉酶、贮藏温度等是影响面包老化的主要因素。

2. 腐败变质

面包在贮藏过程中发生的腐败现象主要是由细菌引起的面包瓤心发黏和由霉菌作用所致的面包霉变。

瓤心发黏是由普通马铃薯杆菌和黑色马铃薯杆菌引起的。病变先从面包瓤心开始，原有的多孔疏松体被分解，变得发黏、发软，颜色灰暗，最后变成黏稠状胶体物质，产生香瓜腐败时的臭味，用手挤压可成团，若将面包切开，可看见白色的菌丝体。

面包霉变是由霉菌引起。霉菌通常在含碳水化合物的食物上容易生长，如面包、绿豆饼、麻花、豆沙饼、包馅面包等。污染面包的霉菌种类很多，有青霉菌、青曲霉、根霉菌、白霉菌等。初期生长霉菌的面包，就带有霉臭味，表面具有彩色斑点，斑点继续扩大，会蔓延至整个面包表皮。菌体还可以侵入到面包深处，占满面包的整个蜂窝，以致最后使整个面包发生霉变。

（三）糕点贮藏过程中的质量问题

1. 回潮

凡经烘制而含水量低的糕点，如浆皮类、混糖皮类及酥类等糕点，在贮藏中因易吸收水分而回潮。回潮后的糕点，不仅色、香、味变劣，失去原有风味，而且还会出现软塌、变形、发韧或霉变等现象。

2. 干缩

含水分较多的糕点，如蒸制品、蛋糕、糕团等，在空气干燥的环境中，水分容易蒸发散失，出现皱皮、僵硬、减重等干缩现象。干缩后的蛋糕，不仅形态改变，口味和口感也显著变劣，严重时呈硬块状，不能食用。

3. 走油

由于油脂的表面张力较大，容易聚集在一起形成大油滴，从糕点中游离出来，从而产生走油现象。此外，环境温度高，存放时间长，或用吸油性强的包装纸和包装袋，也容易引起糕点走油。糕点走油后，表面容易失去光泽，并产生油脂酸败的味道。

4. 发霉

糕点是一种营养丰富的食品，是微生物的良好培养基，极易变质污染而发生霉变现象，特别是含水分较多的糕点，在高温下更易发霉。

5. 变味

在糕点的销售过程中，由于霉变、油脂氧化酸败以及糕点吸收异味（如汽油、煤油、卫生球等）等原因，糕点容易出现变味的现象。

三、典型焙烤食品的贮藏技术

（一）面包贮藏技术

1. 低温冷冻保鲜技术

面包的老化与贮藏温度有很大关系，面包在室温下放置0~5d，硬度呈线性增加。-7~20℃是面包老化速度最快的老化带，其中1℃老化最快。贮藏温度在20℃以上，老化进行得较缓慢，温度降低到-7℃以下，水分开始冻结，老化速度减慢。若要长时间贮藏面包，将面包速冻后冻藏可以有效防止面包的老化和霉变，较好保持面包的新鲜程度。另外，高温处理也是延缓面包老化的措施之一，已经老化的面包，当重新加热至50℃以上时，可以恢复到新鲜柔软的状态。

2. 气调包装保鲜技术

面包保鲜可以通过气调包装技术，面包的气调包装一般以CO_2为主，高浓度CO_2具有抑菌作用，曾经有试验表明面包的货架期随着包装内CO_2浓度（0~60%）的增加而延长。也有部分采用充氮包装（包装内有1%O_2），但是其效果略差，有实验结果表明1%O_2与99%CO_2的气调包装相比，前者5d后就有霉菌繁殖，后者的无霉菌货架期可达100d。

3. 化学保鲜技术

化学保鲜一般使用具有防腐作用的食品添加剂，是一种简单有效的面包保鲜方法。常用的食品添加剂有抗老化剂、防腐剂等。日本已发明了一种改善面包品质的新方法，即在面包生面团中添加一定量的胶原蛋白和豆渣，使面团品质改良，延缓老化。在面包中添加单硬脂酸甘油酯、低分子糊精等可以有效地防止面包的老化。添加防腐剂是面包防霉常用的方法，常用的面包防腐剂主要有丙酸钙、山梨酸钾、双乙酸钠等。采取复配防腐剂可提高防腐效果，防腐剂在混合使用时，各自用量占其最大使用量的比例之和不应超过1。按0.016%剂量将山梨酸和丙酸钙添加到面粉中制作面包，可以使面包的贮藏期由3d延长到15d，而不霉变。

(二)饼干贮藏技术

饼干含水率低,因此影响其贮藏品质主要是断裂、油脂酸败、吸潮等,常用的方法为食品的包装新技术,实现如何隔水、隔油、隔气。因此,需要选择防潮、耐油脂且遮光、防止饼干破碎的包装。包含果浆的饼干容易长霉,包含果仁的饼干容易酸败,都应采取措施加以防护。饼干的包装形式主要有塑料薄膜密封包装、蜡纸裹装、纸盒包装以及铁听包装等。在工厂里要注意贮藏条件,饼干适宜的贮藏条件是低温、干燥、空气流通、环境整洁,并有防尘、防蝇、防虫、防鼠等设施;不得与有毒、有害、有异味、易挥发、易腐蚀的物品同库贮藏;产品不应与有特殊气味、含水量超过10%、易变质、易腐败、易生虫的物品存放在一起;产品应放置在垫板上,且离墙10cm以上,每个堆位应保持一定距离,堆放高度以不倒塌、不压坏外包装及产品为限。库温应在20℃左右,如果温度再低,更有利于饼干的贮藏。库房相对湿度不超过75%。

(三)糕点贮藏技术

糕点分常温贮藏、0~5℃低温贮藏和冷冻贮藏。不同种类的糕点,由于其原料特点和成品特性不同,常温糕点所采用的包装材料和包装方式也有所不同。含水分较低的糕点如酥饼、香糕、酥糖、蛋卷等,应选择防潮、阻气、耐压、耐油和耐撕裂的材料。主要包装形式有塑料薄膜袋充填包装、纸盒、浅盘包装、外包裹薄膜包装;纸盒内衬塑料薄膜袋包装、泡罩包装。对于含水量较高的糕点如蛋糕、奶油点心等应选用具有较好阻湿阻气性能的包装材料包装,如塑料薄膜包装、塑料片材热成型盒包装。或使用真空或充气包装技术,在包装中同时可封入抗氧化剂和抗菌抑菌剂,可有效地防止氧化、酸败、霉变和水分散失,显著延长其货架寿命。贮藏油炸类糕点如开口笑、麻花等食品的关键是防止油脂氧化酸败,可考虑添加抗氧化剂,其次是防止油脂渗出包装材料造成污染而影响外观。因此,其内包装常采用防潮耐油的薄膜包装材料包裹或袋装。工厂里贮藏糕点的仓库应清洁卫生,有防潮、防霉、防鼠、防蝇、防虫、防污染措施,库内通风良好、干燥,夏季库温应控制在27℃以下,相对湿度不得超过75%。产品入库时应分类、定位码放,产品不得接触墙面或地面,离地20~25cm,离墙30cm。堆放高度应以提取方便、防止虫吃鼠咬为宜,并有明显的分类标志。库内禁止存放其他物品。不合格的产品一律禁止入库。

第二节 调味品贮藏技术

一、调味品的概念

调味品是指能增加菜肴的色、香、味，促进食欲，有益于人体健康的辅助食品。它的主要功能是增进菜品质量，满足消费者的感官需要，从而刺激食欲，增进人体健康。从广义上讲，调味品包括咸味剂、酸味剂、甜味剂、鲜味剂和香辛料等，像食盐、酱油、醋、味精、糖、八角、茴香、花椒、芥末等都属此类。

依调味品的商品性质和经营习惯的不同，可以将目前中国消费者常接触和使用的调味品分为6类。

（1）酿造类调味品　酿造类调味品是以含有较丰富的蛋白质和淀粉等成分的粮食为主要原料，经过处理后进行发酵，即借有关微生物酶的作用产生一系列生物化学变化，将其转变为各种复杂的有机物，此类调味品主要包括：酱油、食醋、酱、豆豉、豆腐乳等。

（2）腌菜类调味品　腌菜类调味品是将蔬菜加盐腌制，通过有关微生物及鲜菜细胞内的酶的作用，将蔬菜体内的蛋白质及部分碳水化合物等转变成氨基酸、糖分、香气及色素，具有特殊风味。其中有的加淡盐水浸泡发酵而成湿态腌菜，有的经脱水、盐渍发酵而成半湿态腌菜。此类调味品主要包括：榨菜、芽菜、冬菜、梅干菜、腌雪里蕻、泡姜、泡辣椒等。

（3）鲜菜类调味品　鲜菜类调味品主要是新鲜植物。此类调味品主要包括：葱、蒜、姜、辣椒、香菜、辣根、香椿等。

（4）干货类调味品　干货类调味品大都是将根、茎、果干制而成，含有特殊的辛香或辛辣等味道。此类调味品主要包括：胡椒、花椒、干辣椒、八角、小茴香、芥末、桂皮、姜片、姜粉、草果等。

（5）水产类调味品　水产类调味品是水产中的部分动植物，经干制或加工，蛋白质含量较高，具有特殊鲜味，习惯用于调味的食品。此类调味品主要包括：水珍、鱼露、虾米、虾皮、虾籽、虾酱、虾油、蚝油、蟹制品、淡菜、紫菜等。

（6）其他类调味品　不属于前面各类的调味品，主要包括：食盐、味精、糖、黄酒、咖喱粉、五香粉、芝麻油、芝麻酱、花生酱、沙茶酱、番茄酱、果酱、番茄汁、桂林酱、椒油辣酱、芝麻辣酱、花生辣酱、油酥酱、辣酱油、辣椒油、香糟、红糟、菌油等。

二、调味品的特性和质量问题

1. 酱油

酱油中含有一定的蛋白质、糖,是具有特殊风味的棕褐色调味品。酱油在作为调味品时的作用包括以下几点:酱油中所含食盐能起调味与防腐作用;所含的多种氨基酸(主要是谷氨酸)能增加食品的鲜味;所含的多种酯类、醇类能增加食品香味;其自然生成的色素对食品有良好的着色作用。此外,在发酵产品等制品中,还有促进成熟发酵的良好作用。

在对酱油的质量进行鉴别时,先观察其色泽与体态,然后嗅其味和试尝其滋味。变质酱油色泽发乌,灰暗无光泽;浑浊,表面有浮膜或灰白色小斑点,酱油不透明,附着力差;无酱香和酯香味或气味平淡,并有焦煳、酸败、发霉的不良气味。

因酱油含盐量较高,微生物较难繁殖,比较耐贮藏。

2. 食醋

食醋是指以粮食及其副产品如麦麸、谷糠、高粱壳等为原料,经过糖化和酒精发酵作用,再经醋酸菌发酵而酿成的棕黄色或白色的醋酸液体。醋不仅能增鲜、调香、解腻、去腥,还有杀菌防腐的功能。变质食醋浑浊,有大量沉淀,有片状白膜,有"醋鳗"(又名醋线虫,属于线虫类,灰白色)、"醋虱"等;失去醋的香酸味,具有酸臭味、霉味、涩味或刺激性的不良异味。

3. 味精

味精是以淀粉为原料,经发酵提纯的谷氨酸钠结晶。味精按谷氨酸钠的含量分为若干种规格,其中99%的是结晶呈针状或粒状,其余几种是用不同量的精盐和味精混制而成的粉状体或混盐结晶体。味精的质量标准为具有正常味精的色泽、滋味,不得有异味及夹杂物。变质味精颗粒形状不统一,颜色发乌发黄,甚至颗粒成团结块,稀释至1∶100的比例后只能感到苦味、咸味或甜味而无鲜味。

常见的味精掺假物主要有食盐、淀粉、小苏打、石膏、硫酸镁、硫酸钠或其他无机盐类。

4. 食糖

食糖主要有白糖、红糖和冰糖三种,这三种糖的主要成分都是蔗糖。

白糖是日常生活中最广泛使用的白砂糖,含蔗糖95%以上,含水率低,结晶颗粒较大,经过精炼及漂白而制成,是一种常用的调味品,也是最常用的甜味剂,日常生活所指的"砂糖"通常指白砂糖。

由于各种白砂糖的化学成分不尽相同,其保藏稳定性也不同。一般白砂糖的成分纯净,比较容易保管;绵白糖中含有转化糖,吸湿性较大;红糖中非糖物质含量多,不易保管。因而绵白糖和红糖在运输和贮存过程中,容易产生潮解、溶化、干缩、结块、变色和变味等现象。变质严重时发黄、变暗、无光泽,吸潮结块或溶化;有杂质,糖水溶液可见有沉淀;闻起来有酸味、酒味或其他外来气味；尝起来滋味不纯正或有外来异味。

根据制糖工艺的不同，白砂糖可分为硫化糖和碳化糖，硫化糖是用亚硫酸法生产，含硫量较高，贮存过程中与空气接触后，色素又会重新氧化而显色，国内绝大部分是硫化糖。碳化糖是用碳酸法生产，工艺较为先进，安全性较高，所制得的成品糖纯度高，色值较低，能久贮不变色。加工用糖的选择应根据需求确定。

（1）潮解和溶化　白砂糖的潮解和溶化是因白砂糖吸湿后发生的两种程度不同的质量变化。潮解是当空气中的相对湿度大于白砂糖贮运所要求的相对湿度时，白砂糖即开始吸湿，使晶粒潮润，色泽变暗，继而糖粒发黏，失去干燥松散性，或发生黏结成块的现象。相对湿度越大，糖粒吸湿量就越多，吸湿速度也越快，当吸湿量达到一定程度时，糖粒表面的糖分便开始溶解，这时白砂糖就开始溶化，并逐渐由糖粒表面渗入内部，轻者出现卤包，严重时会产生流浆现象。

白砂糖之所以产生潮解和溶化现象，主要是由白砂糖的化学成分、质量特点及外界环境的温度和湿度等原因造成的。同一种白砂糖由于外界环境的温度和湿度不同，其吸湿点（开始吸湿的起点）也不一样。

白砂糖中的还原糖、水分、杂质等含量都较粗糖低，在相同温度下，其吸湿点相应地比粗糖高些。白砂糖在25℃下吸湿点的相对湿度为70%左右。

（2）干缩和结块　白砂糖受潮后含水量增高，当遇到干燥的环境时，晶体表面的水分慢慢散失，糖表层达到较高的过饱和度，糖浆凝结，蔗糖分子重新结晶，糖粒与糖粒就相互黏结在一起，形成糖块。结块的时间越长，或遭受的压力越大，形成糖块的硬层就越厚、越坚实，严重时可使整包白砂糖结成一个整块。

含还原糖和水分较多、晶粒较细的赤砂糖、红糖粉、绵白糖一旦受潮，在干燥的季节里，更容易发生干缩结块现象。白砂糖的干缩和结块，多发生在干燥低温的冬季。干缩结块的白砂糖，遇到潮湿空气或温度上升，又会再吸湿，而且其吸湿性会比以前更大。

干缩结块后的白砂糖，不仅失去原有的光泽和疏松性，降低外观品质，而且给销售和食用带来极大的不便。在白砂糖贮运过程中，防止干缩结块的根本办法，就是要控制适合的温度和湿度。

（3）变色与变味　白砂糖经过长期贮存，颜色往往变黄或变暗。变黄是氧化的结果，特别是用亚硫酸法生产的白砂糖，与空气接触后，色素又会重新氧化而显色，并随着贮存时间的延长，颜色逐渐加深。变暗是白砂糖受潮后，晶体表面溶化，透明度降低的结果。

白砂糖变味是由两个原因造成的：一是白砂糖受潮后被微生物感染，引起蔗糖水解和发酵作用，使白砂糖带有酒味或酸味；二是白砂糖与具有异味的商品如汽油、化妆品等存放在一起，或用装载过具有强烈异味商品的车辆装运等，都会使白砂糖染有异味。

综上所述，白砂糖在贮运过程中，应根据白砂糖的性质和保管时间的长短以及出入库动态，合理选择贮存的地点、形式和库房，加强糖库的管理，掌握好库房内的温度和湿度，注意卫生条件，避免白砂糖潮解、溶化、干缩、结块、变色与变味等各种不良质量变化。

5. 食盐

食盐不仅是人们膳食中不可缺少的调味品，而且还是人体中不可缺少的物质成分。家庭或餐饮用的盐一般是加碘的，现在也可按各自需求选择加碘或不加碘，但食品加工用盐一般用无碘盐。

食盐在贮存中不会受微生物的破坏及发生生物化学变化。但是盐在贮存过程中常常会发生返潮、干缩和结块现象，而这些现象又常会使盐的重量和质量受到损失。

（1）返潮　食盐的返潮是由于其吸湿性所致。品质纯净的盐，吸湿性很小，但含有镁盐和钙盐时，盐的吸湿性会显著增加。当空气中的相对湿度超过70%时，盐就会吸收空气中的水分而发生返潮现象，严重时使食盐化成卤水。贮存在潮湿的仓库中，盐也会吸收仓库空气中的水分而返潮。

（2）干缩　当空气中相对湿度降低时，盐容易失水而干缩。如果和干燥的商品或吸湿性特别强的商品贮存在一起，盐也会发生干缩。干缩盐的重量会有所减轻。

（3）结块　经过长期贮存的盐会发生结块现象，使细软松散的盐结成坚硬的盐块，这种盐块经过敲击才能破碎。盐结块的原因是由于附着在盐表面的盐溶液发生了胶结作用，使盐表面产生坚硬的结晶。一般经过2~3个月的贮存后，盐即会发生结块现象，随着时间的延长，结块现象会更加严重。为了避免结块，加工过程会采用添加抗结剂（如亚铁氰化钾、柠檬酸铁铵），加工用盐不建议使用，但贮存不要过多，并尽量做到先进先出。

6. 香辛料

根据产品的存在形式，香辛料可分为完整型、粉碎型以及香辛料提取物等；依据呈味特征，将其分为浓香型天然香辛料、辛辣型天然香辛料和淡香型天然香辛料；按单一原料和复合原料，分为单一型和复合型。标准GB/T 12729.1—2008《香辛料和调味品　名称》中规定了68种我国常用食品调味、能产生香气和滋味的香辛料植物性产品的中英文名称。最为常见的香辛料有辣椒、花椒、大蒜、胡椒等，它们被广泛应用于食品烹调与加工中，其作用是赋予食物独特的香气和味道，在突出食品典型风味特征的同时，还能使食品风味协调。随着食品技术创新，无论在食品加工制造领域还是家庭层面餐饮消费领域对香辛料的消费量都日趋增长，消费者对香辛料质量和数量需求日益增大。

香辛料要求干燥粉碎后颗粒均匀，无杂质，干燥无结块，具有固有的颜色和气味滋味，属于干制品类。

7. 酱

酱是以豆类、小麦粉、水果、肉类或鱼虾等物为主要原料，加工而成的糊状调味品。它起源于中国，有着悠久的历史。中国人常见的调味酱分为以小麦粉为主要原料的甜面酱和以豆类为主要原料的豆瓣酱两大类；还发展有肉酱、鱼酱和果酱等调味品。随着酱制作工艺的进步，后来制酱之法也用于烹制其他非佐料菜肴，逐渐发展出一种烹调菜肴的方法，即酱法。

此类产品属于罐头类产品或高温高压杀菌类产品，其贮藏特性主要是控制商业无菌。

三、典型调味品的贮藏技术

1. 食盐、白砂糖等固态调味料贮藏技术

固态调味料贮藏技术关键是保证包装后贮藏环境中温度和湿度，防止吸湿和返潮。

包装食用盐，必须用清洁干燥的包装材料。大包装每袋盐的重量通常是以50kg为标准，用外编织袋内塑料袋包装，以便于搬运。食盐的小袋包装主要用食品级聚乙烯、聚对苯二甲酸乙二醇酯或聚丙烯塑料袋，规格通常为500g；加碘盐应贴有碘盐标志。

贮存白砂糖的库房地势要高，远离河道和水源，交通方便。库房地面要有防潮措施，库房顶部要高，墙壁要厚，门窗要严，防止日光直射入库房内。不同品种和等级的白砂糖应分别存放密封。

2. 酱、食醋等液态调味料贮藏技术

酱、食醋等液态调味料属于杀菌类产品，酱还有一定的盐含量，具有抑菌作用，食醋本来就具有抑菌作用，再加上如今一些新型杀菌技术广泛应用于传统调味品中，其贮藏技术主要也是针对包装技术。液态调味料的微波杀菌也可用于酱油的杀菌。在600W下，一般微波处理约5min就能完全杀灭大肠菌群。当灭菌温度达60℃时已能显示灭菌效果。灭菌温度达75℃，处理时间为5min，在28℃环境下贮存2个月无霉变现象，而同样处理条件的传统加热灭菌的对照组，仅24h就出现有霉菌生长情况。采用频率为2450MHz的微波处理酱油后，可以抑制霉菌的生长及杀灭肠道致病菌，但对氨基酸态氮无破坏作用，并且还略有增加，使其味道更加鲜美；可以采用微孔滤膜除菌，处理后酱油鲜味纯正、咸淡适中，具有浓郁的酱香与醇香气味；超滤对酱油的可溶性无盐固形物、食盐、总酸、全氮、氨基酸态氮、还原糖等各项理化指标影响极小；也可采用辐照杀菌，有学者用γ射线对袋装酱油、食醋做了杀菌试验，在15~25℃的常温下保存12个月，测定细菌总数、大肠杆菌数及黄曲霉毒素等卫生指标均符合国家标准。辐照前后食品的色、香、味及澄清度等无明显差异。

用于包装酱油、食醋的容器材料有玻璃瓶、塑料瓶、塑料袋，它们均应符合食品包装材料的国家标准。酱油和食醋成品贮存在阴凉、通风、干燥的专用仓库内。产品在运输过程中应轻拿轻放，防止日晒雨淋。瓶装产品的保质期不少于12个月，袋装产品的保质期不少于6个月。

3. 香辛料调味品贮藏技术

天然香辛料容易生虫长霉，未经处理的香辛料中，霉菌污染的数量平均为10^4CFU/g上。

传统的加热或熏蒸消毒法不但有药物残留，且易导致香味挥发，甚至产生有害物质。如环氧乙烷、环氧丙烷对香辛料进行熏蒸，能生成有毒的氧乙醇盐或多氧乙醇盐化合物。而辐照处理则可避免引起上述的不良效果，既能控制昆虫的侵害，又能减少微生物的数量，保证原料的质量。全世界至少已有包括我国在内的15个国家批准使用辐照处理80多种香辛料和调味品。

香辛料所接受的辐照剂量与原料种类密切相关。张淑俭等曾用10~15kGy的剂量（^{60}Co-γ射线）辐照尼龙/聚乙烯包装的胡椒粉、五香粉，产品保藏6~10个月，未见生虫、霉烂，且调味品的色、香、味及营养成分没有显著变化。尽管允许的香料和调味品商业辐照灭菌剂量可以高达10kGy，但实际上为避免导致香味及颜色的变化，降低成本，香料消毒的辐照剂量应视品种及消毒要求来确定，尽量降低辐照剂量。如胡椒粉、快餐佐料、酱油等直接入口的调味料以杀灭致病菌为主时，剂量可高些。

4. 调味品微波干燥技术

部分香料采用微波干燥后贮藏。目前，微波已成功用于香菜、薄荷（叶）、迷迭香、牛至、罗勒等香辛料的干燥，具体参数如表5-1所示。

表5-1 不同香料的微波干燥最适条件

香料	最适条件	较稳定的品质参数
香菜	900W、3.5min	干燥速率，颜色
薄荷（叶）	900W、3min	干燥动力，活化能
迷迭香	700W、3.7min	干燥动力，矿物质含量，颜色
薄荷	真空干燥、1920W、12min及2240W、10min	干燥速率，颜色，复水性能
薄荷（叶）	700W、5.3min	干燥时间，总酚，色值，矿物质含量
迷迭香	采用对流预干燥和微波真空干燥，480W、46℃、84min	干燥动力，挥发性成分，感官
迷迭香	真空度72~74kPa、360W、39min	干燥动力，挥发性成分，感官
牛至	微波真空干燥，360W、4~6kPa、24min	干燥动力，挥发性成分，感官
香菜（叶）	180W、14min	干燥速率，颜色，复水性能
罗勒	对流预干燥和微波真空干燥，360W、40℃、250min	干燥动力，挥发性成分，感官

第三节 酒类贮藏技术

一、葡萄酒

（一）葡萄酒的特性

葡萄酒是以整粒或破碎的新鲜葡萄或葡萄汁为原料，经完全或部分发酵酿制而成的低度饮料酒，其酒精含量一般不低于8.5%（体积分数）。葡萄酒是国际性饮料酒之一，其产量仅次于啤酒，在世界饮料酒中列第2位。由于葡萄酒酒精含量低、营养价值高，是最健康、最卫生的饮料酒，所以它一直是饮料酒中优先发展的品种之一。

葡萄酒品种众多，各国生产的葡萄酒都有其各自不同的分类命名方法，葡萄酒的分类方法很多，可按葡萄汁含量、葡萄生长来源、酿造方法、饮用习惯等分类，也可按葡萄酒的色泽、含糖量、是否含CO_2等分类。

（二）葡萄酒在贮存期间的变化

发酵结束后刚获得的葡萄酒，酒体粗糙、酸涩，饮用质量较差，通常称为生葡萄酒。生葡萄酒必须经过一系列的物理、化学变化后，才能达到最佳饮用质量。实际上，在适当的贮存管理条件下，葡萄酒的饮用质量在贮存过程中有如下变化规律：初期随着贮存时间的延长，葡萄酒的饮用质量不断提高，直到达到最佳饮用质量，这就是葡萄酒的成熟过程；此后，葡萄酒的饮用质量则随着贮存时间的延长而逐渐降低，这就是葡萄酒的衰老过程。

（1）氧化　葡萄酒中的酒石酸被氧化为草酰乙醇酸，单宁和色素均缓慢地被氧化。一方面红葡萄酒的颜色逐渐由鲜红色变为橙红色，最后变为瓦红色，白葡萄酒则稍微变黄；另一方面葡萄酒的苦涩味和粗糙的感觉逐渐减少、消失。若葡萄酒通风过强，乙醇可被氧化为乙醛，氧化太重，会使葡萄酒出现过氧化味。因此，在贮存过程中，过强的通风严重影响葡萄酒的质量，特别是铁和氧化酶含量高的葡萄酒；但适量的通风对葡萄酒的成熟很有必要。

（2）酯化　葡萄酒在发酵过程中形成挥发性中性酯，主要有醋酸乙酯和乳酸乙酯。在贮存过程中形成的酯主要是化学酯类，包括酒石酸、苹果酸、柠檬酸等的中性酯和酸性酯。

在葡萄酒贮藏的前两年酯化作用最为显著，以后就很缓慢。酯类物质是构成果香和酒香的重要物质，但是缓慢的酯化作用形成的酯类对醇香的产生并不起任何作用。普通葡萄酒随着陈酿，其质量下降；相反，优质葡萄酒随着陈酿，质量得以改善。这是因为葡萄酒中悬浮物质继续形成聚合物沉淀下来，同时也引起少量的单宁沉淀，使葡萄酒更加澄清透亮。另外，单宁也可与蛋白质、多糖、花色苷聚合。花色苷除与单宁聚合外，还可与酒石酸形成复合物，从而导致酒石酸的沉淀。此外，花色苷与蛋白质、多糖聚合，形成复合胶体，也导致在贮藏容器或瓶内的色素沉淀。这些均有利于葡萄酒的澄清，从而使感官质量得到改善。

（3）醇香的形成　葡萄酒在贮存过程中，果香、酒香浓度下降，而醇香逐渐产生并变浓。醇香在贮存的第一年夏天就开始出现，以后逐渐变浓，在瓶内贮存几年后获得最佳香气。由于在隔绝空气后，氧化还原电位的下降、芳香物质的化学反应，促使葡萄酒的醇香向更浓厚的方向变化，从而减轻生葡萄酒的风味特征，并使各种气味趋于平衡融合、协调。因此，葡萄酒成熟过程中的管理任务就是促进上述物理、化学反应的顺利进行，防止葡萄酒的衰老和解体。生产中应避免任何对葡萄酒不必要的处理，保证葡萄酒的正常成熟。

(三) 葡萄酒贮藏要求

葡萄酒的内包装必须用符合食品卫生要求的包装材料。瓶装酒须装入绿色、棕色或无色玻璃瓶中，要求瓶底端正、整齐，瓶外洁亮。瓶口封闭严密，不得有漏气、漏酒现象。包装的葡萄酒，允许在5~35℃运输和贮存，最好贮藏在阴暗湿冷的地窖。长期贮酒的仓库温度最好保持在5~20℃，温度过高，酒成熟太快，温度过低则不易成熟。最佳贮存湿度应70%左右，太潮湿易使软木塞及标签腐烂，太干燥则容易让软木塞干燥，失去弹性。在运输和贮存过程中，应保持场地清洁、干燥、通风良好，严防日光直射，酒不得与潮湿地面直接接触，不能接触和靠近有腐蚀性或易于发霉、发潮的货物，严禁与有毒有害物品堆放在一起。用软木塞封口的葡萄酒，须卧放或倒放，让酒和软木塞能充分接触，以保持软木塞湿润。软木塞若干燥，无法紧闭瓶口，容易使酒质变差。按以上条件贮存，瓶装酒不应发生混浊、酸败等现象，否则由生产方负责处理。超过18个月的酒，允许有少量沉淀。开瓶后的酒尽量避免放置过久，因为酒与空气接触容易变质产生酸味。另外，葡萄酒经过长途运输，应静置一段时间再消费，让酒的香气与味道能稍稍恢复，特别是老酒长途运输，易使酒的气味散失。

二、啤酒

(一) 啤酒的特性

啤酒是以优质大麦为主要原料，啤酒花为香料，经过制麦芽、糖化、发酵等工序制成的富含营养物质和CO_2的酿造酒。啤酒的酒精含量仅为3%~6%（体积分数），有酒花香和爽口的苦味，深受消费者欢迎，因此消费面广、消费量大，是世界上产量最大的酒种。啤酒营养丰富，酒精含量较低，素有"液体面包"之称。啤酒中含有的营养成分主要有①含多种氨基酸和维生素，已检测出啤酒含17种氨基酸，其中包括8种必需氨基酸。此外，啤酒中还含有丰富的B族维生素。②啤酒能产生高热量。③啤酒酿造过程中原料中的淀粉和蛋白质等物质分解为小分子的糖类、肽和氨基酸等，有利于营养成分的消化吸收。此外，啤酒中的苦味物质、有机酸和微量元素对人体也有不同的益处。

啤酒按照酵母的性质分类，有上面发酵啤酒、下面发酵啤酒。上面发酵啤酒是采用浸出糖化法制备麦汁，以上面酵母进行发酵的啤酒。下面发酵啤酒是采用煮出糖化法制备麦汁，以下面酵母进行发酵的啤酒。啤酒按原麦汁浓度不同，有低浓度啤酒、中浓度啤酒和高浓度啤酒。低浓度啤酒是原麦汁浓度2.5~8°P，乙醇含量为0.8%~2.2%的啤酒。中浓度啤酒是原麦汁浓度为9~12°P，乙醇含量为2.5%~3.5%的啤酒，我国啤酒多为此类型。高浓度啤酒是原麦汁浓度13~22°P，乙醇含量为3.6%~5.5%的啤酒，多为浓色啤酒。啤酒按色泽划分，有淡色啤酒、浓色啤酒和黑色啤酒。淡色啤酒色度一般在5~14EBC单位，色泽较浅，呈淡黄色、金黄色或棕黄色，故常称黄啤酒。其口味淡爽醇和，是啤酒中产量最大的一种。浓色啤酒色度在15~40EBC单位，呈红棕色或红褐色。其麦芽香味突出，口味醇厚，苦味较轻，典型的有浓色爱尔啤酒。黑色啤酒色度一般在50~130EBC单位，多呈红褐色或黑褐色。黑色啤酒原麦汁浓度较高，麦芽香味突出，口味醇厚，泡沫细腻，苦味有轻有重，差别较大，典型产品是慕尼黑啤酒。啤酒按灭菌方法不同，可分为熟啤酒、生啤酒和鲜啤酒。熟啤酒是指经过巴氏灭菌或瞬时高温灭菌的啤酒，瓶装、听装熟啤酒的保质期可达180d。生啤酒是不经巴氏灭菌或瞬时高温灭菌，而采用其他物理方法除菌，达到一定生物稳定性的啤酒，生啤酒的保质期也为180d。鲜啤酒是不经巴氏灭菌或瞬时高温灭菌，成品中允许含有一定量活酵母菌，达到一定生物稳定性的啤酒。鲜啤酒一般就地销售，保存时间不宜太长，瓶装鲜啤酒保质期不少于7d，罐装、桶装鲜啤酒保质期不少于3d。

此外，啤酒在原辅料或生产工艺等方面进行某些改变，还可以成为具有独特风味的啤酒。常见的有干啤酒、低醇（无醇）小麦啤酒、浊啤酒、冰啤酒、稀释啤酒。另外，特殊类型的啤酒还有低糖啤酒、白啤酒、甜啤酒、果味啤酒、乳酸啤酒等。

（二）啤酒的质量问题

常见的啤酒质量问题主要有以下3个。

（1）浑浊或沉淀　啤酒出现浑浊或沉淀，主要可分两种原因：一种是由于微生物污染造成的，称为生物浑浊；另一种是由非生物原因引起的浑浊，称为非生物浑浊或胶体浑浊，从卫生角度讲，这两种啤酒是绝对不能饮用的。

（2）口味异常　由于原料、生产工艺、酵母、生产过程中的微生物管理不当等原因使啤酒口味异常，例如口味粗涩、苦味不正、有氧化味、双乙酰味、酵母味等。这种口味异常的啤酒一般来讲是不能饮用的。

（3）喷涌　啤酒在启盖后发生不正常的窜沫现象称为喷涌。造成啤酒喷涌现象的主要原因是酿酒原料大麦，在收获时受潮感染上霉菌。因此，啤酒若发生不正常的喷涌，最好不要饮用。

（三）啤酒贮藏要求

搬运啤酒时，应轻拿轻放，不得扔摔，应避免撞击和挤压。啤酒不得与有毒、有害、有腐蚀性、易挥发或有异味的物品混装、混贮、混运。啤酒宜在5～25℃下运输和贮存，低于或高于此温度范围，应采取相应的防冻或防热措施。贮存场所应阴凉、干燥、通风；不得露天堆放，严防日晒、雨淋，不得与潮湿地面直接接触。

三、黄酒

（一）黄酒的特性

黄酒是以稻米、黍米、玉米、黑米、小麦等为原料，经过蒸料，拌以麦曲、米曲或酒药，经糖化和发酵而成的低酒精度的发酵酒。黄酒常按照酒的产地来命名，如房县黄酒、代县黄酒、绍兴酒、丹阳封缸酒、九江封缸酒、兰陵酒、双黄酒等，这种分法在古代比较普遍。还有一种是按某种类型酒的代表作为分类的依据，如"加饭酒"，往往是半干型黄酒；"花雕酒"表示半干酒；"封缸酒"表示甜型或浓甜型黄酒；"善酿酒"表示半甜酒。按照酒的外观（如颜色、浊度等），如清酒、浊酒、白酒、黄酒、红酒（红曲酿造的酒）；再就是按照酒的原料，如糯米酒、黑米酒、玉米黄酒、粟米酒、青稞酒等；古代还有煮酒和非煮酒的区别，甚至还有根据销售对象来分的，如"路庄"（具体的如"京装"，清代销往北京的酒）。

（二）黄酒在贮藏期间的变化

刚酿制出来的黄酒各成分很不稳定，分子之间的排列很混乱，因此必须经过贮存。贮存的过程就是黄酒的老熟过程，通常称为"陈酿"。一般名优黄酒的贮存期均需3～5年，贮存时间的长短，需根据不同的酒种来确定。一般干型黄酒需贮存1年，因为传统习惯认为，干型黄酒需要经过2次霉天，第一个是农历五月至六月之间的霉天，第二个是农历八月桂花霉天。经过2次霉天，到第二年春天，新酒基本上变成醇香、绵软、口味协调的陈酒。

（1）色泽变化　经过贮存的黄酒，其色泽随贮存时间而加深。这主要是酒中的糖分与氨基酸相结合产生类黑精的物质，逐渐使酒色变深。这是一种非酶促褐变现象，类黑精是美拉德反应的产物。色泽变深的程度因酒种而不同，一般含糖分和氨基酸、肽等多的及pH高的酒易着色。所以，含糖、氮等浸出物多的甜黄酒和半甜黄酒，要比干黄酒的色泽容易变深。有些不加麦曲的酒贮存变色速度较慢，这是没有加麦曲，蛋白质分解差、含氮浸出物少的缘故。所以，贮存期间色泽变深的快慢取决于糖、氮浸出物的多少。此外，高温贮存也可促进着色。黄酒贮存时间越长，则色泽越深，在贮存期间黄酒色泽变深是老熟的一个标志。

（2）香气变化　黄酒的香气是其中所含的各种挥发性成分综合反应的结果。黄酒中既有酒精的香气，又有曲的香气。曲香主要是蛋白质转化为氨基酸所产生的某些氨基酸的芳香，新配制出来的酒带有的香气就是曲香。各地黄酒的香气不完全一样，但是新酒总不及陈酿后的陈酒香。黄酒的主要成分除乙醇外，还有少量其他高级醇存在，这些醇类在长期陈酿过程中会和酒的有机酸发生酯化反应。各种酯均有其特殊的香气，如酒精与醋酸结合产生的醋酸乙酯就具有鲜果香气。由于黄酒所包含的不是单一的醇和有机酸，因此黄酒的香气很复杂，陈酒的香气主要来源于酯化作用。但是，黄酒的酯化反应速度非常缓慢，因此酒的陈酿期越长，香味越浓厚。一般陈酿3~4年就已有相当浓厚的酒香，如果无限制地延长陈酿期，香气虽好，但酒精含量会下降，酒味变淡，再加上损耗加大，并没有实际意义。

（3）风味变化　黄酒经过陈酿之后，风味由辛辣变得醇厚柔和。新酒的刺激辛辣味，主要由酒精、高级醇及乙醛等成分构成。黄酒在长期陈酿过程中，发生酒精的氧化、酯化反应，乙醛的缩合和酒精与水的缔合作用，再加上氧化物质与还原物质随着贮存时间的延长而引起较大的改变，以及其他复杂的各种化学变化，改变了酒的刺激味，引起酒体风味的改善。这是由于经过几年的贮存，各有机物之间化学反应更趋于完全，使苦、酸、辣味协调，而使酒味变得更适合消费者饮用。

另外，用曲量多的甜酒、半甜酒等，糖分含量过高，如果陈酿时间过长即过熟的酒，除了酒色变深外，同时也会给酒带来焦糖的苦味。

（三）黄酒贮藏要求

（1）贮存时间　袋装酒保质期不少于3个月，瓶装、坛装酒不少于12个月。企业可根据自身的技术水平具体标注。贮存期的长短应由酒的成熟速度而定，而成熟速度又与浸出物的多少及pH高低等因素有关，特别是糖、氮的含量多少影响较大。一般干型黄酒含糖极低，所以贮存期可以长些。有的不加麦曲的甜型酒虽然有较高的含糖量，但含氮浸出物的含量较低，贮存期也可适当延长。对于含糖、氮等浸出物高的甜黄酒和半甜黄酒，贮存期过长会影响酒的色、香、味，往往会发生酒色变深和有焦糖气味。但贮存后判断酒的老熟程度，至今仍没有一个好的办法，主要是靠感官品尝来判定。

（2）贮运条件　成品酒应按巴氏灭菌工艺进行灭菌，还可采用微波对黄酒灭菌。成品酒必须按品种分库贮藏，防止相互混杂，库房内要做到定期通风换气、清扫、消毒。产品不得与有毒、有害、有腐蚀性、易挥发或有异味的物品同库贮存。产品应贮存于阴凉、干燥、通风的库房中，不得露天堆放，不能靠近热源。接触地面的包装箱底部应垫有10cm以上的间隔材料。产品应在5~35℃贮存，低于或高于此温度范围，应有防冻或防热措施。由于黄酒是低度酒，长期贮酒的仓库温度最好保持在5~20℃。过冷会减慢陈酿的速度，过热会使酒精挥发，以及发生浑浊变质。瓶装酒必须以木箱或纸箱等装运，箱内必须有防压、防撞的间隔材料。运输工具应清洁干燥，运输时必须带有篷布等遮盖物，避免强烈振荡、日晒、雨淋，严禁与有毒、有腐蚀的物品同时装运。经过长途运输后，为了使酒脚沉淀，一般要求静置3~5d，这样酒体会变得清亮。

第四节　干制品贮藏技术

干制也叫干燥（Drying），就是在自然条件下或人工控制条件下促使产品中水分蒸发的工艺过程。一般来说，干制包括自然干制，如晒干、风干等和人工干制如烘房烘干、热空气干燥、真空干燥等。脱水（Dehydration）是为了保证产品品质变化最小，在人工控制条件下促使产品水分蒸发的工艺过程。因此，脱水是指人工干燥。脱水产品不仅应达到耐久藏的要求，而且要求复水后基本能恢复原状。

一、干制品的特性

干制品的特性是水分含量低，合理包装的干制品受环境因素影响小，未经密封包装的干制品在不良环境条件下，容易发生变质现象，因此，良好的贮藏环境是保证干制品耐藏性的重要前提。

选择新鲜完整、充分成熟的原料，经充分洗涤干净，能提高干制品的保藏效果；漂烫的蔬菜比未经漂烫的能更好地保持其色、香、味，并降低在贮藏中的吸湿性；熏硫制品也比未熏硫的易于保色和避免微生物或害虫的侵害。

一般在不损害产品质量的条件下，制品越干燥，含水量越低，保藏效果越好，当含水量降低到6%以下时，贮藏期的变色和维生素损失都可大大减少；当含水量超过8%时，大多数干制品保藏期将缩短。果干制品因组织厚韧，可溶性固形物含量高，多数产品干制后用以直接使用，所以干燥后含水量较高，通常在10%~15%，也有高达25%左右。干制品水分超过10%时可促使昆虫卵发育成长，侵害干制品。此外，贮藏温度为12.8℃和相对湿度为80%~85%时果干极易长霉；而相对湿度低于50%时不易长霉。

二、干制品的质量问题

1. 吸湿

干制品的水分含量较低,当空气中的相对湿度增大时,贮存在仓库中的制品就会吸湿,如果包装不良,吸湿更加严重,使制品发软。

2. 色泽变化

色泽是人们感官评价果蔬质量的一个重要因素,在一定程度上反映了果蔬的新鲜程度、成熟度和品质的变化。因此,果蔬的色泽及其变化是评价新鲜果蔬品质、判断成熟度及加工制品品质的重要外观指标。叶绿素主要由叶绿素a和叶绿素b两种色素组成,叶绿素a呈蓝绿色,叶绿素b为黄绿色,通常它们在植物体内以3∶1的比例存在。叶绿素不溶于水,易溶于乙醇、丙醇、乙醚、氯仿、苯等有机溶剂。叶绿素不稳定,在酸性介质中形成脱镁叶绿素,绿色消失,呈现褐色;在碱性介质中叶绿素分解生成叶绿酸、甲醇和叶绿醇,叶绿酸呈鲜绿色,较稳定,如与碱进一步结合可生成绿色的叶绿酸钠(或钾)盐,则更稳定,绿色保持得更好,这也是加工绿色蔬菜时,加小苏打护绿的依据。此外,在绿色蔬菜加工时,为了保持加工品的绿色,人们还常用一些盐类,如:$ZnCl_2$、$MgSO_4$及$CaCl_2$等进行护绿。叶绿素在有氧或见光的条件下,极易遭受破坏而失绿。

在正常生长发育的果蔬中,叶绿素的合成作用大于分解作用,而果蔬进入成熟期和采收以后,叶绿素的合成停止,原有的叶绿素逐渐减少或消失,绿色消退,表现出果蔬的特有色泽。而对绿色果蔬来讲,尤其是绿叶蔬菜,绿色的消退,意味着品质的下降,低温、气调贮藏可有效抑制叶绿素的分解。

3. 霉变

环境中微生物无处不在,干制品在运输、贮存、销售过程中被微生物污染导致发霉。只要温度适宜,微生物就会生长繁殖,分解食物中的营养素,以满足自身需要。这时食物中的蛋白质被破坏,食物会发出臭味和酸味,失去了原有的坚韧性和弹性,颜色也会发生变化。变质的食物不仅外观发生变化,失去原有食物的色、香、味品质,营养价值也会下降,还会含有相应毒素危害人体健康。

4. 褐变

褐变主要是由于贮藏和运输过程中酶的作用。动物性食物中有多种酶,在酶的作用下,食物的营养素被分解成多种低级产物。

5. 耗败

有些干制品,尤其是肉制品和水产制品,含有一定量的油脂,在空气中与氧结合生成氧化物、过氧化物,进一步与制品中的某些成分起作用,在体表形成黄色或褐色的斑块,称为"油烧",干制多脂鱼常发生这种现象,贮藏温度过高会促进油烧现象;贮藏期过长也易造成此现象的发生。

6. 病虫害

干制品的含水量很低,使微生物发生生理干旱而受到抑制。但虫害却常引起制品变质,一旦条件适宜(温度、湿度适宜时),干制品中的虫卵就会发育,危害干制品。

危害干制品的害虫主要有:印度谷蛾、粉斑螟蛾、烟草螟蛾、短喙螈、露尾甲、锯谷盗、干果螟蛾、米扁虫、糖壁虱等。

食品干制过程中的品质变化(视频)

三、干制品的贮藏技术

1. 干制品的贮藏条件

贮藏干制品的库房要求清洁卫生,通风良好又能密闭,具有防鼠设备。贮藏干制品时切忌同时存放潮湿物品。在贮藏库内堆放装箱的干制品,以总高度20~25m为宜。箱堆要离开墙壁30cm,堆顶距天花板至少80cm,室内中央留宽为1.5~1.8m的走道,保证充足的自由空间,以利于通风和管理操作。根据所保藏干制品的特性,要经常维持库内一定的温度、湿度,并应经常检查产品的质量,防止害虫、鼠类危害,保证干制品贮存良好,提高干制品的品质。影响干制品贮藏的环境条件主要有温度、湿度、光线和空气。

温度对干制品贮藏影响很大。干制品的氧化作用随温度的升高而加强,低温有利于干制品的贮藏。氧化作用不但促使制品品质变化和维生素破坏,而且使亚硫酸氧化而降低制品的保藏效果。所以干制贮藏时一般为0~2℃最好,以不超过14℃为宜。

空气湿度对未经防潮包装的干制品影响很大。若空气湿度高,就会使干制品的平衡水分增加,提高制品的含水量,降低制品的耐藏性。此外,较高的含水量,降低了制品二氧化硫浓度,使酶活性恢复,使制品保藏性变差。一般情况下,贮藏果干的相对湿度不超过70%;马铃薯干55%~60%;块根、甘蓝、洋葱为60%~63%;绿叶菜73%~75%。

光线和空气的存在,也会降低制品的耐藏性。光线能促进色素分解;空气中的氧气能引起制品变色和维生素的破坏。因此,干制品最好贮藏在遮光、缺氧的环境中。

2. 干制品的防虫技术

(1)清洁卫生防治　清洁卫生防治是各项防治工作的基础,它不仅可以起到防虫、治虫的作用,又可提高产品的卫生质量,并能抑制微生物的生长。因此,要做好仓库、加工厂、贮藏机具、包装物及运输工具的清洁消毒工作。对贮藏干制品的仓库及加工厂房,要经常彻底清扫。害虫严重的仓库、厂房要用药剂消毒或熏蒸,贮藏机具、包装场所和运输工具,使用前后都应认真搞好卫生工作,凡是感染害虫的,必须严格清扫和消毒。

(2)物理防治　物理防治就是利用自然的或者人为的物理因子变化,扰乱害虫正常的生理代谢机能，从而达到抑制害虫生长，直至引起死亡的杀虫方法。常用的物理防治有：高温杀虫、低温杀虫、气调杀虫、电离辐照杀虫等。

①高温杀虫。一种利用自然的或人为的高温，作用于害虫个体，使其躯体结构、生理机能受到严重干扰破坏而引起死亡的杀虫方法。这种方法一直被广泛地采用，具有良好的防虫、杀虫效果。

一般干制品害虫在40~50℃的亚致死高温区，个体的新陈代谢活动就会发生紊乱，生长、发育及繁殖就会不同程度地受到影响，但仍然保持生命力。如果长时间地保持这种温度，害虫也会趋于死亡。如赤拟谷盗成虫在44℃，经7~10h死亡，在46℃以上经过5h死亡。

温度若在45~55℃的致死高温区内，一般害虫个体将会处于热昏迷状态，体内新陈代谢作用加剧，靠大量消耗体内的营养物质来抵抗不良环境造成的影响。若在一定时间内，环境温度恢复正常，害虫仍然可以恢复正常的生命活动。高温时间延长，害虫个体将会大量死亡，不同种类的害虫对致死高温的忍耐时间不同。如50℃，玉米象成虫的致死时间为60min；长角谷盗成虫则需90min。同一种害虫的不同虫期对致死高温的忍耐时间也不同，如50℃赤拟谷盗不同虫期的致死时间分别为：幼虫期为60min，蛹虫期为90min，成虫期为72min。

高温杀虫的效果不仅因害虫的种类及虫期的不同出现差异，而且也与干制品的种类和含水量、高温处理的时间等因素密切相关。

目前，干制品高温杀虫的方法有：高温处理、蒸汽杀虫、日光暴晒杀虫等方法。

在不损失干制品质量的适宜高温下，加热数分钟，可杀死其中隐藏的害虫。对于一些耐热性弱的叶菜类干制品用65℃加热1h；根菜类及其他稍耐热的果蔬类干制品采用75~80℃，加热10~15min；对于干燥过度的果干（如桃干、杏干、李干等）可用蒸汽处理2~4min，不但杀灭害虫，而且使产品柔软，外观改进。此外，日光暴晒也可杀虫。这是由于太阳的辐射能作用于害虫个体，破坏其躯体的组织结构和生理机能，导致害虫死亡，这种处理方法简单、费用低，因此，在广大农村常采用这种方法杀虫。

②低温杀虫利用冷空气对害虫的生理代谢、体内组织产生干扰破坏作用，促进害虫迅速死亡。一般食品害虫在8~15℃时是生命活动的最低限。当外界温度接近于害虫的发育起点时，害虫将开始处于不取食、不活动的状态。当温度低于-4℃时，害虫的生理代谢将变得极其缓慢，各虫期开始停止发育，处于冷麻痹状态，但仍然保持生命力，在一定的时间内，如果环境回升到适宜温室，即可复苏，恢复活动。如果-4~8℃的低温时间延长，也能使害虫死亡。我国长江以北地区常采用寒冬和春季的冷空气进行低温杀虫。其方法是在严冬的晴天，将仓库的门窗全部打开，使干燥的冷空气在仓库内进行对流，自然降温。有条件的单位，可利用风机进行机械通风降温以杀死或抑制害虫。

干制品最有效的杀虫温度为-15℃，但费用昂贵；生产中一般用-8℃冷冻7~8h，可杀死60%的害虫。

③气调杀虫,即人为地改变干制品贮藏环境的气体成分含量,造成不良的生态环境条件防治害虫的方法。降低环境的O_2浓度,提高CO_2浓度可直接影响害虫的生理代谢和生命。一般O_2浓度为5%~7%,1~2周内可杀死害虫。2%以下的氧气浓度,杀虫效果最为理想。CO_2杀虫所需的浓度一般比较高,多为60%~80%。

O_2浓度越低、杀虫时间就越短;CO_2浓度越高,杀虫效果也越好,因此,延长低浓度O_2和高浓度CO_2的处理时间,将能提高杀虫效果。

干制品包装中,常采用密封容器进行抽真空或充O_2或其他惰性气体,从而改变了贮藏环境的气体组成,使害虫不能存活或处于假死状态。

④电离辐照杀虫。电离辐照可以引起生物有机体组织及生理过程发生各种变化,使新陈代谢和生命活动受到严重影响,从而导致生物死亡或停止生长发育。食品的辐照处理常采用X射线、γ射线和阴极射线。目前应用较多的是γ射线。造成粮食损耗的重要原因之一是昆虫的危害和霉菌活动导致的腐烂变质。杀虫的效果与辐照剂量有关,0.1~0.2kGy使昆虫不育,1kGy使昆虫几天内死亡,3~5kGy使昆虫立即死亡。抑制谷类霉菌和发展的辐照剂量为2~4kGy,小麦和面粉的杀虫剂量为0.2~0.75kGy,焙烤食品为1kGy。

(3)化学药剂防治 化学药剂防治是利用有毒的化学物质直接杀害虫的方法。这种方法具有杀虫效力高,迅速彻底,能在短期内消灭大量的害虫,又可用来预防感染,是多年来应用较广、较多的一种防治方法。但所用的化学物质对人体的毒性也大,应用时要谨慎小心。化学药剂的类型很多,应用于干制品防虫的主要是一些熏蒸剂。常有以下几种。

①二硫化碳(CS_2)。置于空气中立即挥发,气态的二硫化碳比空气重。因此熏蒸时应将盛药的器皿置于室的高处,使其自然挥发,向下扩散。用量为100g/m³,熏蒸时间为24h。

②氯化苦(CCl_3NO_2)。是一种无色液体,难溶于水,在空气中挥发较二硫化碳慢。该药有剧毒,具有强烈的刺激臭味,温度大于20℃时杀虫效果最佳,宜在夏、秋季使用。使用量为17g/m³,熏蒸时间24h。氯化苦忌与金属接触,所用容器应为搪瓷器或陶器。干制品未经完全干燥时,使用这种药剂易发生药害,故制品应在充分干燥后再熏蒸,使用时应谨慎从事,以免发生危险。

③二氧化硫(SO_2)。二氧化硫只能用于已熏过硫的果干,用法与前述原料处理时用法相同,处理时间为4~12h。

此外,还有用溴代甲烷进行熏蒸,用量为1.7kg/100cm²,熏蒸时间为24h。

第五节 腌制品贮藏技术

让食盐或糖渗入食品组织内,降低其水分活性,提高其渗透压,或通过微生物的正常发酵降低食品的pH,从而抑制腐败菌的生长,防止食品腐败变质,获得更好的品质,并延长保质期的贮藏方法称为腌制保藏。

在腌制中,食盐的防腐作用、微生物的发酵作用和蛋白质的分解作用以及原料本身的一系列生物化学作用与制品的色泽、香气、风味滋味形成关系密切,其变化过程比较复杂而缓慢。该法制成的加工品称为腌制品,其制法简单,成本低,易保存,风味各异,咸酸甜辣,应有尽有,深受消费者喜爱。

一、腌制品的特性

腌制品能够有效地抑制有害微生物的生长,延长食品的保质期,这主要是因为食品在腌制过程中,无论是采用湿腌或是干腌,食盐或糖都会使食品组织内部的水渗出,从而扩散到食品组织内,降低了食品组织内的游离水,从而降低了水分活度,提高了结合水含量及其渗透压。高渗透压对微生物的生长起到了抑制作用,加上辅料中酸及其他组分的杀(抑)菌作用,微生物的正常生理活动进一步受到抑制。由此可见,盐和糖在食品中的扩散和食品组织内水分的渗透作用是腌制过程的重要因素。

1. 溶液浓度与微生物的关系

溶液的浓度就是单位体积的溶液中溶解的物质(溶质)质量,可以用体积、质量或摩尔浓度来表示。在一般工业生产中常用体积分数(%)或质量分数(%)表示。溶液的浓度也可以用密度来表示,即用密度计测定。工业生产中盐水的浓度常采用波美密度计测定;糖水的浓度则用糖度计、波美糖度计或白利糖度计测定。现在也常用折射仪测定糖液可溶性固形物的含量。纯糖溶液内可溶性固形物全为糖类,故能测定糖液浓度。微生物不同,其细胞液的渗透压也不一样,因此它们所要求的最适渗透压即等渗溶液也不同,而且不同微生物对外界高渗透压溶液的适应能力也不一样。微生物等渗溶液的渗透压越高,它所能忍耐的盐液浓度就越大,反之就越小。一般来说,盐液浓度1%以下时,不论选用哪种浓度,微生物生长活动不会受到任何影响;当浓度为1%~3%时,大多数微生物会受到暂时性抑制;当浓度达到6%~8%时,大肠杆菌、沙门氏菌、肉毒梭菌停止生长;当浓度高达10%~15%时,大多数微生物就完全停止生长,大部分杆菌在10%以上盐液中就不再生长。球菌在盐液浓度达到15%时被抑制,其中葡萄球菌则要在浓度达到20%时才能被杀死。如盐液的浓度达到20%~25%时,差不多所有微生物都停止生长，因而一般认为这样的浓度基本上已能达到阻止微生物生长的目的。不过，有些微生物在20%盐液中尚能保持生命力，也有一些尚能进行生长活动。腌制食品时，微生物虽不能在浓度较高的盐溶液中生长，但如果只是经过短时间的盐液处理，那么当微生物再次遇到适宜环境时，仍能恢复正常的生理活动。

糖的浓度决定其促进或抑制微生物生长的作用，糖的浓度越高，抑制作用越强。浓度为1%~10%的蔗糖溶液会促进某些微生物的生长，浓度达到50%时则阻止大多数细菌的生长，而要抑制酵母和霉菌的生长，则其浓度需达到65%~85%。一般为了达到保藏食品的目的，糖液的浓度至少要达到65%~75%，以72%~75%为最适宜。

2. 扩散

腌渍时，盐或糖等腌渍剂溶于水中形成腌渍液。高浓度的腌渍液与食品之间存在着浓度差，盐或糖等溶质在腌渍过程中逐渐扩散到食品内部。扩散是分子或微粒在不规则热运动下浓度均匀化的过程，一般发生在溶液浓度不平衡的情况下，扩散的推动力就是浓度差，因此扩散的方向总是由高浓度朝着低浓度进行，并持续到各处浓度平衡时才停止。扩散的过程通常比较缓慢。

腌渍剂的扩散速度与其种类有关，溶质分子越大，扩散越慢，如不同糖类在糖液中的扩散速度由大到小的顺序是葡萄糖>蔗糖>饴糖中的糊精；温度越高，扩散越快，一般来说温度每增加1℃，各种物质在水溶液中的扩散系数平均增加2.6%（2%~3.5%）；溶液黏度越大，扩散速度越慢。

3. 渗透与渗透压

渗透是溶剂从低浓度溶液经过半透膜向高浓度溶液扩散的过程，也可理解为水分从高浓度区域向低浓度区域转移。半透膜是指只允许溶剂（或小分子）通过而不允许溶质（或大分子）通过的膜，细胞膜就是一种半透膜。

从热力学观点来看，溶剂从外逸趋势较大的区域（蒸气压高）向外逸趋势较小的区域（蒸气压低）转移，由于半透膜孔眼非常小，对液体溶液而言，溶剂分子只能以分子状态迅速地从低浓度溶液中经半透膜孔眼向高浓度溶液内转移。

食品腌渍时，腌渍的速度取决于渗透压，而渗透压与溶液的温度和浓度有关，与溶液的数量无关。因此要提高腌渍速度，就要尽可能地提高腌渍温度和腌渍液浓度。溶质相对分子质量对腌渍过程有一定影响，溶质的相对分子质量越大，需用的溶质质量也就越大。如在同样百分浓度下，葡萄糖、果糖溶液的抑菌效果要比乳糖、蔗糖好，这是因为葡萄糖和果糖是单糖，相对分子质量为180，蔗糖和乳糖是双糖，相对分子质量为342，所以在同样的百分浓度时，葡萄糖和果糖溶液的质量摩尔浓度就要比蔗糖和乳糖的高，故渗透压也高，对细菌的抑制作用也相应加强。如果溶质能解离为离子，则用量可以减少些，如用食盐和糖腌渍食品时，为了达到同样的渗透压，食盐的浓度比糖的浓度要小得多。

二、腌制品的质量问题

1. 酱腌菜

食盐是食品盐腌的主要用料，根据不同的食品再添加其他的盐类，如：亚硝酸钠、硝酸钾、多聚磷酸盐等。其中亚硝酸盐不但可以改善肉的色泽，还可以抑制肉毒梭菌，但由于其致癌作用，因此要严格控制其用量。盐腌的制品有腌菜、腌肉、腌禽蛋等，可分为发酵性腌制品和非发酵性腌制品。发酵性腌制品的特点是腌制时食盐用量较少，腌制过程中有显著的乳酸发酵，并用醋液或糖醋香料液浸渍，如四川泡菜、酸黄瓜等。非发酵性腌制品的特点是腌制时食盐用量较高，乳酸发酵几乎停止，如榨菜、咸猪肉等。酱腌菜在腌制过程中，所采用的蔬菜原料质量差、腌制方法不当、环境条件差等多方面原因，会导致蔬菜产品脆度下降、色泽差、香气和滋味不好。有的酱腌菜制品遭受有害微生物的污染，使产品质量下降、变劣、腐烂，还会产生有害有毒的物质，故在腌制中要创造优良的环境条件（如盐水的浓度、菜卤的pH和环境的温度），促使生化优变，防止劣变，腌制成优良的制品。

酱腌菜质地脆嫩，是重要感官指标之一。酱腌菜在加工腌制过程中脆度的变化是由于鲜嫩组织细胞膨压的变化和细胞壁原果胶水解引起的。酱腌菜的色泽也是感官质量的重要指标之一。保持酱腌菜天然色泽或改变色泽是加工腌制过程中应特别注意的一个问题。蔬菜原料在加工腌制过程中常出现褐变现象。褐变能引起色泽的变化，使原来色泽变暗或变成褐色。由于蔬菜里的多酚类物质及蛋白质在盐渍过程中水解为氨基酸后，会发生酶促褐变和非酶促褐变。褐变的过程始终贯穿在腌制过程中，发生褐变的腌制品呈黄褐色或黑褐色。这些褐变产生的颜色对某些腌制品来说是其产品必须具备的质量指标之一，如四川南充冬菜和资中冬菜等呈黑色和黄褐色或金黄色，而对那些洁白产品如白色腌大蒜，鲜绿色产品如腌芹菜、乳黄瓜等，尽量避免褐变发生。

2. 腌腊肉、腌鱼等腌腊制品

腌腊制品等含有脂肪的食品在长期存放之后，其中的脂肪会由于光、热、水、空气和微生物等物质的作用而发生水解、氧化和酸败反应，使含脂食品的品质劣变，甚至产生有毒有害的物质，使产品失去原有的食用价值。

（1）水解　脂肪中含有脂肪酶，当周围介质中有水存在时，脂肪便会分解，产生游离脂肪酸和甘油。水解的结果是使油脂的酸度和熔点升高，气味变得难闻，油脂的重量减轻。

（2）氧化　这是油脂在光的催化作用下而发生的一种化学反应，结果会产生羧酸。另外，油脂在水解时产生的甘油也可以进一步脱水分解形成丙烯醛，使油脂产生强烈的臭味和烧焦味。

过氧化物在水的作用下，形成过氧化氢。过氧化氢与不饱和脂肪酸反应，使脂肪的熔点和凝固点升高、色泽变白、状态变硬，产品出现特殊的陈腐气味。

(3) 酸败　酸败包括醛化酸败和酮化酸败两种形式。油脂酸败后的分解产物包括醛、酮、酸等,具有苦涩的滋味,有毒,不能食用。分解产物的性质也极不稳定,还会破坏食物中的维生素。

(4) 酸价超标　制定酸价指标的目的是想通过酸价来反映脂肪氧化酸败的程度。酸价指中和1g油脂中游离脂肪酸所需的氢氧化钾的毫克数。以南京香肚为对象进行试验,结果表明,添加抗氧化剂或者使用除氧包装的香肚和散装对照组香肚的酸价相比较,二者之间并没有显著的差异;而冷藏则可以较好地抑制酸价的上升。这是因为,从理论上讲,酸价的上升与氧气的含量无关,只与脂肪酶的活性有关,而冷藏可以抑制脂肪酶的活性。

(5) 霉变　当腌腊制品的保管措施不当,如仓库潮湿、不通风或者产品堆积,常会引起霉变。

腌腊制品的霉变多发生于散装产品之中。采用真空包装的产品,如果封口不严或者包装袋破裂,也会发生霉变。防霉的方法为:散装产品应该晾挂在通风条件良好、干燥的室内。晴天打开窗户通风透气,雨天则关闭窗户。采用真空包装和除氧包装,只要按照规定的工艺操作,均能有效地防霉。

三、腌制品的贮藏技术

1. 酱腌菜

食盐溶液具有降低溶液中的氧浓度、对微生物的生理毒害作用、降低微生物环境的水分活度等作用,但是食盐溶液仅仅能抑制微生物的活动而不能杀死微生物,不能消除微生物污染腌制食品的危害,有些嗜盐菌在高浓度盐溶液中仍然生长,因此在食品腌制过程中要注意腌制液的卫生,使用清洁没有污染细菌的盐和水,控制腌制室温度(低温)。

在贮藏过程中最重要的是保持蔬菜腌制品的绿色和嫩脆的质地。蔬菜之所以呈现绿色是由于含有叶绿素。蔬菜原料如黄瓜、雪里蕻中所含叶绿素在腌制过程中会逐渐失去鲜绿的色泽,特别是发酵性腌制品更易出现这种变化,因在腌制过程中产生乳酸等,在酸性介质中叶绿素容易脱镁形成脱镁叶绿素,变成黄褐色。在腌制非发酵性的腌制品时,如咸菜类在其后熟过程中,叶绿素消退后也会逐渐变成黄褐色或黑褐色。

为保持其原有的绿色,可在腌制前先将原料经沸水烫漂,以钝化叶绿素酶,防止叶绿素被酶催化而变成脱叶醇叶绿素(绿色褪去),可暂时地保持绿色。若在烫漂液中加入微量的碱性物质如Na_2CO_3或$NaHCO_3$,可使叶绿素变成叶绿素钠盐,也可使制品保持一定的绿色。

在生产实践中,有时将原料浸泡在井水中(这种水含有较多的钙,属硬水),待原料吐出泡沫后才取出进行腌渍,也能保持绿色,并使制品具有较好的脆性。腌制黄瓜时先用2%～3%澄清石灰水浸泡数小时,再盐渍,就可以起到很好的保绿效果。这是因为硬水或石灰水中的钙离子不仅能置换叶绿素中的镁离子，使其变成叶绿素钙，而且还能中和蔬菜中的酸分，使腌制时介质的pH由酸性变成中性或微碱性，所以绿色可以保持不变。

质地松脆是蔬菜腌制品的主要指标之一，腌制过程如处理不当，就会使腌菜变软。蔬菜的脆性主要与鲜嫩细胞的膨压和细胞壁的原果胶变化有密切关系。当蔬菜失水萎蔫致使细胞膨压降低时，则脆性减弱，但用一定的盐液进行腌制时，由于盐液与细胞液间的渗透平衡，能够恢复和保持腌菜细胞的膨压，因而不致造成脆性的显著下降。蔬菜软化的另一个主要原因是果胶物质的水解，保持原果胶一定的含量是保存蔬菜脆性的物质基础。如果在原料成熟过程中原果胶受到果胶酶的作用或加工中加热、加酸、加碱的情况下而水解为水溶性果胶，或由水溶性果胶进一步水解为果胶酸和甲醇等产物时，就会使细胞彼此分离，使蔬菜组织硬脆度下降，组织变软，易于腐烂，严重影响腌制品的质量。

在实际生产过程中，引起果胶水解的原因，一方面由于过熟以及受损伤的蔬菜，其原果胶被蔬菜本身含有的酶水解，使蔬菜在腌制前就变软；另一方面，在腌制过程中一些有害微生物的活动所分泌的果胶酶类将原果胶逐步水解。根据上述原因，对半干性咸菜如榨菜、大头菜等，晾晒和盐渍用盐量必须恰当，保持产品一定含水量，以利于保脆；供腌制的蔬菜要成熟适度，不受损伤，加工过程中注意抑制有害微生物活动，同时在腌制前将原料短时间放入溶有石灰的水中浸泡，石灰水中的钙离子能与果胶酸作用生成果胶酸钙的凝胶。一般用钙盐作保脆剂，如$CaCl_2$等，其用量以菜重的0.05%为宜。

总之，蔬菜腌制品在整个加工过程中并没有进行杀菌处理，所以自然带菌率相当高，种类也很复杂，只是由于食盐的防腐作用使很多有害的微生物被抑制，而有益微生物得以活动，借助食盐和发酵产物来保存腌制品。腌制品的色香味和质地等无不与微生物的发酵作用和蛋白质的分解及其他一系列生化变化及腌制辅料或腌制剂的扩散、渗透和吸附等有关。因此必须善于掌握各个因素之间的相互关系以及创造适宜的环境条件（如采取压实压紧的缺氧状态），才能获得品质优良的蔬菜腌制品。

2. 腌腊制品

（1）添加大豆蛋白，可以提高酸价的上升速度，又大大降低过氧化值的上升速度。原因是大豆蛋白内含有黄酮类物质，而黄酮类物质具有明显的抗氧化作用，故能抑制脂肪氧化反应的发生。但大豆蛋白会中和食品中的一部分氢氧化钾，使食品的酸价上升。

（2）采用真空包装或除氧包装，可以抑制香肠过氧化值的上升和贮藏后期酸价的提高，但对贮藏前期酸价的变化影响不大，原因是真空包装不能抑制脂肪酶的活性。但在贮藏后期，腌腊制品酸价的上升主要是由过氧化物生成酸所致。所以，采用真空包装阻隔氧气，可以抑制贮藏后期脂肪的酸败。除氧剂可以在24d时内除掉包装袋内的氧气，使食品处于高度缺氧状态，从而抑制或消除各种需要氧气参与的不良反应所导致的食品变质。除氧剂的用量可以根据食品所需保存时间的长短而确定。

(3)淀粉的加入可使酸价上升的速度加快。其原因可能是淀粉在无氧酵解过程中产生乳酸，引起酸价的上升。

(4)添加D-异抗坏血酸钠，难以抑制贮藏前期酸价的上升，但对后期有一定的影响，过氧化值的变化呈现出前期快速上升、后期又快速下降的趋势。香肠在变质过程中，即感官上由正常到开始变黄、产生哈喇味阶段，过氧化值的变化与感官结果基本相符，而酸价则不一定。酸价已经不是反映腌腊制品脂肪氧化酸败的特异性指标，采用过氧化值作为指标更合适。

(5)将麻油涂在腌腊制品的表面，或者将腌腊制品浸在麻油之中，目的是隔断制品和空气中的氧气。这样做可以将制品的保质期延长1~2个月。此法会增加生产成本，费工费时，后来被淘汰。

第六节 罐头食品贮藏技术

食品罐藏是将经过一定处理的食品装入一种包装容器中，经过密封杀菌，使罐内食品与外界环境隔绝而不被微生物再污染，同时杀死罐内有害微生物（即商业灭菌）并使酶失活，从而在室温下长期保存的方法。凡用密封容器包装并经过杀菌而在室温下能够较长期保存的食品称为罐头食品，俗称罐头。

作为一种食品的保藏方法，罐藏具有以下优点：①罐头食品经久耐藏，在常温下可保存1~2年不坏；②食用方便，无须另外加工处理；③因经过密封和杀菌处理，已无致病菌和腐败菌且没有微生物再污染的机会，故食用安全卫生；④对于新鲜易腐产品，罐藏可以起到调节市场，保证制品品质的目的。由于罐藏优点甚多，故被广泛应用，生产出来的罐头食品不仅可满足人民日常的需要，更是军队、航海、勘探及长途旅游者的方便营养食品。

一、罐头食品的特性

许多微生物能够导致罐头食品的败坏，罐头食品如果杀菌不够，残存在罐头内的微生物当条件转变到适于其生长活动时，或由于密封的缺陷而造成微生物重新侵入时，就能造成罐头食品的败坏。凡能导致罐头食品腐败变质的各种微生物称为腐败菌。随着罐头食品种类、性质、加工和贮藏条件的不同，罐内腐败菌可以是细菌、酵母菌或霉菌，也可以是混合而成的某些菌类。导致罐头食品败坏的微生物最重要的是细菌,现在所采用的杀菌理论和计算标准都是以某类细菌的致死为依据。细菌对环境条件的适应性各有不同,简述如下。

（1）细菌对生活物质的要求　食品原料含有微生物生长活动所需的营养物质,如糖、淀粉、蛋白质、油脂、维生素以及各种必要的盐类和微量元素,是微生物生长发育的良好培养基。微生物的大量存在是罐头食品败坏的重要原因,因此,食品原料的新鲜清洁和食品加工厂的清洁卫生工作就显得很重要,必须加以充分的重视。

（2）细菌对水分的要求　细菌对营养物质的吸收,是靠在溶液状态下通过渗透和扩散作用,穿过细胞壁和细胞膜而进入细胞内部。因此,只有在充足的水分存在下才能进行正常的新陈代谢。果蔬原料及其罐头制品中含有大量的水分,可以被细菌利用,随着盐水或糖液浓度的增高,水分活度降低,细菌能够利用的自由水减少,有利于抑制细菌的活动。降低罐头食品的含水量可以限制微生物的生长活动,如某些低酸性罐头食品在含水量低于25%时,杀菌即使未达到消灭肉毒梭菌孢子的要求,也可以安全保存。因此,对于水分活度低的制品（如糖浆罐头、果酱罐头）杀菌温度相应低些,杀菌时间也可缩短。

（3）细菌对氧的要求　不同种类的细菌对氧的需要有很大的差异,依据细菌对氧的要求可将它们分为：好氧微生物、厌氧微生物和兼性厌氧微生物。在罐头食品方面,好氧微生物因罐头的排气密封而受到限制,而厌氧微生物仍能活动,如果在加热杀菌时没有被杀死,则会造成罐头食品的败坏。

（4）细菌对酸的适应性　不同的微生物具有不同的适宜生长的pH,产品的pH对细菌的重要作用是影响其对热的抵抗能力,pH越低即酸的强度越高,在一定温度下,降低细菌及孢子的抗热力则越显著,也就提高了杀菌的效应。

不同的细菌对适应的pH要求不同,不同的食品pH也有差异（表5-2）。因此,不同的食品pH就限制了细菌活动范围,不同的食品中出现的腐败菌也不同。绝大多数罐头食品的pH都在7.0以下,属于酸性。根据食品酸性强弱,可分为酸性食品（pH 4.5或以下）和低酸性食品（pH 4.5~7）。也有将食品分为低酸性食品（pH 5.0~6.8）、中酸性食品（pH 4.5~5.0）、酸性食品（pH 3.7~4.5）和高酸性食品（pH 3.7以下）（表5-3）。鱼肉类和大部分蔬菜罐头属于低酸性或中酸性食品,而水果和番茄罐头属于酸性或高酸性食品。在实际应用中,一般以pH 4.5作为划分的界限,在pH 4.5以下的为酸性食品（水果罐头、番茄制品、酸泡菜和酸渍制品等）,通常杀菌温度不超过100℃;在pH 4.5以上的为低酸性食品（如大多数蔬菜罐头和肉禽水产等）,通常杀菌温度要在100℃以上。这个界限的确定是根据肉毒梭菌在不同pH下的适应情况而定的,pH<4.5时,该菌生长受到抑制,不产生毒素;pH>4.5时,适宜该菌生长并产生致命的外毒素。

表5-2　常见果蔬罐头食品的pH

罐头食品	pH			罐头食品	pH		
	平均	最低	最高		平均	最低	最高
苹果	3.4	3.2	3.7	番茄	4.3	4.1	4.6
苹果酱	3.6	3.2	4.2	番茄汁	4.3	4.0	4.4
杏	3.9	3.4	4.4	番茄酱	4.4	4.2	4.6
黑莓	3.5	3.1	4.0	芦笋（绿）	5.5	5.4	5.6
蓝莓	3.4	3.3	3.5	芦笋（白）	5.5	5.4	5.7
紫褐樱桃	4.0	3.8	4.2	青刀豆	5.4	5.2	5.7
红酸樱桃	3.5	3.3	3.8	甜菜	5.4	5.0	5.8
葡萄汁	3.2	2.9	3.7	胡萝卜	5.2	5.0	5.4
葡萄柚汁	3.2	2.8	3.4	盐水玉米	6.3	6.1	6.8
柠檬汁	2.4	2.3	2.8	乳糜状玉米	6.1	5.9	6.3
橙汁	3.7	3.5	4.0	无花果	5.0	5.0	5.0
桃	3.8	3.6	4.0	蘑菇	5.8	5.8	5.9
巴梨（洋梨）	4.1	3.6	4.4	熟油橄榄	6.9	5.9	8.0
酸渍新鲜黄瓜	3.9	3.5	4.3	青豆（阿拉斯加）	6.2	6.0	6.3
甜酸渍品	2.7	2.5	3.0	青豆（皱皮种）	6.2	5.9	6.5
菠萝汁	3.5	3.4	3.5	甘薯	5.2	5.1	5.4
李	3.8	3.6	4.0	马铃薯	5.5	5.4	5.6
腌酸包心菜	3.5	3.4	3.7	南瓜	5.1	4.8	5.2
草莓	3.4	3.0	3.9	菠菜	5.4	5.1	5.9

表5-3　罐头食品按照酸度的分类

酸度级别	pH	食品种类	常见腐败菌	热力杀菌要求
低酸性	5.0~6.8	虾、蟹、鱼、贝类、禽、牛肉、猪肉、火腿、羊肉、蘑菇、青豆、青刀豆、芦笋、笋	嗜热菌、嗜温厌氧菌、嗜温兼性厌氧菌	高温杀菌 105~121℃
中酸性	4.5~5.0	蔬菜肉类混合制品、汤类、面条、无花果		
酸性	3.7~4.5	荔枝、龙眼、桃、樱桃、李、枇杷、梨、苹果、草莓、番茄、什锦水果、番茄酱、荔枝汁、苹果汁、草莓汁、番茄汁、樱桃汁等	非芽孢耐酸菌、芽孢耐酸菌	沸水或100℃以下介质中杀菌
高酸性	3.7以下	菠萝、杏、葡萄、柠檬、葡萄柚、草莓酱、果冻、柠檬汁、醋栗汁、酸泡菜、酸渍食品等	酵母、霉菌	

（5）细菌的耐热性　每类细菌都有其最适的生长温度，温度超过或低于此范围，就影响它们的生长活动、抑制或致死。根据对温度的适应范围，将细菌分为三类。

①嗜冷性细菌生长最适温度为14.4～20.0℃。霉菌和部分细菌能在这种温度下生长，抗热性不强，它们对食品安全方面影响不大。

②嗜温性细菌活动的温度范围在30～36.7℃，生长在这个温度的细菌，是引起食品原料和罐头制品败坏的主要细菌，如上述的肉毒梭菌和生芽孢梭状芽孢杆菌，对食品安全影响较大，还有很多不产毒素的败坏细菌适应这种温度。

③嗜热性细菌温度最低限在37.8℃左右，最适温度在50～65.6℃，有的可以在76.7℃下缓慢生长。这类细菌的孢子抗热性强，有的能在121℃下幸存60min以上。这类细菌在食品败坏中不产生毒素。

二、罐头食品的质量问题

罐头在生产过程中由于原料处理不当或加工不够合理、或操作不谨慎、或成品贮藏条件不适宜等，往往能使罐头发生败坏。罐头的败坏有两种类型，一是失去食用价值，罐头内容物因腐败微生物的作用已经腐败，不能食用；二是失去商品价值，罐头外形失去正常状态，食品色泽改变，罐头内容物质量变化不大，还能食用，但不能被消费者接受，只能作为次品罐头来处理。罐头败坏的原因可归纳为理化性的败坏和微生物的败坏两类。

（1）理化性败坏　由物理或化学因素引起罐头或内容物的败坏，包括内容物的变色、变味、混浊沉淀、罐头的腐蚀等。

①硫化铁罐头内壁易于擦落的点状或线状的黑色斑点，由硫化氢与马口铁作用所致。因此，含蛋白质较多的食品，原料用亚硫酸保藏或使用二氧化硫漂白的白砂糖及马口铁擦伤的容器均易造成此种现象。硫化铁虽无损于人体健康，但少量即可污染内容物，所以，不允许存在。

②硫化斑是罐内壁产生的有色斑点，形成原因同硫化铁，允许少量存在，但色泽较深，布满罐壁的不允许存在。

③硫化铜与硫化铁相似，呈绿黑色，原因是食品受铜制设备的污染，进而与硫化氢作用所致。有毒，不允许存在。

④氧化圈罐头内壁液面处发生的暗灰色腐蚀圈，是罐内顶隙中残存的氧气与罐壁发生氧化所形成。允许微量存在，但应尽量防止。

⑤涂料脱落发生在采用涂料罐的产品中。罐内马口铁上的涂料成片状脱落或涂料已与马口铁分离，但尚未脱落，允许轻度发生。原因是涂料有擦伤。从提高空罐制造机械的光洁度来解决。

⑥内流胶罐内罐边缘上的胶圈落入内容物或已游离开罐边的现象,或胶圈离开罐边不明显,但面积较宽。原因是生产不慎。不允许存在。

⑦变色由于内容物的化学成分之间或与罐内残留的氧气、包装的金属容器等的作用而造成的变色现象,致使品质下降。如桃子、杨梅等果实中的花色素与马口铁作用而呈紫色,甚至可使杨梅褪色;荔枝、白桃、梨等的无色花青素变色(变红);绿色蔬菜的叶绿素变色;桃罐头的多酚类物质氧化为醌类而显红色;苹果中的单宁物质变黑以及果蔬罐头中普遍存在的非酶促褐变引起的变色等。这些情况都会影响产品的质量指标,虽然一般无毒,但直接影响到外观色泽,故应尽量加以防止。

⑧变味情况较多。微生物可以引起变味从而不能食用,如罐头内平酸菌(如嗜热性芽孢杆菌)的残存,会使食品变质后呈酸味;加工中的热处理过度常会使内容物产生煮过味,罐壁的腐蚀又会产生金属味(铁腥味);原料品种的不合适会带来异味,如杨梅的松脂味、柑橘制品中由于橘络及种子的存在而带有苦味。对于这一类的变味应分别从各种原因上针对性地采取措施加以防止,如严格卫生制度、掌握热处理的条件、选择合适的罐藏原料和适当的预处理、避免内容物与铜等材料的接触等。

⑨罐内汁液的混浊和沉淀。此类现象产生的原因有多种,如加工用水中钙、镁等金属离子含量过高(水的硬度大);原料成熟度过高,热处理过度,罐头内容物软烂;制品在运销中振荡过剧,而使果肉碎屑散落;罐头贮藏过程中内容物由于物理的或化学的影响而发生沉淀。如糖水橘子罐头和清渍笋罐头的白色沉淀,一些果汁和蔬菜汁的絮状沉淀或分层等。这些情况如不严重影响产品外观品质,则允许存在。应针对上述原因采取相应的措施。

(2)微生物败坏

①杀菌上的缺陷。杀菌不足是造成微生物败坏的主要原因,使某些嗜热性微生物得以幸存,在适宜的条件下活动,产生气体而形成胀罐,这种情况易被发现。而某些嗜热性微生物存在时,它不产生气体只生成酸,这在罐头外形上无法区别,但内容物味道已变酸,其pH常降至2.0以下,这种酸败现象称为不产气酸败(俗称平酸败坏),主要是杀菌条件不足,没有将嗜热性腐败菌(如嗜热脂肪芽孢杆菌、凝结芽孢杆菌等)杀死所致,这种不产气酸败常在蔬菜罐头中出现。有的是严格执行了杀菌操作,但由于原料微生物污染过度而杀菌达不到要求;还有的是由于杀菌锅操作失误造成的。

②密封方面的缺陷。由于封罐机调节不当或没有及时检查调整,致使罐头密封不严,卷边松弛泄漏,造成微生物的再污染而引起的败坏。而软罐头还应注意以下情形造成的密封缺陷,如封口条出现假封、封口强度不足(局部)、折皱、起泡、夹物、损伤,以及生产过程中因操作不当(如与尖锐物碰撞摩擦、工序中野蛮操作等)或运输过程产品间碰撞摩擦等造成包装表面针孔等。这类败坏常造成漏罐或胀罐。

③杀菌前的败坏。主要是原料在运输和加工过程中的拖延时间过长,造成微生物的大量繁

殖，有的甚至产生毒素，若拿这种原料加工，势必使罐头败坏。生产上要求原料要新鲜，原料处理要及时，避免加工中时间拖延。

④冷却污染。冷却时冷却时间过短或水温过高，由于嗜热性微生物的存在而引起罐头败坏。因此，杀菌后的罐头应迅速冷却至40℃以下，而玻璃罐头应分段冷却。

（3）罐藏容器的损坏　这类损坏现象常造成罐形的异常，一般用肉眼就能鉴别。常见的容器损坏有以下几种。

①胀罐（Swells），俗称"胖听"。所谓胀罐是指罐头的一端或两端（底和盖）向外凸出的现象。根据凸的程度，可将其分为弹胀（Springer）、软胀（Soft swell）和硬胀（Hard swell）几种。弹胀是罐头一端稍外突，用手揿压可使其恢复正常，但一松手又恢复原来突出的状态；软胀是罐头两端突出，如施加压力可以使其正常，但一除去压力立即恢复外突状态；硬胀即使施加压力也不能使其正常。胀罐的主要原因是微生物生长繁殖所致，尤其是产气微生物的生长，产生大量的气体而使罐头内部压力超过外界气压。这种胀罐除产生气体外，还常伴有恶臭味和毒素，已完全失去食用价值，应予废弃。也有可能是罐头内容物装量太多，排气不完全或贮藏温度过高造成的物理性胀罐，这种胀罐的内容物并未败坏，可以食用。

②氢胀罐是指罐头内容物与金属包装容器作用引起金属罐内壁腐蚀而产生氢气，外形上也为一种胖罐。因其不是腐败菌引起，轻度时无异味，尚可食用；严重时能使制品产生金属味，且重金属含量超标。高酸性果蔬罐头常易出现此类败坏。

③瘪罐（Paneling）指罐头外形明显瘪陷。这是由于罐内真空度过高，或过分的外力（如碰撞、摔跌、冷却时反压过大等）所造成。一般排气过度，装量不足，大形罐头容易产生凹陷。此类损坏不影响内部品质，但已不能作为正常产品，应作次品处理。轻微的瘪陷若外贴商标后不影响外观者可不作瘪罐论。

④漏罐指罐头缝线或孔眼渗漏出部分内容物。这是由于密封时缝线有缺陷；铁皮腐蚀后生锈穿孔，或者由于腐败微生物产气引起内压过大，损坏缝线的密封，机械损伤有时也会造成这种泄漏。

⑤变形罐指罐头底盖不规则突出成峰脊状，这是由于冷却技术不当，消除蒸汽过快引起，稍加外压即可恢复正常。

（4）罐藏容器的腐蚀　主要发生于马口铁罐，可分为罐头外壁的锈蚀和罐头内壁的腐蚀两种情况。罐头外壁的锈蚀主要是由于贮藏环境中湿度过高而引起马口铁与空气中的水汽、氧气作用，形成黄色锈斑，严重时不但影响商品外观，还会促进罐壁腐蚀穿孔而导致食品的变质和腐败。罐头内壁的腐蚀情况较为复杂，现分述如下。

①均匀腐蚀。马口铁罐内壁在酸性食品的腐蚀下，常会全面地、均匀地出现溶锡现象，致使罐壁内锡层晶粒体全面外露，在表面呈现出鱼鳞斑纹或羽毛状斑纹，这种现象就是均匀腐蚀的表现。随着时间的延长，腐蚀继续发展，会造成罐内壁锡层大片剥落，罐内溶锡量增加，食

品出现明显的金属味。同时,铁皮表面腐蚀时,会形成大量氢气造成氢膨胀。

②集中腐蚀。在罐头内壁上出现有限面积内金属(锡或铁)的溶解现象,称为集中腐蚀。表现出麻点、蚀孔、蚀斑,严重时能导致罐壁穿孔。常在酸性食品或空气含量较高的水果罐头中出现。溶铁常是集中腐蚀的主要现象,因而食品中的含锡量不会像均匀腐蚀时那样高,但其腐蚀速度快,造成的损失常比均匀腐蚀大得多。涂料擦伤和氧化膜分布不匀的马口铁罐极易出现集中腐蚀现象。

③其他腐蚀现象。除上所述外,氧化圈、硫化斑和硫化铁等也是罐内壁腐蚀的表现,已在前面提及。另外,还受其他因素的影响,如果蔬种类不同,腐蚀性不同,一般樱桃、酸黄瓜、菠萝、柚子、杨梅、葡萄等具有较强的腐蚀性,而桃、梨、竹笋等腐蚀性就较弱些。又如在罐头中添加盐水、酱油、醋和各种香辛料等调味料,会使罐内壁的腐蚀进一步复杂化。另外,罐内硝酸根离子、亚硝酸根离子或铜离子含量较高时,易促进罐内壁的腐蚀。

三、罐头食品的贮藏

罐头贮藏的形式有两种:一种是散装堆放,罐头经杀菌冷却后,直接运至仓库贮存,到出厂之前才贴商标装箱运出;另一种是装箱贮放,罐头贴好商标或不贴商标进行装箱,送进仓库堆存。

散装堆放费时费工,运输不便,且堆放高度不宜过高,否则容易倒塌造成损失。一般夹花堆成长方形,堆与堆之间、堆与墙之间应留出0.33m以上的距离以便于检查。装箱贮存对于大量罐头的贮藏有很多好处,运输及堆放迅速方便,堆高放置较为稳固,操作简便,不费工时;又因为外面有木箱或纸箱保护,罐头不直接受外界条件的影响,易于保持清洁,不易"出汗",但是它的缺点是不容易检查。

堆放罐头的仓库,要求环境清洁,通风良好,光线明亮,地面应铺有地板或水泥,并安装有可以调节仓库温度和湿度的装置。在正常的贮藏温度下,罐头的质量很少变化。但温度过高或过低都会引起内容物品质变化。例如贮藏温度过高,罐头残留的嗜热性细菌芽孢就很容易繁殖发育。对于水果罐头来讲,温度高容易使罐头产生"氢胀",也容易使食品中的维生素受到损失,甚至使食品败坏。但是贮藏温度太低也不利,特别是对于果蔬类罐头,贮藏温度过低,会引起罐头内容物冰冻,严重者能胀坏罐头,或者因冰冻后又解冻而影响罐内食品的组织结构,致使失去食品的原来风味。罐头食品在仓库中因温度所引起的理化变化是非常复杂的,但基本的一点,就是温度上升加快食品变化的速度。温度平均每升高10℃,化学变化的速度就会增加一倍,影响罐头食品的风味、色泽及营养成分。如柑橘汁在5.5℃与21℃下贮藏同样时间,它的变化的差别不大。但在21℃以上时,即有显著的变化,其中尤以维生素C及B族维生素最为明显。又如氢胀的发生,在30℃时比在10℃时增加4倍。贮藏时空气的湿度也不能过高。相对湿度过高，能引起罐头生锈，缩短贮藏期限。

对大多数罐头来说，最好贮藏在如表5-4所列的温湿度条件下。

表5-4 罐头贮藏保管条件

罐头种类	气温/℃	相对湿度/%
肉禽类罐头	0～15	70～75
鱼类罐头	0～15	70～75
果蔬罐头	10～15	70～75
果酱罐头	10～20	70～75
果汁罐头	0～12	70～75

以上所列条件，对罐头成品贮藏、保证品质是比较好的。在雨季，尤其南方春季多雨季节，更应做好罐头的防潮、防锈和防霉工作。

第七节 速冻食品贮藏技术

利用低温保存食品，是人类从自然界学得的很有效的一种食品保藏方式。这一段历史可以上溯到远古时代，公元前1000多年，中国人民就开始用天然冰雪来贮存食品，后来，冰窖的应用使得保藏食品的规模有了进一步的发展。人类真正在可控制条件下进行食品冷冻保藏则开始于19世纪上半叶，随着冷冻机的发明，食品保藏方式才有了实际意义上的飞跃。英国人Jacob Perkings于1834年研发了世界上第一部以乙醚为制冷剂的压缩式冷冻机，在1842年开始对鱼进行冷冻保藏，从此冻结食品（Frozen foods）便走上了食品发展的历史舞台。1860年法国人Carre发明以氨为制冷剂的吸收式冷冻机。1872年美国人David Boyle及德国人Carl von Linde分别发明以氨为制冷剂的压缩式冷冻机。1877—1878年法国人Charles Tellier用氨-水吸收式冷冻机，对牛羊肉进行先冷却再冻结，并把产品在法国与阿根廷、法国与新西兰之间输送，这是食品冷冻（冷却与冻结）与冷冻食品（冷却食品与冻结食品）发展历程中的里程碑。

20世纪以来，食品冷冻技术有了快速的发展和进步。食品冻结的速度在加快，冻结食品的质量也在不断地提高。速冻食品（Quick-frozen foods）的出现，使得冷冻食品的研究内容和产品质量发生了质的变化。所谓速冻食品，是指将食品原料经预处理后，采用快速冻结的方法使之冻结，并在适宜低温下（通常-18℃以下）进行贮存。这种加工方法使食品的营养和质量都可得到了最大限度的保持，尤其果蔬类食品，其感官质量和营养价值可以与新鲜果蔬媲美，因而深受人们推崇，也成为食品国际贸易的重要支柱。速冻食品的发展已有100多年的历史，1928年起源于美国，直到二次世界大战，美国科学家进行深入的研究，提出了-18℃为合适的冻藏条件，同时对于速冻蔬菜必须要进行烫漂才能保证营养和感官品质等一系列理论后，发展加快。20世纪50年代美国农业部西部地区研究所提出著名的T.T.T（Time-temperature-tolerance）概念，即速冻食品的质量取决于时间和温度两个因素。继而又发展了这一理论，提出了所谓的P.P.P（Product-processing-package）理论，即产品的先期质量还取决于产品的原料、加工工艺及包装等因素。20世纪下半叶，随着单体速冻技术（Individual quick freezing，IQF）和设备的完善，使整块冻结发展到小块或颗粒冻结，迅速实现了速冻食品的大规模高质量生产。从食品工业的种类来看，速冻食品仍是目前发展最快行业之一。

一、速冻食品的特性

速冻食品是将食品经过加工处理后，利用低温使之快速冻结并贮藏在-18℃以下的低温下贮存待用。它比其他加工方法所得的产品更能保持食品原有的色泽、风味和营养价值，是一种理想的食品加工方法。果蔬类制品目前均采用速冻加工。速冻加工的主要优点是对制成品的细胞、组织危害轻，解冻后对食用品质影响小，是对果蔬组织质地、结构、品质破坏最小，对感官质量影响最小的冷冻方式。食品冷冻后，能够使其内部的热或者是能支持各种生物化学反应的能量降低，变成固体的水也降低了水分活度。因此可以有效地抑制微生物的活动和酶的活性，从而长期保存食品。

与纯水不同，食品原料中的水是以各种不同的形式与其他物质联系在一起。果品蔬菜等食品原料是由有生命的细胞构成的，果蔬原料的细胞中含有大量的水分，在这些水中溶解了多种有机和无机物质，还含有一定量的气体，构成了复杂的溶液体系。水溶液的冰点与纯水不同，且随溶质种类和溶液浓度的变化而异。果蔬中的水可分为自由水和结合水两大类，这两类水在冻结时表现出不同的特性。自由水可在液相区域内自由地移动，其冰点温度在0℃以下；结合水被大分子物质（蛋白质、碳水化合物等）所吸附，其冰点要比自由水低得多。根据拉乌尔定律，溶液冰点的降低与其物质的浓度成正比，浓度每增加1mol/L，冰点便下降1.86℃。所以果蔬原料冻结时要降低到0℃以下才会形成冰晶体。

果蔬冷冻时，只是其中所含有的水分进行冻结形成冰晶体。水的冰点是水和冰之间处于平衡时的温度，其蒸汽压必须相等，它们的蒸汽压之和就是水冰混合物的总蒸汽压。这种平衡取决于温度的变化，温度降低，总蒸汽压也随之降低。在这个平衡系统中，如果水有较高的蒸汽压，水就会向形成冰晶体的方向转化；反之，当冰的蒸汽压较高时，冰则会向融化成水的方向转化，直至两者间的蒸汽压相等为止。当水和冰处于平衡状态时，若在水中溶入像糖一类的非挥发性溶质，则糖液的蒸汽压就会下降，冰的蒸汽压将高于水的蒸汽压。此时，如果温度维持不变，冰晶体就会融溶为水；如果降低温度促使冰的蒸汽压下降，直至溶液和冰之间再次达到动态平衡，便可以维持冰的结晶状态，此时的温度达到了和溶液浓度相适应的新的冰点。溶液的浓度越高，其蒸汽压就越低，冰点也就越低。显然，溶液的冰点要低于纯水的冰点，因而果蔬原料的冰点也低于纯水的冰点。纯水的冰点为0℃，食品的冰点一般要低于-1℃才开始冻结，如香蕉要求温度降至-3.3℃。如果将纯水和果汁同时放入冻结室内进行冻结试验，纯水会首先冻结，而果汁除非温度远远低于冰点，否则不会完全冻结，仅呈融雪状态或类冰状态。这是因为果汁中水分最先冻结，而残留下来的含有可溶性固形物的高浓度溶液，则需要较低的温度才能使之冻结。总之，食品原料中的水分含量越低，其中无机盐类、糖、酸及其他溶于水中的溶质浓度越高，则开始形成冰晶的温度就越低。各种果品蔬菜的成分各异，其冰点也各不相同（表5-5）。

表5-5 几种果品蔬菜的冰点

种类	冰点/℃ 最高	冰点/℃ 最低	种类	冰点/℃
苹果	-1.40	-2.78	番茄	-0.9
梨	-1.50	-3.16	圆葱	-1.1
杏	-2.12	-3.25	豌豆	-1.1
桃	-1.31	-1.93	菜花	-1.1
李	-1.55	-1.83	马铃薯	-1.7
酸樱桃	-3.38	-3.75	甘薯	-1.9
葡萄	-3.29	-4.64	青椒	-1.5
草莓	-0.85	-1.08	黄瓜	-1.2
甜橙	-1.17	-1.56	芦笋	-2.2

通过实验证明，果蔬的活组织与死组织的冰点也不相同（表5-6）。甜菜活组织的冰点低于死组织，这是因为在活组织中，细胞间晶核的形成和冰晶体扩大靠细胞内水分的供应，由于原生质遇冷时收缩，阻碍水分的通过，因而结冰较困难。另外，活组织进行呼吸时要释放热能，也导致冰点温度降低。死组织的状况正相反，既不产生呼吸热，水分在细胞间隙中又可自由通过，这样容易受到外温变化的影响，所以冰点温度较高。

表5-6 甜菜的活组织与死组织冰点的比较

外温/℃	活组织冰点/℃	死组织冰点/℃
-17.8	-2.55	-1.25
-5.8	-2.15	-1.25

二、速冻食品的质量问题

食品经速冻后,只要在适宜条件下贮藏,可有较长的贮藏期。但在贮藏期间由于各种因素的影响,总还会发生一些变化,严重的能影响到食品品质。

1. 冰晶体的增长和重结晶

(1)冰晶体的增长 刚结束速冻的果蔬制品,其内部冰晶体的大小并不是完全均匀一致。在冻藏期间,由于冻藏的时间比较长,速冻果蔬内部的冰晶体会发生一系列的变化,微细的冰晶体有的会逐步合并,形成大的冰晶体。

冻结速度对冰晶的影响(视频)

冰晶体增大的一个原因是其周围存在一定量未冻结的水或水蒸气,这部分水向冰晶体移动、附着并冻结在冰晶体上。在速冻食品内部存在固液气三相,这三相之间形成的饱和水蒸气压有如下关系。

①液相水蒸气压＞冰晶的水蒸气压。
②气相水蒸气压＞冰晶的水蒸气压。
③小型冰晶的水蒸气压＞大型冰晶的水蒸气压。

由于压力差的存在,水分就会从蒸汽压高的一方移向低的一方,并附着结合到冰晶体上,造成大冰晶越来越大,而小冰晶逐渐减少、消失。

(2)重结晶 重结晶的程度取决于单位时间内温度波动的次数和波动的幅度,波动幅度越大,波动的次数越多,重结晶的程度就越深,对速冻食品的危害就越大。

速冻果蔬制品在冻藏期间,当贮温上升时,食品内部的冰晶开始融化,使液相增加,导致水蒸气压力差增大,使水分透过细胞膜扩散到细胞间隙中去。而当温度下降时,这部分水就会附着并冻结到细胞间隙的冰晶体上去,使冰晶增大。

为了防止冻藏过程中因冰晶体增大造成食品质量劣变,应采用以下措施。

①采用深温速冻方式,冻结中食品内90%的水分来不及移动,就在原位置上变成细微的冰晶体,这样形成的冰晶体的大小及分布都比较均匀。同时由于深温速冻,冻结食品的终温低,食品的冻结率提高,残留的液相少,能够缓和冻藏中冰晶体的增长。

②贮藏温度要尽量低,并且减少波动,尤其是要避免在-18℃左右时温度发生波动。

2. 干缩与冻害

速冻食品在冷却、速冻、冻藏过程中都会产生干缩现象或称风干。冻藏时间越长，干缩就越突出。干缩的发生主要是速冻食品表面的冰晶直接升华所造成，与冷冻干燥的原理相似。在冻藏室内，由于速冻食品表面温度、室内空气温度和空气冷却器蒸发管表面温度三者之间存在温度差，因而形成了水蒸气压力差。速冻食品表面温度与冻藏室空气温度之间的温差使速冻食品失去热量，进一步受到冷却，同时水蒸气压力差使速冻食品表面的冰晶不断升华，而这部分含水蒸气较多的空气吸收了速冻食品放出的热量，相对密度减小就向上运动，当流经空气冷却器时，由于蒸发管表面的温度很低，该温度下的饱和水蒸气压也很低，因此空气被冷却，在蒸发管表面达到露点，水蒸气便凝结成霜附着在管的表面。水蒸气含量减少后的空气因相对密度增大就向下运动，当再次遇到速冻食品时，因水蒸气压力差变大，食品表面的冰晶继续升华。如此周而复始，出现以空气为媒介，速冻食品不断干燥的现象，并由此造成重量损失。

开始时仅仅在冻结食品表面层发生冰晶升华，出现所谓的脱水多孔层，长时间后逐步向里推进，达到深部冰晶升华，并经过脱水多孔层向外扩散，从而使内部的脱水多孔层不断加深。这样不仅使速冻食品脱水减重，造成重量损失，而且由于在冰晶升华的地方形成细微空穴，大大增加了食品与空气的接触面积，使脱水多孔层极易吸收外界向内扩散的空气以及环境中的各种气味，容易引起强烈的氧化反应。在氧气的作用下，食品中的多种成分要发生一系列不利于食品质量的反应和变化，如食品表面变黄、变褐，损害到食品外观、滋味、风味、营养价值也发生劣变，内部蛋白质脱水变性，食品质量严重下降。

为避免和减轻速冻食品在冻藏过程中的干缩及冻害，首先要防止外界热量的传入，提高冷库外围结构的隔热效果，使冻藏室内温度保持稳定。如果速冻果蔬产品的品温能与库温一致，可基本上不发生干缩。其次是对食品本身附加包装或包冰衣，隔绝产品与外界的联系，阻断物料同环境的汽热交换。另外，在包装内添加一定量的抗氧化剂，对速冻食品的冻藏也会起到保质的作用。常用的抗氧化剂有两类：一类是水溶性抗氧化剂，如抗坏血酸和抗坏血酸钠；另一类是脂溶性抗氧化剂，如丁基羟基茴香醚、2,6-二叔丁基对甲酚、天然生育酚（NT）。

3. 变色

速冻果蔬制品色泽发生变化的原因主要有：酶促褐变、非酶促褐变、色素的分解以及因制冷剂泄漏造成的食品变色，如氨泄漏时，胡萝卜的红色会变成蓝色，洋葱、卷心菜、莲子的白色会变成黄色等。

果蔬原料在冻结以前，均要进行烫漂处理，破坏组织内部的氧化酶及其他酶系统。但如果烫漂的温度或时间不够，过氧化物酶没有完全破坏，产品在速冻后的某个时间内会发生褐变，使色泽变成黄褐色。如果烫漂的时间过长，绿色蔬菜也会发生黄褐变。处理后的绿色蔬菜组织，经日光照射、在酸性环境下等，也能引发黄褐变。因而必须正确掌握果蔬原料处理的工艺参数，并进行严格控制，才能保证速冻果蔬制品的质量。

三、速冻食品的贮藏技术

1. 速冻食品的包装要求

通过对速冻食品包装,可以有效地控制冻结食品在长期贮藏过程中发生的冰晶升华,即水分由固体冰的状态升华而形成干燥状态;防止产品长期贮藏接触空气而氧化变色,便于运输、销售和食用;防止污染,保持产品卫生。在速冻品加工完成后,应进行质量检查及微生物指标检测。包装前要经过筛选。

速冻食品生产大多数采用先冻结后包装的方式。但有些产品为避免破碎可先包装后冻结。冻结食品的包装有大、中、小各种形式,包装材料要求除了达到一般食品的包装材料要求外,还要求其具有耐低温和耐高温的特性。冻结食品的包装材料有纸、玻璃纸、聚乙烯薄膜(或硬塑)及铝箔等。主要为避免产品的干耗、氧化、污染而考虑采用透气性能低的材料。近年来已开发出能直接在微波炉内加热或烹调而且安全性能高的微波冷冻食品包装材料。此外还应有外包装,大多用纸箱,每件重为10~15kg。包装的大小可按消费需求而定,半成品或业务用的产品,可用大包装。家庭用及方便食品要用小包装(袋、小托盘、盒、杯等)。在分装时,应保证在低温下进行工作,同时要求在最短时间内完成,重新入库。工序要安排紧凑。一般冻品在-4~-2℃时,即会发生重结晶。速冻果蔬的包装应坚固、清洁、无异味、无破裂、密封性好、透气率低;还应详细注明果蔬产品的食用方法和保藏条件。包装按用途可分为内包装、中包装和外包装,常用的内包装主要有聚乙烯、聚偏氟乙烯、尼龙、聚丙烯等各种复合薄膜材料,外包装则常用涂塑或涂蜡的防潮纸盒。

2. 速冻食品的贮藏

速冻完成并包装好的冻品,要贮于-18℃以下的冷库内,要求贮温控制在-18℃以下,或者更低些,而且要求温度要稳定,减少波动。并且不应与其他有异味的食品混藏,最好采用专库贮存。低温冷库的隔热效能要求较高,保温要好。一般应用双级压缩制冷系统进行降温。速冻产品的冻藏期一般可达10~12个月,条件好的可达两年。

对于速冻食品而言,冻藏温度越低,越有利于保持冻藏品质。但考虑到有关的设备、能源消耗、日常运转等费用以及运输过程中的温度控制等诸多因素,过低的温度没有必要也不太现实。冻结食品的流通运销,要应用有制冷及保温装置的汽车、火车、船、集装箱专用设施,运输时间长的要控制在-18℃以下,一般可在-15℃,销售时也应有低温货架与货柜。整个商品供应过程也应采用冷链流通系统。由冷冻厂或配送中心运来的冷冻产品在卸货后,应立即转移到冻藏库中,不应在室内或室外的自然条件下停留。零售市场的货柜应保持低温,一般要求温度为-18~-15℃。各种冻制品的贮藏期见表5-7。

表5-7 不同贮温下各种冻制品的贮藏期　　　　　　　　　　单位：月

食品	贮藏温度 /℃			
	-7	-12	-18	-23
蘑菇	—	3~4	8~10	12~14
甜玉米（带穗轴）	—	4~6	8~10	12~14
芦笋	—	4~6	8~12	16~18
刀豆	—	4~6	8~12	16~18
抱子甘蓝	—	4~6	8~12	16~18
青豆、菜花、花茎、甘蓝、菠菜、蚕豆	10d~1月	6~8	14~16	>24
南瓜、甜玉米、胡萝卜	—	12	24	>36
桃（纸盒装，加维生素C）	6d	3~4	8~10	12~14
杏（纸盒装，加维生素C）	—	3~4	8~10	12~14
桃（纸盒装，加维生素C）	—	6~8	18~24	24
杏（纸盒装，加维生素C）	—	6~8	18~24	24
草莓片	10d	8~10	18	24
橙汁	4d	10	27	—

如果食品冻结到-18℃以下，并在该温度下冻藏，能较好地维持原始品质，并获得适宜的贮藏期。有不少的方法不但能将食品冻结到-29℃甚至更低一些，而且费用也不高。但是在运输和贮藏或销售过程中维持-29℃以下的温度，费用很大，况且在运输途中要维持-18℃的温度也并非易事，运输工具要维持太低的温度，目前来看，并不现实，设备的效率和成本都是限制因素。

3. 速冻果蔬的冻藏管理

为了使速冻食品在较长贮藏时间内不变质，并随时满足市场的需要，必须对保藏的速冻食品进行科学的管理，建立健全的卫生制度，产品出入管理严格控制，库内食品的堆放及隔热都要符合规程。

（1）冻藏库使用前的准备工作　冻藏库应具备可供速冻食品随时进出的条件，并具备经常清理、消毒和保持干燥的条件；冻藏库外室、过道、走廊等场所，都要保持卫生清洁；冻藏库要有通风设施，能随时除去库内异味；库内所有的运输设施、平衡器、温度探测仪、货架等都要保持完好状态，还应具有完备的消防设备。

（2）入库食品的要求　凡是进入冻藏库的速冻食品必须清洁、无污染，要经严格检验合格后才能进入库房，如果冻藏库温度为-18℃，则冻结后的食品入库前温度必须在-16℃以下。入库时，对有强烈挥发性气味和腥味的食品以及要求不同贮温的食品，应入专库贮藏，不得混放。已经有腐败变质或异味的速冻食品不得入库；要根据食品的自然属性和所需要的温度、湿度选择库房，并力求保持库房内的温度、湿度稳定。库内只允许在短时间内有小的温度波动，在正常情况下，温度波动不得超过1℃，在大批冻藏食品入库出库时，一昼夜升温不得超过4℃。冻藏库的门要密封，没有必要一般不得随意开启；对入库冻藏食品要执行先入先出的制度，并定期或不定期地检查食品的质量。

（3）速冻食品贮藏的卫生要求　冻藏食品应堆放在清洁的铲板上，禁止直接放在地面上。货堆要覆盖篷布，以免尘埃、霜雪落入而污染食品。货堆之间应保留0.2m的间隙，以便于空气流通。如系不同种类的货堆，其间隙应不小于0.7m。食品堆码时，不能直接靠在墙壁或排管上。货堆与墙壁和排管应保持以下的距离：距设有顶排管的平顶0.2m；距设有墙排管的墙壁0.3m；距顶排管和墙排管0.4m；距风道口0.3m。

由于库内货物和人员要出入，微生物污染是难以避免的，而且微生物的污染途径又是多种多样。使用的工具、出入的人员、流动的空气等均可将杂菌传播到食品上，因而必须从多方面着手加强冻藏库的日常卫生管理。第一，库内的所有设施、什物、器具、通道、管线及各处死角要定期消毒。冻藏库通风时吸入的空气也应先过滤，通用的过滤器由陶器圈构成，这种过滤器能除去80%~90%的微生物，但过滤器本身也需定期清洗与消毒。第二，当每次冻藏食品出货后，应将铲板用水或热碱水冲洗干净，并保持清洁。第三，严禁闲杂人员进出库房，进出人员必须穿戴整齐，经过消毒，并不得乱带杂物入库。

（4）消除库房异味　库房中的异味一般是由于贮藏了具有强烈气味的食品或是贮藏食品发生腐败所致。食品都具有各自独特的气味，若将食品贮藏在具有某种特殊气味的库房里，这种特殊气味就会传入食品内，从而改变了食品原有的气味。因此，必须对库房中的异味进行消除。

除异味除了加强通风排气外，现在库房广泛使用臭氧进行异味的消除。臭氧以其强烈的氧化作用可以用来杀菌，也可以消除异味。但在使用臭氧的过程中一定要注意安全和用量，不得在有人时使用臭氧。

库房内还要及时灭除老鼠和昆虫，它们除了会造成食品污染外，还会对库内设施造成破坏，因此应设法使库房周围成为无鼠害区。

拓展阅读

食品在加工、贮运过程中的安全隐患

食品含有丰富的营养物质，但是这些营养物质在食物的加工过程中可能会发生一些不良化学反应，使营养成分流失，甚至产生有毒有害物质。同时，在食品的加工过程中，为增加食品

的感官性质，延长保存时间等，常在食品中加入少量合成的或天然的化学物质，即食品添加剂，包括色素、香精、调味品、防腐剂等，其大多对人的肝、肾有亲和性，其解毒反应需很长时间才能完成，若人体摄入过多会损伤肝、肾功能，甚至诱发癌症。

肉类熏烟、腌腊时食品中的脂类、胆固醇、蛋白质以及碳水化合物发生热解，经环化和聚合，大量形成了一种致癌物质——苯并芘。

食品添加剂绝大多数为化学合成物质，具有一定毒性。主要的食品添加剂有亚硝酸盐、山梨酸钾。GB 2760—2024《食品安全国家标准　食品添加剂使用标准》对食品添加剂的使用范围、最大使用量或残留量进行了明确的规定。不可超范围或超量使用食品添加剂。过量地摄入防腐剂有可能会使人患上癌症；摄入过量色素则会造成人体毒素沉积，对神经系统、消化系统等都会造成伤害。因此在加工过程中，食品添加剂应采用适宜的容器妥善保存，且应明显标示、分类贮存；领用时应准确计量、做好使用记录。

食品经加工后，为保持其品质，在一定程度上防止外界环境的污染，延长货架期，需要对其进行包装。用于食品包装的材料组成复杂，在贮藏、运输过程中直接与食品接触，大量的可迁移的物质可能渗透到食品中，进而影响到食品的安全。一些运输工具在运输过农药或者其他的有害化学品后，若未经过清洗就用来运输食品，将引起食品的污染。不得将食品与有毒、有害或有异味的物品一同贮存运输。

> 💡 **复习思考题**
>
> 1. 简述焙烤食品防止老化和油脂酸败的方法。
> 2. 酱油为什么耐贮藏？简述其商品特性及保藏技术。
> 3. 简述白砂糖贮藏过程中可能变质的情况。
> 4. 简述葡萄酒类产品贮藏过程中的质量问题。
> 5. 如何防止黄酒在贮藏过程中产生沉淀？
> 6. 如何防止干制品褐变？
> 7. 贮藏果蔬干制品应控制哪些因素？
> 8. 简述干制品防虫的方法。
> 9. 罐头食品贮藏条件有哪些要求？
> 10. 速冻食品的贮藏特性有哪些？

实训项目十二　烘焙食品中霉菌含量的检测及对贮藏品质影响的考察

一、实训目的

1. 了解食品微生物学检验的原理和方法；掌握食品中霉菌含量检验的方法。
2. 熟知食品微生物学检验操作中常用的平皿菌落计数法。
3. 了解烘焙食品发霉的主要原因；了解霉菌对烘焙食品贮藏和保质期的影响。

二、实训原理

烘焙食品发霉主要是由霉菌作用引起的，其中的污染霉菌种类很多，包括青霉菌、青曲霉、根霉菌、赭霉菌及白霉菌等。虽然烘焙食品在整个生产过程中，均使用高温制作，但是烘焙食品的后期保存阶段却易受霉菌等微生物的侵染，特别是在潮湿多雨的季节，更可能导致食品口味酸败、色泽和营养价值大打折扣，大大降低烘焙食品的保质期。

平板菌落计数法是将待测样品制成均匀的、一系列不同稀释倍数的样品匀液，并尽量使样品中的微生物细胞分散开来，使之呈单个细胞存在，再取一定稀释度、一定量的稀释液接种到平皿中，使其均匀分布于平皿中的培养基内。经一段时间培养后，由单个细胞生长繁殖形成肉眼可见的菌落，即一个单菌落代表原样品中的一个单细胞。统计菌落数目，即可计算出样品中所含的菌数。

三、实训材料与设备

霉变馒头，恒温培养箱[(28±1)℃]、恒温水浴箱[(46±1)℃]、电子天平（感量0.1g）、振荡器、无菌吸管、无菌培养皿（平皿）、pH计、放大镜、试管、玻塞锥形瓶、马铃薯葡萄糖琼脂或孟加拉红琼脂、显微镜。

四、实训步骤

1. 采样

用灭菌工具采集可疑霉变馒头250g，装入灭菌容器内送检。

2. 样品的稀释

（1）无菌操作称取25g样品，放入含有225mL无菌稀释液（蒸馏水或生理盐水）的玻塞锥形瓶中，于振荡器中充分振摇（约30min），即制成为1∶10样品匀液。

（2）用无菌吸管吸取1:10样品匀液10mL，注入试管中，另用带橡皮乳头的1mL无菌吸管反复吹吸50次，使霉菌孢子充分散开。

（3）取1mL1:10样品匀液注入含有9mL无菌稀释液的试管中，另换一支1mL无菌吸管吹吸5次，此液为1:100样品匀液。

（4）按上述操作顺序，制备10倍递增系列稀释样品匀液，每稀释一次，换用一支1mL无菌吸管，根据对样品污染情况的估计，选择3个合适的稀释度，分别在做10倍稀释的同时，吸取1mL稀释液于无菌培养皿中，每个稀释度做3个平皿。

（5）及时将20~25mL冷却至46℃左右的马铃薯葡萄糖琼脂或孟加拉红琼脂培养基［可放置于（46±1）℃恒温水浴箱中保温］倾注平皿，并转动平皿使其混合均匀。置于水平台面待培养基完全凝固。

3. 菌落培养

培养琼脂凝固后，正置平板，置于（28±1）℃恒温培养箱中培养，3d后开始观察，共培养观察5d。

4. 菌落计数

通常选择菌落数在10~150CFU/g的平皿进行计数（用肉眼观察，必要时用放大镜或显微镜低倍镜），同稀释度的3个平皿的菌落平均数乘以稀释倍数，即为每1g检样中所含霉菌数。

五、实训结果与讨论

（1）烘焙食品中霉菌数与贮藏有什么关系？防止烘焙食品的霉变有什么措施？

（2）记录数据，撰写实训报告，并提交。

实训项目十三　油炸薯片贮藏破坏性试验品质变化的考察

一、实训目的

1. 了解破坏性试验设计方法。
2. 掌握食品酸价测定的原理；熟知食品酸价测定操作中常用的测试方法。
3. 了解油炸食品酸败的主要原因；了解酸败对油炸食品贮藏和保质期的影响。

二、实训原理

油炸食品主要变质为酸败，油脂酸败后的分解产物包括醛、酮、酸等，具有苦涩的滋味，有毒，不能食用。分解产物的性质也极不稳定，还会破坏食物中的维生素。食品贮存期加速测试的原理就是利用化学动力学来量化外来因素如温度、湿度、气压和光照等对变质反应的影响力。通过控制食品处于一个或多个外在因素高于正常水平的环境中，变质的速度将加快，在短于正常时间内就可判定产品是否变质。因为影响变质的外在因素是可以量化的，而加速的程度也可以计算得到，因此可以推算到产品在正常贮存条件下实际的贮存期。

三、实训材料与设备

袋装薯片，恒温培养箱[（25±1）℃]、恒温培养箱[（37±1）℃]、恒温培养箱[（55±1）℃]、电子天平（感量0.1g）、实验室常用试剂和玻璃器皿。

四、实训步骤

1. 样品制备

将样品拆袋，分别存放于25℃、37℃、55℃三个恒温培养箱中，25℃的样品作为标准样品或对照样品，37℃的样品作为模拟货架上的样品，55℃的样品作为环境破坏性样品，贮存8h，取样待测。

2. 酸价测定

（1）配制10g/L酚酞乙醇溶液。

（2）配制0.1000mol/L氢氧化钾标准溶液。

（3）配制乙醚-乙醇混合液，将乙醚、乙醇按2∶1混合。用0.1000mol/L氢氧化钾溶液中和至对酚酞指示液呈中性。

（4）测定步骤

①取样方法：称取50g样品，然后在玻璃研钵中研碎，混合均匀后置于广口瓶内保存在冰箱。

②样品处理：称取混合均匀的样品50g置于250mL具塞锥形瓶中，加50mL石油醚（沸程30~60℃），放置过夜，用快速滤纸过滤，减压回收溶剂，得到油脂。

③试样测定：准确称取上述油脂样品3~5g，置于250mL锥形瓶中，加入50mL中性乙醚-乙醇混合液，振摇使油脂溶解，必要时可置于热水中温热使其溶解，再冷却至室温，加入酚酞指示剂2~3滴，以0.1000mol/L氢氧化钾溶液滴定，至恰好显微红色，且30s内不褪色。

五、实训结果与讨论

（1）油炸食品中酸价与贮藏有什么关系？防止油炸食品酸败的措施有哪些？

（2）记录数据，撰写实训报告，并提交。

第六章 食品流通中的保鲜

学习目标

知识目标

1. 掌握食品流通的概念和意义；食品在流通过程中的质量变化趋势及类型；食品对运输环境和条件的要求。
2. 熟悉各类运输工具特点；食品在运输、销售和消费过程中的质量安全控制措施。
3. 了解时代背景下的食品销售形式，基本制冷设施及制冷方式。

技能目标

1. 能够根据食品不同特性，制订运输前食品预冷和包装的规程；选择合适的运输工具和运输方式，描述相应食品的流通形式图。
2. 能够根据食品特点结合信息化手段，选择合适的销售方式，学会正确地选择、购买新鲜合格食品；指导消费者学会正确地食品消费，以保证食用的食品营养、安全、质优。
3. 探寻食品在流通过程中新的保鲜方式，能够解决食品在运输、销售和消费过程中常见的质量安全问题。

职业素养目标

1. 增强食品流通中的安全意识，提高食品安全防范能力；增强树立为消费者保障食品质量，保证食品安全的社会责任感。
2. 党的二十大报告提出，"坚持城乡融合发展，畅通城乡要素流动"，充分认识其重要性。发展农产品深加工是产业融合发展的主要途径，在有效促进一产发展的同时，还可以拓展延伸，激活三产。

> **案例导入**

"一骑红尘妃子笑,无人知是荔枝来"是晚唐诗人杜牧《过华清宫绝句》中脍炙人口的诗句。据《新唐书·杨贵妃传》记载:"妃嗜荔枝,必欲生致之,乃置骑传送,走数千里,味未变,已至京师",未经保存处理的荔枝有"一日色变,二日香变,三日味变,四日色香味尽去"的特点。荔枝的保鲜相对较为困难。

讨论:
1. 如果唐玄宗生活在现代,他会采用什么方法运送荔枝给杨贵妃?
2. 你知道的食品运输保鲜方法还有哪些?
3. 结合实际生活,谈谈食品流通、冷链物流对农产品加工业高质量发展所起到的作用、意义。

第一节 食品的流通

一、食品流通的概念和意义

食品流通是食品从供应地向接收地的实体流动过程,即根据实际需要,将食品运输、贮存、搬运、包装、流通加工、配送、信息处理、销售、消费等基本功能实现有机结合的过程,主要以食品的质量安全为核心,以消费者的需求为目标,围绕食品购销、仓储、包装、运输、配送、消费等环节而进行的管理和控制活动。食品是一类特殊商品,食品流通是商品流通的重要组成部分,包括流通机构、流通路线、流通信息和流通技术。每个产品流通的环节和路线,因产品市场不同而异,我国食品流通现状如图6-1所示。

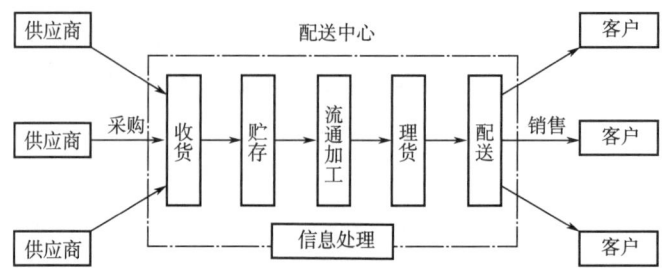

图6-1 我国食品流通现状

食品流通首先必须以价格为前提，通过货币进行产品交换。其次，它不是单个市场交换体系，而是大量的错综复杂的交换体系。生产决定流通，流通促进生产，它是保证食品产品不断再生产的前提条件。

二、食品流通的要求和特点

（一）食品流通的要求

1. 采后及时处理

对于食品本身来说，从采摘到运输，食品在流通过程中保持的稳定程度，就决定了食材的新鲜度。农产品在收获后的分选、包装、预冷等商品化处理技术对保证产品的品质和提高产品的流通水平起着关键的作用。世界上经济发达的国家都非常重视农产品采收、动物屠宰后的商品化处理，如美国农业投资的30%用于园艺产品的采前处理，70%用于采后处理，其采后产值与采收时产值比为3.7∶1，日本则为2.2∶1；我国的园艺产品由于采后商品化处理水平低，精深加工技术缺乏，贮运、保鲜能力不足等原因，致使损耗高达20%～30%。建立和完善农产品采后处理体系，已成为当前我国农产品流通领域中迫切需要解决的问题。

总之，采后及时处理是商品化的基础，是促进交易规范化、流通高效化、流通现代化不可缺少的部分。

2. 建立冷链系统

生鲜食品和冷冻食品在食品消费中占有很大比重，所以食品物流必须有相应的冷链系统。例如，现今蔬菜、水果的流通运输就具备冷链运输、低温贮藏特点，即采收 → 预冷库 → 冷藏运输车 → 批发市场冷库或超市冷柜 → 消费者冰箱。

（二）食品流通的特点

1. 流通管控多样化

流通技术在农产品流通经营中占主导地位。只强调农产品收货后的商品化处理和冷链系统贮运，不重视采收、收购、分割、贮运等环节中温度、湿度和气体成分的调控，同样会造成极大损失。

2. 流通难度大

农产品数量大、种类繁多，有些产品生产和销售规模一般较小，相对分散，中间环节较多；有些产品如生鲜果蔬、水产品具有鲜嫩易腐特性，生鲜蛋类具有易碎特性，使得农产品贸易风险大，流通难度高。

3. 食用安全性要求高

食品的卫生状况直接关系到消费者的健康，食品在流通过程中必须时刻注意产品卫生现状,防止有害物质污染,以保证消费者的食用安全。

三、食品流通的形式

食品流通主要由商流、物流和信息流三大部分组成。

(一)商流

在流通过程中,商品通过买卖活动而发生的价值形态变化和商品所有权的转移,简称商流。商流要经过一个或若干个环节即可完成整个流通过程,一般要经过几个中间环节方可到达消费者手中。目前商流主要形式如下。

1. 批发市场

批发市场是食品流通的枢纽。批发商有供销公司、各种联合体或个人,他们一方面从生产者手中批量购进产品,另一方面又向零售商或另一批发商销售产品,其经营的产品数量大,品种各异,是食品流通的"大动脉"。批发市场对于产品的适时集散、引导生产、稳定价格和调剂补缺都有极大作用。

2. 零售商

零售商是指直接将产品出售给消费者的个人或部门。在时间、地点、服务项目等方面零售商都能为消费者提供更好的服务。

3. 自采销售

自采销售最初流行于北美和西欧,现在我国一些经济较发达的地区和城镇郊区农场也已采用这种销售方式。自采销售由于每个劳动力经营的农场面积大,机械化程度高和劳动力贵,而有些产品,如草莓、葡萄等水果的采收,机械化比较困难,采收成本高。一些农场主就在公路两旁树起了"自采售卖"广告牌招揽顾客。购买者利用业余时间自己采摘,这样购买的价格大大低于市场价,农场主也节省了采摘费用。随着经济的发展,观光旅游农业逐渐兴起,我国一些城市居民周末也开始到农场自行采摘各种新鲜产品,同时又欣赏了田园风光。

4. 连锁商店

连锁商店是指若干零售商或超市组成一个供货公司,直接从农民或生产联合体进货,实行"联购联销,风险共担",减少中间环节,降低成本,提高竞争力,实现产品、价格和服务的统一。

5. 期货市场

农产品的期货交易是期货市场的重要组成部分。农产品需求相对稳定,但由于农产品的生产和供应受到季节性影响,期货价格会随着季节变换而波动。此外,农产品期货市场还呈现出地域性和差异性的特点,不同地区的农产品价格可能存在差异。同时,农产品之间存在可替代性和关联性,不同农作物的种植面积和价格也会相互影响。农产品期货市场的发展对于农业生产、流通和消费具有重要意义，可以帮助农民规避风险、改善收入，同时也为投资者提供了丰富的投资机会。然而，农产品期货市场也面临着一些挑战，如市场波动性、信息不对称等。未来随着数字化和绿色化的发展，农产品期货市场有望迎来新的发展机遇和挑战。

6. 网上贸易

在传统模式下，食品行业主要是通过实体店的形式进行销售。随着我国信息技术的快速发展，通过互联网，消费者足不出户就可以购得自己满意的食品。食品的网上销售在我国发展速度惊人，占比逐渐增多，各类供货点都有自己的线上销售系统，供应链从传统市场向虚拟市场延伸，拓宽了食品行业的市场空间，使产品走向全球。目前，我国食品网上销售的网购平台已多不胜数，其中天猫淘宝、京东商城、美团、饿了么及各种生鲜平台尤其受消费者欢迎。

（二）物流

食品的物流是通过包装、运输、贮存、装卸、搬运等活动，借助各种运输工具实现产品的空间转移。它的形式也是多种多样，如肩挑手提、车运、船运和飞机运输等。运输工具的选择必须根据食品特性、运输数量、目标市场、交易时间而定。比如生鲜食品具有含水量高、易变质、保鲜期短、季节性强等特殊的性质，在运输中对温度、湿度、时间等方面有着严格要求。生鲜食品电子商务很多又是以农产品批发市场为基础发展起来的，在电子商务交易中物流配送环节至关重要，很容易由于温度不适宜，缺乏技术监督等而导致食品品质下降，使得食品安全存在隐患。

（三）信息流

在物流和商流过程中，往往伴随着相关信息的传播和流动，成为信息流。以生鲜蔬菜为例，我国现有蔬菜供应链现状如图6-2所示。

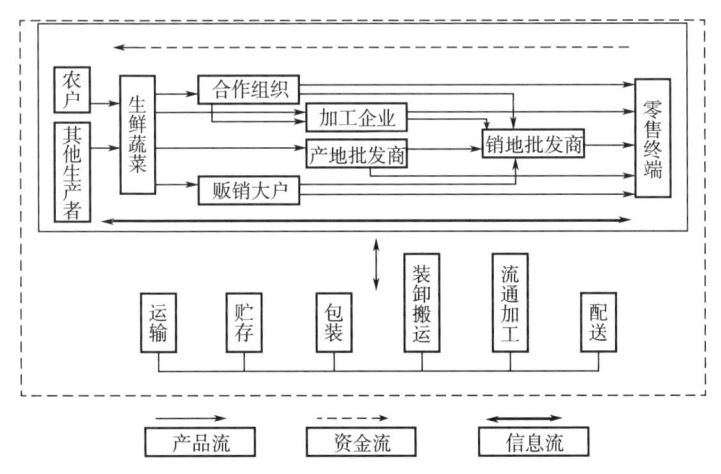

食品流通概念及流通领域中的安全性问题（视频）

图6-2 我国现有蔬菜供应链现状

四、食品在流通过程中的质量变化

食品质量主要包括营养质量、卫生质量和感官质量（即食品的色、香、味、形、质）。食品在流通过程中质量会发生一系列的变化。

（一）食品在流通过程中的质量变化趋势

不同食品有不同的质量变化形式。食品的原料主要来源于生物界，当这些生物体被采收或屠宰之后，他们就不能再从外界获得物质来合成自身成分。虽然同化作用已经结束，但是异化作用并没有停止。例如，蔬菜、水果和鲜蛋等鲜活食品的呼吸作用和其他生理活动仍在进行，体内的营养成分不断被消耗；畜、禽、鱼肉等生鲜食品虽然不像蔬菜、水果那样进行呼吸，但体内的酶仍然在活动，一系列生化反应在悄悄地进行，较为稳定的大分子有机物逐渐降解为稳定性较差的小分子物质。食品内部各种各样的化学变化和物理变化都以不同的速度在进行着，引起蛋白质变性、淀粉老化、脂肪酸败、维生素氧化、色素分解，有的变化还会产生有毒物质等不良现象，新鲜食品的水分散失或干燥食品吸附水分也会导致食品质量的下降。含有丰富水分和营养物质的食品是微生物生长活动的良好培养基，当其他环境条件适宜时，微生物就会迅速生长繁殖，引起食品腐败、霉变和发酵等各种劣变现象，从而使食品的质量急速下降。

上述所有的变化都具有一个共同的特点，即食品中稳定性较高的大分子物质分解为稳定性较低的小分子物质，使食品的成分和结构发生变化，原来的有序结构不断演变为无序结构，也就是朝着无序化的方向发展，导致食品的稳定性不断减弱，在质量方面表现为营养价值和感官品质逐渐下降。

食品质量的变化趋势是自身的无序化，这种变化是不可逆的、积累的，因此食品质量变化的趋势与其在流通中所经历的时间有密切的关系。这种趋势与时间的关系可分为3种类型。

1. 食品的质量逐渐下降

在一定环境条件下，食品的质量随着时间的延长而逐渐下降，但质量下降的速度是不均匀的，一般是随着时间的延长而加速，特别是到达某一阶段，食品的质量就会急剧下降。例如，蔬菜、水果在贮藏中一经呼吸高峰就会迅速衰老，硬度下降，风味变差；许多生鲜食品和加工食品由于微生物的繁殖和水分含量变化等原因，经过一段时间，质量就会发生明显的劣变，如出现异味，甚至发霉、腐败。当然，不同的食品及所处的环境条件不同，他们质量下降的速度是大不一样的，有的几天、几周就会发生质变，如鱼、虾、菜、果；有的几个月、几年，甚至更长时间，其质量都没有明显的变化，如，某些干燥食品和罐头。

2. 食品的质量先上升后下降

畜、禽肉在屠宰之后的一段时间内，为其成熟过程，体内酶的活动使肌肉变得多汁芳香，并有利于人体的消化，因此在这段时间里，食品质量是逐渐提高的。但随着时间的延长，肉品就进入自溶软化阶段，品质逐渐下降。一些低度酒和某些具有后熟性能的果品，在生产或采摘之后的一段时间里，质量也是逐渐上升的，但经过这段时间后，质量就随着时间的延长逐渐下降。这一类型的食品，无论是在质量提高阶段，还是在质量下降阶段，其质量变化速度也都与食品种类和所处环境条件具有密切的关系。

上述两种变化类型的食品，在质量发生剧变之前或开始进入下降阶段的时候，就必须进行适当的处理或改变贮存的环境条件，如畜、禽肉必须变常温为低温，进行冷藏或冻藏，以防品质急剧下降。而低度酒和某些属于第一类型的食品就应该消费掉。

3. 食品的质量逐渐上升

许多高度酒在生产之后，酒的质量随着贮存时间的延长而提高。其主要原因是酒中所发生的酯化反应是一种缓慢的可逆反应，因此酒中酯的含量随着时间的延长而增多，酒的品质也随之提高。但质量的提高也并非与贮存时间成正比例关系，如白酒在贮存的前3年内，在贮存初期，酯化反应速度较快，质量上升的速度也较快，后期酯化反应的速度减慢，质量的增加也就十分缓慢。因此这类食品应该确定适宜的贮存期，既保证达到必须的质量标准，又有利于促进商品流通。

（二）食品在流通过程中的质量变化类型

1. 物理机械变化

食品在流通过程中受外力作用发生的机械性损伤、水分变化、香味物质的挥发、对环境异味的吸附等。

2. 化学变化

食品中有些成分的分解、缩合或相互之间所发生的化合、聚合，以及它们与空气中氧气发生的氧化反应。

3. 生理生化变化

一些生鲜食品在流通过程中仍为有生命的活体，仍在进行生命活动，或其体内的酶仍具有活性，发挥作用，从而引起食品的质量下降。

4. 微生物学变化

微生物学变化主要是微生物引起食品的品质变化，如细菌引起的腐败，霉菌引起的霉变，酵母菌及某些细菌引起的发酵等。

第二节　食品运输中的保鲜

一、运输前处理

（一）预冷

预冷主要指在装车、装船运输之前，将易腐食品如肉及肉制品、鱼及鱼制品、乳及乳制品及果品蔬菜等的品温降到适宜的贮藏或运输温度。这样可以降低食品内部的各种生理生化反应，减少养分消耗和腐烂损失，尤其对果品蔬菜来说，可以尽快除去田间热和呼吸热，抑制生理代谢，最大限度地保持食品原来的新鲜品质。例如，刚采集的牛乳温度是37℃，很容易受微生物的污染，将其快速降到4℃以下时，微生物的生长和繁殖就非常缓慢，28h内微生物保持初始水平，而15℃以上的温度下微生物总数则快速增加。

在低温运输系统中，运输工具所提供的制冷能力有限，不能用来降低产品的温度，只能维持产品的温度不超过其所要求保持的最高温度。所以，一般食品不放在冷藏运输工具上预冷，而是在运输前采用专门的冷却或冷冻设备，将品温降低到最佳贮运温度以下，这样可减少运输工具的热负荷，并保证冷藏过程中温度波动不至于过大，更有利于保持贮运食品的质量。经过彻底预冷的食品，用普通保温车运输，就能够达到低温运输的效果；反之，即使用冷藏车，若不经过预冷也难以发挥其效能。例如，未经预冷的广东香蕉装入火车冷藏箱中时，果箱内温度为27~28℃，火车运行5d后，果箱内温度尚在14℃；而经过预冷的香蕉，入箱14h后就可以将品温降低到12℃。

因此，长距离大量运输鲜活和生鲜食品时，预冷是必不可少的一项措施。食品的预冷方法主要有通风预冷、冷水预冷、加冰预冷及真空预冷等。考虑到我国目前食品的产销实际状况和预冷效果，预冷设备和方式可结合现有的贮藏冷库，采用强制冷风预冷方式，也可采用差压冷风预冷方式。

（二）包装

1. 食品包装的定义和功能

食品包装就是采用适当材料、容器和技术把食品包裹起来，以使食品在运输和贮藏过程中保持其价值和现有状态。包装对食品来说是非常重要的措施，食品包装的目的是保证食品的质量和安全，为消费者食用提供方便，突出商品包装外表及标志，以提高其商品价值，即食品包装具有保护食品、方便贮运、促进销售三大功能，其中防止食品变质、保证食品质量是食品包装最重要的目的。

（1）保护食品功能　食品的种类繁多、性状千差万别，而且多为有机物质，在贮存、运输、销售、消费等流通过程中易受外界各种不利条件及环境因素的破坏和影响。例如，微生物、虫害等生物引起的危害；在直射光、高温、有氧环境中引起的各种化学反应；由于吸收或散失水分使食物变质或失鲜等。合理包装可以减少因运输中相互摩擦、碰撞、挤压、振动而造成的机械损伤；减少病害蔓延和水分蒸发；也可以避免散堆食品发热而引起腐烂变质。

（2）方便贮运功能　包装能为生产、贮存、运输、消费等环节提供诸多方便，能方便生产厂家、运输部门搬运装卸，方便仓储部门堆放保管，方便商店陈列销售，也方便消费者的携带、取用和消费。现代食品包装还注重包装形态的展示方便、自动售货方便及消费时开启和定量取用方便。

（3）促进销售功能　包装是"无声的推销员"，是提高食品竞争力、促进销售的重要手段。精美的包装能在心理上征服购买者，增加其购买欲望，有利于产品的宣传和企业形象的树立。

2. 食品包装的分类

（1）按包装层次可分为个体包装（对单个食品的包装）、内包装（包装货物内部的包装）和外包装（包装货物外层的包装）。

（2）按包装食品的状态可分为液体包装和固体包装。

（3）按包装材料及容器性质可分为纸包装、金属包装、玻璃包装、陶瓷包装和塑料包装等。

（4）按包装技术可分为防潮包装、防霉包装、防虫包装、保鲜包装、真空包装、充气包装。

（5）按在流通中的功能和作用可分为贮藏包装、运输包装和销售包装。

3. 各类食品的包装

食品的包装要根据各种食品的特性及其在流通过程中可能发生的质变及其影响因素，来选择适当的包装材料和包装方法。对液体食品，常用塑料瓶、玻璃瓶、金属罐、复合材料制作的袋、盒、杯等；对半流体食品，常用塑料或玻璃的广口瓶、复合材料制作的袋、盒、杯等；对粉体、散粒体及其与液体混合的食品，常用金属罐、塑料广口瓶、复合材料制作的袋、盒、罐等；对单个或多个集合的块状、片状、条状及类似于球状、半球状等固体食品，常用较大型的塑料盒、金属罐、复合材料制作的袋、盘、盒等。

（1）新鲜水果蔬菜的包装　要考虑到果蔬是一个鲜活的植物器官，要进行旺盛的生理代谢，包装材料要求有一定的透气性。常用各种塑料薄膜如硅窗膜、气调保鲜膜以聚乙烯、聚氯乙烯为材料，采用袋装或收缩薄膜包装。纸浆、纸板、各种塑料制成的有缓冲作用的托盘，以及各种纸袋、网袋、提篮等常用于果蔬的销售包装。板条箱、瓦楞纸箱、塑料箱、筐等常用于水果及蔬菜的运输或贮藏包装。

（2）生鲜肉及肉制品的包装　生鲜冷鲜肉常用的包装方式主要为浅盘裹包。冷冻肉的包装主要是为了控制其冻藏过程中常出现的干耗、脂肪氧化和变色等，常用收缩包装、充气包装和真空包装。熟肉类食品的包装要求有良好的隔氧性、阻湿性、避光性和耐高低温的性能，常用的包装材料有聚偏二氯乙烯、聚碳酸酯、聚乙烯、聚氯乙烯、聚丙烯、聚对苯二甲酸乙二醇酯铝箔及复合薄膜等。鲜肉及肉制品的运输包装主要采用纸箱、编织袋或钙塑箱等。

（3）生鲜水产品的包装　生鲜水产品的销售包装材料要求高阻隔、耐低温性能，以适应脱氧、真空及低温流通条件，并需在包装内放置吸水垫片吸收积蓄水滴和鱼汁。包装方式主要有聚乙烯薄膜袋、涂蜡或涂热熔胶的纸箱（盒）。高档鱼类、对虾、龙虾、鲜蟹等对保鲜要求比较高，可采用气调、真空包装。生鲜水产品的运输包装材料要求具有较高的强度，质量轻，有良好的隔热性能，容器顶盖应开有排水槽以便于排液。运输包装容器主要有铝合金箱、塑料箱、纤维板箱等，可采用气调保鲜包装、充氧包装或假休眠包装进行活体运输。

二、运输环境和条件的控制

（一）运输环境控制

食物从收割到存储、零售、餐饮店，直至上餐桌，连接这些点的是各种类型的运输设备。在一道道具体工序中，每一个连接都至关重要。如果整个过程中的运输设备有良好的设计和正确的操作，那么每个点的产品品质（收货时的品质或加工时的品质）就可以在运输的途中得以保持，从而保证货品的货架期和品质。

1. 温度

与食品在贮藏时一样，运输温度对食品品质有着重要影响，因此温度是运输中最受关注的环境条件之一。采用适宜的低温流通措施对保持食品的新鲜度和品质以及降低运输损耗是十分重要的。

（1）常温运输　在运输中由于运输时间相对短暂，运输温度略高于最适贮藏温度对许多种食品的品质影响并不是很大，尤其在目前我国低温冷链的发展还远不能满足食品冷藏运输需要的情况下，采取略高的温度，在经济上有明显的好处，例如可用保温车代替冷藏车。

在常温运输中，不论何种运输工具，其货箱和产品温度都会受到外界气温的影响，特别是在盛夏或严冬时，这种影响更为突出。如果外界气温高，那么受外温和呼吸热（果蔬）的影响，食品温度一旦上升就不容易降下来，这使得大量食品质量劣变甚至腐烂。假如只能采用常温运输时，对于卡车要采取遮阳和防雨措施，尽量减少外界环境对食品的影响。但即使如此，一般夏季运输货垛上部或中部的货温与下部货温仍有5℃以上的温差。木箱与纸箱包装的温度也不同，由于纸箱堆得较密，在运输途中箱温比木箱高1~2℃。常温运输时货箱内温度随外界条件的变化而起伏很大，应注意保护，且不宜长途运输。

（2）低温运输　低温运输中增加了制冷设备，可以相对保证运输工具内食品具有较低的温度，较好地保证了食品的运输安全。随着经济建设的发展，人们生活水平的提高，人们越来越注重食品的营养、安全、品质，因此食品，特别是易腐食品的低温运输发展势头迅猛，是今后的发展趋势。

2. 湿度

湿度在运输中对食品的影响各不相同。一般短距离运输，湿度的影响较小，但如果是长距离运输时，就必须考虑湿度的影响。尤其是水分含量较高的果蔬，在运输途中要观察水分的散失状况，及时增加环境中的湿度，防止过度失水造成萎蔫，从而影响产品品质。对于一些水分含量低的粮食作物，要严格监控运输环境中的湿度大小，湿度若过大，在长途运输过程中干燥的农作物易发生霉变现象。

3. 气体

采用冷藏气调集装箱的运输方式和长距离运输时，要注意气体成分浓度的调节和控制，气体成分浓度的调节和控制方法可参照所运产品在气调贮藏时的相关要求和技术进行。以果蔬为例，对较耐CO_2的果蔬，可采用塑料薄膜袋内包装的方式，达到微气调的效果；对CO_2敏感的果蔬，应注意包装不能太严密或进行通风处理。

（二）运输条件控制

1. 防振动处理

在运输途中，剧烈的振动主要会造成新鲜果蔬和蛋制品的机械损伤。以果品为例，机械损伤会促使水果乙烯的产生，加快果品的成熟；同时易受病原微生物的侵染，造成果品的腐烂。因此，在运输中应尽量避免剧烈振动。比较而言，铁路运输的振动强度小于公路运输，水路运输又小于铁路运输。振动的程度与道路的状况、车辆的性能有直接关系，路况差，振动强度大；车辆减振效果差，振动强度也会加大。在启运前一定要了解路途状况和运输车辆情况。对产品进行包装时，应增加填充物；装载堆码时尽可能使产品稳固或加以牢固捆绑，以免造成挤、压、碰撞等机械损伤。

2. 合理的装载和堆码

食品在运输车、船内正确的装载，对于保持食品在运输中的质量有很大作用。易腐食品在冷藏车、船低温运输时应当合理堆放，使冷却空气能够合理流动，保持货物间温度均匀，防止因局部温度升高而导致腐败变质。食品的装载首先必须保证运输食品的质量，同时兼顾车船载重量和容积的充分利用。具体来说，易腐食品低温冷藏运输应该做到以下两点。

（1）良好的气流模式　良好的气流模式是保证温度及货物质量的关键因素。即使制冷机组有很好的制冷效果，如果气流模式不合理，也会导致货物品质下降。所以应确保厢体的6个面都有足够的空间。任何的堵塞或者阻碍都可能导致冷气流的"短路"，从而导致某个区域的温度较高，产生"局部热区"，如图6-3所示。

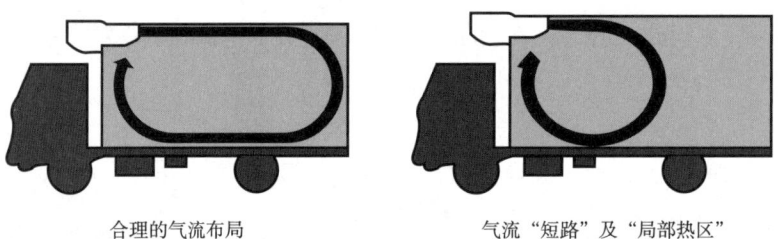

合理的气流布局　　　　　　气流"短路"及"局部热区"

图6-3　运输车内气流模式

（2）货物合理的堆放布局

①留间隙堆码法。为了保证气流的通畅，通常采用的货物堆放方式有：居中式、均匀分散式、交错式以及交错环式，如图6-4所示。实际的货物堆放方式取决于货物的类型、运输的方式及距离，以及其他一些因素。总之，需在货物与车顶之间留有足够的空间，以免产生气流"短路"或者"局部热区"。另外，货物不要紧靠制冷机组放置，以免堵住气流。

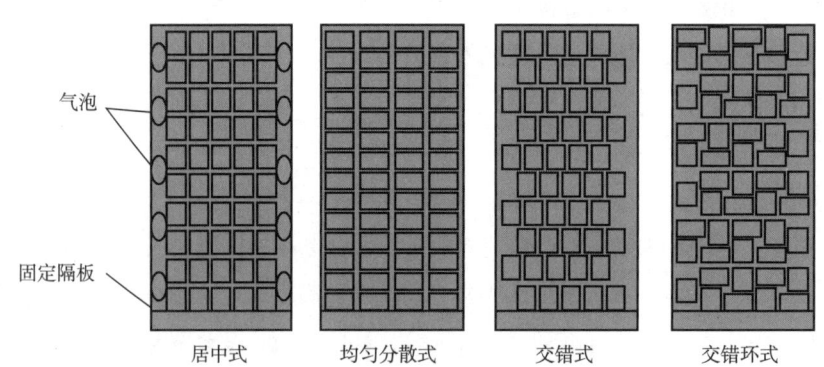

居中式　　　均匀分散式　　　交错式　　　交错环式

图6-4　货物堆放布局示意图

②紧密堆码法。对于一些冬季短途保温运输的某些怕冷货物，夏季运输的某些不发热的冷却货物或者加冰运输的鱼、虾或蔬菜等，可用紧密堆码法。车内空气不能在货件之间流通，这样货物本身所积蓄的能量就不易散发，有利于保持货物温度的稳定，并能有效地利用车、船载重量和容积。对于本身不发热的冷却货物，如加冰鱼，也可采用较紧密的装载方法，但不应过于挤压，以免造成机械伤害影响货物质量。

3. 食品卫生保障

运输污染在食品污染中占较大比例，尤其是近年来，由于物流频繁，运输过程中因车体装运不当和站场存放卫生条件差，造成的食品污染现象十分突出。为了保证食品卫生质量，在运输中要注意遵守以下安全和卫生要求。

（1）运输工具的卫生要求

①车厢内必须保持清洁，特别是底板沟槽以及蒸发器的回风口必须保持通畅。松软的物质，例如纸屑、塑料包装等会很容易被吸入蒸发器，导致气流堵塞。

②贮存、运输和装卸食品的包装容器、工具、设备和条件，必须安全无害，保持清洁，防止食品污染。

③一般应装备专用食品运输工具，用非专用食品运输工具运送食品时，应对运输工具彻底清洗或消毒后才能装运，直接食用的食品采用的运输工具每次装运前必须消毒。

④专用仓储货位要防雨、防霉、防毒，逐步实现专车、专箱、专位，谨防货位污染，尽量做到专车专用，特别是车、船长途运输粮、果、菜、鱼等类食品时更是如此。

（2）运输过程中的卫生要求

①食品与其他货物应分开装运，严禁混装混放，严格按照《危险货物配装表》装配。

②在食品的装运上，应注意不要将生熟食品、食品与非食品、易于吸收气味的食品与有特殊气味的食品同车、船装运，更不能将农药、化肥等物资与食品同车、船装运，以免造成食品污染。

③改进包装方法和材料，提高包装质量，轻拿轻放，轻装轻卸，减少因包装不善所造成的食品污染。

④坚持作业标准，杜绝违章操作，认真执行《货物运输管理规定》。

⑤长途运输要具备防蝇、防鼠、防蟑螂和防尘措施。

⑥运输活畜、活禽要防止拥挤，途中应供给足够的饮水和饲料。

⑦完善卫生监督机制，强化管理职能，建立相应管理监督制度。

三、食品运输的方式

我国现有的食品运输形式通常有陆运（包括公路和铁路）、水运（包括内河运和海运）、空运及上述几种形式的联运。各种运输方式都有其优缺点，应在充分了解各种运输工具的优缺点后加以选择利用。

（一）公路运输

公路运输是我国最重要和最常见的短途运输方式。公路运输机动方便，可实现直达上门服务，中间搬运少，短距离运输成本低；但存在振动大、运量小、能耗大的缺点。主要工具有各种大小车辆、汽车、双挂车、拖拉机等。公路运输可针对特殊用途准备特殊车辆，如液体油罐车，活鱼运输车，对需要保持低温的货物，可以使用保温车、冷冻车或冷藏车。

（二）铁路运输

铁路运输运载量大，速度快，效率高，不受季节影响；但机动性差，没有铁路的地方不能直接运达。运输的基本单位是货车或集装箱，货车的载重量为15~30t，集装箱为5t、10t或20t左右，运输量比较大的时候也可以专列运输。对需要保持低温的货物，可使用冷藏、冷冻车或冷冻、冷藏集装箱。

（三）水路运输

利用船舶运输运载量大，成本低（各种运输方式中最低），行驶平稳；但受地理条件限制，运输速度慢；受季节影响，运输连续性差。发展冷藏船、集装箱专用船和车辆轮渡是水路运输的发展方向。

（四）航空运输

航空运输的优点是不受地理条件限制，运行速度快，损伤少；但运量少，运费高，适于特供高档生鲜食品。空运由于时间短，只要提前预冷并采取一定保温措施即可，一般不用制冷装置，较长时间飞行可用干冰制冷。今后随着大型专用运输机的出现，运输量会有所增大。

（五）联运

联运是指食品从产地到目的地的运输全过程使用同一运输凭证，采用两种或两种以上不同运输工具的相互衔接的运送过程。例如，铁路公路联运、水陆联运、江海联运等。国外普遍应用的联运方式是：把适用公路运输的拖车装于火车的平板车上或轮船内，到达车站或港口时，把拖车卸下来，挂在牵引车后面，进行短距离的公路运输，直达目的地。联运可以充分利用运输能力，简化托运手续，缩短途中滞留时间，节省运费。现在推行集装箱运输，是以集装箱为装卸容器，将食品装进规格不同的集装箱内，直接送达目的地卸货，适用于多种运输工具，具有安全、迅速、简便、节省人力、便于机械化装卸的特点，有利于食品质量的保持和联运的发展。

四、食品运输的工具

目前食品公路运输所用的运输工具包括汽车、拖拉机、畜力车和人力拖车等。汽车有普通货运卡车、保温车、冷藏汽车、冷藏拖车和平板冷藏拖车。铁路运输工具有普通篷车、通风隔热车、加冰冷藏车、冷冻冷藏车。水路运输工具用于短途的一般为木船、小艇、拖驳和帆船；远途则用大型船舶、远洋货轮等，远途运输的轮船有普通舱和冷藏舱。集装箱有冷藏集装箱和气调集装箱。随着我国综合国力的增强，大市场、大流通的进一步完善，交通、装载设备的不断发展，逐步实现现代化。

冷藏运输是目前易腐食品运输的发展趋势，冷藏运输设备也是食品冷藏链的重要组成部分，不同的冷藏运输设备有不同的使用条件，对其提出的要求也不尽相同。一般来说，冷藏运输设备应满足以下的要求。

（1）具有一定的制冷能力，能及时排除外界侵入的热量，使食品保持规定的温湿度。

（2）具有隔热处理的壳体，减少外界侵入热量。

（3）能根据运输食品的种类，调节、控制设备内的温度。

（4）制冷装置在设备内占用空间要少。

（5）制冷装置要轻，安装稳定，安全可靠，不易出故障。

（6）运输成本要低。

（一）陆上运输设备

冷链食品的陆上运输主要有铁路冷藏运输和公路冷藏运输。铁路冷藏运输有运输量大、运输距离长、速度快和安全性高等优点，对于大运量、远距离的运输，其经济性较好。公路冷藏运输有机动灵活、方便快捷、周转环节少和密度大（几乎所有的冷链场合均能到达）的特点，对于小运量、近距离的运输，其经济性较好，已成为冷链食品运输的重要组成部分。公路冷藏运输既可以单独进行冷链食品的短途运输，也可以配合铁路保温车和水路冷藏船进行短途转运。铁路冷藏运输和公路冷藏运输互为补充，构成了冷链食品运输的有机网络，负责冷链食品的冷藏运输及配送，包括冷链食品的短、中、长途运输及区域配送等。所用的陆上运输设备主要包括铁路保温车和冷藏汽车。

1. 铁路保温车

铁路保温车具有较大的运输能力，适于长距离的冷藏运输。铁路保温车具有良好的保温性能，厢壁传热系数小于$0.25W/(m^2·K)$。铁路保温车按其冷却方式不同可分为机械保温车、加冰保温车、冷板保温车和液氮保温车等。

（1）机械保温车　机械保温车是以机械式制冷装置为冷源的冷藏车，是目前铁路冷藏运输中的主要工具之一，如图6-5所示。其优点是制冷速度快；温度调节范围大，车内温度分布均匀；适应性强，制冷、加热、通风换气和融霜能实现自

图6-5　B22型机械保温车

动化；新型机械冷藏车还设有温度自动检测、记录和安全报警装置。

（2）加冰保温车　加冰保温车是在车厢内贮存一定量的冰，车厢内的空气与冰自然对流换热，利用冰的融化来吸收车厢内及外部传入的热量。为了使车厢内的温度能降到0℃以下，通常向冰中加入食盐。加冰保温车按其盛冰容器结构的不同可分为端装式和顶装式两种，如图6-6和图6-7所示。

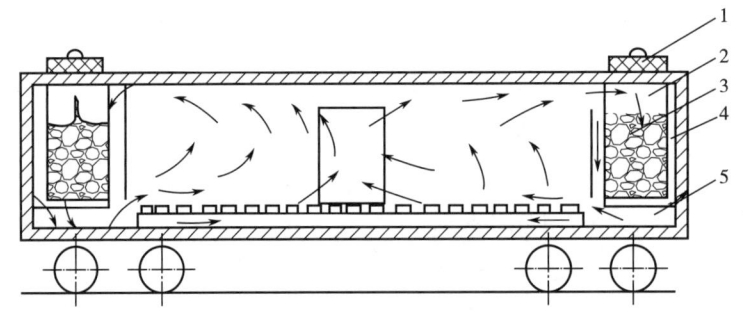

图6-6　端装式加冰保温车
1—加冰盖　2—冰箱　3—空气循环挡板　4—车体　5—通风槽

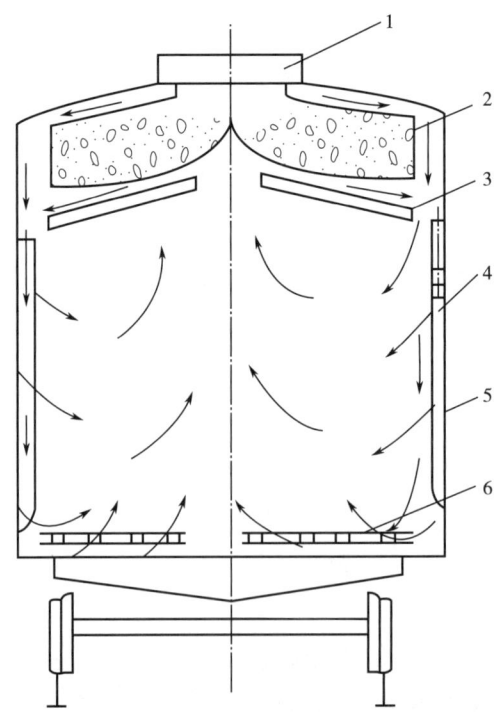

图6-7　顶装式加冰保温车
1—加冰盖　2—冰箱　3—空气循环挡板　4—通风槽　5—车体　6—离水格栅

端装式加冰保温车是在车厢的两端设置盛冰的栅框，冰和盐由上部的加料孔加入，冰融化后产生的盐水落入栅框下面的底盘中，然后经虹吸管排出。端装式加冰保温车由于冰框占地，约使载货面积减少25%；栅框设于两端，车厢内温度不均匀，卫生条件也较差。

顶装式加冰保温车是在车厢顶上均匀地布置6对金属板焊成的马鞍形冰箱，加料口也设在车厢顶上。冰箱的底板向外倾斜，冰融化后产生的盐水由底部经排水管排出。这种保温车虽然克服了端装式加冰保温车的缺点，但结构比较复杂，传热效果较差。

铁路加冰保温车设备简单、使用方便、造价低，冰和盐价廉易购。其缺点是车厢内温度波动较大，温度调节困难，使用局限性较大；行车沿途需要加冰、加盐，影响列车速度；排出的冰盐水不断溢流排放，腐蚀钢轨、桥梁等。目前，我国铁路沿线大都设有制冰厂及加冰站，因而仍然在使用加冰保温车。

（3）冷板保温车　铁路冷板保温车是在隔热车体内安装冷板，冷板内充注一定量的低温共晶溶液，当共晶溶液充冷冻结后，即贮存冷量，低温共晶溶液融化后将冷量散于车体内，从而实现货物的冷藏。铁路冷板保温车的造价低、结构简单，充冷后冷源温度恒定，一次充冷可运行120h，但是由于其温度控制不稳定，适用范围具有局限性，并没有广泛应用。

（4）液氮保温车　液氮保温车是在具有隔热车体的冷藏车上装设液氮贮罐，罐中的液氮通过喷淋装置喷射出来，突变到常温常压状态，并汽化吸热，对周围环境进行降温。

液氮保温车在装卸货物时，需要敞开车门数分钟，保证车厢内进入足够的氧气后再进入操作，以防操作人员缺氧而出现意外；还要谨防喷淋液氮时操作人员进入车厢，以防造成皮肤冻伤。液氮保温车兼有制冷和气调的作用，能较好地保持易腐食品的品质，在国外已有较大的发展，我国尚在起步阶段。

2. 冷藏汽车

冷藏汽车一般有机械冷藏汽车、保温冷藏汽车、干冰冷藏汽车、冷板冷藏汽车和液氮冷藏汽车等。机械冷藏汽车采用机械制冷设备给车厢提供冷源，而其他冷藏汽车（保温冷藏汽车除外）则不带制冷装置，仅靠蓄冷材料（冷板冷藏汽车）、液氮或干冰提供冷源，保温冷藏汽车既无制冷装置，也无低温物质提供冷源。

在一定环境条件下，根据GB 29753—2023《道路运输　易腐食品与生物制品　冷藏车安全要求及试验方法》中车厢内部平均温度的保持范围，将机械制冷及加热冷藏车分为12类，见表6-1。

表6-1　机械制冷及加热冷藏车分类　　　　单位：℃

冷藏车类别	A	B	C	D	E	F	G	H	I	J	K	L
环境温度	-10~30	-20~30	-30~30	-40~30	-10~30	-20~30	-30~30	-40~30	-10~30	-20~30	-30~30	-40~30
车厢内温控范围	0~12	0~12	0~12	0~12	-10~12	-10~12	-10~12	-10~12	-20~12	-20~12	-20~12	-20~12

（1）冷藏汽车的类型

①机械冷藏汽车。机械冷藏汽车是冷藏汽车的主力车型。它采用制冷机组给车厢提供冷源，适合于货物的长距离运输，它可以维持-25~12℃的工作温度范围。如图6-8所示。

机械冷藏汽车要求的自动化程度高，能实现制冷装置自动降温、自动加热和自动融霜。在进行系统设计时，从工艺上要既能满足冷冻食品的温度要求，又能满足0~12℃冷藏食品的温度要求。

图6-8　机械冷藏汽车

②保温冷藏汽车。保温冷藏汽车一般用于冷链食品的短途运输，由于没有制冷设备和其他形式的冷源，保温冷藏汽车仅仅是将货物保持在较低的温度。也有部分保温冷藏汽车采用干冰来冷却，采用空气自然对流或强制对流的干冰箱（此时的保温冷藏汽车也称为干冰冷藏汽车），当运输冻结食品时，也可直接将干冰撒在食品垛上。保温冷藏汽车由于没有制冷设备，结构简单，运输成本低，不能用于较长距离的运输，以防冷链食品回温过高而对食品品质产生明显的影响。

③干冰冷藏汽车。干冰冷藏汽车是利用干冰升华吸热来降低车厢温度的。当采用通风机强制冷却空气并使其在车厢内循环时，可通过调节通风机的风速来控制车厢温度。干冰冷藏汽车的车厢上装有排气管，以防止压力过高。

干冰成本高，车厢温度分布不均、冷却速度慢、车厢温度不易控制等都是干冰冷藏汽车的不足之处，因此其在冷藏运输中的使用受到了较大的限制。

④冷板冷藏汽车。冷板冷藏汽车与铁路冷板保温车类似，也是利用冷板中充注的低温共晶溶液蓄冷和放冷，实现冷藏汽车的降温。

⑤液氮冷藏汽车。液氮冷藏汽车与铁路液氮保温车类似，也是利用车厢内部的喷嘴喷出的液氮汽化吸热，实现冷藏汽车的降温。液氮冷藏汽车主要由汽车底盘、隔热车厢和液氮制冷装置组成，通常其温度控制箱由温度控制器和温度显示仪表组成。

（2）冷藏汽车的使用要求

①车厢预冷或预热：在装货之前，必须要先对车厢进行预冷或预热，这样有利于保证货物

的温度稳定,同时,对于机械冷藏汽车,制冷系统的压缩机也不宜出现过载。

②货物温度:应对货物进行预冷处理,并冷却、冻结到所要求的温度,因为冷藏汽车制冷系统的设计制冷能力一般仅能用于保持货物的温度,而不是用于降低所装运货物的温度。如果货物温度过高,过大的负荷对制冷压缩机的运行非常不利,会影响压缩机的使用寿命。装货时应检查货物温度,对超过规定温度的货物,可以拒绝装车。

③货物包装:冷冻食品不使用通风包装箱;生鲜食品使用侧壁通风的包装箱,并且包装箱必须有一定的抗压能力。

④货物堆装:车厢内货物的堆装应保证车厢内的冷风循环。车厢为非防滑地板时,严禁将货物直接堆放在平面的地板上,一定要用双面托板来装货,以保证地板处冷空气的流通;货物与车厢内的顶部应有足够的距离;车厢地板的通风槽应畅通,以确保空气的良好循环。

⑤运输过程:运输过程中车厢内的温度应控制在合适的范围,温度太高或太低将影响货物的品质,甚至会使货物损坏或变质。

⑥货物装卸:对于机械冷藏汽车,蒸发器形式通常为冷风机。此时,打开车门装卸货物时应关闭制冷机组,使冷风机停止运行,这样车厢冷量散失较慢,有利于车厢内温度的稳定。货物的装卸应迅速、准确。

装卸货物时,应避免叉车或其他硬物等撞击车厢内壁,以防内壁受损、接缝开裂及隔热层受损。货物应按"后到先装,先到后装"的规则装车。为减小装运过程温度波动对产品的品质影响,较理想的操作方法是装货前对车辆厢内预冷(如冷藏产品至少要低于4.4℃,冷冻产品低于-12℃),并在低温装卸月台装运(如控制月台温度7℃以下)。

(二)水上运输设备

食品冷链中冷藏运输所用的水上运输设备主要为冷藏船。冷藏船的货舱可分成若干小舱,每个舱室都独立构成一个封闭的保温载货空间,以满足不同货物的温度要求。冷藏舱的温度一般为-25~15℃,容量应当足够冻结和贮藏1~2个月的渔获量,冷藏温度要根据所运输易腐货物的种类进行调节,达到最佳冷藏效果。例如,冻结水产品一般要求在-18℃以下,并有采用更低温度的趋势,有的国家已采用-25℃的冷藏温度。特种水产品(如金枪鱼)则冷藏温度要求更低,为-60~-50℃。如果冷藏舱容积超过2000m^3,则应有两套制冷设备,一套运行,另一套备用。

冷藏船按航区可分为无区域限制的远洋冷藏船、有区域限制的沿海冷藏船和内陆河冷藏船;按温度可分为高温冷藏船(一般指运送已经预冷的货物或未经预冷的货物,需要保持货品温度在0℃以上的冷藏船)、低温冷藏船(一般指运送的货物已经冻结,并需保持在-18℃以下的冷藏船)及高低温通用冷藏船(既能运送0℃以上的货物,又能运送-18℃以下冻结货物的冷藏船)。按用途可分为冷藏运输船和渔业冷藏船。冷藏运输船担负港口与港口之间冷藏货物的运输。由于不同货物要求的运输温度不同，有些冷藏运输船是专用的；而有些是通用的，即同一冷藏运输船可运送多种冷藏货物。渔业冷藏船除了用来运输水产品外，还能完成其他任务，如捕鱼、收鲜、制冰或对捕获的水产品进行冷加工和较长时间的冷藏等，这样可以减少水产品的周转损耗，保证其质量。冷藏船制冷系统及其自动控制器、阀件的技术和可靠性等比陆用运输设备高，其航速也较高，近来设计的万吨级多用途冷藏船的航速均在37km/h以上。

（三）航空运输设备

航空冷藏运输是使用飞机或其他航空器进行冷链货品运输的一种形式，使用的设备通常为飞机，具有以下特点。

1. 运输速度快

专用飞机的出现，最大限度地缩短了运输的时间和距离。它不受江河山川等地形条件的影响，能跨越国界和地界飞行，这对鲜活易腐食品来说有着重要的意义。

2. 安全性能高

随着高科技在航空运输中的应用，飞机的地面服务、航行管制、设施保证、仪表系统和状态监控等技术都得到提高，从而保证了飞机飞行的安全性。而且航空冷藏运输采用集装箱装载，因此，航空冷藏集装箱运输的安全性比较高。

3. 运量小，运价高

飞机的机舱容积和载重能力较小，单位运输周转量的能耗较大，因此只有高经济价值的鲜活易腐食品才适合航空运输。

4. 受气候条件限制

为了保证安全，飞机飞行条件要求很高，航空运输在一定程度上受到气候条件的限制，从而影响运输的准点性与正常性。

5. 可达性差

飞机往往只能运行于机场与机场之间，一般情况下难以实现货物的"门到门"运输，冷藏货物必须借助其他冷藏运输工具（主要为冷藏汽车）转运。航空冷藏运输一般都使用冷藏集装箱，这样既可以减少起重装卸的困难，又可以提高机舱的利用率，而且也方便空运的前后衔接。限于飞机的实际情况，航空冷藏集装箱的冷却一般使用液氮或干冰。

（四）冷藏集装箱

1. 冷藏集装箱的概述

冷藏集装箱是一种具有良好隔热和气密性能，并且能维持一定低温，适用于各类易腐食品的运送、贮存的特殊集装箱。冷藏集装箱适用的货物类型有冷冻货物（冻畜禽肉类、冻鱼和其他水产品、冻水果和蔬菜、冰淇淋、乳制品）、新鲜的水果和蔬菜等。

冷藏集装箱有装卸灵活，温度稳定，货物污染、损失小，适用于多种运载工具，装卸速度快，运输时间短，以及运输费用低等特点，与陆上、水上运输设备（如冷藏集装箱运输船）配合使用，已在食品冷链中表现出强大的竞争力。冷藏集装箱运输船如图6-9所示，它已成为水上运输的主要工具。

图6-9　冷藏集装箱运输船

冷藏集装箱采用镀锌钢结构，箱内壁、底板、顶板和门由金属复合板、铝板、不锈钢板或聚酯制造。国际上集装箱尺寸和性能都已标准化，其温度范围一般为-30~20℃。

2. 冷藏集装箱的基本类型

冷藏集装箱冷量的获得，可以采用机械制冷，也可以使用液氮和干冰。冷藏集装箱可以用于陆运、水运和空运，但由于空运成本较高，故常用于陆运和水运。

冷藏集装箱有保温集装箱、外置式冷藏集装箱、内藏式冷藏集装箱、液氮冷藏集装箱、干冰冷藏集装箱、冷板冷藏集装箱和气调冷藏集装箱等。图6-10所示为一种可移式气调冷藏集装箱，利用气调贮藏的原理，通过干预箱内气体的组分比例来抑制导致食品腐败的生理生化过程及微生物的活动，从而实现货物的长期贮藏。

图6-10　可移式气调冷藏集装箱

3. 冷藏集装箱的货物拼箱混装

对低温深冷货物拼箱运输,除了受卫生情况及不同种类货物串味的影响外,一般不存在其他重大影响。一般货物在比其推荐设置温度更低的温度下冻藏,更有利于保证质量。由于承运货量、品种和成本等因素,拼箱装运时应注意下述问题。

(1)温度 温度是水果和蔬菜拼箱混装的首要考虑因素。拼箱混装的水果和蔬菜,冷藏温度越接近越好,因水果和蔬菜对温度变化特别敏感,低温可降低呼吸强度,但温度过低会造成冻害,高温不仅会增加呼吸强度,加快成熟,而且会降低抗腐能力,还会导致产生斑点和变色等。

(2)湿度 湿度是水果和蔬菜拼箱混装的重要条件。湿度过高时水果和蔬菜易腐败,湿度过低又会使水果和蔬菜脱水、变色,失去鲜度。大部分水果和蔬菜所要求的相对湿度通常为 85%~90%。

(3)呼吸作用 呼吸作用也是水果和蔬菜拼箱混装的重要因素。水果和蔬菜的呼吸作用可产生少量乙烯,使某些水果和蔬菜早熟、腐烂。不能将会产生较多乙烯气体的水果和蔬菜与对乙烯敏感的水果和蔬菜拼箱混装在一起。

(4)气味 有些水果和蔬菜能发出强烈的气味,而有些水果和蔬菜又能吸收异味,这两类水果和蔬菜不能混装。

4. 冷藏集装箱内的货物堆装

冷冻货物、保鲜货物和一般冷藏货物等特性不同,在冷藏集装箱内的堆装方式也不同。冷冻货物、一般冷藏货物及危险品等,由于货物自身不会发出热量,而且在装箱前已预冷到设定的运输温度,其堆装方法非常简单,仅需将货物紧密堆装成一个整体即可。在货物外包装之间、货物与箱壁之间不应留有空隙。但所装货物应低于红色装载线,只有这样,冷空气才能均匀地流过货物,保证货物达到要求的温度。

保鲜货物因有呼吸作用会产生二氧化碳、水汽、少量乙烯及其他微量气体和热量,堆装方式应使冷空气能在包装材料和整个货物之间循环流动,带走因呼吸作用产生的气体和热量,补充新鲜空气。

5. 冷藏集装箱的装箱要求

(1)预检测试 在每个冷藏集装箱交付使用前应对箱体和制冷系统等进行全面检查,保证冷藏集装箱清洁、无损坏、制冷系统处于最佳状态。经检查合格的冷藏集装箱应贴有检查合格标签。

(2)装箱前的准备工作 根据不同货物的易腐程度应确认下述事项:最佳温度的设定、新鲜空气换气量的设定、相对湿度的设定、运输总时间、货物体积、采用的包装材料和包装尺寸、所需的文件和单证等。

(3)货物预冷 应将货物预冷到运输要求的温度,因为冷藏集装箱制冷系统的设计制冷能力一般仅能用于保持货物的温度，而不能降低所装运货物的温度。如果货物温度过高，将使制冷系统超负荷工作，导致该系统出现故障，影响货物安全。

（4）冷藏集装箱预冷　一般情况下冷藏集装箱不应预冷，因为预冷过的冷藏集装箱打开门，外界热空气进入冷藏集装箱后遇冷将产生水汽并凝结，水滴会损坏货物外包装和标签，在蒸发器表面凝结的水滴会影响制冷量。

但当冷库的温度与冷藏集装箱内温度一致，并采用"冷风通道"装货时，可以预冷冷藏集装箱。当用冷藏集装箱装运温度敏感货物时，冷藏集装箱应预冷，预冷时应关紧箱门。若冷藏集装箱未预冷，可能造成货物温度波动，影响货物质量。

（5）装箱前及装货时注意事项　设定的温度应正确；设定的新鲜空气换气量应正确；设定的相对湿度应正确；装箱时制冷系统应停止工作；箱内堆装的货物应低于红色装载线和不超出T形槽的垂直面；箱内堆装的货物应牢固、稳妥；箱内堆装货物的总重量应不超过冷藏集装箱最大允许载重量；冷藏集装箱装货后的总重量（包括附属设备的重量）在运输途中不应超过任一途经国的限定值。

（6）尽量避免停止制冷　各种运输方式之间的交接或制冷系统故障都会造成停止制冷，短时间停止制冷状态是允许的，许多产品可以接受几小时的停止制冷，但并非所有货物都如此，对任何冷藏货物均不允许出现长时间的停止制冷。对特种货物和温度敏感货物应保持制冷系统连续工作，避免任何温度波动造成货物质量下降。

6. 冷藏集装箱的新技术

随着冷藏集装箱制冷与控制技术的发展和日臻完善，冷藏集装箱适装货物的范围不断拓展，包括温度为-60℃的冷冻鱼，温度控制偏差要求小于1℃的温度敏感货物，以及采用气调保鲜的水果和蔬菜等，均可保证将货物以最佳质量交付货主，延长上市保鲜期，提高经济效益。

（1）制冷系统　新型冷藏集装箱逐步采用涡旋式压缩机和变频技术，高效节能且易实现制冷量的调节。采用双级压缩制冷技术的冷藏集装箱能达到-60℃的低温。采用双制冷机组的冷藏集装箱，可单独运行也可同时运行，制冷量调节范围大并且制冷系统的可靠性更高。

（2）控制系统　新型冷藏集装箱均采用可控程序微处理控制系统，具有温度设置、温度控制、除霜、温度显示、温度记录和报警等功能，可达到对冷藏集装箱的智能化控制和工作状态连续记录。

（3）除湿系统　冷藏集装箱的除湿系统可根据货物的特殊要求降低箱内湿度并保持最佳湿度范围，使货物在最适宜的环境中运输。但应注意，除湿系统只能降低箱内空气的湿度，无法增加湿度。

五、不同食品运输中的质量安全控制措施

（一）新鲜果蔬的运输

新鲜果蔬由于其生理特性不同，运输途中要采取不同的防护措施，其中最关键的是对温度的调控。另外，这些食品运输时还应注意以下事宜。

（1）运输的果蔬质量要符合运输标准，没有病虫害，成熟度和包装应符合规定，并且新鲜、完整、清洁、无损伤。

（2）装运堆码要注意安全稳当，要有支撑的垫条，防止运输中的移动或倾倒，堆码不能过多，堆间应留有适当的空隙，以利于通风。

（3）装运时应避免撞击、挤压、跌落等现象，尽量做到运行快速平稳。

（4）运输时要注意通风，如用篷车、敞车运载，可将篷车门窗打开，或将敞车侧板调起捆牢，并用栅栏将货物挡住，保温车要有通风设备。

（5）不同种类果蔬最好不要混装，以免挥发性物质相互干扰，影响运输安全。

（6）运输时间在一天以内的，一般可以不要冷却设备，长距离运输最好用保温车、船，在夏季或南方运输时要降温，在冬季尤其是北方运输时要保温。

（二）肉及肉制品的运输

如果肉及肉制品在运输中卫生管理不够完善，就会受到细菌污染，极大地影响肉的保存性。初期受到较多污染的肉，即使在0℃条件下，也会出现细菌繁殖。所以，需要进行长时间运输的肉，应注意以下几点。

（1）不运送严重污染的肉品。

（2）运输途中，车、船内应保持0~5℃、80%~90%的相对湿度，肉制品除肉罐头外应在10℃以下流通，尽量减少与外界空气的接触。

（3）堆码冷冻食品要求紧密，不仅可以提高运输工具的空间利用率，而且可以减少与空气的接触面，降低能耗。

（4）运输车、船的结构应为不易腐蚀的金属制品，并便于清扫和长期使用。

（5）运输车、船的装卸尽可能使用机械，装运应简便快速，尽量缩短交运时间。

（6）装卸时胴体肉应使用吊挂式，分割肉应避免高层垛起，最好库内有货架或使用集装箱，并且留出一定空隙，以便于冷气顺畅流通。

（7）运输鲜活水产品必须经过严格挑选，要求体格健壮，无病、无伤。运输用水必须选择水质清新、有机质和浮游生物含量少、中性或者微碱性、不含有毒有害物质的水，并检查运输工具是否漏水，管道、供氧是否正常，氧气是否够用。

(三) 干燥食品的运输

对于单独包装的干燥食品，只要包装材料、容器选择适当，包装工艺合理，贮运过程控制温度严格，避免高温高湿环境，防止包装破损和食品自身的损坏，其品质就能得到良好控制。对于多种食品物料，如干燥谷物及干燥食品，采用大包装（非密封包装）或货仓式贮存，这类食品在贮运中应注意做到以下几点。

（1）控制运输干燥品的质量，对于谷物类粮食来说，水分含量应控制在10%~14%，水分越高，发热越快，霉变也越严重。

（2）控制干制品贮运前的水分活度低于0.70。

（3）避免贮运过程中有较大的温差，采用有效的保温隔热措施。

（4）控制运输中的相对湿度低于65%，尽量减少霉菌的污染。

(四) 易碎易损食品的运输

易碎易损食品包括用玻璃及其制品包装的食品，例如瓶装罐头、瓶装饮料、各种酒类、调味品等。在运输中应注意做到以下几点。

（1）装卸搬运时要防止撞击、挤压、振动，否则包装破碎，不但造成较大损失，而且还会污染其他食品。

（2）堆码时不能以重压轻，包装上必须注有"易碎商品""防挤压"等标记。

（3）冬季运输液体类食品时，还会由于温度低而引起浑浊、沉淀，甚至出现结冰现象，对质量影响较大，所以要采取必要的保温措施。

第三节　食品销售中的保鲜

食品销售是食品生产和流通过程的一个中间环节，此时食品的质量水平才能说明生产企业是否具有向消费者提供符合质量要求的产品的能力。当食品运输到销售地点后，不可能马上就能出售，有时需要在销售场所临时贮藏一段时间。这些销售场所包括一级、二级或三级批发市场，以及仓储市场、超级市场、零售商场、零售商店等。在食品销售过程中，为了保证食品的质量，必须把食品放在一个温度、湿度、气体等环境条件适宜的贮藏场所。大中型商场、正规水产和果蔬批发市场的冰箱、冰柜或冷藏库，一般都可以提供保证食品贮存的适宜温度和湿度条件，而普通零售商店则可能缺乏这些保障措施。为了保持食品质量，向消费者提供色、香、味、形俱佳的产品，也应注意加强销售中对食品的保护。

一、我国食品的销售方式

随着电子商务以及移动技术的飞速发展，我国食品的销售方式由传统的面对面交易转变为多渠道的线上线下相结合的交易模式。直播带货、微商、淘宝、天猫、京东等平台的崛起使食品销售变得快捷便利，网购食品已经被消费者广泛接受，"互联网+"食品有着广阔的发展前景。线下与线上产品销售对于产品经营主体是两个同样重要的渠道。线上销售是指基于互联网平台进行的交易行为，利用网络订单式发货模式，由消费者下单，卖家负责产品的物流运输，平台负责订单管理；而线下销售则是指通过实体企业对产品进行的销售活动，有些企业推出的"逛+玩+尝"休闲旅游销售模式为产品线下销售带来更多机遇；而线上线下相结合的新零售模式，即采用线上下单，线下配送的运作模式，线上应用程序（APP）汇集各类商品，线下实体店集超市、餐饮、仓储为一体，实现了产品购买的便利化，满足了消费者对便捷化的要求。互联网时代推动着传统行业转型升级，食品的销售乘上互联网的快车，克服了传统销售模式下销售难、路子窄的问题，线上线下相结合、优势互补的多维度渠道销售必将为食品销售提供更广阔的空间和途径。

伴随着我国经济社会的发展，消费者对食品的需求沿着"数量/种类多 → 质量/体验好 → 消费便利"的路径快速升级，尤其是对生鲜产品的需求。大众消费的生鲜商品种类越发多样，消费方式更加多元，当前丰富的生鲜零售业态满足了消费者对于"多、快、好、省"的多维度需求（表6-2）。人们通过电商平台购买冷冻、冰鲜禽肉食品、水果蔬菜等生鲜物资的比例逐渐升高，对生鲜物资的新鲜度和质量要求也很高，这就使得冷链物流配送需求急剧增加，并提出了更高的要求。未来，随着网络数字技术的升级，大众消费偏好和模式仍将不断变化，生鲜农产品的流通渠道、流通主体、零售业态也将继续创新发展。

表6-2 各生鲜零售业对不同消费者需求的满足

需求维度	非即时性消费			即时性消费		
	在线生鲜零售			线下生鲜零售		
	社区电商	传统生鲜电商	前置仓生鲜电商	传统超市	农贸市场	社区生鲜店
多		★★	★★	★★★	★★	
快	★★	★	★★★			★★★
好	★	★	★★★	★★		★★
省	★★★	★★		★	★★★	★★

二、食品销售必须具备的贮藏条件

在销售环节,食品由于温度波动幅度大、次数多,被污染机会也多,食品的质量往往得不到保证。为保持食品的安全性和应有品质,在销售过程中实施低温控制,要求食品销售部门在进行销售时具有贮藏食品的条件,如冷藏食品需具有恒温冷藏设备,冷冻食品需具有低温冷藏设备。目前,食品销售的主要设备是销售陈列柜,陈列柜是食品零售部门展示、销售食品必需的设备。

(一)食品销售陈列柜的要求

食品销售陈列柜具有制冷设备,可进行隔热处理,能保证冷冻和冷藏食品处于适宜的低温下;能很好地展示食品的外观,便于顾客选购;具有一定的贮藏容积;日常运转与维修方便;安全、卫生、无噪声;动力消耗小等优势。冷藏陈列柜是菜场、副食品商场、超级市场等销售环节的冷藏设施,目前已成为冷藏链建设中的重要一环。

(二)食品销售陈列柜的种类

根据销售陈列的食品种类,食品销售陈列柜可分为冷冻式陈列柜和冷藏式陈列柜;根据销售陈列柜的结构形式,食品销售陈列柜又可分为敞开式和封闭式。敞开式包括卧式敞开式和立式多层敞开式,封闭式包括卧式封闭式和立式多层封闭式。

1. 卧式敞开式陈列柜

这种陈列柜上部敞开,开口处有循环冷空气形成的空气幕,通过维护结构侵入的热量被循环的冷风吸收,不影响食品的质量。对食品质量影响较大是由开口部侵入的热空气及辐射热,特别是对于冻结食品用的陈列柜,辐射热流较大。

当外界湿空气侵入陈列柜时,遇到蒸发器就会结霜,随着霜层的增大,冷却能力降低。因此,必须在24h内至少进行一次自动除霜。外界空气的侵入量与风速有关,当风速超过0.3m/s时,侵入的空气量会明显增加,所以在布置敞开式陈列柜时,应考虑与室内空调的相对位置。

2. 立式多层敞开式陈列柜

与卧式相比,立式多层敞开式陈列柜单位占地面积大,商品放置高度与人体高度相近,展示效果好,也便于顾客购物。但这种陈列柜内部的冷空气更易逸出柜外,外界侵入的空气量也多。为了防止冷空气与外界空气的混合,在冷风幕的外侧,再设置一层或两层非冷空气构成的空气幕,同时设置了较大的制冷能力和冷风量。由于立式陈列柜的风幕是垂直的,外界空气侵入柜内的数量受空气流速的影响更大,从节能的角度看,要求控制柜外风速小于0.15m/s,温度小于25℃,湿度小于55%。

3. 卧式封闭式陈列柜

卧式封闭式陈列柜的结构和敞开式的相似，它在开口处设有2～3层玻璃构成的滑动盖，玻璃夹层中的空气起到隔热作用。另外，冷空气风幕也由埋在柜壁上的冷却排管代替，通过外壁面传入的热量被冷却排管吸收。为了提高保冷性能，在陈列柜后部的上方装置冷却器，让冷空气像水平盖子那样强制循环。缺点是商品装载量少，销售效率低。

4. 立式多层封闭式陈列柜

立式多层封闭式陈列柜的柜体后壁上有冷空气循环通道，冷空气在风机作用下强制地在柜内循环。柜门为2～3层玻璃，玻璃夹层中的空气具有隔热作用。由于玻璃对红外线的透过率低，虽然柜门很大，传入的辐射热并不多。

不同型式的冷藏陈列柜的性能差别较大，要根据具体情况选用。

（三）其他超市食品服务制冷设备

除了传统的低温陈列展示柜，超市中还有其他各种类型的制冷设备，广泛应用于食品的准备及存储。下面介绍两种简单的食品服务制冷设备。

1. 台架式设备

台架式设备往往用于烹饪线，位于抽油烟机的下方，位置较低，抽屉代替门。抽屉里面装有烹饪用的原材料。其他台式的烹饪设备放置在它们的上面，方便厨师使用。

2. 用于准备食物的冷藏冷冻柜

用于准备食物的冷藏冷冻柜有各种各样的规格，通常是单门、双门或者三门设计。这种装置必须置于台下，并且在顶部有开口，用来放置盛放调料等的塑料或者不锈钢盘。顶部的其余地方为操作区，用于放置聚合材料的切菜板等。

三、销售过程中的质量安全控制

（一）进货要有质量确认制度

食品在进货时要有质量确认制度，主要是温度确认。对于生鲜易腐食品要确认其在运输和贮藏过程中始终保持在0～4℃环境中，速冻食品在-18℃以下。对于速冻食品一般接收品温在-12℃以下，如果进货时食品已经在不适温度下存放了较长时间，食品回温，甚至已经出现解冻或复冻状态，那么势必会影响食品质量，难以保证销售过程中的食品安全。

（二）在适宜的温度下销售

为保证食品的安全性和食品出厂时的品质，要求销售过程必须在较低的温度下进行。经营销售冷藏和冷冻食品的商店和超市、食品专营店，必须具备冷藏和冷冻设备，使冷藏食品中心温度控制在0~4℃，冷冻食品的中心温度控制在-18℃以下。冷藏柜应放置在市场或商店中间部位，尽量吸引顾客，以加快这类食品的销售。敞开式冷藏柜由于冷气强制循环，在开启处形成一种气幕，取货、进货都很方便。

（三）食品周转要快

冷藏食品一旦运送到零售商店，在放入零售冷藏柜之前往往要先在普通仓库进行短暂的贮存周转，陈列的商品要经过事先预冷。冷冻和冷藏食品在销售商店滞留的时间越短越好，陈列柜内的食品周转要快，绝不能将销售柜当作冷藏库或冷冻库使用，否则升温过高或温度波动频繁会严重影响食品质量。一般而言，速冻食品可在柜中贮藏15d左右。

（四）防止温度波动

食品在陈列柜中的存放是温度波动的一个潜在因素。产品从冷藏库转移堆放到陈列柜时，在室温下停放的时间不能太长。食品在陈列柜中的存放位置对温度也有重要影响，位置之间的温度差异可达5℃左右，越靠近冷却盘管和远离柜门的地方温度越低。零售陈列柜的另一个主要作用，是给消费者提供可见和易取的方便性，故陈列柜大部分时间都是敞开的，其冷量会不断损失；另外，柜中的照明也需要消耗额外的冷量。因此，制冷系统必须满足冷量的损失和照明所消耗的冷量，陈列食品时的灯光亮度要适宜，不宜过强，尽量防止温度的波动。

（五）保证售出的食品具有一定时间的保质期

食品在销售过程中要注意食品的保质期，一方面不能销售超过保质期的食品；另一方面销售出去的食品应有一定时间的保质期，以避免消费者购回食品后因不能及时食用而造成损失。贮存在冷柜中的食品要经常轮换，实行食品先进先出的原则，让较早放入的食品首先被消费者买走，以确保食品在冷藏柜中的存放时间不超过最佳保质期。

（六）注意食品销售过程中的卫生管理，防止食品污染

食品经销人员要经常保持清洁，食品从业人员的健康直接关系到广大消费者的健康，所以，必须按规定加强食品从业人员的健康管理。食品从业人员不仅要从思想上牢固地树立卫生观念，而且要在操作中保持个人的清洁卫生，这是防止食品受到污染的重要防护手段之一。

（七）加强对销售陈列柜的管理

食品的展卖区要按散装熟食品区、散装粮食区、定型包装食品区、蔬菜水果区、速冻食品

区和生鲜动物性食品区等分区布置,防止生、熟食品,干、湿食品间的交叉污染。从业人员应当按规范操作,销售过程中应轻拿轻放,避免损坏食品的销售包装;冷藏柜不能装得太满;结霜不能太厚,应定期除霜;要定期检查柜内的温度;及时清扫货柜;把温度计放在比较醒目的位置,让消费者容易看到陈列柜中的温度。速冻陈列柜一般标有堆装线以保持食品品质,故食品堆放时不应超过堆装线。

第四节　食品消费中的保鲜

食品流通的最后一个环节就是消费者的消费。消费者的消费包括人们的生活消费和食品企业的原料利用。消费者的正确消费应包括即时消费以及在消费前和消费过程中的临时贮存。在食品消费过程中,为保持食品的质量和安全,仍要注意将食品放在适宜的环境条件下。另外,还要注意不同食品正确的食用和烹调方法。

消费者一旦从市场购买了食品,食品流通就已经进入到消费阶段。在这一阶段食品的保护也非常重要,如果操作不当,那么前面各个环节所做的努力就会前功尽弃。要进行消费中的保护,首先要保证选购食品的质量,如果食品本身的质量不好,已经过了保质期,那么无论采取何种先进有效的保鲜措施或保护措施,都无法保证其质量。所以,消费者要学会正确的消费,以保证食用的食品营养、安全、质优。

一、购买新鲜优质的食品

食品被购买后,即使有适宜的贮藏场所,如冰箱、冰柜或者小型贮藏库,也只能保持原有质量,并不能改善其质量。因此,为了保证食品的质量安全,购买时应注意以下几点。

(1)由于温度是保持食品品质的关键,因此,购买时要仔细观察存放食品的货柜温度是否在食品的适宜保藏温度下。

(2)要选择形状完整、包装完好、新鲜的食品,速冻食品要选择质地坚硬,包装纸(袋)无破损,包装袋内侧冰霜少的食品,千万不能买解冻后的食品。

(3)要看清食品的生产日期或保质期,生产日期不宜距离购买日期过长,另外,还应验看产品检验合格证。

(4)速冻陈列柜一般标有堆装线以保持食品的品质,所以不要购买超过堆装线的速冻食品。

二、食品在消费中的质量安全控制

(一) 在适宜的温度下存放食品

食品购买后如果不立即食用，应将其放在适宜的环境条件下，特别是冷藏或冷冻食品，必须将它们快速放入冰箱或冰柜中。食品被带回家的运输过程及将食品放入冰箱、冰柜之前存放的时间，会在很大程度上影响食品的货架期。冰箱中的冷藏温度一般在0～5℃，不过，通过隔离设计可以形成不同的贮存区，保持不同的温度。

目前，在消费阶段保持低温的设备主要是家用冰箱和冰柜等。家用冰箱的普及，为食品消费中的保护和完善冷藏链提供了条件。因此，食品的家庭消费实际上就是消费者从市场买回食品后放入冰箱、冰柜中短暂贮藏，维持其品质及其合理食用的过程。

在冷藏链中，家用冰箱是最小的冷藏单位，也是冷藏链的终端。家用冰箱通常有冷冻室和冷藏室两个贮藏室。冷冻室用于食品的冷冻贮藏，贮存时间较长，根据冻结食品的种类或者贮藏期限，冷冻室温度可以为-18℃（三星级）、-12℃（二星级）或-6℃（一星级）。冷藏室用于冷却食品的贮藏，温度为0～10℃。在一些新型的冰箱中，还有冰温室或微冻室（-5～0℃）、解冻室等。

冰箱的温度管理对保持食品质量有着重要的作用（表6-3），但即使在-18℃的低温下冻结贮藏的食品，不同种类的贮藏期也各不相同，而且随着贮藏时间的延长，食品的品质也会发生变化。为了加强对冰箱的温度管理，应尽量减少冰箱门开启的次数，防止温度波动过大。

表6-3　常见食品贮藏温度表

种类		贮藏温度/℃	涉及产品范围
蔬菜类	根茎菜类	0～5	蒜薹、大蒜、长柱山药、马铃薯、辣根、芜菁、胡萝卜、萝卜、竹笋、芦笋、芹菜
		10～15	扁块山药、生姜、甘薯、芋头
	叶菜类	0～3	生菜、油菜、奶白菜、菠菜、茼蒿、小青葱、韭菜、甘蓝、菊苣、小白菜、芥蓝、菜心、大白菜、莴笋、茭白、牛皮菜
	瓜菜类	5～10	佛手瓜和丝瓜
		10～15	黄瓜、南瓜、冬瓜、冬西葫芦（笋瓜）、矮生西葫芦、苦瓜
	茄果类	0～5	红熟番茄和甜玉米
		9～13	茄子、绿熟番茄、青椒
水果类	仁果类	0～4	苹果、梨、山楂
	浆果类	0～3	葡萄、猕猴桃、石榴、蓝莓、柿子、草莓
	柑橘类	5～10	柚类、宽皮柑橘类、甜橙类
		12～15	柠檬
	瓜类	0～10	西瓜、哈密瓜、甜瓜

续表

种类		贮藏温度/℃	涉及产品范围
畜禽类	冷藏	-1~4	猪、牛、羊和鸡、鸭、鹅等肉制品
	冷冻	-12℃以下	猪、牛、羊和鸡、鸭、鹅等肉制品
鱼类	冷藏	0~4	罐装冷藏蟹肉、鲜海水鱼
	冷冻	-15℃以下	冻扇贝、冻裹面包屑虾、冻虾、冻裹面包屑鱼、冻鱼、冷冻鱼糜、冷冻银鱼

（二）勿让食品超过保质期

在食品消费阶段，因为冰箱本身温度不是很均匀，所以只是作为临时的短期贮藏，不宜长期贮藏。冰箱中的食品要分类，要先进先出，一次进入冰箱、冰柜的食品不要太多，如果发现有超过保质期的食品千万不要食用，冰箱中超过保质期的鲜乳、酸乳，开盖后冷藏超过7d的果汁饮料等都不能食用。

对于食品的贮藏期，不能看得太机械，因为贮藏期的长短不但受食品本身的品质、种类的限制，而且也受冰箱诸因素的限制，如冰箱的制冷能力、箱内温度状况、箱内食品的堆装方式、冰箱门的密封性能等都会对食品贮藏期的长短产生影响。所以，为了使冰箱贮藏的食品保持好的口感和营养成分，贮存时要了解食品的贮藏期限，尽早在贮藏期内食用完，如脂肪多的食品最好在一周内食用完，维生素C含量高的食品宜在两周内食用完。

（三）一次未消费完食品的再贮藏

食品尽量一次消费完，如果消费不完，比如番茄酱、大桶装饮料、茶叶等，最好还是保持原有包装，置于适宜的贮藏条件下以保持其原有品质。对于易变质的乳粉等散装食品，在开袋或开罐消费过程中，要注意对开封的食品进行适当的密封，以防止吸潮和氧化变质，贮存温度最好在25℃以下，相对湿度75%以下。

（四）保证冰箱、冰柜内清洁卫生

家用冰箱、冰柜由于放置的食品种类很多，所以常常会带入很多微生物和病菌。冷藏室的低温只能延缓微生物的生命活动，并不能完全杀死微生物，因此，要定时清洗和消毒，以防止相互间的交叉污染。没有包装的散装食品，如没有包装的各种菜或肉品等，一定要进行适当的包裹，包裹后可防止串味和相互之间产生的不良影响。

流通环节
食品安全性
鉴别要点
（视频）

（五）勿损坏食品的包装

食品在购买之后和消费之前尽量不要损坏食品的原有包装，以防止食品遭受微生物的污染而腐败变质。例如，鲜切果蔬、方便菜肴等易腐食品，大都采用了贴体保鲜包装，购买后应尽快食用，食用之前请勿损伤包装，以免加快其腐烂变质。

拓展阅读

冰箱保鲜食材的存储提示

在许多家庭，冰箱几乎成了食品的"保险箱"，不管生食熟食、蔬菜肉类，只要往冰箱里一放，就觉得给食物的品质上了保险。食材的消费保鲜不仅跟存储方式有关，存储时间也是一个很重要的影响因素。如果使用不当，冰箱不仅会滋生细菌破坏食物的营养和风味，还可能导致一些疾病。科学使用冰箱，对保证食物的安全至关重要。

一、冰箱冷藏室的使用原则

1. 不同食品，要求各异

凡是食品包装上标明需要冷藏（贮藏温度0～10℃）的食物，都应及时放入冰箱冷藏室。如酸乳、巴氏杀菌乳、奶酪、活乳酸菌饮料、肉类熟食、大部分豆制品、鱼干、虾皮和海米等。鸡蛋如需保存超过2周，建议冷藏。沙拉酱和大部分调味酱，在开封之后需要放在冷藏室保存。开封后的牛乳和果汁，如一次喝不完，倒出一部分之后必须马上盖严放在冷藏室保存，并尽快喝完。馒头、花卷、饼等面食只能在冷藏室存1～2d，否则应放入冷冻室保存。巧克力可以短时间冷藏，长时间冷藏表面会析出白霜，质地变得粗糙，这是因为可可脂结晶形态发生变化所致。香蕉、榴莲、芒果以及甘薯等热带水果都不适合冷藏，在冷藏室温度下容易发生冷害。

2. 生熟分开，摆放有序

为保持食物原味，尽量将其装入袋子或盒子，盖上保鲜膜等，避免串味或互相污染。如果烹调好的食物当餐吃不完，应尽量在烹调好后分装，待不烫手即放入冰箱冷藏，不要等2～3h后再冷藏。放置食物严格遵循"生熟分开"原则。应将熟的、不需加热或清洗便直接入口的食物放在上层，如剩饭、剩菜、熟肉、巴氏杀菌乳、酸乳等；把需加热或清洗的食物放在下层，如生的蔬菜、豆腐、生肉等，其中需要隔离且温度需保持在0℃左右的食物，放在最下面的保鲜盒或保鲜抽屉中，如需要化冻的生鱼、生肉，以及生鸡蛋。冷藏室靠门的地方温度容易波动，适合放置奶酪、调味酱、芝麻酱、虾皮海米等相对不容易腐败但又需要冷藏的食物。贴着冰箱后壁是温度最低的区域，适合放置豆制品、海带、马上要烹调的肉类等，但不适合久存蔬菜，因为蔬菜可能受到冻害。

3. 定期清理，彻底加热

每周检查冷藏室的内容物，及时清理过期、发霉的食物。最好每月清洁一次，冰箱内壁、隔板等都要洗干净。如果打开冰箱后隐约闻到一股怪味，说明冰箱的卫生不合格。还要注意的是，冰箱不能解决食物营养价值随着贮藏时间增长而下降的问题，放置食物时间不宜太长。冰箱也不能彻底解决霉菌繁殖的问题，某些耐冷的致病菌在冰箱中仍能存活甚至缓慢增殖。所以剩饭、剩菜、豆浆、肉汤、豆制品等食物从冰箱取出后，再次食用前必须彻底加热。

二、酱类调味料的冷藏

调味品可以说是厨房中的金牌配角了，无论是豪华大餐还是家常小炒，想要做得有滋有味都离不开调味品。许多人习惯将调味品放在灶台旁边，便于随时取用。但需要注意的是，有些调味品也需要冷藏保存。

1. 发酵类调味品

像黄豆酱、腐乳这类调味品是通过微生物的发酵而生产的，在售卖时并不能保证其中的微生物完全灭活。因此，如果开封后不冷藏存放，室温下很可能会加速微生物的生长，使调味品变质。

2. 营养物质含量高且含水较多的调味品

如沙拉酱、蚝油等调味品蛋白质含量较高，而且含有一定的水分。此类调味品可为霉菌提供营养物质与水分，如在室温下存放，极有可能成为霉菌滋生的温床，产生霉变。食物霉变可能产生具有致癌性的霉菌毒素，食用的话会危害人体健康。含有较高油脂的调味品，如辣椒酱，则可能在室温下发生脂肪氧化，影响风味。

总体而言，调味品的保存方法由其种类决定，并非所有调味品都需要冷藏保存。胡椒粉等粉末类调味品，或是盐、酱油等含盐量高的调味品，不容易滋生细菌或变质，因此并不需要冰箱保存。

复习思考题

1. 食品流通的特点有哪些？
2. 食品包装在食品运输过程中有哪些作用？
3. 食品运输过程中需要考虑哪些环境因素？
4. 我国食品运输方式有哪些？
5. 食品在销售过程中如何保证质量安全？
6. 消费者在购买食品时应注意哪些事项？

实训项目十四 模拟超市冷柜销售

一、实训目的

1. 了解冷链销售食品的品质变化和温度变化情况。

2. 熟悉销售和消费环节中陈列柜、冷柜、冰箱等的基本结构，掌握超市陈列柜基本的日常操作和维护项目。

3. 能根据销售和消费食品特性，选择合适的陈列柜（冷柜、冰箱），并能设定正确的温度，能进行日常的温度和卫生管理，能知悉食品冷链销售终端温度与产品品质的关系。

二、实训原理

冷链食品经过冷加工、包装、贮藏和运输，到达冷链的销售、消费环节。在销售和消费环节中的食品陈列柜（食品展示柜）、食品冷冻冷藏陈列柜、家用冰箱等应有良好的性能，保证最佳温度控制和安全卫生状态。

食品应按最佳的贮藏温度放置于冰箱的冷藏室或冷冻室中。冰箱冷藏室的温度通常调整为 3~6℃，此温度下绝大多数的细菌生长速度会放慢，但有些细菌嗜冷，碎菜叶和汤汁等恰好成了细菌的营养基，如耶尔森菌、李斯特菌在这种温度下反而能迅速生长繁殖。因此，应定期清洗冰箱的隔板和储物盒，以保证冰箱内有较好的卫生条件。

三、实训材料与设备

整体式陈列柜、模拟用货品（冷链食品）、翅片梳、压力空气（或气筒）、数显温度计、水桶、抹布、笔、纸等。

四、实训步骤

以小组为单位，讨论拟定超市现场冷柜食品的销售方案，到当地典型超市的冷链食品销售区调查/查看/操作，并记录。实训内容与要求如下。

实训内容	实训要求
冷柜销售食品的品质观察	正确描述食品的外观、色泽、气味和组织状态
超市冷柜温度的设定、控制	能够按照说明书正确设定温度
冷柜照明设备开关的使用	能够按照说明书正确使用开关
冷柜夜帘（或夜盖）的使用	使用方法正确，覆盖后不跑冷
冷柜的落水口清扫方法	应清扫干净，没有污物

1. 设定温度

根据不同厂家的产品特点（查阅陈列柜使用说明书），输入陈列柜控制器操作密码或按组合键进入参数设定界面。按存放货物的温度要求设定停机温度和开停机温差（或开机温度）。设定之后，退出参数设定界面。

2. 堆放货品

按陈列柜货品的堆放要求，如有呼吸热的货品之间要有适当的空隙、货品不能超出堆装线、生产日期较晚的货品放于陈列柜底部或货架靠里处，正确摆放货品。

3. 确认风幕情况

在出风口处确认风速是否均匀，风幕情况是否良好。

4. 检查制冷系统

检查制冷系统的运行情况，确认是否有异常噪声、振动，冷凝风扇、蒸发器风扇是否工作正常。

5. 清理冷凝器

确认冷凝器翅片上是否严重积尘。若积尘较为严重，应先切断电源，将冷凝器表面上的杂物去掉后，用翅片梳顺着翅片方向轻轻刷拭，然后用压力空气吹干净翅片。若翅片上有油污等难以去掉的污物，可用中性清洗剂清洗，之后用清水冲洗干净，最后用压力空气吹干。

6. 夜帘（或夜盖）的使用

关闭陈列柜的照明电源开关，从立式陈列柜的顶部拉下夜帘手柄，并将夜帘手柄挂于陈列柜下部的挂钩处，并确认牢靠。对于岛式陈列柜，关闭陈列柜的照明电源开关（若有照明时），盖上夜盖，并确认夜盖放置牢靠。

7. 清扫落水口

打开陈列柜的底部盖板，把落水口处的杂物清理干净。

8. 温度检测和食品品质观察

用数显温度计检测陈列柜内温度，并观察放置食品的品质变化。

五、实训结果

记录维护、操作的内容：风幕出风口的风速和柜温、检测温度、食品品质变化情况。撰写超市冷柜销售现场的实训报告。

模拟振动运输过程对易腐水果生理及品质的影响
（拓展实训）

第七章
食品冷链流通管理

📖 学习目标

知识目标

1. 掌握食品冷链的含义、意义，熟悉食品冷链涉及的环节及分类。
2. 熟悉食品冷链的温控设施、监控系统及使用方法。
3. 了解冷链物流信息化技术，食品冷链运输管理信息化，冷链追溯系统。

能力目标

1. 能根据食品冷链运作的基本原则编制具体食品冷链作业基本规范。认识冷链管理属性，发现问题并提出可操作性的解决方案。
2. 应会通过温控设备使用及作业规范来对食品冷链过程中的温度进行管理。

职业素养目标

1. 培养实践创新能力，提高发现和提出问题、解决问题以及动手操作能力，强化规则和法制意识，在实践中提升操作技能和管理经验，提高复杂环境中行动的能力。
2. 形成积极关注产业动态的良好习惯，培养自主学习能力和数字化生存能力，具备及时消化吸收最新技术和信息的意识和能力。
3. 强化冷链物流意识，树立用专业解决问题的信心，培养与时俱进、求真务实、科学严谨的工作态度。

📚 案例导入

案例1：浙江杨梅的冷链故事

浙江的杨梅因其酸甜可口，深受消费者喜爱，但杨梅的保鲜期极短，很难远距离运输。以往，杨梅多以高价出售于高端市场或者在本地消费。随着冷链物流的发展，浙江省内多个杨梅主产区建立起了完善的冷链系统。杨梅采摘后立即进行快速预冷，之后通过冷藏运输到达全国各地。这一系列措施极大地减少了杨梅的损耗，增加了市场供应量，使得价格逐渐"亲民"，普通消费者也能享受到新鲜的杨梅，而生产者的收入也因市场的扩大而增加。

案例2：云南野生菌的冷链变革

云南的野生菌种类繁多，深受食客追捧，但由于易变质，传统销售半径非常有限。过去，野生菌常常以高价在本地消费，难以外销。采用冷链物流后，云南的野生菌可以在采摘后通过冷藏快速运送至全国乃至海外市场，减少了在运输过程中的损耗，降低了成本。冷链的使用不仅拓宽了销售区域，更重要的是，让更多消费者有机会以合理的价格品尝到这一地方特色产品，同时也带动了当地经济的发展。

案例3：法国黑松露的全球之旅

法国黑松露被誉为"黑色钻石"，价格昂贵，主要因为其稀有且保鲜难度大。传统上，黑松露主要在欧洲本地市场销售，而通过专业的冷链运输，现在全球的餐桌上也能看到法国产的新鲜黑松露。冷链技术保证了黑松露从采集到运输各个环节的温度控制，大大减少了其在运输过程中的损失，使得全球消费者能以更加合理的价格品尝到这一珍贵食材，同时也为法国农户打开了更宽广的国际市场。

讨论：

1. 什么是食品冷链？冷链技术如何通过降低运输损耗和成本，让高价值的地方特色农产品走向大众市场？

2. 食品冷链流通给公众生活品质带来哪些变化？对农产品加工产业高质量发展、促进地方经济的发展有何意义？

3. 党的二十大报告指出"加快发展数字经济，促进数字经济和实体经济深度融合""加快发展物联网，建设高效顺畅的流通体系，降低物流成本"。请结合实际生产、生活，谈谈为什么"数字技术发展将大幅提升经济效率"？

第一节　食品冷链概述

由于食品富含营养物质，所以许多食品易腐败变质，特别是水果、蔬菜、禽蛋类、鱼贝类、乳类、肉类等生鲜食品，变质很快。即使是罐头、各种饮料等经过杀菌处理的食品，保持冷冻状态的食品，水分活度较低的干燥食品，如果不能提供适宜的流通条件，也会缩短这些食品的保质期。因此，对所有食品采用科学的包装方式，提供适宜的保管、贮藏、运输、销售条件是非常必要的。尤其是流通温度对确保食品的质量至关重要。从保证品质、促进销售的角度来说，食品流通离不开低温流通体系，即冷链。

一、食品冷链的概念及运作原则

冷链这个概念是随易腐品行业的发展而产生的。本书冷链定义的范围仅限于易腐食品，不包括药品等其他货物，因此可以将冷链定义为易腐食品从采收、屠宰或捕捞开始至消费者消费前的整个过程中，通过一系列相互关联的处理流程，获得的对易腐食品温度的无缝优化控制管理。冷链最终的目的是保证在供应链的各个环节始终能安全、持续地提供所要求的食品质量。因此，冷链的质量控制关键在于其最薄弱的环节。不同种类的易腐食品对冷链的要求大有不同，甚至同一种类不同批次要求也不完全一样。更重要的是，冷链中对于不同的加工环节，不同形式的温控设备和不同的处理流程，可以有特别的温度控制要求。很多类别的产品都需要通过冷链以达到其市场流通寿命的最大化。这些产品的种类包括：水果蔬菜、乳制品、海鲜、花卉及其他装饰用品、保健品、肉制品和禽类、糖果等。每个产品类别都需要各自不同的冷链。同一类别不同类型的产品也因各自的产地、目标市场以及是否经过冷处理等因素的不同而有不同的冷链处理要求，故同种类别的冷链间也存在一定的差异。

冷链中各环节都起着非常重要的作用，食品在生产、采购、运输、销售和消费等环节必须在作业上紧密衔接，相互协调，形成一个完整的冷链。组成冷链的各个环节和设施，在运作上的一般原则是：一要保证冷链中的食品初始质量应该是优良的，最重要的是新鲜度，如果食品已经开始变质，低温也不可能使其恢复到初始状态；二是食品在生产、收获后尽快予以冷加工处理，以尽可能保持原有品质；三是产品从最初的加工工序到消费者手中的全过程，均应保持在适当的低温条件下。

二、食品冷链的环节及要求

食品冷链涉及易腐食品从采收、屠宰或捕捞开始至消费者消费前的整个过程，需要有一个完整的供应链条及相应设备，食品冷链组成及相关设备如图7-1所示。

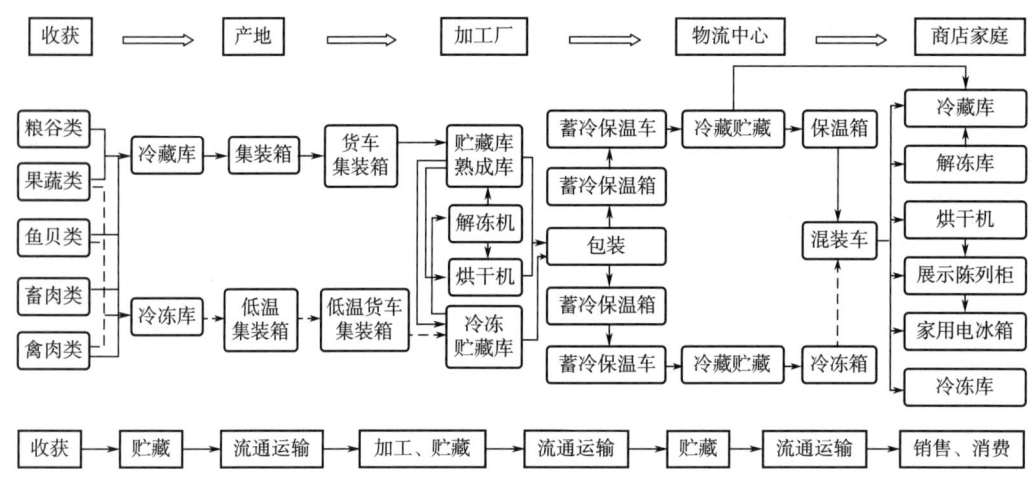

图7-1　食品冷藏链组成及其相关设备

以下以果蔬为例介绍食品冷链全过程涉及的基本环节。

（1）冷链全程的第一步是保证食品在被运输前要满足或高于其销售市场和消费者的质量要求。比如果蔬应当依照合理的种植管理方法种植，应当没有影响食品安全的有害微生物，没有受到病理性疾病、生理失调或者虫病的影响。

（2）食品仓储和运输中的包装选择也是保证冷链顺利运行的重要因素之一。包装在物流过程中必须能够起到"保护"食品的作用。例如，果蔬的包装必须保证果蔬能得到足够流通的低温空气，以保证达到所要求的温度环境。易腐食品包装必须要能承受苛刻的环境条件，同时保证在传递、仓储和运输过程中不会被压碎或挤破。如果需要在包装内加入冰块，则要使用上过蜡的硬纸板盒或者塑料包装箱，以确保在潮湿环境下包装不破损。由于大部分新鲜果蔬的保存都需要较高的相对湿度，故包装设计应能够在这些情况下保证其架构的完整性。合理的包装和包装材料也可以避免水分的过分流失，降低其对果蔬的产品质量和价值的潜在影响，另外，也可通过改善产品周围环境以延长保质期。

（3）果蔬等易腐食品必须经过恰当的预冷过程以保证其进入市场后保持好的质量。冷藏集装箱、拖车、铁路运输、卡车等运输工具只能维持易腐食品的温度。尽管经过了预冷过程，部分易腐食品通常还是在温度高于其最佳运输温度时被装上卡车运走。在易腐食品的冷链中，将产品预冷至其合适的运输和贮存温度也是最重要的一个步骤。如果在采收后能迅速完成预冷过程，那么消费者所期望的营养价值、香味、口感等都能被很好地保持。相反，如果缺少了预冷步骤或预冷不够迅速，那么易腐食品的保质期在被送出产地之前就已经大打折扣。

（4）当达到了合适的温度，保鲜的果蔬产品在整个冷链过程中都需要保持理想的温度和湿度条件。根据所贮存的易腐产品要求不同，仓库中需要维持一些不同的温控区域，同时也应有合适的操作流程以确保易腐产品不会暴露在不恰当或者波动过大的温度环境中。这些操作流程必须覆盖到冷链中的每个仓储点。

（5）冷藏运输的设备必须采用恰当的构造方式，设备的选择和维护必须符合周围环境条件、产品所需温度和湿度条件。为保证在装载、运输、卸载过程中易腐食品都能保持在最佳温度，还必须采用适当的试运行、装载和操作程序。

（6）冷链的配送和零售环节中的操作规范和温度控制环节也非常重要。如果操作流程不当或者配送中心的冷库、冷藏运输工具、零售商的步入式冷库或展示柜不能维持产品的恰当温度，在到达消费者之前，易腐产品在配送中心或零售商处时质量就会降低。对与冷链相关的各个级别人员的培训是保证冷链成功有效、提供优质产品并且获得最优化利润的必要手段。

三、食品冷链的分类

1. 按食品从加工到消费所经过的时间顺序分类

（1）低温加工　包括肉类、鱼类的冷却与冻结；果蔬的预冷与速冻；各种冷冻食品的加工等。主要涉及冷却与冻结装置。

（2）低温贮藏　包括食品的冷藏与冻藏。主要涉及各类冷藏库与冷冻库、冷藏柜或冻结柜及家用冰箱等。

（3）低温运输　包括食品的短、中、长途运输。主要涉及铁路冷藏车、冷藏汽车、冷藏船、冷藏集装箱等低温运输工具。

（4）低温销售　包括冷藏或冷冻食品的批发和零售等，由生产厂家、批发商和零售商共同完成。超市、商场中的陈列柜，兼有冷藏和销售的功能。

（5）低温消费　包括食品在家庭消费和生产企业的原料消费。家用冰箱、冰柜，工厂的冷藏库或冻藏库是消费阶段的主要设备。

2. 按冷链中各个环节的装置分类

（1）固定装置　包括冷柜、冷库、家用冰箱、超市销售陈列柜等。冷库主要完成食品的收集、加工、贮藏和分配；冷柜和陈列柜主要供零售用；家用冰箱主要用于家庭所需食品。

（2）流动装置　包括铁路冷藏车、冷藏汽车、冷藏船和冷藏集装箱等。

四、食品冷链的意义

食品冷链是一项系统工程,也是经济社会发展到一定阶段的必然产物。从某种意义上讲,食品冷链的发展水平代表着经济社会的发展水平。食品冷链的发展,不仅有显著的经济效益,也体现了明显的社会效益。

(一)冷链经济效益

食品冷链涉及食品从种养殖基地到餐桌的全过程。食品冷链发展到一定程度,无论是种植商、运营商、消费者还是零售商,甚至整个城市和国家都能感受到其所带来的经济影响。这些影响中有很多是显著的、有形的并且容易量化的,然而也有一部分是不易被发现的、无形的、难以量化的。从直接影响的角度而言,食品冷链可能存在的经济影响有如下3个方面。

1. 降低产品损耗

产品损耗的降低是冷链带来的经济影响中最明显、最容易量化的影响之一。产品在整个供应链的各个环节都可能产生损耗。造成损耗的原因有多种,比如:由于缺乏恰当温度控制而导致的产品腐坏,这种腐坏会导致疾病的产生、产品物理结构损坏、产品无法达到消费者环节。根据联合国粮食及农业组织调查,全球每年有超过1.13亿t的果蔬在从农场到消费者的过程中被损耗。将这个损耗转换成经济损失就是每年500亿美元的产值损失,而这个数字还未将消费者采购后发生的损耗和浪费计算在内。

2. 有效维持产品质量

与冷链操作不当而导致的产品损耗直接相关的就是产品质量和产品价值的损失。可以从两个角度来对产品损耗进行分析。第一,如果一种产品开始经历的冷链销售环节是合理的,但在接下来的某些环节中操作不当,虽然该产品仍可以出售,但产品的价值会缩水。当产品质量的下降程度非常明显时,那么冷链就被视为出现了断链,这时种植商、包装商、运输商、经销商和零售商都要来承担这份价值的缩水,即他们的利润也随之减少。加利福尼亚大学的一项研究表明,美国南部的芒果收获季节在六月,而六月是最热的时候。由于芒果经历了恰当的冷链处理,芒果到达终端消费者的品质得到提升,其价格比没有冷链覆盖的情况高了1.69倍。虽然对于不同的产品,不同的客户偏好,不同的地域所产生的经济影响肯定会有所差别,但背后的原理是相同的。第二种分析角度关注的是按重量销售的产品。所有果蔬作物在到达消费者之前都会因水分流失等原因而导致重量损失。然而,当冷链不符合要求时,这种损失幅度的增加相当大。在有些情况下,果蔬产品的重量损失很少,可能从外观上还看不出来。但在一些其他情况下,水分流失会导致明显的萎蔫、褐茎、表皮起皱、过分萎缩等现象,而这些现象都是易腐食品冷链处理不当的结果,会造成产品质量和价值上更大的损失。无论是哪种情况,水分流失和浪费最终造成的都是销售方利益的损失。相反,恰当的冷链管理能提供一系列环环相扣的正面效益,从而提高销售额并增加客户满意度。

3. 反季销售

我国农产品开始向优势地区集中,但由于保鲜技术不过硬,产业化经营程度低,各个果蔬主产区陷入了产品贮不住、运不出的尴尬境地,为了避免果蔬白白烂掉,农民无奈之下只能地产地销、季产季销,严重影响了产地农民的增收和种植积极性。以新疆库尔勒的香梨为例,香梨是新疆的名、优、特产品,皮薄肉细、香脆可口、营养丰富,产收季节一般为每年的9—10月,常温下的贮存时间为40~50d,由于缺乏冷链建设,过去当地果农只能低价销售,即使这样,每年还有大量销不掉的香梨被埋到地里当肥料。2000年起,国家开始扶持特产农产品,加大了对当地冷链建设的投入,主要用于对水果的保鲜冷藏。现在库尔勒一年四季都能供应香梨,还出口到美国、加拿大、澳大利亚等多个国家。

(二)冷链社会效益

冷链管理作为一项改善人民生活质量的投资建设项目管理能够带来经济效益,必然也会形成相当程度的社会效益。

1. 特色农产品走出产地

特色农产品通常具有独特的品质和风味,这些产品多受地理环境、气候条件等因素的影响,具有明显的地域特性。例如,四川的脆李、云南的野生菌、新疆的哈密瓜等,这些产品在本地区域内消费无疑是最新鲜和最具风味的。但是,传统的物流方式往往不能满足这些产品在运输过程中对温度、湿度等条件的严格要求,导致产品在到达消费者手中之前品质大打折扣,严重时甚至发生腐烂变质,不仅减少了农民的收入,也影响了消费者的购买体验。

随着冷链物流技术的发展与应用,这一状况得到了极大改观。冷链物流能在整个供应链中保持恒定的低温环境,从采摘、包装、贮存到运输、销售的每一个环节,都能确保特色农产品的新鲜度和质量。例如,冷链的高效运作使得海南的火龙果、云南的鲜花等特色产品能够快速被运送到数千公里外的城市,甚至出口到国外市场。这不仅满足了不同地区消费者对于多样化、优质农产品的需求,也帮助农民开拓了更广阔的市场,增加了收入,促进了地区经济的均衡发展。冷链物流提升了特色农产品的价值链,从而增加了农产品的附加值,推动了农业产业的升级。

2. 促进现代农业产业化发展

与工业生产方式相比,农业生产之所以效益较低,在很大程度上是因为农业生产规模小,产业化水平低。农产品物流外包的实施使冷链物流企业集仓储、运输、配送、信息服务等多种功能于一体,也促使对过去分散于多处的物流资源进行集中处理,发挥整体优势和规模优势,实现传统农业物流的现代化、专业化。同时,农民的生产积极性也大大提高,愿意生产更多的产品,带动农业生产向规模化、产业化方向发展。

3. 推动食品产业高质量发展

随着城乡居民消费水平和消费能力的不断提高，全社会对生鲜产品、农产品的多元化、安全性和营养性方面提出了更高的要求，发展冷链物流已经成为提升居民消费品质、减少营养流失、满足人民群众"更优质、更便利、更安全"的要求的重要保障。冷链物流，实际上是确保食品农产品在加工、流通、销售、消费等各环节中始终处于可控的温度环境中，保证产品安全的重要基础，可以说对于保障食品安全和国民生命安全至关重要。

此外，冷链特别是第三方冷链物流企业的发展还能在城乡融合发展，畅通城乡要素流动，加快农村城镇化、提升农业的国际竞争力等方面发挥重要的作用。

2023年《中央财办等部门关于推动农村流通高质量发展的指导意见》提出加强农产品仓储保鲜冷链设施建设、强化农村流通数字赋能等任务，将进一步推动农产品冷链物流提质增效。

第二节 食品冷链温度监控及管理

一、食品保质期与其温度历程

食品保质期通常是指食品在最恰当的平均温度下能存放的时间，或者是将食品存放在最差条件下的时间极值。由于在整个消费阶段温度的不可预测性，预测的食品保质期与食品真正可流通的期限很难达到一致。例如，某食品标定保存温度为4℃，保质期为7d，若食品的保存温度高于4℃，将会导致食品未出保质期就腐败变质了；反之，如果存放温度为0℃，那这类食品贮存的时间就会长于7d，若仍按其预定的保质期，超过7d就认为它已变质而被丢弃，势必会造成优质食品的浪费。由此可见，仅用标明的食品使用期限存放食品，很难保证食品品质。从生产到分配、贮藏和消费的整个过程，食品的品质和它的保质期在很大程度上取决于温度历程。

二、冷链中温度跟踪与监视的意义

食品一旦离开加工过程，变质速率是其微环境的函数，这个微环境包括温度、湿度和气体等因素。气体组成和湿度通常可通过适当的包装达到较好的控制；而食品的温度则取决于贮藏条件。不同的食品有不同的冷链温度要求，国外称为"不高于规则"，即从生产者到消费者之间各环节的温度都不高于设定温度。温度历程可以用时间-温度指示器来监视。这种指示器既可以放在食品箱和冰箱内,也可以贴于食品或食品包装上,能够指示所监视的食品经历的温度变化过程,进而根据温度变化过程来估计食品的变质范围和剩余货架期。这种指示器能监视整个冷链中是否有违规现象发生,也能提醒工作人员食品是否处于安全状态,并根据采集数据,进一步分析食品的新鲜度等。时间-温度指示器能够改善食品品质,减少食品浪费,对提高冷链中食品品质具有一定意义。

三、冷链中常见的温控设备

温度监视和跟踪能够让用户知道产品在冷链中流通时所处的条件和位置。监控设备监视冷藏/冷冻设备(比如冷藏卡车,配送仓库)的运行性能,以及产品运输过程中不同环境的空气温度。监视跟踪产品的优点是能够获得产品的整个温度历史记录,包括产品中转时。而监视冷藏/冷冻设备的一个附加好处是能够及时发现冷藏/冷冻设备的运行问题(例如,贮存空间温度偏离设定值)并及时解决。下面介绍用于冷链温度监视、跟踪和控制的各种设备,包括简单的低成本电子记录器和复杂的设备控制器。

(一)手持温度检测器/传感器

手持温度检测器/传感器是在冷链中应用最多的基本设备,如图7-2所示。它们具有各种各样的形式,包括使用热电偶的无线探测器和一些新型电子温度计。它们需要手工操作来获得数据,包括将探头插入产品中或者手工打开电子温度计。这些设备具有准确、易用、相对便宜、购买方便等特点。

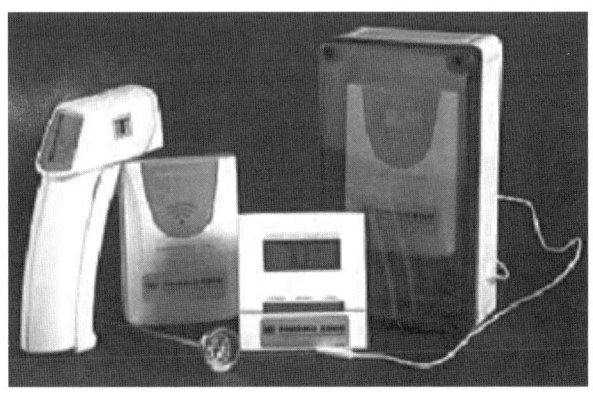

图7-2 手持温度检测器/传感器

(二)圆图记录仪

圆图记录仪是在100多年前发明的,通常被称为帕罗特图。设备记录在图纸上显示数据曲线并定期存档。这是采集和存储数据的简单方法，因为圆图记录仪可以被设计到各种各样的设备里面。这种方法的缺点是经常需要人手动更换笔纸，设备记录需妥善保存，自动化程度不高，有时会出现机械故障并导致记录不准确。

（三）温度记录器

在冷链中使用最广泛的是产品温度记录器。这些记录器很小，由电池提供能量，可以跟随产品记录温度。它们有多种类型，包括单个构造和具有硬接线的探头设备。它们具有多种存储容量，数据记录频率及警报数据界限可根据具体需求进行选择。用户在产品装载出发的时候，将温度记录器装在运输空间或者和产品包装在一起。在运输过程中超出温度设置时，警报器会发出警报。

温度记录器的时间/温度数据可以通过数据接口和桌面软件下载到计算机中。还可以用一些网络软件对数据进行处理以适应于多种站点的应用。温度记录器的准确度较高：冷藏时误差为 ±0.5℃；冷冻时误差为 ±1.0℃。产品温度记录器的电池有一次性和充电电池，电池的使用寿命取决于具体使用情况，例如记录和下载频率，使用越频繁，电池寿命就越短，一般来说能使用1年左右。

四、冷链温度监控系统与方法

在整条冷链的设计、管理和维护中，对制冷系统设计和工作基本原理的理解是至关重要的。由于在冷链中的各个环节，如运输、包装、配送、零售展示中都需要将产品维持在最适宜的温度，故制冷设备是冷链建设的重中之重。但是，物理设备也仅仅是一条成功的冷链的一部分。如果要获得由产品寿命延长、质量提高、产品破损率和腐坏率降低、品牌效应提高、保险和诉讼费用降低带来的经济效益的话，除设备因素外，还应在人员培训、包装设计、产品装卸、流程设计等方面进行全面提高。由于农产品在收割后其质量和保质期就在不断降低，合适的冷链操作只能降低这些过程发生的速率，而不能将其质量提高到刚收割时的质量。了解上述知识后，应意识到冷链必须无缝地整合所有因素，因为冷链中产品对热量的累积暴露情况决定了其腐坏的速率。如果冷链中的一点缺陷导致产品发生腐坏或者不能进入正常销售，那么冷链中的其他环节也不能弥补或者改变其造成的破坏。

（一）冷链温度监控系统

为了维持一个高效的冷链，需要在贮藏、处理和运输全过程中进行温度控制。为了保证一个完整无缝的冷链，低温存储设施和加工配送中心都需要安装温度监控系统。在监控之外，这些系统需要提供数据采集和警报等一些功能，确保产品能够一直处在合适的温度环境中。

1. 手工型

（1）笔和纸　这是一种最简单的设备监控方式，即让员工定时记录设备的数据显示，例如数字温度计等。这个方法最简单，但是需要人工实现并且很难保证持续性与高精准性。

（2）图表记录　设备的运行数据自动图表记录，需要定期存档。因为数据记录功能通常整合在设备里，所以这种方法的数据存储比较简单。这种办法需要大量人工操作，记录的准确性不够高。

2. 自动型

（1）中央监控系统　此系统在各设备上装有远程感应器，组成一个网络并与输入设备连接。定制系统通常要满足特定的监控和记录功能需要；它们可以和远程监控、警报和报告系统整合在一起。

（2）网络数据记录系统　这种类型的系统具有更高的分布式程度。多个数据记录器与各设备相关联，每个记录器都有自己的感应器、存储器、时钟和电池。它们独立地记录各个设备的数据，并与计算机网络相连。这些网络的规模和配置都非常灵活，能让操作员简单地添加记录器或者将一个记录器从一个位置移动到另外一个位置。这个网络同时实现中央监控、报警和数据采集功能。

（二）监控和数据采集

实时数据采集的能力，即容量和速度，反映了一个监控系统的监控能力和对故障反应的及时性。一些标准和认证也对数据的采集容量和速度进行了规定。同时，管理设备的职员也需要能够实时地获取这些信息，以确保冷链的完整性，并在故障发生时得到迅速维护。许多先进的系统和硬件能够同时允许本地监控和远程监控，本地监控通常通过简单地与计算机连接而实现，远程监控则常常利用有线或者无线网络。

（三）温度控制规程

温度监控系统需要一个合适的规程来进行控制。这些系统都需要利用一个温度读取设备来读取冷藏或冷冻区域的温度。除了这些温度的监控和记录设备本身以外，还需要按照规程整合所有的温度记录。这些规程规定温度监控包含产品的温度记录以及运输工具（包括拖车、货车以及有轨车等）的温度。规程还要求记录产品从一个处理环节转换到另一个处理环节的时间，例如从运输车到零售商或者其他物流中心的时间。这些步骤对保证冷链的完整性非常重要，一旦出现问题，能够迅速找到问题发生的时间和地点。规程还规定，操作员需要定时对温度计或者其他设备进行校准，并对这些校准操作进行记录。校准记录包括所有的设备并能查到每次的校准时间。通常使用冰水对温度计进行校准，这个时候读数应该是0℃。

（四）温度与湿度测量布置

合理的温度与湿度测量采样布置能够准确地反映产品所处的环境或者冷藏设备所处的工作状态。当设计这个布置的时候，操作人员需要首先查明关键的布置区域。在很大的开放式冷冻/冷藏区域中，有几个区域温度特别容易波动。比如，距离天花板或者外墙很近的空间容易受到外界温度的影响。当冷仓门打开时，外界温度会对门附近的区域造成很大影响。棚架、支架或者集装架区域，因为阻挡了空气循环，可能会有较高的温度点。上述重要区域需要使用设备进行监控。同时，为了进行对比，在冷藏/冷冻区域的出口区域、外部区域和冷藏/冷冻区域的不同高度区域都需要使用设备进行测量监控。许多设备的设计者还建议在蒸发器的回风处放置温度计，这样能够比较准确地反映室内空气的平均温度。在出口设置温度计的读数，通常比回风口低2~3.5℃。

在冷库中，一般推荐操作人员每隔900~1500m的直线距离放置一个监控设备。如果冷库由小的冷藏/冷冻室单元组成的时候，应该在每个单元里面都放置监控设备。一旦安装后，温度监控设备应该尽可能快地取样，以避免激烈的温度变化。但是这种取样也不能过于频繁，以免带来大量多余的数据。一般来说，每15min进行一次采样是比较合理的。

食品冷链物流
卫生规范
（视频）

第三节 食品冷链运输管理信息化

一、冷链运输信息化技术与管理系统

（一）冷链运输信息化技术

信息技术的使用是提高运输效率和降低冷链成本的重要手段。一些关键信息技术，如电子数据交换（Electronic data interchange，EDI）、自动识别技术（条形码技术、射频识别技术）、全球定位系统、地理信息系统、互联网技术、各种运输管理信息系统在冷链运输领域的应用越来越广泛。

1. 智能运输系统

智能运输系统（Intelligent transportation system，ITS）是一种定时、准确、高效的新型综合运输系统，它加强了车辆、道路和使用者之间的联系，其实质上就是将先进的信息技术、计算机技术、数据通信技术、传感器技术、电子控制技术、自动控制技术、运筹学和人工智能等学科成果在交通运输、服务控制和车辆制造方面的综合应用。

ITS由基础技术平台、整体管理平台、智能交通系统三大模块组成。基础技术平台主要由全球定位系统、地理信息系统、射频技术和网络系统等构成；整体管理平台则涵盖道路法规和道路建设。智能交通系统主要由交通通信系统、管理系统、车辆系统、公共运输系统和商用车辆运营系统5个子系统构成。智能运输系统的构成如图7-3所示。

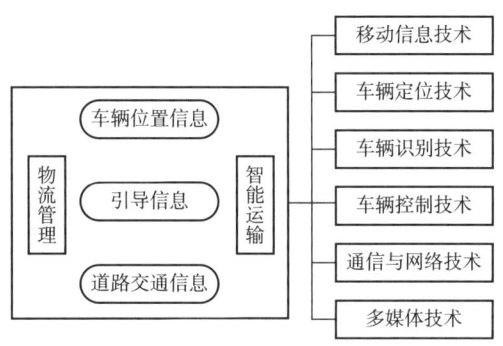

图7-3　智能运输系统的构成

智能运输系统的主要目标是为用户提供高效的服务，分析用户的需求来确定服务领域。由于主要有公共用户和系统管理者两种类型用户，因此有普通用户需求和系统层面需求。中国的ITS体系结构分为8个服务区，包含34项服务功能，再细分为137个子服务功能。其中，包括交通管理与规划、电子收费、旅客信息、车辆安全与辅助驾驶、应急与安全、运营管理、综合交通、自动公路8个服务区。

2. 地理信息系统

地理信息系统（Geographic information system或Geo-information system，GIS）也被称为地质信息系统或资源与环境信息系统。地理信息系统是基于地理空间数据，利用地理模型分析方法，适时地提供多种空间和动态的地理信息，是一种服务于地理研究和地理决策的计算机技术系统。

在计算机硬件和软件系统的支持下，地理信息系统对整个或部分地球表层（包括大气层）空间中的有关地理分布数据进行采集、贮存、管理、运算、分析、显示和描述。它可以将表格型数据（无论来自数据库、电子表格文件，还是直接输入到程序中）转换为地理图形显示，然后浏览、操作和分析显示结果。显示范围可以从洲际地图到非常详细的街区图，包括入口、销售条件、运输线路等。

（1）GIS的组成与功能　GIS主要包括硬件设备和软件系统。GIS的主要硬件设备包括：①数据采集装置，各种数字仪器；②人机图形交互装置，可使用高分辨率的彩色图形显示器和输入组件；③中央处理装置，通常使用不同类型的数字计算机；④数据存储设备，作为计算机的外存设备，包括硬盘、U盘等；⑤图形输出设备，有矢量式或光栅绘图机、静电式符号打印设备等。GIS的软件分为系统软件和应用软件。系统软件包括计算机系统提供的操作系统、语言编译系统、数据库管理系统和数学数据库、数字操作软件、基本的显示绘图软件等。应用软件范围广泛、功能多样，如处理多边形信息和网格信息的各种程序、多元统计分析程序、各种地理分析程序及应用绘图程序等。GIS具备数据输入、数据显示、数据分析、数据操作和数据管理5种主要功能，其运行流程如图7-4所示。GIS技术的发展主要体现在技术的综合和软件技术分化，并在物流领域广泛应用。

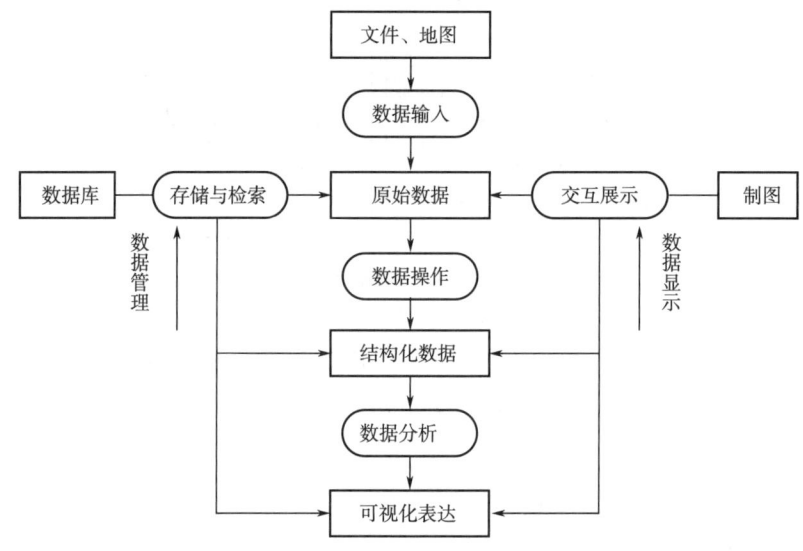

图7-4 地理信息系统的运行流程

（2）GIS在冷链物流中的应用　GIS在冷链物流领域中的应用主要是利用GIS强大的地理数据功能来完善物流分析技术。在冷链物流中主要用于运输路径的选择、仓库位置的选择、仓库容量的设置、合理的装卸策略、运输车辆的调度、投递路线的选择等。图7-5是基于GIS的配送管理系统结构。该系统将各种配送要求简化为订单，配送目的地简化为第二客户，系统集成了运输管理（包括冷链运输设备跟踪）模块，配送、装载及路线规划模型，以及客户配送排序模型等。模型能对冷链配送任务进行组合分解，及时反馈冷链配送设备的运行情况，最大限度地配送各方面资源，使冷链货物配送效果最优。

3. 全球定位系统

全球定位系统（Global positioning system，GPS）是一种基于卫星的导航和定位系统，由24颗卫星组成。GPS接收器与其中的几个卫星（通常是12颗）进行通信，利用信息传输中的

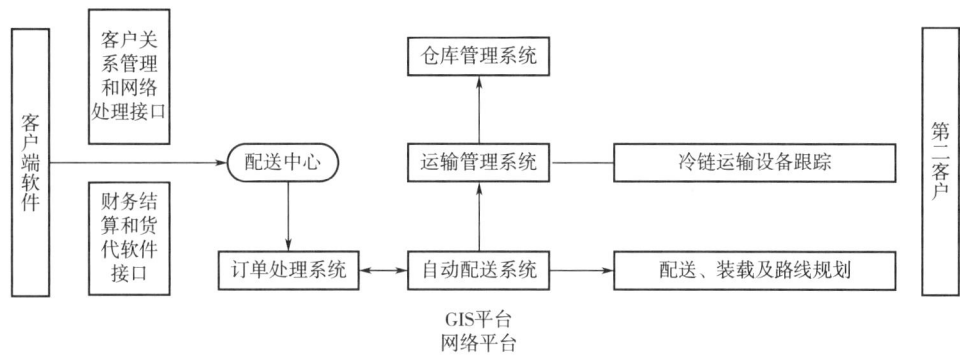

图7-5 基于GIS的配送管理系统结构

时间差来计算距离并对它们进行三角定位。一般来说，GPS的精度为15m，但广域增强系统（Wide area augmentation system，WAAS）的精度可达3m。GPS由空间卫星系统、地面监测系统和用户接收系统3个子系统组成。

（1）GPS的功能　GPS在冷链运输领域可实现多种功能，具有诸多优点：GPS定位速度快、功能多、精度高、覆盖范围广；GPS具有车辆动态定位功能；实时监控功能；可实现在途透明化管理；双向通信功能；动态调度功能；路线规划功能；数据存储与分析功能等。

冷链运输企业应用的GPS一般是指网络GPS，它是一个在互联网上建立的公共GPS监控平台，集成了卫星定位技术、数字移动通信和国际互联网技术。利用公共数字移动通信网络进行信息传输，具有机密性高、系统容量大、抗干扰能力强、漫游性能好、移动服务数据可靠等优点。冷链物流运输企业可以利用高开放度、高资源共享程度的公共GPS监控平台，进入网络GPS监控接口，对车辆进行即时定位、监控、调度和路线规划，实现车辆实时动态信息的全过程管理。

网络GPS系统的工作流程如图7-6所示。当物流公司发货时，将提货单和密码交给收货方，并将货单输入网络GPS平台，同时输入货单和货物载体车辆信息；配备GPS接收机的载体车辆在运输过程中实时接收到GPS卫星定位数据后，自动计算出自身所处的地理位置的坐标，后经全球移动通信系统（Global system for mobile communication，GSM）通信机发送到GSM公用数字移动通信网，并通过DDN专线将数据传送到网络GPS监控平台上，中心处理器将收到的坐标数据及其他数据还原后，与GIS系统的电子地图相匹配，并在电子地图上直观地显示车辆实时坐标的准确位置。网络GPS的各用户可用自己的权限上网进行自有车辆信息的收发、查询，在电子地图上清楚而直观地掌握车辆的动态信息（位置、状态和行驶速度等），同时也可以在车辆遇险或事故时进行各种必要的遥控操作。

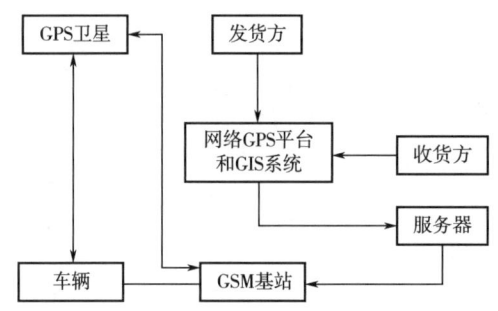

图7-6 网络GPS系统工作流程

（2）GPS的应用

①冷藏运输车辆定位管理系统。冷藏运输车辆定位管理系统是集GPS、温度检测技术、电子地图和无线传输技术为一体的开放式定位监控平台，可以实现对冷藏车辆资源的有效跟踪和定位管理，整合定位信息和企业业务资源。冷藏运输车辆定位管理系统可以在冷藏车厢内收集、传输、记录温度数据，并提供超限报警，是监控冷藏行业运输车辆和货物温度的理想工具。同时，创造了全新的冷藏车资源管控的科学模式。

将射频识别技术、GPS技术、无线通信技术及温度传感技术有机结合，在需要严格的温度管理来保证生鲜食品质量的冷链中，把温度变化记录在带温度传感器的射频识别标签上，或实时与GPS和温度传感终端结合无线通信技术上传到企业管理平台，产品新鲜度、质量细致、实时管理，可以解决食品冷链中的质量控制问题。

②GPS冷链货物跟踪系统。冷链货物跟踪系统有利于提高冷链运输企业的服务水平。当需要查询冷链货物的相关信息时，只要输入冷链货物运输的发票号，很快就能获得冷链货物的状态信息，并可以提前获取冷链货物运送状态的信息，及时做好接收准备。冷链运输企业可通过冷链货物信息，确认货物是否能够及时、准确送达，提高了服务水平。因此，GPS冷链货物跟踪系统的运用是冷链运输企业提供差异化服务、获得竞争优势的重要手段。

③GPS冷链运输车辆温度实时采集系统。通过安装在冷藏车中多个不同温度区域的温度传感器，将在冷藏车中采集到的温度通过车载GPS终端的无线通信模块传输到GPS服务器。在冷链运输中，GPS冷链运输车辆的实时温度采集系统可以实时输出冷藏车辆的温度报告和温度曲线，从而监控冷链运输的整个过程，确保冷藏运输整个过程的温度要求。通过相应的监控平台登录互联网，可以随时获得冷藏车的准确温度信息，并可以输出报告，根据冷藏（冷冻）车的温度计算运费。

4. 北斗卫星导航系统

北斗卫星导航系统（Beidou navigation satellite system，BDS）是中国自行研制的全球卫星导航系统，也是继GPS、GLONASS（苏联/俄罗斯研制卫星导航系统）之后的第三个成熟的卫星导航系统。2023年12月我国成功发射第57颗、58颗北斗导航卫星，接入北斗卫星导航系统。

北斗卫星导航系统由空间段、地面段和用户段三部分组成，可在全球范围内全天候、全天时为各类用户提供高精度、高可靠定位、导航、授时服务，并且具备短报文通信能力，定位精度为分米、厘米级别，测速精度0.2m/s，授时精度10ns。

DBS在冷链运输领域可实现更多功能，服务更稳定、可靠，连续性好。其工作流程及其应用基本同GPS。

5. 射频识别技术

射频识别技术（Radio frequency identification，RFID）也称无线射频识别，可通过无线电信号识别特定目标并读写相关数据，而无须识别系统与特定目标之间建立机械或光学接触，是一种利用射频通信实现的非接触式自动识别技术。射频一般是微波，频率范围为1~100GHz，适用于短距离识别通信。RFID读写器分为移动式和固定式。RFID技术应用很广，食品冷链只是其应用领域之一。

RFID技术和条码技术比较相似，它由连接在微处理器上的天线构成，里面包含了唯一的产品识别码。当用户激活标志的感应天线时，标志将返回一个识别码。和条码不同的是，RFID可以容纳更多的数据，不需要可见的瞄准线即可读取数据，并允许写入计算机。

RFID标志的分类：按可读性可以分为可读写、一次写入和只读标签；按能量供给方式可分为有源、无源和半有源标签；按工作频率可分为低频、中频和微波标签。RFID系统最重要的优点是非接触识别，能穿透雪、雾、冰、涂料、尘垢和无法使用条码的恶劣环境阅读标签，并且阅读速度极快，大多数情况下阅读时间不到100ms。有源式RFID系统的速写能力也是一个突出的优点。

（1）RFID标志

①被动RFID标志。RFID标志的主要目的是产品管理和跟踪，所以并不需要能量去操作温度传感器或进行远程通信。大多数RFID标志是简单的被动标志。这些被动标志的天线监测阅读器的能量并将其传送到微处理芯片中，然后向阅读器传送数据。

②半被动RFID标志。半被动RFID标志保持休眠状态，被阅读器激发后会向阅读器发送数据。与主动RFID标志不同，半自动RFID标志的电池寿命较长，并且不会有太多的射频频率干扰。另外，半被动RFID标志有更大的数据传输范围，可达30m，而被动RFID标志一般只有3m。

③主动RFID标志。主动RFID标志也装有电池，不过与半被动RFID标志不同的是，它们主动地发送信号，并监测从阅读器传来的响应。一些主动RFID标志能够更改程序而转变成半被动RFID标志。

主动式温度感应RFID标志能用于提供自动化程度更高的冷链监控程序，它可以贴在托盘上或货物的包装箱上，保存的温度记录在经过阅读器时被下载，阅读器可以放置在冷链运输的开始、中间或终端的交接站。主动式温度感应RFID标志为冷链温度监控提供了能100%存储数据的解决方案。

（2）RFID在冷链物流中的应用　RFID在冷链物流领域的应用目标就是要保持冷链货物始终处于规定的低温状态从而保证质量，减少物流过程中的损耗。因此，冷链物流过程对温度控制的要求非常高，任何一个环节温度出现问题，都可能造成物品的变质、腐烂或污染。由于其信息更精确，企业及其联盟可以建立应用RFID覆盖全程冷链的冷链检测中心平台，有效控制全程冷链。

（二）冷链物流管理系统

冷链物流管理系统承担着冷链物流中心的所有信息功能，任何来自市场及生产制造商的需求都将在这里通过信息系统的广泛应用而得到迅速响应，也适用于冷链中承担不同功能的仓储企业、运输企业的冷链物流管理，包括第三方物流的信息管理系统。

目前，冷链物流管理系统主要由业务管理模块和企业管理模块两个部分组成，在此着重介绍业务管理模块，如冷链物流仓储信息管理及仓储作业管理、运输信息管理及运输作业管理，以及冷链物流配送信息管理。企业管理模块包括财务管理和人力资源管理等。

1. 冷链物流仓储信息管理系统

仓储信息管理系统（Warehouse management system，WMS）是通过入库业务、出库业务、仓库调拨和库存调拨等功能，综合批次管理、物料对应、库存盘点、质检管理、虚仓管理和即时库存管理等功能所运用的管理系统，能够有效控制并跟踪仓库业务的物流和成本管理全过程，实现完善的企业仓储信息管理。该系统可以独立执行库存操作，与其他系统的文件和凭证等结合，可以提供更为完整、更全面的企业业务流程和财务管理信息。在冷链物流领域，随着对冷链货物的种类和数量需求的增加，冷链商品的产品结构越来越复杂，对冷链商品的个性化需求也越来越高。同时，由于冷链货物本身的特性，利用冷链物流仓储信息管理系统能很好地解决冷链货物贮运，实现可追溯性，确定合理库存，最大限度地利用仓库容量，合理安排冷库与冷库、产地与销售点之间衔接过程中的装卸作业，以防冷链"断链"。此外，冷链物流仓储信息管理系统还能支持仓储内所有的自动化设备。

冷链物流仓储信息管理系统可根据现场运行状态，实时调整运行计划，并能有效地提供一套完整的解决方案。生成计划中考虑的主要因素包括：冷库作业面积、储位及储位分配情况、冷链食品的特性（是否有贮存、搬运装卸的特殊要求）、设备运行状况、运行时间限制及客户等待时间、操作人员数量和操作人员的训练程度等。冷链物流仓储信息管理系统的主要功能如下。

（1）冷链货物管理　不仅支持对包括品名、规格、生产厂家、产品批号、生产日期、有效期和箱包装等在内的商品基本信息进行设置，而且货位管理功能可对所有货位进行编码并存储在系统的数据库中，使系统能有效地追踪商品所处位置，还便于操作人员根据货位号迅速定位到目标货位在仓库中的地理位置。

（2）仓储配置管理　需要配置冷链商品的存储条件，存储管理可以配置存储实体的参数，实现对存储资源的识别和管理。需要配置的信息主要有仓储编号、仓储面积、储位编号、储位面积及储位存储规则等。通过仓储配置，可根据实际作业需求制订优化的仓储作业计划，在系统自动计算最佳上架货位的基础上，支持人工干预，提供已存放同品种的货位和剩余空间，并根据避免存储空间浪费的原则给出建议的上架货位并按优先度排序，操作人员可以直接确认或进行人工调整，实现对仓储环境的高效利用，充分利用有限的人力物力资源和仓储面积。

（3）仓储操作计划　仓储操作计划是通过采集冷链货物订单及根据系统中的仓储配置数据，结合系统中已经设定的操作规则，在规定的时间内完成仓储计划，包括冷链货物的收货上架、拣货、补货及月台或码头装载等。

该系统支持自动补给。通过自动补给算法，不仅保证了拣选面存货量，而且提高了存储空间的利用率，降低了货物空间蜂窝现象的可能性。该系统可以通过深度信息分析对货位空间进行逻辑细分和动态设置，在不影响自动补给算法的情况下，有效地提高空间利用率和控制精度。

（4）仓储操作执行控制　仓储操作执行控制是对冷链货物冷链操作计划实施的管理。对于运行计划的实施，许多冷链物流仓库信息管理系统有相对先进的解决方案和相应的产品，如EXE的Exceed和ES/LAWM系统，其中ES/LAWM系统还提供基于打印工作指令的执行管理系统，以适应自动化水平低的存储运行环境。

（5）存储资源管理　存储资源除冷链货物外，还具有存储结构、设备和操作人员。存储资源管理的主要功能是合理配置存储结构，提高现场利用率；合理组织存储操作人员，合理安排工序，最大限度地提高运行效率；实现存储设备的合理配置，通过设备维护计划提高设备完整性。

（6）异常处理　在实际运行过程中，由于冷链食品的特点，冷链物流的仓储管理非常复杂。在仓库管理中，存在着各种突发事件和异常交易操作，因此有必要设计一个完善的冷链物流仓储信息管理系统来处理这些异常情况。

（7）运营成本管理　冷链物流仓储信息管理系统的主要管理对象是冷链商品，主要通过关注仓储运营活动来控制和优化运营成本。随着第三方专业冷链物流服务的出现，专业、先进的冷链物流仓储信息管理系统将提供更全面的基于运营的成本管理功能，从而更好地优化管理、控制成本并提高效率。

2. 冷链物流运输信息管理系统

（1）冷链运输设备及冷链运输线路管理　冷链运输设备主要包括铁路、公路、航空及水上冷链运输工具，其中需要管理的要素包括运输能力（包括装载体积和重量）、运输速度和能源消耗计量等。运输业务包括外包服务，因此冷链运输资源也包括冷链运输服务提供商的管理。

冷链运输线路管理的主要目的是建立冷链运输服务区数据库，该数据库可分为区域类型、线路类型和混合运输线路管理。交通运输线路的通畅是进行优化的基础，应考虑站点之间的路径流量、高峰时间流量、站点之间发生事故的频率及运输工具等因素。

（2）操作人员管理及客户管理　在冷链货物运输过程中可能会遇到许多意外的情况。因此，有必要综合考虑驾驶员的技能、操作经验与人力资源成本之间的关系。

冷链运输管理的需求主要来自于物流公司的运输需求、生产厂家的交付需求和客户的提货需求。冷链物流公司主要是指第三方物流公司，包括货运代理公司。因此，冷链物流运输信息管理系统主要根据不同的客户需求提供不同的运输服务。

（3）冷链运输订单管理及冷链运输成本核算　冷链物流运输信息管理系统根据不同需求产生不同的运输订单，提供合理、成本最低的运输方案。基于运输订单的组合操作，可以提高运输效率。此外，冷链运输管理还应关注可变成本中影响能源消耗的因素，如路径长度、道路通畅能力、驾驶员运行技术和气候原因等因素。

在实际的冷链运输中，主要通过运输订单的回单收集、手机短信和GPS等方式进行作业跟踪，实现运输计划的合理安排，减少空车营运，提高异常事件的处理应对能力。

3. 冷链物流配送信息管理系统

冷链物流配送信息管理系统主要是针对采购或承运冷链货物的管理系统，包括冷链货物相关信息的更新、库存货位或配送车辆的安排及信息更新，以及将冷链货物交付到客户的位置。

在冷链物流领域，仓库管理主要是低温仓库温度的设置与调节、库存控制、冷链货物盘点和货架管理，以及根据配送安排，将冷链货物调度出库发往客户所在地。配送管理主要是冷链商品的管理，包括配送冷链货物的查询、添加、更新和检查，实现对冷链货物的装卸和运输，以及发往目的地等信息的管理。车辆信息管理主要用于冷链运输设备的管理，如车辆数量的增减、根据配送路线优化方案进行总体调度、安排合适的车辆，快速、经济、安全地为客户提供所需的冷链货物等。

4. 其他信息系统

冷链物流信息的公共服务平台是通过与冷链配送业务合作，在平台上发布与冷链应用相关的所有信息，向社会开放的公共服务系统。该平台可应用于冷链工程的设计与开发，整合冷链配送业务，与农产品电子商务整合，解决冷链设备监管和缺货回程问题，有利于合并运输、共同配送，提高农产品的冷链物流效率。

食品物流安全信息系统可以实现食品信息的可追溯性，确保食品从原材料采购到交付给消费者的信息（如原料来源、加工原料、包装、贮存、运行温度及相关信息）的全过程的可追溯性和透明度。它还包括相关知识库、辅助决策支持系统和食品物流安全事故应急预案。

此外，还有财务管理和人力资源管理功能模块，以满足冷链物流系统的需求。

二、物联网技术应用

物联网（Internet of things，IoT）就是物物相连的互联网，即把所有物品通过RFID、红外传感器、GPS、激光扫描仪等信息传感设备与互联网连接起来，进行信息交换和通信，实现智能化识别、定位、跟踪、监控和管理。物联网可广泛应用于公共管理、企业应用、个人和家庭应用等方面，被称为继计算机和互联网之后的第三波世界信息产业。

（一）物联网的内涵

物联网是新一代信息技术的重要组成部分，也是信息时代发展的一个重要阶段。物联网包含两个含义：其一，物联网的核心和基础仍然是互联网，是在互联网基础上延伸和扩展的网络；其二，其客户端延伸和扩展到了任何物品与物品之间，进行信息交换和通信，即物物相息。物联网是互联网的应用拓展，与其说物联网是网络，不如说物联网是业务和应用。因此，应用程序创新是物联网发展的核心，以用户体验为核心的创新是物联网发展的灵魂。

（二）物联网的关键技术

在物联网应用中有3项关键技术：传感器技术、RFID技术和嵌入式系统技术。

1. 传感器技术

传感器技术是计算机应用中的关键技术。计算机处理的是数字信号，因此，需要传感器把模拟信号转换成数字信号，以便计算机进行处理。

2. RFID技术

RFID技术也是一种传感器技术，是一种将射频技术与嵌入式技术相结合的综合性技术，在自动识别和物流管理方面有广阔的应用前景。

3. 嵌入式系统技术

嵌入式系统技术是一种集计算机硬件和软件、传感器技术、集成电路技术和电子应用技术于一体的复杂技术。经过几十年的发展，嵌入式系统正在改变着人们的生活，促进了工业生产的发展。以嵌入式系统为特征的智能终端产品随处可见，小到人们身边的MP3，大到航空航天的卫星系统。如果把物联网比作人体，那么传感器相当于人的眼睛、鼻子和皮肤等感官。网络是用来传递信息的神经系统，而嵌入式系统是人脑，在接收到信息后要进行分类和处理。

(三)物联网在冷链中的应用

物联网在冷链上的应用将使冷链物流智能化，即管理智能化、物流可视化及信息透明化，从而使冷链能够创造更多的价值。冷链产业中的制造商、物流供应商、销售商和消费者，可以随时随地通过可接入互联网的各种终端，了解冷链食品的状况，并享受物联网技术带来的安全性和及时性的变化。

物联网具有丰富的技术接口，可以自动识别冷链运输车辆，提高通关速度，减少集疏作业的拥堵现象，还可以跟踪冷链货物。物联网技术可以通过对重要或异常数据的预警，进行智能预警，提高管理效率，规避风险。可对实效性要求高的信息进行即时提醒，提高操作效率，并可以进行柔性的智能控制、统一的指挥作业。同时，物联网技术的应用还可以减少冷链中的冷库和分销点因雇佣劳动力所带来的人工成本，也节约了大量的冷库和分销点监控成本。

三、追溯技术

(一)追溯系统的概述

国际标准化组织对可追溯性的定义是通过标识信息追踪个体的历史、应用情况和所处位置的能力。冷链物流追溯系统数据建立包含生产、收购、运输、贮存、装卸、搬运、包装、配送、流通加工和分销，直到终端客户的物流全过程，并在每一环节进行严格记录。

食品可追溯系统（Food traceability system）是在以欧洲疯牛病危机为代表的食源性恶性事件在全球范围内频发的背景下，由法国等部分欧盟国家在食品法典委员会（CAC）生物技术食品政府间特别工作组会议上提出的一种旨在加强食品安全信息传递，控制食源性危害，保障消费者利益的信息记录体系，主要包括记录管理、查询管理、标识管理、责任管理和信用管理5个部分。

冷链物流追溯系统可对冷链产品从生产到销售进行全方位跟踪，以确保产品安全，为消费者提供一个获取产品信息的可靠渠道，极大地保护了消费者的利益。对于政府而言，建立冷链物流追溯系统能迅速识别食品安全事故责任，大大降低产品召回成本；就整个冷链市场来说，可以促进企业通过科学的手段进行生产、运输、贮存和销售，有利于改善市场竞争环境。

(二)追溯体系的建立

1. 通用要求

（1）追溯体系的设计和实施应符合GB/T 22005—2009《饲料和食品链的可追溯性　体系设

计与实施的通用原则和基本要求》对食品链可追溯体系的通用要求。

（2）追溯体系的设计应将食品冷链物流中的温度信息作为主要追溯内容，建立和完善全程温度监测管理和环节间交接制度，实现温度全程可追溯。

（3）应配置相关的温度测量设备对环境温度和产品温度进行测量和记录。温度测量设备应通过计量检定并定期校准。

（4）应制订详细的食品冷链物流温度监测作业规范，明确食品在不同物流环节的温度监测和记录要求（包括温度测量设备要求、测温点的选择、允许的温度偏差范围、温度监测方法和温度监测结果的记录），以及温度记录保存方法和保存期限等要求。

（5）应制订适宜的培训、监视和审查制度，对操作人员进行必要的培训，使其能够根据检测方法对冷链物流温度进行监测和记录，完成交接确认等操作。

（6）应对食品冷链物流追溯体系进行验证，确保追溯体系的记录连续、真实有效。

2. 追溯信息

（1）食品冷链物流服务提供方在物流作业过程中应及时、准确、完整地记录各物流环节的追溯信息。

（2）食品冷链物流运输、仓储、装卸环节的追溯信息主要包括客户信息、产品信息、温度信息、收发货信息和交接信息，必要时可增加补充信息，见表7-1。

表7-1 食品冷链物流追溯信息

信息类型	信息内容
客户信息	客户名称、服务日期
产品信息	食品名称、数量、生产批号、追溯标识、保质期
温度信息	环境温度记录、产品温度记录（采集时间和温度）、运输工具或仓库名称、运输时间或仓储时间
收发货信息	前后环节的企业或部门名称、收发货时间、收发货地点
交接信息	产品温度确认记录、交接时间、交接地点、外包装良好情况、操作人员签名
补充信息	温度测量设备和方法（包括温度测量设备的名称、精确度、测温位置、测量和记录间隔时间等）；装载前运输载体预冷温度信息（包括预冷时间、预冷温度、装车时间、作业环境温度及开始装车后的载体内的环境温度）；特殊情况追溯信息

（3）运输和仓储环境追溯温度信息时对环境温度记录有争议的，可通过查验产品温度记录进行追溯。

（4）当食品冷链物流环节中制冷设备或温度记录设备出现异常时，应将出现异常的时间、原因、采取的措施及采取措施后的温度记录作为特殊情况的温度追溯信息。

3. 追溯标识

（1）食品冷链物流服务提供方应全程加强食品防护，保证包装完整，并确保追溯标识清晰、完整、未经涂改。

（2）食品冷链物流服务过程中需对食品另行添加包装的，其新增追溯标识应与原标识保持一致。

（3）追溯标识应始终保留在产品包装上，或者附在产品的托盘或随附文件上。

4. 温度记录

（1）追溯体系中的温度记录应便于与外界进行数据交换，温度记录应真实有效，不得涂改。

（2）温度记录载体可以是纸质，也可以是电子的。温度表示可以用数字，也可以用图表。

（3）温度记录在物流作业结束后作为随附资料提交给冷链物流服务需求方。

（4）贮存、运输环节内的温度信息宜采用环境温度，交接时温度信息宜采用产品温度。运输过程中产品温度的测量，应选择车厢门开启边缘处的顶部和底部的样品。

（5）进行产品交接时应按以下顺序检查、测量并记录温度信息。

①环境温度记录：检查环境温度监测记录是否符合温控要求，并记录。

②产品表面温度：测量食品外箱表面温度或内包装表面温度，并记录。

③产品中心温度：如产品表面温度超出可接受范围，还应测量产品中心温度，或者采用双方可接受的测温方式测温并进行记录。

（三）温度信息采集

温度信息采集包括运输环节、贮存环节、装卸环节。

（四）追溯信息管理

（1）信息存储。应建立信息管理制度。纸质记录应及时归档，电子记录应及时备份。记录至少保存2年。

（2）信息传输。冷链物流前后环节交接时应做到信息共享。每次冷链物流服务完成后，服务提供方应将信息提供给服务需求方。

（五）实施追溯

食品冷链物流服务提供方应保留相关追溯信息，积极响应追溯请求并实施追溯。特别是遇到以下情况。

（1）发现食品产品有质量问题时，应及时实施追溯。

（2）根据服务协议或客户提出的质量追溯要求，向客户提交相关追溯信息。

（3）当前后环节的企业对食品产品有疑问时，应根据情况配合进行追溯。

（4）当发生食品安全事故时，应快速实施追溯。

实施追溯时，应将相关追溯信息数据封存，以备检查。

（六）追溯系统相关技术

追溯系统中的关键技术之一是可追溯信息链源头信息的载体技术——标识技术。食品冷链全程中常用的标识技术有条码技术和RFID技术等。

条码技术是实现销售终端（Point of sale，POS）系统、EDI、电子商务和供应链管理的技术基础，是现代物流管理的重要技术手段。条码技术包括条码的编码技术、条码标识符号的设计、快速识别技术和计算机管理技术，是实现计算机管理和电子数据交换不可少的前端采集技术。条码功能强大，有输入速度快、准确率高、可靠性强和成本低等特点。

📖 拓展阅读

农产品品质智能检测机器人

智能机器人是一种自动控制、可编程和多功能的机器系统。农产品品质智能检测机器人是指适用于特殊环境的专用机器人，可协助完成农产品品质检测等高精度任务。

在农产品生产过程中，需要实时全程监控，工作重复性强，劳动强度大。智能检测机器人通过搭载多种传感器获取更多有效信息，对农产品生产全程品质状况实时监测，节省劳动力、提高检测效率和水平。农产品品质智能检测机器人不仅能用于农产品采收后的检测，还可以用于农产品种植或养殖过程中的品质检测，实现对农产品产中和产后的全过程检测和监管。

农产品品质智能检测机器人得到了较多的发展，其主要环节是对农产品进行检测分选，检测环节主要依赖传感器。传感器是机器人感知环境及自身状态的窗口，也是机器人进行复杂工作必不可少的元件。结合机器人感知技术，传感器即是一种完成测量、检测任务的前部部件。常见的传感器功能可以类似于人类的五大感觉器官，做出以下分类：压敏、温度、流体传感器，如同人类的触觉器官；声敏传感器，如同人类的听觉器官；光敏传感器，如同人类的视觉器官；气敏传感器，如同人类的嗅觉器官；化学传感器，如同人类的味觉器官。

> **复习思考题**
>
> 1. 食品冷链运作的一般原则是什么?
> 2. 举例说明食品冷链带来的经济效益和社会效益。
> 3. 简要描述冷链温度监控系统的作用。
> 4. 什么是温度控制规程?如何进行温度测量布置?
> 5. 有哪些信息化技术应用于冷链运输管理?
> 6. 冷链物流信息系统的业务管理模块有哪些?
> 7. 冷链物流仓储信息管理系统的主要功能有哪些?

实训项目十五　冷链食品贮运过程中质量安全控制调研

一、实训目的

1. 熟悉食品在贮存和运输过程中的食品质量安全控制基本要求。

2. 了解冷链食品在贮藏、运输环节中适用的容器、工器具和设备及其安全性;了解冷链食品贮运物流安全管理制度。

3. 了解冷链运输信息化技术在食品质量管理的应用情况;知悉冷链食品温湿度监控方法。

二、实训原理

食品在贮存和运输过程中应确保其品质免遭劣变,防止生物、化学、物理污染,采用先进信息数字技术手段进行质量管理,保证食品的质量安全。

(1)根据食品的特点和卫生需要选择适宜的贮存和运输条件,必要时应配备保温、冷藏、保鲜等设施。不得将食品与有毒、有害或有异味的物品一同贮存运输。

(2)应建立和执行适当的仓储制度,发现异常应及时处理。

(3)贮存、运输和装卸食品的容器、工器具和设备应当安全、无害,保持清洁,降低食品污染的风险。

(4)贮存和运输过程中应避免日光直射、雨淋、显著的温湿度变化和剧烈撞击等,防止食品受到不良影响。

三、实训步骤

以小组为单位,讨论拟定考察调研方案,选择一两家冷冻、冷藏或保鲜食品的食品生产、食品贮运企业调查;实地调查食品贮存和运输的条件情况,考察设施、设备是否满足要求,了解使用的容器和工器具等的安全性;查看质量安全管理制度,体验制度执行情况、执行效果。

1. 预先准备

预先查阅、学习有关食品生产安全卫生规范国家标准、行业标准以及相关的管理技术规范、管理制度等,并了解冷链食品贮运及保鲜产业情况。制订调研方案、设计现场调查的记录表格或需要记录的内容。

2. 现场观察/询问/查看

(1)冷链食品和食品贮运企业的基本生产经营情况。

(2)冷链食品和食品贮运企业管理经验。

(3)冷藏、运输过程质量控制要求

①用于食品的贮存和运输的主要设备、设施;②应配备的保温、冷藏、保鲜等设施、设备;③食品不得与有毒、有害或有异味的物品一同贮存或运输;④建立和执行的食品贮藏运输质量安全仓储制度;⑤食品质量安全异常发生的记录及其处置;⑥贮存、运输和装卸食品的容器、工器具和设备的安全性;⑦保持环境清洁卫生降低食品污染风险的措施;⑧贮存和运输过程中为防止食品受到不良影响,所采取的防止食品日光直射、雨淋、温湿度变化和剧烈撞击等的方法、措施;⑨实行质量管理体系,全程冷链实施GPS监控;⑩温湿度测量设备和方法。

(4)食品安全追溯体系。

3. 调研记录

预先设计表格,用于现场调查记录。根据贮藏、运输过程质量控制要求逐项记录。

四、实训结果及讨论

(1)组内讨论,谈心得体会并总结,评判该企业或该食品的食品贮运过程中质量安全控制管理风险;根据调查结果撰写一份调研报告,并提交。

(2)组内改进,制作PPT,汇报调查过程及结果。每组PPT演讲、答辩,其他组听并提问/质疑;老师和企业专家共同提问评价。

(3)根据所了解的冷链运输信息管理,通过监测、控制冷链货物的温度和位置,讨论能否判断出现温度异常的环节,实施产品召回。

参考文献

1. 张有林. 食品科学概论[M]. 北京：科学出版社，2022.
2. 韩艳丽. 食品贮藏保鲜技术 [M].2版. 北京：中国轻工业出版社，2022.
3. 于海杰. 食品贮藏保鲜技术[M]. 武汉：武汉理工大学出版社，2017.
4. 初峰，孙立萍. 食品保藏技术[M]. 北京：化学工业出版社，2019.
5. 罗安伟，刘兴华. 食品安全保藏学[M]. 北京：中国轻工业出版社，2019.
6. 张秀娟. 食品保鲜与贮运管理[M]. 北京：对外经济贸易大学出版社，2013.
7. 蒋巧俊. 食品贮藏保鲜[M]. 北京：北京师范大学出版社，2015.
8. 叶兴乾. 果品蔬菜加工工艺学[M]. 北京：中国农业出版社，2002.
9. 尤玉如，龚金炎，肖海龙. 食品安全与质量控制[M]. 北京：中国轻工业出版社，2008.
10. 吕季璋，金其荣. 食品的加工与贮藏[M]. 南京：江苏科学技术出版社，1986.
11. 郑永华. 食品贮藏保鲜[M]. 北京：中国计量出版社，2006.
12. 沈月新. 食品保鲜贮藏手册（精）[M]. 上海：上海科学技术出版社，2006.
13. 王城荣. 常用食品的贮藏与保鲜[M]. 北京：金盾出版社，2012.
14. 王尔茂. 食品安全与营养[M]. 北京：高等教育出版社，2011.
15. 孙清荣，王方坤. 食品分析与检验[M]. 北京：中国轻工业出版社，2011.
16. 陈锦权. 食品物流学[M]. 北京：中国轻工业出版社，2007.
17. 陈林. 果蔬贮藏与加工[M]. 成都：四川大学出版社，2019.
18. 李大鹏. 食品包装学[M]. 北京：中国纺织出版社，2014.
19. 皮钰珍. 果蔬贮藏及物流保鲜实用技术[M]. 化学工业出版社，2013.
20. 鲍琳，周丹. 食品冷藏与冷链技术[M]. 北京：机械工业出版社，2019.
21. 刘芳，Sherri D.Clark，周水洪，等. 易腐品冷链百科全书[M]. 上海：东华大学出版社，2011.
22. 郑永华. 食品保藏学[M]. 北京：中国农业出版社，2010.
23. 章建浩. 生鲜食品贮藏保鲜包装技术[M]. 北京：化学工业出版社，2009.
24. 张慜，高中学，过志海. 生鲜果蔬食品保鲜品质调控技术专论[M]. 北京：科学出版社，2016.

25. 王育红，陈月英. 果蔬贮藏技术[M].3版. 北京：化学工业出版社，2020.

26. 张憨，孙金才，卢利群. 蔬菜食品加工品质调控与质量安全新技术[M]. 北京：科学出版社，2015.

27. 李云飞. 食品冷链技术与货架期预测研究[M]. 上海：上海交通大学出版社，2015.

28. 刘汝婧，胡彩香. 探析果蔬贮藏保鲜技术现状及展望[J]. 食品安全导刊，2020（24）：162.

29. 孙亚宁. 生鲜冷链物流发展现状与问题——以蒙牛企业冷链运输体系为视角[J]. 产业创新研究，2022（8）：10-12.

30. 王身相. 我国冷链物流行业存在问题及提升对策研究[J]. 中国食品，2022（14）：127-129.

31. 李宵香. 疫情常态化下生鲜农产品冷链物流需求预测与对策研究[D]. 天津：天津理工大学，2022.

32. 蔡明. 果蔬产品气调包装内湿度的理论预测与实验研究[D]. 无锡：江南大学，2005.

33. 马迎莹. 新零售模式下生鲜电商冷链物流效率评价体系研究[D]. 北京：对外经济贸易大学，2020.

34. 赵亚琴. 农产品电商与冷链物流协同发展研究[D]. 淮南：安徽理工大学，2021.

35. 国务院办公厅关于印发"十四五"冷链物流发展规划的通知[J]. 中华人民共和国国务院公报，2022（1）：15-32.

36. 左康达. 基于大数据的农产品冷链物流管理系统[D]. 南京：南京邮电大学，2021.

37. 张满林，张丽凤，李昕. 基于质量安全的农产品物流发展策略[J]. 中国食物与营养，2015，21（5）：5-8.

38. 姜雪，刘楠，孙永，等. 统计分析方法在食品品质评价中的应用[J]. 食品安全质量检测学报，2017，8（1）：13-19.

39. 姜晓青. 菜用大豆速冻与干制加工适性及其品质评价[D]. 南京：南京农业大学，2014.

40. 孙大文，吴迪，何鸿举，等. 现代光学成像技术在食品品质快速检测中的应用[J]. 华南理工大学学报（自然科学版），2012，40（10）：59-68.

41. 邰栀萍，田云芳，姜淑宁，等. 外源褪黑素在果蔬保鲜中的作用研究进展[J]. 现代农业科技，2022（14）：171-174.

42. 吴秀兰，任诗欣，何俊杰，等. 果蔬保鲜技术现状及展望[J]. 山东化工，2022，51（12）：111-114.

43. 王娇，杨得草. 鲜切果蔬保鲜技术研究进展[J]. 现代食品，2022，28（1）：10-13.

44. 王红迪，段杏柯，杨金艳，等. 果胶基复合包装在果蔬保鲜中的应用[J]. 食品工业科技，2022，43（15）：392-400.

45. 罗晨，周晓东，鞠晓晨，等. 减压贮藏保鲜技术对果蔬保鲜效果的研究[J]. 家电科技，2021（S1）：61-65.

46. 薛思玥. 基于食品安全视角下生物保鲜技术在果蔬保鲜中的应用进展[J]. 现代食品，2021（15）：37-41；45.

47. 罗奉奉，付跃，蒋淑娴，等. 果蔬保鲜中拮抗菌生物防治研究进展[J]. 食品工业科技，2021，42（19）：383-394.

48. 胡晓敏，黄彭，刘雯欣，等. 非热物理技术在鲜切果蔬保鲜中的应用研究进展[J]. 食品与发酵工业，2021，47（10）：278-284.

49. 李雪琴. 畜禽肉品在物流过程中持续保鲜对策研究[J]. 包装工程，2020，41（21）：158-164.

50. 陶海腾，董宇晴，张春江，等. 黄酮化合物的抑菌性及在畜禽水产防腐保鲜中的应用[J]. 食品研究与开发，2020，41（16）：203-207.

51. 邹金浩，杨怀谷，唐道邦，等. 畜禽鲜肉保鲜技术研究进展[J]. 肉类研究，2020，34（10）：96-102.

52. 陈忠海，张卫东，郭秉义，等. 熟畜禽肉类食品辐照保鲜灭菌的工艺问题[J]. 核农学通报，1996（3）：119-120.

53. 董婷，张婷. 温度对园艺产品贮藏品质的影响[J]. 上海蔬菜，2021，（3）：84-85.

54. 陈秦怡，万金庆，王国强. 贮藏温度变化对食品品质影响的研究现状[J]. 食品科技，2007，（7）：231-234.

55. 丁峰. 低压冷却储藏设备性能研究[D]. 天津：天津商业大学，2015.

56. 张川. 果蔬减压冷藏理论与实验研究[D]. 天津：天津商业大学，2017.

57. 王传增，董飞，张雪丹，等. 果蔬减压保鲜贮藏研究进展[J]. 农学学报，2016，6（30）：68-71.

58. 陈敬鑫，徐帆，葛永红，等. 采后果实减压贮藏技术的研究进展[J]. 食品与发酵工业，2021，47（8）：250-255.

59. 王彦祥. 射线辐照对板栗贮藏及生理生化特性的影响[D]. 南宁：广西大学，2011.

60. 王润. 食品辐照保藏技术对食品品质的影响以及安全性讨论[J]. 现代食品，2015，7（13）：56-58.

61. 王丹. 天然抗氧化剂的作用机制及其在食用油脂储存中的研究进展[J]. 现代食品，2020，（9）：65-67.

62. 段绘叶，李东立，许文才，等. 食品活性吸氧包装材料研究进展[J]. 北京印刷学院学报，2013，21（4）：9-11.

63. 郑晓燕. 铁系脱氧剂的开发及其在糕点脱氧包装保藏的研究[D]. 重庆：西南大学，

2009.

64. 刘启莲.Nisin抑菌稳定性改善研究及其应用[D]. 广州：华南理工大学，2012.

65. 杨茜. 超高压技术对冷藏带鱼品质影响的研究[D]. 上海：上海海洋大学，2016.

66. 刘焕军. 氧处理对猕猴桃冷藏期主要侵染性病害的控制效果研究[D]. 杨凌：西北农林科技大学，2017.

67. 高宇. 拮抗菌对果蔬采后微生物及品质的影响研究[D]. 天津：天津科技大学，2020.

68. 张浩彦，陈爱强，刘斌. 冰温贮藏技术在食品贮藏中的应用现状与展望[J]. 冷藏技术，2021，44（1）：52-54.

69. 汤真. 不同电参数下脉冲电场处理过程原牛乳品质影响的研究[D]. 南宁：广西大学，2020.

70. 李霜. 高压脉冲电场联合乳酸链球菌素对调理牛肉保鲜效果的研究[D]. 成都：四川农业大学，2019.

71. 邱松山，姜翠翠，海金萍，等. 热空气处理对芒果贮藏保鲜效果的影响[J]. 食品工业，2010，31（5）：58-61.

72. 王佳宇，胡文忠，于皎雪，等. 紫外线杀菌技术在鲜切果蔬保鲜中的应用研究进展[J]. 包装工程，2021，42（13）：85-92.

73. 彭俊森，董晓庆，田欢，等. 壳聚糖复合涂膜研究现状及其在果蔬保鲜中的应用[J]. 浙江农业科学，2021，62（1）：61-68.

74. 石治国. 基于粮食储存过程中品质的变化与控制[J]. 食品安全导刊，2020（6）：57.

75. 张楠，王帅武，黄伟，等. 真空热收缩包装在冷却猪肉保鲜中的应用[J]. 肉类研究，2015，29（5）：18-21.

76. 张坤，刘书成，范秀萍，等. 鱼类保活运输策略与关键技术研究进展[J]. 广东海洋大学学报，2021，41（5）：137-144.

77. 王国海. 辐射（辐照）在食品储藏中的应用与进展[J]. 职业与健康，2002，18（9）：52-53.

78. 李钦，栗瑜婉，饶雷，等. 食品加工方式调控淀粉与多酚相互作用的研究进展[J]. 食品工业科技，2022，43：1-10.

79. 夏文水，高沛，刘晓丽，等. 酶技术在食品加工中应用研究进展[J]. 食品安全质量检测学报，2015，6（2）：568-574.

80. 游清徽，王曼莹. 酶学技术在食品加工与食品质量检测中的应用[J]. 食品安全质量检测学报，2014（10）：3284-3289.

81. 杨珂. 基于物联网的食品物流平台的构建[D]. 成都：西南石油大学，2013.

82. 张诏轩. 我国鲜活农产品流通问题及对策研究[D]. 新乡：河南师范大学，2018.

83. 叶梦媛. 我国农产品物流效率现状及评价研究[D]. 杭州：浙江工商大学，2019.

84. 赵帅. 冷链物流分析及其在食品中的应用现状[J]. 现代营销（经营版），2021（1）：184-185.

85. 贾曦. 食品冷链物流系统化管理研究[J]. 肉类研究，2020，34（7）：100.

86. 陈皓琪. 我国生鲜食品冷链物流发展现状与思考[J]. 现代食品，2018（8）：179-181.

87. 钟贤. 易腐食品冷藏运输安全管理及对策研究[D]. 大连：大连海事大学，2017.

88. 周瑞兴. 食品包装材料及食品运输对食品安全性的影响[J]. 现代食品，2019（4）：131-132；138.

89. 张苗苗. 生鲜农产品线上线下渠道供应链协调方法研究[D]. 合肥：合肥工业大学，2020.

90. 王承极，周盈，赵宽. "互联网+"食用菌线上线下结合的销售渠道[J]. 食用菌，2020，42（4）：80-81.

91. 杨俊丽，顾帅坤，郭保林，等. 新零售背景下绿色食品线上线下+物流模式的发展研究[J]. 农产品加工，2020（9）：85-87.

92. 谢晶，邱伟强. 我国食品冷藏链的现状及展望[J]. 中国食品学报，2013，13（3）：1-7.